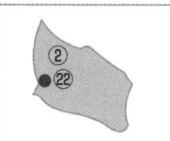

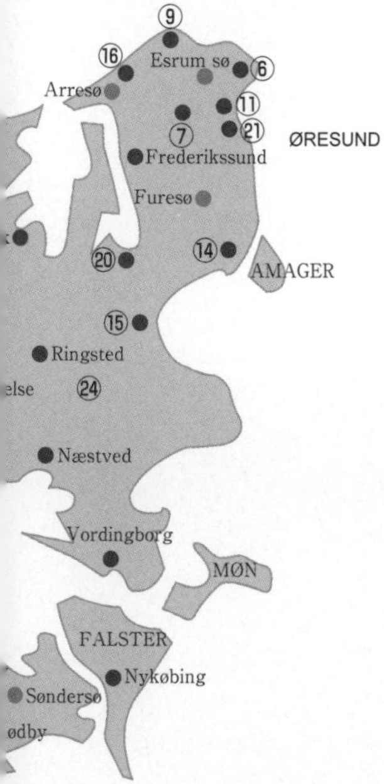

全国地図

① Als: アルス島
② Bornholm: ボーンホルム島
③ Esbjerg: エスビェア
④ Fyn: フューン島
⑤ Fåborg: フォボー
⑥ Helsingør: ヘルスィングウーア
⑦ Hillerød: ヒレレズ
⑧ Himmelbjerget: ヒメルビェアウエズ
⑨ Hornbæk: ホアンベク
⑩ Horsens: ホーセンス
⑪ Humlebæk: ホムレベク
⑫ Jylland: ユラン半島
⑬ Korsør: コスーア
⑭ København: コペンハーゲン
⑮ Køge: クーイ
⑯ Liseleje: リセライイ
⑰ Middelfart: ミゼルファート
⑱ Odense: オーゼンセ
⑲ Randers: ラナス
⑳ Roskilde: ロスキレ
㉑ Rungsted: ロングステズ
㉒ Rønne: ラネ
㉓ Silkeborg: スィルゲボー
㉔ Sjælland: シェラン島
㉕ Skagen: スケーイン
㉖ Svendborg: スヴェンボー
㉗ Sønderborg: スナボー
㉘ Sønderjylland: スナユラン地方
㉙ Ålborg (Aalborg): オルボー
㉚ Århus (Aarhus): オーフース

世界の言語シリーズ 10

デンマーク語

新谷 俊裕／トマス・ブラク・ピーザスン
大辺 理恵

大阪大学出版会

はじめに

　デンマーク語は北欧の小国デンマークで約560万人が母語として話していることばである．デンマーク語はインド・ヨーロッパ語族のゲルマン語派に属する北ゲルマン諸語（＝ノルド諸語）の東ノルド諸語の1つであり，同じく東ノルド諸語の1つである隣国のスウェーデン語と親縁関係が一番近い姉妹語である．また，西ノルド語圏にはあるものの，歴史的にデンマークの影響を強く受けたノルウェーの公用語の1つであるブークモール（Bokmål）はデンマーク語に非常によく似ている．したがって，デンマーク語を勉強すれば，スウェーデン語もノルウェー語（ブークモール）もかなりの程度まで理解できるようになる．また，デンマーク語はいうまでもなく，西ゲルマン諸語である英語やドイツ語とも親族関係が非常に近い言語である．

　さて，本書は今から1年半前に，デンマークより赴任2年目の，デンマーク語教育の専門家であるThomas Breck Pedersenがデンマーク語テキストの作成にとりかかった．彼は大阪大学デンマーク語専攻の1年生は最低これだけはマスターする必要があるというものを定め，それに基づき，標準デンマーク語の話しことばのテキストを作成した．また，彼の発音を非常に重要視する姿勢は，本書の練習問題には文法問題の他に発音問題と聞き取り問題が多数用意されていることからもうかがえよう．

　2014年3月に本書を出版するにあたっては，その1年前の2013年4月から本書を授業で使いながら改善すべき点が見つかれば反映していくことにした．Pedersenが週2コマ，新谷が週2コマの授業で1年間使ってきたわけである．みなさんが今手にしている本書は，1年間いく度にもわたって改善を重ねてきたものである．

　文法説明は新谷が行なった．これまでの教科書や文法書では十分な説明がなされてこなかった「弱強勢文構成素の位置」（☞12.4），「分裂文（強調構文）」（☞19.1），「交錯文」（☞19.2）などの項目については一層詳しく説明した．また，初級の学習者には難しいものであるが，デンマーク語の習得において欠かすことのできない「心態詞」（☞22.1）についても，これまでの教科書や文法書ではまったく扱われていないが，本書では詳しい説明を試みた．ただ，話しことばの，それも会話中心のテキストに出てくる文法現象を説明するという方法をとったので，デンマーク語初級文法を網羅的に説明できたわけではない．初級段階といえども，

ある程度は書かれたものも理解する必要があり，その場合には書きことばの文法も理解できなくてはならない．そこで，必要であると思われる追加説明は，大阪大学外国語学部デンマーク語専攻のホームページにアップロードしていくつもりである．なお，本書で扱った単語の変化形は最新の正書法（Retskrivningsordbogen 2012）によった．

　本書の執筆・作成には現在本学で非常勤講師としてデンマーク語を教えている大辺理恵も参加した．大辺は主に文字と発音の解説を担当し，聞き取り問題の作成や発音問題のチェックなども行なった．加えて，音源の吹き込み，音源の編集およびCD作成も彼女によるものである．また，各課の「よく使われる表現」，「分野別語彙集」などの付録，各課のデンマーク語テキストの日本語訳などの執筆も行なった．なお発音記号として，本書ではデンマーク式発音記号 *Dania* を用いた．

　さて，イラストであるが，デンマーク語を通して知己を得たプロのイラストレーターの小倉摂津子さんが多数のイラストを無料で提供してくださった．各課のテキストのイラスト，第4課の親族名称のイラスト，第17課の身体の部分のイラスト等である．小倉さんはコペンハーゲン実用芸術大学（Skolen for Brugskunst i København）で学ばれたからであろうか，そのペンタッチはとても日本人によるものとは思えない．また，長い間デンマーク人の中で暮らし，お仕事もされてきたため，デンマークの生活・文化に精通されている．特に，誕生日プレゼントのイラスト，オープンサンドイッチのイラスト，クリスマスの街の風景のイラストなどは，本書でデンマーク語を学んだ後にデンマークに行き，そういう場面に出くわした際に，「あれ，どこかで見た，なつかしい風景」と思われるに違いない．紙面の関係上，多数のイラストのほんの一部しか使うことができなかったのは非常に残念である．

　また，第9課の時計のイラストと第17課の健康保険証のイラストは2011年卒業の日本語専攻（専攻語：デンマーク語）の内藤久美子さんが快く提供してくださった．そして，出版前の本書を使って勉強してきた2013年度の1年生のみなさんには，誤字脱字を指摘してもらったり，改善の元となる発言をしてもらった．みんな，ありがとう．

　本書のCDは非常に特徴的である．10名以上のネーティブが吹き込んでいる．デンマーク在住の，デンマーク語教員をしている人がほとんどであるが，ナレーションを担当しているのはプロのナレーターである．いろいろな人のデンマーク語を聞くことはデンマーク語学習上有益なことである．吹き込みに協力してくださったみなさんに感謝申し上げます．Mange tusinde tak til alle dem der har været rare at indtale for vores lærebog. 本書のCDの録音は日本とデンマークとの2カ所

で行なったため，音質に若干の違いが感じられるかもしれないが，できるだけ様々なデンマーク語の発音を聞いてもらおうという目標を達成すべく，膨大な量の音声データを編集して作成した．なお，各課の「語句」はCDに収まらなかったので，文法の追加説明同様，大阪大学外国語学部デンマーク語専攻のホームページにアップロードしていくつもりである．

本書の執筆分担は以下のようである．

新谷 俊裕	はじめに
	各課の「語句」 各課の文法事項等の説明
	付録2：発音に注意すべき語　付録5：語句集
	コラム（第2課，第9課）
	別冊：解答案中のデンマーク語テキストの日本語訳
Thomas Breck Pedersen	各課のテキスト
	各課の練習問題（発音練習，文法練習，聞き取り練習（5B, 7A, 27））
	別冊：解答案（発音練習，文法練習，聞き取り練習（5B, 7A, 27））
大辺 理恵	本書の使い方
	第0課「文字と発音」 各課の「よく使われる表現」
	各課の練習問題（聞き取り練習（5B, 7A, 27以外すべて），和文デンマーク語訳）
	付録1：綴りと発音の関係　付録3：不規則変化動詞表
	付録4：分野別語彙集
	コラム（第2課と第9課以外の全課）
	別冊：各課のテキストの日本語訳
	別冊：解答案（聞き取り練習（5B, 7A, 27以外すべて），和文デンマーク語訳）

　最後に，本書執筆の機会を与えてくださった，高橋明大阪大学前世界言語研究センター長，大内一大阪大学言語文化研究科言語社会専攻長ならびに大阪大学出版会に感謝申し上げます．また，本書作成にあたって様々なアドバイスをいただいた大阪大学出版会の土橋由明氏に感謝申し上げます．

2014年3月

新谷 俊裕

本書の使い方

本書は 0 課から 27 課までの課別学習に加え，5 つの付録を収録している．

「0 課」
　この課では，デンマーク語の発音について全般的に説明をしている．ここでの説明が 1 課以降の「発音の練習問題」に関連してくるので，最初に一読してから 1 課に進むことを推奨する．また課別学習を先へ進めていくと同時に，この課を使ってデンマーク語の発音に関して何度も意識的に復習するようにされたい．

「1 課～27 課：テキスト・語句・よく使われる表現」
　各課のテキストは，全て CD 内に音声が収録されているので，何度も聞きデンマーク語の発音を習得するようにしよう．
　またテキスト内の新出単語はテキストの右ページ以降に掲載している．単語の説明では，様々な略語や記号が使われている．以下のページに略語・記号の一覧をまとめているので，参考にしてもらいたい．
　さらにテキスト内では，会話でよく使われる表現に番号を記し，その表現に関する説明を「よく使われる表現」としてまとめている．

「1 課～27 課：文法説明」
　各課には詳細な文法説明を載せている．テキスト内では用いられなかった単語・例文なども数多く盛り込まれているので，文法説明を理解するとともに，各自で語彙や表現を増やしていくようにしよう．また，別の箇所に関連のある説明では，☞マークを用いて参照箇所を示しているので，あわせて確認するようにしよう．ほとんどの例文には日本語訳を付しているが，同課のテキスト内で使われている文，あるいは学習者が困難なく訳せると思われる例文には日本語訳を付していない．

「1 課～27 課：練習問題」
　発音練習は，最初の挑戦で全問正解を目指すのは非常に難しい問題となっている．つまり，1 度解いて答えを確認して終わらせるのではなく，繰り返し挑戦してデンマーク語の発音を聞き分けそして発音し分けられるようになろう．
　文法問題は，問題によっては複数の解答を用意してある場合がある．自分の答

えが解答に合致しているかどうかを確認するだけでなく，解答が複数ある場合にはどうしてそのようになるのか，ということについても考えてみよう．また文法問題には，その課で使われていない語句も多く使われているので，巻末の付録5.「語句集」を駆使し，諦めずに問題に取り組もう．さらにいくつかの文法問題では，解答集で日本語訳を確認することもできるようになっている．

　聞き取り問題は，全問に日本語訳を付けているわけではないので，「語句集」を使いながら内容を確認するようにしよう．

　和文デンマーク語訳の問題でも，文法問題と同様に，複数の解答が用意されている場合がある．自分の答えを確認するだけでなく，解答が複数ある場合にはどうしてそのようになるのか，ということについても考えてみよう．

「付録1：綴りと発音の関係」
　綴りから発音を推測することが著しく難しいデンマーク語を学ぶにあたって，どの文字がどのように発音されうるのか，その可能性についてまとめている．デンマーク語の綴りと発音の関係を整理するのに役立ててほしい．付属のCDで例語の発音が聞けるようになっているので，活用してほしい．

「付録2：発音に注意が必要な語」
　本教科書で取り上げられている語のうち，特に発音に注意する必要があるものをまとめている．またCDで全ての語の発音が聞けるようになっているので，ぜひ利用してもらいたい．

「付録3：不規則変化動詞表」
　デンマーク語の不規則変化動詞のうち115個を取り上げ，その不定詞形，現在形，過去形，現在完了形を示した．現在完了形を作るにあたって，harあるいはerのどちらの完了助動詞を取るのか，またそのどちらをも取る場合がある等ということも分かるように示しているので，ぜひ学習に役立ててもらいたい．

「付録4：分野別語彙集」
　本教科書では，かなりの数の語彙を取り扱っているが，それでもやはりよく使われる語彙を全てテキスト内で網羅することは難しかった．付録4では本教科書内で使われる語彙に加えて，テーマ別に知っておくと便利であると思われる語彙を紹介している．

「付録5:語句集」
　本教科書内で使われている全ての語句をアルファベット順にまとめた．課別学習および練習問題に取り組む際に有効活用してもらいたい．

略語・記号
(各課の語句，付録5「語句集」など)

［名］	名詞	［動］	動詞
［名・単］	単数形でのみ用いられる名詞	［接］	接続詞
［名・複］	複数形でのみ用いられる名詞	［等接］	等位接続詞
［固］	固有名詞	［同接］	同位接続詞
［不冠］	不定冠詞	［従接］	従位接続詞
［定冠］	定冠詞	［前］	前置詞
［人代］	人称代名詞	［間］	間投詞
［疑代］	疑問代名詞		
［関代］	関係代名詞	「,」	類似の意味を示す
［所代］	所有代名詞		「暖める，温める」
［再代］	再帰代名詞	「；」	別種の意味を示す
［再所代］	再帰所有代名詞		「旅行；順番」
［指代］	指示代名詞	「・」	共通部分の省略を示す
［不代］	不定代名詞		「外へ，外に」
［数］	数詞		→「外へ・に」
［基数］	基数詞		
［序数］	序数詞		
［副］	副詞		
［疑副］	疑問副詞		
［関副］	関係副詞		

目　次

はじめに ——————————————————— i
本書の使い方 ————————————————— iv

0　文字と発音 ———————————————— 2

アルファベット　2　　　デンマーク語の母音　3
短母音，長母音，stød（声門せばめ音）の付いた母音　4
デンマーク語の子音　8　　　強勢（tryk）　10
綴りと発音のズレ　12

1　Præsentation og hilsner　紹介と挨拶

1　私は日本出身です（Jeg kommer fra Japan）———— 16

1.1　人称代名詞・主格　18　　1.2　動詞の現在形　18
1.3　主語と定形動詞の倒置　19
1.4　「はい／いいえ」で答える疑問文（全体疑問文）　19
1.5　疑問詞に始まる疑問文（特定疑問文）　19
1.6　「はい／いいえ」で答える疑問文（全体疑問文）
　　 への返答　19
1.7　短い答え──その1　20
1.8　国籍等を表す場合には不定冠詞を用いない　20
1.9　国名・〜人・〜語／［形容詞］〜（風）の　21
1.10　コンマ法（列挙の場合）　22

2　あなたは何歳ですか？（Hvor gammel er du?）———— 26

2.1　不定冠詞　28
2.2　数詞──基数詞──　29
2.3　人称代名詞の変化表　30

3 それは何ですか？（Hvad er det?）————————— 34

    3.1　名詞の性　36
    3.2　紹介文　36
    3.3　物事を受ける3人称単数の人称代名詞　36
    3.4　固有名詞の所有格　36
    3.5　群所有格　37
    3.6　所有代名詞/人称代名詞の所有格　37
    3.7　再帰所有代名詞　38
    3.8　短い答え——その2　38
    3.9　住所表示　39
    3.10　電話番号　39
    3.11　合成名詞　39

2　Familie og bolig　家族と住居

4 ラスムスン一家（Familien Rasmussen）————————— 44

    4.1　名詞の単数形・複数形　47
    4.2　名詞の未知形・既知形　48
    4.3　所有代名詞/人称代名詞の所有格＋名詞の複数形　49
    4.4　序数詞　50
    4.5　親族名称　50
    4.6　名詞の変化：語末音節中の -e- の脱落　51
    4.7　名詞の変化：-er に終わる名詞の複数既知形　52
    4.8　名詞の変化：同じ子音字の重ね綴り　52

5 あなたの部屋に何がありますか？
  （Hvad er der på dit værelse?）————————— 56

    5.1　不定主語の存在文：der- 構文　58
    5.2　主語と定形動詞の倒置　58
    5.3　住居関連の語彙　59
    5.4　集合住宅の住居表示（住所）　59
    5.5　ユニット強勢　59

6 良い誕生日（En god fødselsdag） — 64

    6.1　形容詞の呼応変化　　67
    6.2　間接目的語の位置　　74
    6.3　s- 形動詞について　　75
    6.4　「思う」を意味する synes と tro について　　76
    6.5　感情表出の過去形 det var ...　　77

7 誰が一番年上ですか？（Hvem er ældst?） — 82

    7.1　形容詞の比較変化　　85
    7.2　接続詞：等位接続詞，同位接続詞，従位接続詞　　89
    7.3　否定疑問文に対する肯定の返答を導入する間投詞 jo　　90
    7.4　付加疑問の ikke, vel　　91

8 過去，現在，未来（Før, nu og senere） — 96

    8.1　動詞　　98　　　　8.2　前置詞 i と på　　105
    8.3　前置詞 i を用いた「時」の表現　　106

3　Arbejde og fritid　仕事と余暇

9 仕事と学校（Arbejde og skole） — 112

    9.1　暦　　114
    9.2　前置詞 om を用いた「時」の表現　　119
    9.3　小数と分数　　120

10 ぼくたちはどこに行くの？（Hvor skal vi hen?） — 126

    10.1　方向／場所を表す副詞　　128
    10.2　法助動詞　　129
    10.3　måtte, skulle, ville ＋ 方向を表す副詞的語句　　134
    10.4　副詞の比較変化　　135
    10.5　ユニット強勢：動詞＋方向を表す副詞的語句　　136
    10.6　強調や特別な意味を表すための強勢　　136

11 別荘はどこにありますか？
　（Hvor ligger sommerhuset?）———— 142
　　　11.1　語順　144
　　　11.2　天候に関する表現　151
　　　11.3　道案内に関する表現　152
　　　11.4　交通に関する表現　153

12 ほぼ全員がくつろぎ楽しく過ごしている
　（Næsten alle hygger sig）———— 158
　　　12.1　再帰代名詞 sig　160　12.2　再帰動詞　160
　　　12.3　ligge: lægge sig, sidde: sætte sig, stå: rejse sig　161
　　　12.4　弱強勢文構成素の位置　162
　　　12.5　行為・動作の進行状況あるいは継続状況を表す表現　164
　　　12.6　名詞の個体化・非個体化と形容詞　166

4　Indkøb og invitationer　買い物と招待

13 またね！（Vi ses!）———— 172
　　　13.1　能動の意味を持つ s- 形動詞　175
　　　13.2　丁寧表現—英語の仮定法過去に対応する過去形　177
　　　13.3　jeg tror kun, at...: 思考動詞と中域副詞　177

14 買い物（Indkøb）———— 182
　　　14.1　指示代名詞　184
　　　14.2　不定代名詞 nogen, noget, nogle　185
　　　14.3　不定代名詞 anden/andet/andre〈別の、ほかの〉　187
　　　14.4　se ～ ud　188
　　　14.5　Der er + 形容詞　188

15 レシピと指示（Opskrifter og instruktioner）———— 192
　　　15.1　命令文，依頼文　194　15.2　受動態　196
　　　15.3　不定代名詞 hver, hvert　199

16 多数の言語が話される（Der bliver talt mange sprog）— 204
    16.1 blive- 受動態   206   16.2 自動詞の受動態   208
    16.3 不定代名詞 al/alt/alle〈すべての〉   208
    16.4 感嘆表現   209

5　Sygdom og sundhed　病気と健康

17　病気と症状（Sygdom og symptomer）————— 214
    17.1 法助動詞 burde   216
    17.2 身体部位名称   217
    17.3 have ondt i ～〈～が痛い〉   218

18　クリニックで（På klinikken）————— 224
    18.1 関係節   226
    18.2 få + 過去分詞   230

19　ライフスタイルと健康（Livsstil og sundhed）————— 234
    19.1 分裂文（強調構文）   236
    19.2 交錯文   238
    19.3 -et に終わる形容詞   239
    19.4 存在の動詞以外の動詞と不定主語 ― der- 構文 2   240
    19.5 不定代名詞 sådan, sådant, sådanne〈そのような，このような〉   241

6　Kultur og tradition　文化と伝統

20　祝祭日（Højtider）————— 246
    20.1 være- 受動態（状態受動）   247
    20.2 婉曲な，遠慮がちな表現と控え目な願望表現   248
    20.3 形容詞の名詞的用法   249

21 クリスマスイブ（Juleaften）——————————— 254
    21.1　使役構文　256
    21.2　形容詞の副詞的用法　258
    21.3　句動詞　260

22 大晦日（Nytårsaften）——————————— 264
    22.1　心態詞　266
    22.2　folk〈国民，民族〉と folk〈人々〉　270

23 新年の誓い（Nytårsforsætter）——————— 274
    23.1　不定代名詞 ingen, intet　276
    23.2　法助動詞の完了形　278

7　Rejser og drømme　旅と夢

24 また会いましょう！（På gensyn!）——————— 282
    24.1　「思う」を意味する synes, tro, tænke, mene　284
    24.2　名詞と名詞からできた合成名詞　285

25 願いと驚き（Ønsker og undren）——————— 290
    25.1　動詞の現在分詞　292
    25.2　mon, mon ikke　294
    25.3　非現実と願望を表す動詞の過去形　295

26 比較（Sammenligninger）————————— 300
    26.1　比較の方法　302
    26.2　不定代名詞 egen/eget/egne「自分自身の；固有の」　305
    26.3　テーマ化の hvad ～ angår　306
    26.4　der- 構文の例外　307

27 ラスムスン一家からの手紙
   (Et brev fra familien Rasmussen) —————————— 312
   27.1 法助動詞の過去形 ＋ 完了不定詞　314
   27.2 ～ som helst　316
   27.3 低い可能性の skulle　316
   27.4 形容詞の既知形の用法2　317

付録1. 綴りと発音の関係 ————————————————— 321
付録2. 発音に注意が必要な語 ————————————— 324
付録3. 不規則変化動詞表 ———————————————— 326
付録4. 分野別語彙集 —————————————————— 331
付録5. 語句集 —————————————————————— 339

〈コラム〉
1   デンマーク語ってどんな言葉？   25
2   数詞の成り立ち   33
3   住所と地図があればどこへでも！   42
4   さまざまな家族形態   55
5   衣・食・住！住環境にはこだわります！   63
6   誕生日はいくつになっても，大切．   80
7   アンデルセンはアナスン！   94
8   デンマークにも方言は多い   111
9   帯分数 1½   125
10 移動は自転車．電車の中にも自転車．   140
11-① sommerhus と kolonihave   156
11-② S-tog：コペンハーゲン近郊電車   157
12-① saft という不思議な飲み物   171
12-② hygge とは？   171
13 Smørrebrød   181
14 牛乳は色で見分ける   191
15 フリカデレの作り方   203
16-① ぜひ遅れて行きましょう！   213
16-② ビールの国，デンマーク！   213
17 CPR-nummer と sundhedskort   223
18-① 薬は簡単に買えません   233
18-② デンマーク人は歯医者好き？   233
19 デンマークとスポーツ   245
20 デンマークの主な年中行事   252
21 Julemiddag   263
22 Nytårsaften   273
23 寒く暗い冬は，ろうそくの灯りで hyggelig に過ごす！   281
24 デンマークへ留学する   289
25 デンマークで車を持つということ   299
26 デンマーク人にとっての日本   311
27 手紙の書き方について   320

世界の言語シリーズ　10

デンマーク語

文字と発音

アルファベット

　デンマーク語のアルファベットは，全部で29文字である．英語と共通の文字26文字に，デンマーク語特有の文字である，Æ, Ø, Å の3文字が加わる．
　デンマーク語のアルファベットは，そのほとんどが英語と共通しているが，それは共通の文字を使っているというだけに過ぎず，個々の文字の名称は英語とは異なるので，注意が必要である．

A ['ä']	B ['be']	C ['se']	D ['de']	E ['e']	F ['æf]
G ['ge']	H ['hå']	I ['i']	J ['jɔð]	K ['kå']	L ['æl]
M ['æm]	N ['æn]	O ['o']	P ['pe']	Q ['ku']	R ['ɑ̩ɹ]
S ['æs]	T ['te']	U ['u']	V ['ve']	W ['dɔbl̩ve']	
X ['ægs]	Y ['y']	Z ['sæd]	Æ ['æ']	Ø ['ø']	Å ['å']

デンマーク語の母音

　デンマーク語の母音は，その数が非常に多いことで知られる．以下の簡略母音表を見てみよう．

デンマーク語　簡略母音表

母　音	前　舌		後　舌
	非円唇	円　唇	円　唇
狭　口	i	y	u
半狭口	e	ø	o
半広口	æ	ö	å
広　口	à / a	ӟ	å
超広口	α[1]		ɔ

1. この母音は厳密に言えば，中舌非円唇母音と分類されるべき母音である．しかしこの教科書では便宜上，前舌非円唇母音に入れることとした．

　外国人がデンマーク語を習得するにあたっては，上記の簡略母音表に挙げられている15個の異なる母音を発音し分ける，また聞き分けることが必要となる．（上記15個の母音以外に，[ä]という母音そしていわゆるあいまい母音の[ə]も存在するが，ここでは取り扱わないこととする．）

　さらに困ったことには，デンマーク語の母音は一般的に口の開きが狭く，各母音間の差があまり大きくないため，これだけ多くの数の母音を発音し分ける，また聞き分けることが，私たち日本語話者にとっては，非常に困難であるといわざるを得ない．

　しかし，いくら母音の発音が難しいといっても，それらの音の違いが，意味の違いにつながることを考えれば，これらの母音を何とか自分なりに身につける（発音し分ける・聞き分ける）ことが，デンマーク語を習得する上で非常に重要となる．

　最初のうちは，聞き分けることも発音し分けることも非常に難しく感じられるかもしれないが，付属のCDや練習問題を使いながら，またLektion 1から始まる課別学習を通して，徐々にデンマーク語の発音に慣れていこう．

短母音,長母音,stød(声門せばめ音)の付いた母音

　上記の15個の異なる母音は,それぞれ原則として3種類の異なる長さを伴って発音される.このような母音の長短の差異は,意味の違いにも大きく影響するので,きちんと習得するようにしよう.

　まず短母音だが,これは文字通り,母音の長さが短い母音のことである.そして長母音は,母音の長さが長い母音のことである.

　　例:læse〈(〜を) 読む〉── læsse〈(〜を) 荷積みをする〉

　短母音と長母音に加えて,stød(声門せばめ音)の付いた母音というものが存在する.まずstødについてだが,日本語では「声門せばめ音」と呼ばれる.この音は声門をせばめ,息を出すのを一瞬遅らせるようにした結果できる音である.したがって,stødを伴った母音では,まるで途中で音が一瞬途絶えるように聞こえるかもしれない.stødの付いていない母音と付いている母音を聞き比べてみよう.

　　例:tiger(stød 無)〈虎〉── tier(stød 有)〈10クローネコイン〉

　日本語話者である私たちには,stødの習得は一見難しく思われるかもしれないが,課別学習ではstødの聞き取りなどの練習問題も用意してあるので,徐々にこのデンマーク語特有の現象stødに慣れていくようにしよう.

　以下では,まず簡略母音表の左端列にある「前舌非円唇母音」について,次に表の右端列にある「後舌円唇母音」,最後に表の真ん中の列にある「前舌円唇母音」を取り上げ,それぞれの母音について,「短母音」,「長母音(:)」,「stødを伴った母音(')」がどのように発音されるのかを確認していくことにしよう.また,以下で取り上げる例語は,以降の課別学習で使われている単語である.日本語訳は載せていないが,巻末の語句集を参照して意味を調べるようにしよう.(巻末の付録5.語句集にないものに関しては当該箇所で日本語訳を付している.)

前舌非円唇母音

　前舌非円唇母音とは,舌が口腔の前方にある状態で(つまり口の前寄りで空気の流れを狭めて調節する),そして唇を平たくして発音する母音のことである.こ

の口の形状を保ったまま，口の開きを変えることで，以下の異なる母音を発音することができる．

[i] [i:] [i']	m<u>i</u>t s<u>i</u>ge t<u>i</u>	非常に口の開きが狭い音．口をぐっと横に引っ張るようにして発音してみよう．
[e] [e:] [e']	d<u>e</u>t h<u>e</u>le s<u>e</u>	直前の [i] を発音するときの口の構えのまま，日本語の「エ (-)」を発音するつもりで発音してみよう．
[æ] [æ:] [æ']	n<u>æ</u>ste <u>æ</u>ble <u>æ</u>g	日本語の「エ (-)」を発音するときよりも，口を少し狭く開いて，また口を強く横に引っ張ることを意識しながら発音してみよう．
[a̝] [a̝:] [a̝']	st<u>æ</u>rk d<u>a</u>ge d<u>a</u>g	日本語の「ア (-)」と「エ (-)」の中間の音を発音するつもりで発音してみよう．
[a]	m<u>a</u>nd	日本語の「ア」よりもずっと口の前の方で発音してみよう．
[ɑ] [ɑ:] [ɑ']	sn<u>a</u>kke gr<u>a</u>tis b<u>a</u>rn	日本語の「ア (-)」に似ているが，口の奥の方で音を出すことを意識して発音してみよう．

後舌円唇母音

後舌円唇母音とは，舌が口腔の後方にある状態で（つまり口の後ろ寄りで空気の流れを狭めて調節する），そして唇を丸くして発音する母音のことである．この口の形状を保ったまま，口の開きを変えることで，以下の異なる母音を発音することができる．

[u] [u:] [u']	d<u>u</u> <u>u</u>ge h<u>u</u>s	唇を丸くして，口の奥の方で音を出すことを意識して発音してみよう．
[o] [o:] [o']	j<u>o</u> k<u>o</u>ne t<u>o</u>	唇を丸くして，[u] の場合よりも少しだけ口の開きを大きくし，口の奥の方で音を出すことを意識して発音してみよう．

[å] [å:] [å']	på bäde gå	唇を丸くして，[o]の場合よりもさらに少しだけ口の開きを大きくして発音してみよう。
[ɔ] [ɔ:] [ɔ']	hvordan dårlig går	唇を丸くして，[å]の場合よりも，またさらに少しだけ口の開きを大きくして発音してみよう。
[ɔ]	hånd kommer	以上の音に比べれば，唇の丸めはそれほど意識する必要はない。

CD-I 8 前舌円唇母音

　前舌円唇母音とは，舌が口腔の前方にある状態（つまり口の前寄りで口と舌とで空気の流れを狭めて調節する）で，そして唇を丸くして発音する母音のことです。この口の形状を保ったまま，口の開きを変えることで，以下の異なる母音を発音することができる。

[y] [y:] [y']	nyt nye ny	[i]を発音しながら，[u]を発音するときのように，徐々に唇を丸くしてみよう。
[ø] [ø:] [ø']	øl købe bøger	[e]を発音しながら，[o]を発音するときのように，徐々に唇を丸くしてみよう。
[ö] [ö:]	søn høne〈雌鳥〉	[æ]を発音しながら，[å]を発音するときのように，徐々に唇を丸くしてみよう。
[ɔ̈] [ɔ̈:] [ɔ̈']	Rønne gøre gør	[a]を発音しながら，[å]を発音するときのように，徐々に唇を丸くしてみよう。

二重母音

　二重母音とは，上で述べたデンマーク語の母音と [i], [w], [ɹ]（いわゆる半母音と呼ばれる音）が連続した音のことをいう。

- [i] に終わる二重母音
　[i] に終わる二重母音では，複数の母音との組み合わせが可能だが，そのうち典型的なものとして [ɑi] そして [ɔi] が挙げられる．以下の例語でこの音を確認しよう．

[ɑi]	ne**j**	te**g**ne
	le**j**lighed	le**g**e
[ɔi]	h**øj**	l**ø**g
	t**øj**	n**ø**gle

- [w] に終わる二重母音
　[w] に終わる二重母音は，複数の母音との組み合わせが可能．以下の例語でこの二重母音を確認しよう．

[iw]	**iv**rig	[yw]	s**yv**tal		
[ew]	pe**b**er	[øw]	st**øv**suger 〈掃除機〉		
[æw]	**ev**ne 〈能力〉	[öw]	s**øv**nig	[åw]	to**g**
				[åw]	h**ov**
[ɑw]	na**v**ne				

- [ɹ] に終わる二重母音
　[ɹ] に終わる二重母音は，複数の母音との組み合わせが可能．以下の例語でこの二重母音を確認しよう．

[iɹ]	ki**r**ke	[yɹ]	d**yr**ke	[uɹ]	h**ur**tig
[eɹ]	s**er**	[øɹ]	k**ør**te 〈køre の過去形〉	[oɹ]	s**or**t
[æɹ]	s**ær** 〈変わった〉				
[ɑɹ]	st**ær**k	[ɔɹ]	m**ør**k		

デンマーク語の子音

　デンマーク語の子音は，日本語と比べて，その数が母音のように特に多いわけではない．しかし，以下の説明にあるようにいくつか特徴的な音がある．

デンマーク語　子音表

子音	両唇	唇歯	歯歯茎	歯茎硬口蓋	硬口蓋	軟口蓋	口蓋垂	咽頭	声門
閉鎖音 　有気 　無気	p b		t d			k g			
摩擦音 　無声 　有声		f v	s	ş	j		r		h
側音			l						
鼻音	m		n			ŋ			
接近音			ð		i	w	ʁ		

* 閉鎖音は有気音，無気音ともに無声音．側音，鼻音，接近音は有声音．

✓　[p, t, k] だけでなく，[b, d, g] も<u>無声音</u>であることに注意．両者の違いは，英語や日本語のように「有声／無声」にあるのではない．デンマーク語では，[p, t, k] が強い気息を伴う音（帯気音）であるのに対し，[b, d, g] はそのような気息は伴わない音である．

　　[p]　**p**akke　　　[t]　**t**ale　　　[k]　**k**omme
　　[b]　**b**arn　　　[d]　**D**anmark　　[g]　**g**å

つまり，日本語の「バ，ダ，ガ」の子音をそのままデンマーク語の [b, d, g] に対応させて発音することはできない，ということである．[b, d, g] を発音する際には，日本語の「パ，タ，カ」の子音をなるべく弱く発音すると，デンマーク語に近い発音となる．

✓　[f, v, s, h] そして [l, m, n, ŋ] は英語やドイツ語などで対応する音だと考えればよい．

[*f*]: **f**ar, [*v*]: **v**ar, [*s*]: **s**om, [*h*]: **h**us, [*l*]: **l**idt, [m]: **m**in, [*n*]: **n**u, [*ŋ*] ri**ng**e

✓ [*ʂ*] は「シャ，シュ，ショ」の子音と似た音である． CD-I 14

[*ʂ*]: **Sj**ælland, lek**ti**on, **ch**okolade

✓ [*j*] は「ヤ，ユ，ヨ」の子音と同じだと考えればよい． CD-I 15

[*j*]: **j**a, **J**apan, **j**uli

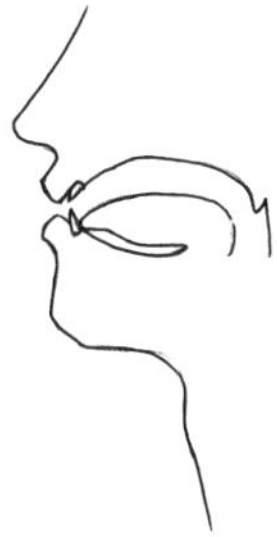

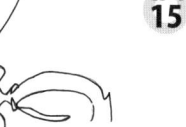

[ð] を発音するときの口の形と舌の形および位置

✓ [*r*] はパリなどのフランス語の r 音とほぼ同じである． CD-I 16

[*r*]: **r**ask, **r**estau**r**ant, F**r**ank**r**ig

✓ [*ð*] は英語の the, that などの th とは異なる音で，舌先を（下の）歯茎に軽く触れさせるようにして発音する． CD-I 17

[*ð*]: bla**d**, gla**d**, hvi**d**

✓ [*i*, *w*, *ɹ*] は母音に近い音である．それぞれの音は，先の二重母音のところで確認した音と同じ．

── 子音と stød の関係 ──

CD-I 18

先に母音の箇所で述べた stød（声門せばめ音）は，子音とともに現れることもある．以下の例語で，太字下線部の直後に stød があることを確認しよう．

[*l'*] : a**l**tid, ko**l**d, undsky**l**d
[*m'*] : fe**m**, ko**mm**er, sa**mm**en
[*n'*] : i**n**d, fi**n**der, ma**n**d
[*ŋ'*] : se**ng**, la**ng**, u**ng**
[*ð'*] : ti**d**, he**dd**er, u**d**
[*i'*] : ne**j**, hø**j**, re**j**st
[*w'*] : so**v**er, sy**v**, o**v**er

強勢（tryk）

── 語中の強勢 ──

デンマーク語では，1つの語には必ず1つ強く発音される音節がある．音節とは，「1つの母音を中心とする音のまとまり」と考えられる．この強く発音されるべき音節を，きちんと強く発音しなければ，相手に自分の話している内容が伝わらない，または間違って伝わってしまうということが頻繁に起こり得る．このようにある音節を強く発音することを，この本では，その音節に「強勢をおく」と，表現する．

- ✓ デンマーク語では，最初の音節に強勢がおかれる場合が多い．
  Danmark, **Ja**pan, **ar**bejde, **vær**else, **lej**lighed

- ✓ また，前から2番目の音節に強勢がおかれることもある．
  fa**mi**lie, a**dre**sse, for**æl**dre, com**pu**ter, au**gust**

- ✓ さらに，最後の音節に強勢がおかれることもある．
  restau**rant**, tele**fon**, kon**tor**, universi**tet**, Køben**havn**

── 文中の強勢 ──

またデンマーク語では，文の中でどの語に強勢をおくかということも重要である．強勢をおく位置は，伝える内容とも密接に関係しているので，注意する必要がある．まずは，文中で原則として<u>強勢がおかれることのない語</u>について見ていくことにしよう．

1．人称代名詞

人称代名詞は，内容的にそれが強調されなければならない場合を除いては，文中で強勢がおかれることはない．

　例：*Jeg* hedder <u>Buller</u>. *Han* taler <u>dansk</u>. *De* <u>hygger</u> *sig*.

2．名詞の前の不定冠詞，所有代名詞

名詞の前の不定冠詞，所有代名詞は，内容的にそれが強調されなければならない場合を除いては，文中で強勢がおかれることはない．

例：*Et* æble. *Nogle* æbler. Er det *din* telefon?

3．完了の助動詞，受身の助動詞，法助動詞
　完了の助動詞，受身の助動詞，法助動詞は，内容的にそれが強調されなければならない場合を除いては，文中で強勢がおかれることはない．

　　例：Hun *har* fået en gave. Han *er* gået. Der *bliver* talt mange sprog i Danmark. Jeg *vil* lære dansk.

4．前置詞
　前置詞は，原則として文中で強勢がおかれることはない．
例：Jeg kommer *fra* Japan. Han arbejder *på* en restaurant. De bor *i* et hus *i* Rødovre.

ただし，前置詞の直後に人称代名詞がおかれる場合には，前置詞に強勢がおかれることが多いので，注意が必要である．

　　例：Jeg ringer *til* Gitte. → Jeg ringer *til* hende.

── ユニット強勢：enhedstryk ──
　ユニット強勢とは，文中である語と語がひとまとまりとなって，意味をなす場合に起こる．

1．動詞＋（不定冠詞や定冠詞が付かない）目的語

　　例：lave **mad**: De laver mad. 〈彼らは料理をします．〉
　　　　læse **avis**: Han læser avis.* 〈彼は新聞を読みます．〉
　　　　se **fjern**syn: Vi ser fjernsyn.〈私たちはテレビ（の番組）を見ます．〉
※ læser は文中で強勢がおかれるときには，stød を伴って発音されるが，Han læser avis. のようにユニット強勢の一部となる場合には，強勢そして stød は失われる．

2．動詞＋副詞

　　例：komme **hjem**: Hvornår kommer hun hjem?〈彼女はいつ帰宅しますか？〉
　　　　handle **ind**: William handler ind.〈ヴィリアムは買い出しにいきます．〉

have **med**: Har du en opskrift med?〈レシピを持ってきていますか？〉

3．動詞 gå ＋副詞句

例：gå i **sko**le: De går i skole.　　　〈彼らは学校に通っています。〉
　　gå i **kir**ke: Hun går i kirke om søndagen.〈彼女は毎週日曜教会に行きます。〉
　　gå i **seng**: Hvad tid går du i seng?　〈何時に寝ますか？〉

4．数量詞＋名詞

例：en kop **kaf**fe, et glas **saft**, en flaske **rød**vin〈1本の赤ワイン〉

5．名前＋名字

例：William **Ras**mussen, Helle Thorning-**Schmidt**, Arne **Ja**cobsen

綴りと発音のズレ

　綴りと実際の発音に大きなズレが見られることは，デンマーク語の発音の大きな特徴の1つである．以下では，綴りと実際の発音におけるズレから生じる様々な注意事項について見ていこう．

── 縮小された発音：Reduktion ──

　ここでは，よく使われる語に見られる発音の縮小形について取り上げる．以下で取り扱う語は，強勢がおかれない場合には，縮小された発音で読まれる．よく使われる語なので，早い段階でこの縮小形の発音に慣れるようにしよう．

　　　代名詞：　　　　　jeg, mig, dig, sig, det
　　　動詞（不定詞形）：　tage, give, blive, lide, have, bede
　　　動詞（現在形）：　　tager, giver, bliver, siger, spørger
　　　法助動詞：　　　　skal, vil, kan, skulle, ville, kunne
　　　前置詞：　　　　　med, til, ved, af
　　　副詞：　　　　　　ikke, også
　　　接続詞：　　　　　og

―― 強勢がおかれない変化語尾の発音：Tryksvage endelser ――

デンマーク語では，名詞の変化語尾，また動詞の屈折語尾などでは，そこに強勢がおかれないために，綴りと実際の発音にズレが生じる．ここで１つずつ確認していこう．

| -er |

語尾 -er は，[ɔ] と発音する．
1．動詞の現在形　　　　　　例：komm**er**, arbejd**er**, hedd**er**
2．名詞の複数形　　　　　　例：reol**er**, tegning**er**, værels**er**
3．-er で終わる名詞　　　　例：dansk**er**, japan**er**, lær**er**

| -ere |

語尾 -ere は，[ɔː] と発音する．
1．名詞の複数形　　　　　　例：dansk**ere**, japan**ere**, lær**ere**
2．形容詞の比較級　　　　　例：høj**ere**, dygtig**ere**, læng**ere**

| -et |

語尾 -et の -t は，[ð] と発音する．
1．中性名詞の単数既知形　　例：hus**et**, universitet**et**, barn**et**
2．動詞の過去分詞形　　　　例：snakk**et**, lav**et**, bo**et**
3．-et で終わる形容詞　　　例：stress**et**, begejstr**et**, interesser**et**

| -ede |

語尾 -ede の -de は，[ðː] と発音する．
1．動詞の過去形　　　　　　例：tegn**ede**, arbejd**ede**, bo**ede**
2．-et で終わる形容詞の既知形，複数形
　　　　　　　　　　　　　例：stress**ede**, begejstr**ede**, interesser**ede**

| -e |

語尾 -e は文中において，[b, d, g, f, s] という発音，つまり p, b, t, k, g, f, s という文字の後では，発音されないことが多い．（ただし，[ə] として発音される場合もある．）
1．動詞の不定詞形
　　　　例：spis**e**: Hvad tid skal vi spis**e** frokost?

snakke: I skal snakke dansk.
2．動詞の過去形
例：købte: De købte et hus.
talte: I talte dansk.
3．-e に終わる名詞（の変化形）
例：huse: Der er mange huse på gaden.
kaffe: Der er kaffe på kanden.

—— 音の同化：Assimilation ——

強勢がおかれない e は，[ə] とは発音されずに，その直前の音と同化することがよくある．

まずは，[ə] が直前の母音と同化している例を見ていこう．

[i:]	pige	[y:]	nye	[u:]	uge
[e:]	egentlig	[ø:]	søge	[o:]	gode
[æ:]	læge			[å:]	gående
[ɑ:]	kage			[å:]	hårde
[α:]	bare				

次に，[ə] が直前の子音と同化している例を見ていこう．子音が長く発音されていることに注意．

[n:]	hende, kende
[m:]	komme, samme
[l:]	spille, holde
[ŋ:]	mange, penge
[ð:]	vide, møde
[i:]	dreje, leje
[w:]	gave, lave
[ɔ]	lære, gøre

単語レベルに限らず，音の同化は語と語にまたがっても起こることがある．よく使われるフレーズでは，音の同化が起きることが多いので，早いうちに習得するようにしよう．

14

1. jeg er   [$jαα$]   Jeg er japaner.
2. du er   [duu]   Du er dansker.
3. vi er   [vii]   Vi er smukke.
4. I er   [ii]   I er flotte.
5. de er   [dii]   De er dyre.
6. det er   [dee]   Det er Peter.
7. hvad er   [vaa]   Hvad er klokken?
8. hvor er   [$våå$]   Hvor er du henne?
9. der er   [$dαα$]   Der er et hus.

1 Præsentation og hilsner 紹介と挨拶

Lektion 1

私は日本出身です
Jeg kommer fra Japan

Rie: Hej, jeg hedder Rie. Hvad hedder du? ①
Linus: Jeg hedder Linus.
Rie: Hvordan staver du det?
Linus: Jeg staver det L-I-N-U-S. Hvor kommer du fra?
Rie: Jeg kommer fra Japan. Kommer du fra Danmark?
Linus: Nej, det gør jeg ikke. Jeg er svensker.
Rie: Nå ok. Taler du dansk? ②
Linus: En gang til, tak.
Rie: Taler du dansk?
Linus: Ja, det gør jeg.
Jeg taler svensk, engelsk, dansk og lidt fransk. Hvad taler du?
Rie: Jeg taler japansk og engelsk. Og jeg taler også lidt dansk.

Linus: Hvor kommer han fra?
Rie: Han kommer fra Frankrig.
Linus: Taler han dansk?
Rie: Det ved jeg ikke. Hvor kommer hun fra? ③
Linus: Hun kommer fra Polen.
Rie: Taler hun dansk?
Linus: Nej, det gør hun ikke. Hun taler kun polsk.

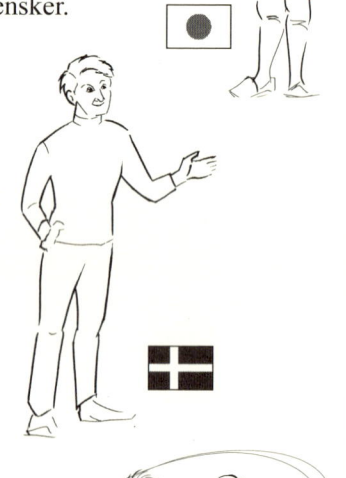

語句

præsentation:［名］紹介
hilsner:［名］挨拶
lektion:［名］（教科書の）課
Rie:［固］りえ（日本人の女性名）
hej:［間］こんにちは，はじめまして；やあ，おい
jeg:［人代］私は・が
hedder:［動］〜という名前である，〜と称する
hvad:［疑代］何？
hvad hedder du?: あなたの名前は何ですか？ …何といいますか？
Linus:［固］リーヌス（スウェーデン人の男性名）
hvordan:［疑副］どのように？
staver:［動］綴る
du:［人代］あなたは・が
det:［人代］それ
hvor:［疑副］どこ？
kommer:［動］来る
fra:［前］〜から
Japan:［固］日本
Danmark:［固］デンマーク
nej:［間］いいえ
gør:［動］する
ikke:［副］［否定辞］〜（し）ない

er:［動］〜である
svensker:［名］スウェーデン人
nå:［間］（あいづちをうって）なるほど，ああ
ok:［間］わかりました，OK
taler:［動］話す
dansk:［名］デンマーク語
en:［数］1
gang:［名］回，度
en gang til: もう一回
tak:［間］ありがとう
ja:［間］はい
svensk:［名］スウェーデン語
engelsk:［名］英語
og:［接］そして
lidt:［副］少し
fransk:［名］フランス語
japansk:［名］日本語
også:［副］〜もまた
han:［人代］彼は・が
Frankrig:［固］フランス
ved:［動］知っている
hun:［人代］彼女は・が
Polen:［固］ポーランド
kun:［副］〜だけ，〜しかない
polsk:［名］ポーランド語

よく使われる表現

① 【こんにちは】：Hej

Hej は「こんにちは」という意味で，比較的年齢の若い人たちの間で最もよく使われる表現．しかし，「こんにちは」という意味では，Goddag や Dav なども使われる．Goddag は Hej に比べ，あらたまった感じがする言い方であり，Dav は年配の方の，あるいは方言色のある言い方である．

② 【なるほど／そうなの】: Nå
　デンマーク語であいづちといえば，このnåである．さまざまな場面で使われるが，ただ単に「なるほど」や「ふーん」程度の意味で使う場合には，なるべく母音を短くして発音することを勧める．
③ 【知りません／分かりません】: Det ved jeg ikke
　相手の質問に対して，その答えを自分が知らない，または分からないときに使われる．ただし，相手がいっている（質問の）内容が分からないときに使う表現ではないので，注意すること．

1.1　人称代名詞・主格

人の紹介に必要な人称代名詞の主格形を見てみよう．

	単数		複数	
1人称	jeg	〈私〉	vi	〈私たち〉
2人称	du	〈あなた〉	I	〈あなたたち〉
3人称	han hun	〈彼〉 〈彼女〉	de	〈彼(女)ら〉

　人称代名詞には上記の「ひと」を表すもののほか，先行する物事を指す，英語のitに相当するdetもある．（☞2.3）

1.2　動詞の現在形

　hedder〈～と称する〉, staver〈綴る〉, kommer〈来る〉, taler〈話す〉のようにほとんどの動詞の現在形は-erに終わる．これは，主語が1人称単数（jeg〈私〉）であろうと，2人称単数（du〈あなた〉）であろうと，3人称単数（han/hun〈彼/彼女〉）であろうと，また複数（vi〈私たち〉，I〈あなたたち〉，de〈彼ら〉）であろうと同様である．つまり，デンマーク語においては，動詞に人称変化がないということである．ちなみに，現在形語尾の-erは「ア」のような響きになる．
　なお，gør〈する〉, er〈～である〉, ved〈知っている〉のように，上記のような現在形とは異なる現在形をしている動詞も若干存在する．（☞8.1.2）

1.3　主語と定形動詞の倒置

　　Taler han dansk?〈彼はデンマーク語を話しますか？〉
　　Det *ved jeg* ikke.〈それは私は知りません．〉
の返答に見られるように，文の主語以外の文構成素，例えば目的語 det を文の流れからテーマ化あるいは強調したい場合には文頭に置く．その場合，主語と定形動詞の倒置が起こる．(☞5.2)

　　Jeg ved det ikke.〈私はそれを知りません．〉
　　　　↓
　　Det *ved jeg* ikke.

1.4　「はい／いいえ」で答える疑問文（全体疑問文）

　　Kommer du fra Japan?〈あなたは日本から来ましたか？〉
　　Taler du dansk?　　　〈あなたはデンマーク語を話しますか？〉

　どのような動詞であっても，英語の do/does ような代動詞を用いることはなく，主語と定形動詞の語順をひっくりかえすだけである．なお文イントネーションは，英語とは異なり，文末に向かって上昇することはない．

1.5　疑問詞に始まる疑問文（特定疑問文）

　　Hvad hedder du?　　　〈あなたの名前は何といいますか？〉
　　Hvordan staver du det?〈あなたはそれをどのように綴りますか？〉
　　Hvor kommer du fra?　〈あなたはどこから来ましたか？〉
　　Hvad taler du?　　　　〈あなたは何を話しますか？〉

　疑問副詞や疑問代名詞のような疑問詞は，英語同様，文頭に置く．また，文イントネーションは，英語同様，文末に向かって上昇することはない．

1.6　「はい／いいえ」で答える疑問文（全体疑問文）への返答

　全体疑問文は，人称代名詞等を適切な形に変更する必要があることもあるが，基本的には疑問文の内容をそのままくり返すことで返答することができる．

　　Kommer du fra Japan?

– Ja, jeg kommer fra Japan./Nej, jeg kommer ikke fra Japan.
　　Taler du dansk? – Ja, jeg taler dansk./Nej, jeg taler ikke dansk.
　ただ，このように先行する疑問文の文言をそのままくり返すことは，実際にはまれであり，ふつうは短い答え方をする．

1.7　短い答え――その1

　短い答え方をする場合には，疑問文に含まれる定形動詞が，英語のbe動詞, have動詞やwill, canなどの法助動詞に相当するものである場合には，短い答えの文に同じ動詞をそのまま使うが，定形動詞がこれら以外の動詞の場合には，代動詞gørを用いる．また，先行の疑問文の陳述内容から主語と定形動詞を除いた部分を人称代名詞detで受ける．この場合，情報の流れから，detが文頭に置かれ，その結果，定形動詞と主語が倒置される．
　　Er du svensker? – Ja, det er jeg./Nej, det er jeg ikke.
　　Kommer du fra Japan? – Ja, det gør jeg./Nej, det gør jeg ikke.
　　Taler du dansk? – Ja, det gør jeg./Nej, det gør jeg ikke.

このdetを用いないで
　　Er du svensker? – Ja, jeg er./Nej, jeg er ikke.
とする答え方もあるが，この答え方は"ぶっきらぼうな"印象を与えると感じる人もいるようなので，勧められない．

「いいえ」で答える場合のフォロー
　また，「いいえ」で答える場合には，
　　Kommer du fra Danmark? – Nej, det gør jeg ikke. Jeg er svensker.
のように，単に質問の内容を否定するだけでなく，それに加えて正しい情報を伝えるように心がける必要がある．

1.8　国籍等を表す場合には不定冠詞を用いない

　Jeg er svenskerのように，国籍等を表して「○○は△△人である」という文においては不定冠詞を用いない．（☞2.1）

1.9 国名・〜人・〜語 / [形容詞] 〜（風）の

	国名	〜人	〜語 / 〜（風）の
デンマーク	Danmark	dansker	dansk/ =
スウェーデン	Sverige	svensker	svensk/ =
ノルウェー	Norge	nordmand	norsk/ =
アイスランド	Island	islænding	islandsk/ =
フィンランド	Finland	finne	finsk/ =
ドイツ	Tyskland	tysker	tysk/ =
オランダ	Holland	hollænder	hollandsk/ =
イギリス	England	englænder	engelsk/ =
フランス	Frankrig	franskmand	fransk/ =
イタリア	Italien	italiener	italiensk/ =
スペイン	Spanien	spanier	spansk/ =
ポルトガル	Portugal	portugiser	portugisisk/ =
スイス	Schweiz	schweizer	fransk, italiensk, tysk, rætoromansk / schweizisk
オーストリア	Østrig	østriger	tysk/østrigsk
ポーランド	Polen	polak	polsk/ =
ロシア	Rusland	russer	russisk/ =
ハンガリー	Ungarn	ungarer	ungarsk/ =
トルコ	Tyrkiet	tyrker	tyrkisk
エジプト	Egypten, Æ-	egypter, æ-	arabisk / egyptisk, æ-
インド	Indien	inder	hindi など /indisk
中国	Kina	kineser	kinesisk / =
韓国	Sydkorea	koreaner	koreansk / =
日本	Japan	japaner	japansk / =
アメリカ合衆国	USA	amerikaner	engelsk / amerikansk
カナダ	Canada	canadier	engelsk, fransk / canadisk
メキシコ	Mexico	mexicaner	spansk / mexicansk
ブラジル	Brasilien	brasilianer	portugisisk / brasiliansk
オーストラリア	Australien	australier	engelsk / australsk

1.10　コンマ法（列挙の場合）

「スウェーデン語と英語とフランス語とデンマーク語」のように複数のものを並列して列挙する場合，svensk og engelsk og fransk og dansk のように og ... og ... og をくり返すことはもちろん可能であるが，ふつうは最後の og だけを残して他の og は省略する．この場合，会話では省略した og の代わりに間（ポーズ）を置くが，文字にする時には，svensk, engelsk, fransk og dansk のように，省略した og の代わりにコンマを打つ．英語の場合，Swedish, English, French, and Danish のように，最後の部分が ..., and Danish というように (, and) となるようであるが，デンマーク語では，コンマはあくまでも省略した og の代わりであるので，コンマと og を連続させて (, og) となることはない．

コペンハーゲン中央駅のそばにあるチボリ公園 (Tivoli)

練習問題

発音練習

Udtale 1: 短母音はそのまま，長母音には（：）を，stød 付き音は（'）を付けなさい．

Rie, Linus, du, Japan, japaner, dansk, tak, nej, ikke, kun, staver, Frankrig

文法練習

Grammatik 1A: 次の文を疑問文に変えなさい．

1. Du kommer fra Japan → *Kommer du fra Japan?*
2. Han er svensker
3. Hun taler kun dansk
4. I taler også italiensk
5. Du er ikke franskmand
6. Han staver det P-E-R

Grammatik 1B: 文意にあうように空欄を埋めなさい．

1) "Kommer Yurie _____ Naoto _____ Kina?" "Nej, _____ _____ _____ _____. _____ _____ _____ Japan."
2) "Taler du og Shinzo japansk?" "Ja, _____ _____ _____. _____ kommer _____ Shizuoka."
3) "_____ Fukumi også fra Shizuoka?" "_____, _____ _____ _____ ikke. _____ kommer _____ Fukuoka."
4) "Er Linus svensker?" "_____, _____ _____ _____. _____ _____ fra Stockholm."
5) "Kommer Marie og _____ fra England?" "_____, _____ _____ vi _____. _____ _____ _____ Belgien."
6) "Hedder du Ayame?" "_____, _____ _____ _____."

Grammatik 1C: 文意にあうように空欄を埋めなさい．

1) A: Hej, _____ _____ Nao. _____ hedder _____?
2) B: _____ _____ Kamilla.
3) A: _____ _____ fra Danmark?
4) B: Ja, _____ gør _____. Er _____ kineser?
5) A: Nej, _____ _____ _____ ikke. _____ kommer _____ Japan. _____ du japansk?
6) B: Nej, _____ _____ _____ _____. Taler _____ dansk?
7) A: _____, lidt.

聞き取り練習

Lytteøvelse 1A: 以下の文の内容が正しければ R（rigtigt）を，間違っていれば F（forkert）を選びなさい．

1. Hun hedder Rigge	R / F
2. Hun taler engelsk	R / F
3. Hun taler spansk	R / F
4. Han er kineser	R / F
5. Han taler kinesisk	R / F

Lytteøvelse 1B: 8人が自己紹介をしています．読み上げられるデンマーク語から，彼らの名前（navn），国籍（何人か）（nationalitet），話す言語（sprog）を聞き取りなさい．

和文デンマーク語訳

次の日本語をデンマーク語に訳しなさい．

1) A：彼女の名前は何といいますか？
2) B：彼女は Erika といいます．

3) A：彼女は日本人ですか？
4) B：いいえ，ちがいます．彼女はポーランドから来ました．
5) A：彼女はデンマーク語を話しますか？
6) B：はい，話します．彼女はポーランド語，ロシア語，ドイツ語，英語と少しデンマーク語を話します．

コラム 1　デンマーク語ってどんな言葉？

　デンマークの近隣国であるスウェーデンで話されているスウェーデン語，そしてノルウェーの公用語の1つであるブークモールは，デンマーク語に非常に近い関係にある言語です．お互いにそれぞれの言語を使って会話をしても，会話の進行に問題が生じないほどに近い関係にあります．筆者自身も，スウェーデンに行ってもデンマーク語を話しますし，ノルウェーに行ってもデンマーク語を話します．もちろん相手はそれぞれの言語で返答をしてくるわけですが，スウェーデン語やノルウェー語とデンマーク語の違いに慣れてくれば，相手の話すスウェーデン語・ノルウェー語を理解することができるようになります．

ご近所からはからかわれることも...

　とはいっても，それぞれの言語には違いもあるわけで，スウェーデンやノルウェーの皆さんは，デンマーク語を耳にすると，からかわずにはいられないようです．デンマーク語を描写するのによく使われる表現の1つとして，「熱いジャガイモを口に入れたまま話しているような言語」というものがあります．つまり，「モゴモゴ」いっていて，よく聞き取れない．ということがいいたいのでしょう．

　このようにご近所からは，からかわれることも多いデンマーク語ですが，アンデルセンの童話が書かれたのもデンマーク語，そして実存主義の先駆者といわれるキルケゴールがその思想を綴ったのもまたこのデンマーク語なのです．アンデルセンやキルケゴール以外にもデンマークは素晴らしい作家や思想家を数多く輩出しています．彼らの書いた物語や思想をデンマーク語で読むことができるというのはこの上ない魅力です．確かに発音は聞き取りづらく難しく感じるかもしれませんが，デンマーク語を学んでいくにつれこの独特の発音にも愛着が湧いてくるはずです．

Lektion 2

あなたは何歳ですか？
Hvor gammel er du?

Linus: Godmorgen, Rie. Hvordan går det? ①②
Rie: Det går fint. Hvordan har du det?
Linus: Jeg har det ikke så godt. Jeg er lidt træt.

Linus: Hvor gammel er du? ③
Rie: Jeg er 23. Hvor gammel er du?
Linus: Jeg er 31. Hvad hedder du til efternavn? ④
Rie: Jeg hedder Hashimoto til efternavn. Hvad hedder *du* til efternavn?
Linus: Altså… jeg hedder Linus til fornavn, Strand til mellemnavn og Larsson til efternavn. Linus Strand Larsson.
Rie: Ok. Jeg har ikke et mellemnavn. Jeg har kun et fornavn og et efternavn.
Linus: Hvad laver du i Danmark? ⑤
Rie: Jeg er studerende. Jeg lærer dansk. Hvad laver *du*?
Linus: Jeg arbejder på en restaurant.

Rie: Hvem er han?
Linus: Han hedder Hans. Han er lærer.
Rie: Hvad hedder han til efternavn?
Linus: Han hedder Frandsen til efternavn.
Rie: Hvor gammel er han?
Linus: Han er 54.

語句

hvor: ［疑副］どのくらい，どの程度？
gammel: ［形］古い；年老いている
godmorgen: ［間］おはよう
går: ［動］行く
hvordan går det?: 調子はどうですか？ご機嫌いかがですか？
fint: ［副］よく，うまく
det går fint: 調子いいです
har: ［動］持っている
hvordan har du det?: ご機嫌いかがですか？
ikke så 〜 : それほど〜ない
godt: ［副］よく，うまく
har det godt: 元気である
træt: ［形］疲れている
23 = treogtyve: ［数］23
31 = enogtredive: ［数］31
efternavn: ［名］名字
hedder 〜 til efternavn: 名字を〜という
altså: ［間］ええとねえ
fornavn: ［名］名前
Strand: ［固］ストラン
mellemnavn: ［名］ミドルネーム
Larsson: ［固］ラーソン
et: ［不冠］ある1つの
laver: ［動］する
i: ［前］〜（の中）で
studerende: ［名］大学生
lærer: ［動］習う，学ぶ
arbejder: ［動］働く
på: ［前］〜で，〜の上で
en: ［不冠］ある1つの
restaurant: ［名］レストラン
hvem: ［疑代］誰？
Hans: ［固］ハンス（デンマーク人の男性名）
lærer: ［名］教師
Frandsen: ［固］フランスン（デンマーク人の名字）
54 = fireoghalvtreds: ［数］54

よく使われる表現

① 【おはようございます】：Godmorgen

テキストでは，朝の挨拶としてGodmorgenが使われているが，ここで他の時間帯に使える挨拶も紹介しておく．

　　Godaften〈こんばんは〉，Godnat〈おやすみ〉

② 【ご機嫌いかがですか？／調子はどうですか？】：

　　Hvordan går det? / Hvordan har du det?

この2つの表現が，相手の調子や機嫌をたずねる場合に最もよく使われる．Hvordan har du det? が健康状態をたずねる場合に使われるのに対して，Hvordan går det? は健康状態だけではなく，暮らしぶりや生活の状態などについてたずねる場合にも使われる．これらの質問への答え方は，

Hvordan har du det?
- Tak, jeg har det godt/fint. 〈ありがとう，いいです．〉
- Tak, jeg har det ikke så godt. 〈ありがとう，あまりよくありません．〉
Hvordan går det?
- Tak, det går godt/fint. 〈ありがとう，いいです．〉
- Tak, det går ikke så godt. 〈ありがとう，あまりよくありません．〉

と，答えるのが一般的であるが，もっと手短に
- Tak, godt/fint.
と答えても構わない．

また Hvordan står det til? – Tak, det står godt til. / Tak, det står ikke så godt til. という言い方も使うことができる．

③【おいくつですか？】: Hvor gammel er du?

相手に年齢をたずねる場合に使われる．hvor ではなく gammel を強く読むようにしよう．答え方としては以下の3パターンが一般的である．

　　Jeg er 23 år gammel.
　　Jeg er 23 år.
　　Jeg er 23.

④【名字は何といいますか？】: Hvad hedder du til efternavn?

名字，名前，ミドルネームなど特定の部分についてたずねたい場合には，前置詞 til を用いて次のようにたずねよう．

　　Hvad hedder du til fornavn?
　　Hvad hedder du til mellemnavn?

⑤【職業は何ですか？】: Hvad laver du?

相手の職業をたずねるときには，動詞 lave を用いて Hvad laver du? とたずねるのが一般的である．この質問に対しては，

　　Jeg er studerende. 〈私は大学生です．〉
　　Jeg er lærer. 〈私は教師です．〉

のように職業名を使って答えることもできるし，

　　Jeg arbejder på en restaurant.〈私はレストランで働いています．〉

のように「～で働いている」と返答することもできる．

2.1 不定冠詞

数えることのできる名詞（可算名詞）にはふつう不定冠詞を付ける．

Jeg har ikke *et* mellemnavn. Jeg har kun *et* fornavn og *et* efternavn.

しかし職業，身分，国籍等を表す名詞は，「○○は△△（人）である」という文においては不定冠詞を用いない．

Han er lærer. 〈彼は先生です．〉

Jeg er svensker.〈私はスウェーデン人です．〉

2.2　数詞 ── 基数詞 ──

物の個数を表すものを基数詞という．デンマーク語の基数詞は以下のとおりである．

1	en/et	6	seks	11	elleve	16	seksten
2	to	7	syv	12	tolv	17	sytten
3	tre	8	otte	13	tretten	18	atten
4	fire	9	ni	14	fjorten	19	nitten
5	fem	10	ti	15	femten	20	tyve

なお，0（ゼロ）は nul という．

20 をこえる二桁の数字は一桁の数字を先にいい，例えば 21 は enogtyve のように「1 と 20」という．

21	enogtyve	26	seksogtyve
22	toogtyve	27	syvogtyve
23	treogtyve	28	otteogtyve
24	fireogtyve	29	niogtyve
25	femogtyve		

30	tredive	40	fyrre	50	halvtreds	60	tres
70	halvfjerds	80	firs	90	halvfems			

```
          100   (et) hundred(e)
        1.000   (et) tusind(e)
    1.000.000   en million,［複］millioner
1.000.000.000   en milliard,［複］milliarder
```

2.3 人称代名詞の変化表

人称代名詞の主格と目的格と所有格のすべての変化形を表にすると下のようになる．

		単数			複数		
		主格	目的格	所有格	主格	目的格	所有格
1人称		jeg〈私〉	mig	——	vi〈私たち〉	os	vores
2人称		du〈あなた〉	dig	——	I〈あなたたち〉	jer	jeres
3人称	男性	han〈彼〉	ham	hans	〈彼ら〉 de〈彼女ら〉 〈それら〉	dem	deres
	女性	hun〈彼女〉	hende	hendes			
	共性	den 〈それ〉	dens				
	中性	det	dets				

　このほか，彼ら（de, dem, deres）と同じ発音ではあるが，文中においても常に大文字で始める De, Dem, Deres〈（敬称の）あなた（がた）〉がある．この語は，現在では会話で耳にすることは非常にまれである．例えば，店で年配の店員が顧客に対して用いる場合が考えられる．また，役所が住民に，企業が顧客に向ける手紙・案内等において用いられる．あるいは，見知らぬ外国の人に向ける手紙やメール等で用いられることもあるが，これは，現代デンマーク語本来の用法ではなく，外国語における代名詞の用法を考慮し，丁寧さに欠けると誤解されることを避けるためであろう．

　なお，mig と dig の ig の部分の発音は非常に特殊で「アイ」のように二重母音として発音される．ig がこのように二重母音の発音になるのはこのような人称代名詞の場合しかない．

練習問題

発音練習

Udtale 2: 強勢がある箇所に下線を引きなさい.

1) Hvordan går det?
2) Hvordan har du det?
3) Det går fint
4) Jeg har det godt
5) Jeg har det ikke så godt
6) Jeg hedder Rie til fornavn

文法練習

Grammatik 2A: キーワードにあう国名，人名（国籍），言語名を書きなさい.

	Nøgleord	*Land*	*Nationalitet*	*Sprog*
1	Shakespeare, The Beatles			
2	LEGO, BODUM, H. C. Andersen			
3	Volvo, Saab, IKEA			
4	Mumi, Ittala, Marimekko			
5	Munch, Grieg			
6	Hollywood, NASA			
7	Kurosawa, Haruki Murakami			
8	Mao, Jasmin-te, Oolong-te			
9	Samsung, Hyundai, LG			
10	Stalin, Tolstoj, Tjajkovskij			

Grammatik 2B: 回答にあう疑問文を hv- 疑問詞を用いて作りなさい.

1) "_____" "Jeg er 25"
2) "_____" "Han er lærer"
3) "_____" "Hun er studerende"
4) "_____" "De kommer fra Japan"
5) "_____" "Det går fint"

6) "_____" "Vi hedder Larsen til efternavn"
7) "_____" "Jeg taler koreansk og lidt norsk"
8) "_____" "Du hedder Kiire til efternavn"
9) "_____" "I taler swahili"

聞き取り練習

Lytteøvelse 2A: 以下の文の内容が正しければ R を，間違っていれば F を選びなさい．

1. Mette hedder Andersen til efternavn   R / F
2. Mette er lærer   R / F
3. Mette er 62 år gammel   R / F
4. Søren er lærer   R / F
5. Søren er svensker   R / F
6. Søren er 44   R / F

Lytteøvelse 2B: 8人が自己紹介をしています．彼らの姓・名，年齢，職業を聞き取りなさい．また職業に関しては，下枠内から適当なものを選ぶこと．

| lærer, studerende, læge, tandlæge, arkitekt, journalist, skuespiller, ingeniør |

和文デンマーク語訳

次の日本語をデンマーク語に訳しなさい．

1) A：おはよう，調子どう？
2) B：いいです，ありがとう．
3) A：彼は先生ですか？
4) B：はい，そうです．
5) A：彼の名前は何といいますか？
6) B：彼はハンスといいます．
7) A：彼の名字は何といいますか？
8) B：彼の名字はフランスンといいます．

9) A：彼は何歳ですか？
10) B：彼は 56 歳です．［数字はデンマーク語でフルスペリングすること］

コラム 2　数詞の成り立ち

<u>10 を基にした数詞</u>
　　20 = tyve〔に・じゅう〕=〔2 つの 10〕
　　30 = tredive〔さん・じゅう〕=〔3 つの 10〕
　　40 = fyrretyve〔し・じゅう〕=〔4 つの 10〕

tyve は元々は〈10〉を意味する名詞の複数形であった．30 では，この tyve に相当する部分の音が変化して -dive になった．30 では tre- が〈3〉を表し，40 では fyrre- が〈4〉を表しているが，20 では〈2〉を表す部分が消えてなくなったと考えられている．歴史上のある時点で tyve がもう〈10〉の複数形とは思われなくなったのがその原因であろう．ちなみに，40 はふだんは -tyve を省略して，fyrre という．

<u>20 を基にした数詞</u>
　　50 = halvtreds(indstyve)〔"halvtredje"・"sinde"・"tyve" 2½ × 20〕
　　60 = tres(indstyve)〔"tre"・"sinde"・"tyve" 3 × 20〕
　　70 = halvfjerds(indstyve)〔"halvfjerde"・"sinde"・"tyve" 3½ × 20〕
　　80 = firs(indstyve)〔"fire"・"sinde"・"tyve" 4 × 20〕
　　90 = halvfems(indstyve)〔"halvfemte"・"sinde"・"tyve" 4½ × 20〕

50, 60, 70, 80, 90 は〔○ × 20〕，すなわち〔○・sinde・tyve〕が基になっている．60 と 80 は単に〔3 × 20〕，〔4 × 20〕であるが，50, 70, 90 では帯分数が用いられ，〔2½ × 20〕，〔3½ × 20〕，〔4½ × 20〕のようにいう．ふだんは -indstyve を省略した形を用いる．（帯分数に関しては ☞ 第 9 課のコラム）

ここで注意を要するのは，tyve の意味が 20, 30, 40 では〈10〉であったのに対し，50 以降では〈20〉である点である．つまり，20, 30, 40 はノルド祖語にまで遡れるのに対して，50 ～ 90 は tyve が〈20〉として定着した後の時代，すなわち中世デンマーク語までしか遡れないのである．

Lektion 3

それは何ですか？
Hvad er det?

Rie lærer dansk på en sprogskole. Hun er danskstuderende. Hans er dansklærer.

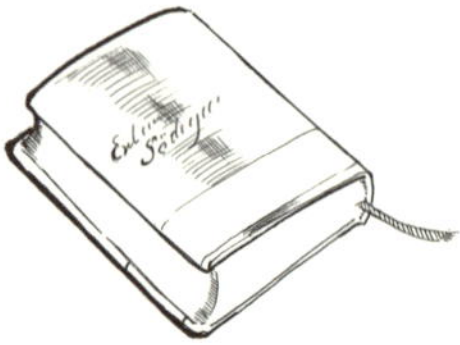

Hans: Hvad er det? ①
Rie:　Det er en bog.
Hans: Er det din bog?
Rie:　Nej, det er det ikke. Det er ikke min.
Hans: Hvis bog er det? ②
Rie:　Det er Martins bog.

Hans: Hvad er det?
Rie:　Det er et penalhus.
Hans: Er det hendes penalhus?
Rie:　Nej, det er det ikke. Det er Thomas'.

Hans: Hvad er din adresse?
Rie:　Hvad betyder det?
Hans: Hvor bor du?
Rie:　Ok, min adresse er Søløvevej 7, 2610 Rødovre.
Hans: Hvad er dit telefonnummer?
Rie:　Mit telefonnummer er 91 73 64 55.
Hans: Hov. Hvad er det?
Rie:　Det er min telefon. Den ringer. Undskyld.

Rie slukker sin telefon, finder sit penalhus og sine bøger og laver lektier.

語句

det:［指代］［中性形］これ，それ，あれ
hvad er det?: これ・それ・あれは何ですか？
sprogskole（en）:［名］語学学校
danskstuderende（en）:［名］デンマーク語（専攻）学生
dansklærer（en）:［名］デンマーク語教師
en:［不冠］（共性名詞と結びつく）
bog（en）:［名］本
din:［所代］［共性形］あなたの
det er det ikke: それはそうではありません
min:［所代］［共性形］私の
hvis:［疑代］誰の？
Martins:［固］マーティンの（デンマーク人の男性名 Martin の所有格）
et:［不冠］（中性名詞と結びつく）
penalhus（et）:［名］筆箱
hendes:［人代］彼女の（hun の所有格）
Thomas':［固］トマスの（デンマーク人の男性名 Thomas の所有格）
adresse（en）:［名］住所
betyder:［動］意味する
bor:［動］住んでいる
Søløvevej:［固］スルーヴェヴァイ（通り名）
Rødovre:［固］レズオウア（コペンハーゲン・コムーネ［市］近郊のコムーネ［市］名）
dit:［所代］［中性形］あなたの
telefonnummer（et）:［名］電話番号；携帯番号
mit:［所代］［中性形］私の
hov:［間］おや，あれ（驚きの気持ちを表す）
telefon（en）:［名］電話；携帯電話
ringer:［動］鳴る
den:［人代］［3人称共性形］それ
undskyld:［間］ごめんなさい；すみません
slukker:［動］（火・テレビなどを）消す；（携帯電話の電源を）切る
sin:［再所代］［共性形］（3人称単数主語の）彼・彼女・それの
finder:［動］見つける
sit:［再所代］［中性形］（3人称単数主語の）彼・彼女・それの
sine:［再所代］［複数形］（3人称単数主語の）彼・彼女・それの
bøger:［名］本（bog（en）の複数形）
lektier:［名］宿題（lektie（en）の複数形）

よく使われる表現

① 【これ／それ／あれは何ですか？】: Hvad er det?

　具体的に目の前にあるものを指して，「これは何ですか？」とたずねる場合に使うだけでなく，遠くにあるものを指して，「あれは何ですか？」とたずねる場合にも使う．また会話の途中に，自分の知らない事柄などが話題になったときにも，「それは何ですか？」という意味で使うことができる．

② 【誰の〜ですか？】: Hvis + 名詞 er det?

　「誰の」を表す疑問詞は，hvis である．この hvis の直後に名詞が置かれる．

Hvis bog er det? / Hvis penalhus er det?

Hvis の直後にくる名詞が共性名詞であっても，中性名詞であっても，または名詞の複数形であっても同じく hvis を使う．

3.1 名詞の性

デンマーク語の名詞には文法上の性がある．デンマーク語の名詞には，現代ドイツ語などと同様，もともと男性，女性，中性といった3性があった．デンマーク語の方言の中にはこの3性を保っているものもあるが，現代標準デンマーク語においては，男性と女性が融合した共性と中性の2性がある．この性の違いは，例えば可算名詞においては付加される不定冠詞の違いによってわかる．

共性名詞：en bog〈本〉，en adresse〈住所〉，en telefon〈電話〉
中性名詞：et penalhus〈筆箱〉，et telefonnummer〈電話番号〉

3.2 紹介文

物を紹介する場合には指示代名詞 det を用いて表す．
Det er en bog. 〈これ / それ / あれは本です．〉
Det er et penalhus. 〈これ / それ / あれは筆箱です．〉
この紹介文の Det er ... の発音は，ノーマルスピードでは det と er が融合して発音され，あたかも er が発音されていないような印象になる点に注意する必要がある．

3.3 物事を受ける3人称単数の人称代名詞

デンマーク語にも，英語の it に相当する，物事を受ける3人称単数の人称代名詞があるが，関係する名詞が共性名詞の単数形ならば den で，関係する名詞が中性名詞の単数形ならば det で表す．またそれらの所有格は dens, dets である．（☞ 2.3）
Det er min telefon. Den ringer.〈あれは私の電話です．それが鳴っています．〉
Den ringer の den は先行文中の min telefon［共性名詞 単数形］を受けている．

3.4 固有名詞の所有格

固有名詞の所有格を表すには，固有名詞に s を付加する．

Det er *Martins* bog.〈これはマーティンの本です.〉

Det er *Ries* adresse.〈これはりえの住所です.〉

なお，この場合，英語の Martin's とは異なり，アポストロフィー（'）を挿入しないことに注意．

一方，固有名詞が「ス」［s］,「シュ」［ʃ］,「ツ」［ds］,「チュ」［dʃ］で終わる場合には，① アポストロフィー（'）を挿入した上で文字 s を付加する，あるいは，② 文字 s を付加するのではなく，代わりにアポストロフィー（'）を付加する，あるいは，③ es を付加する，の3通りがある．しかしながら，② が一番よく用いられるようである．

① Thomas's ② Thomas' ③ Thomases
① Frisch's ② Frisch' ③ Frisches
① Frits's   ② Frits'   ③ Fritses
① Bitsch's ② Bitsch' ③ Bitsches

3.5　群所有格

複数の語が一体となっている場合の所有関係は，この語群の最後の語だけに所有格の -s をつけて表す．

Linus Strand Larsson*s* adresse〈リーヌス・ストラン・ラーソンの住所〉

Rie og Erika*s* lærer〈りえと Erika の先生〉

この場合，りえと Erika には共通の（同一の）先生がいるが，

Rie*s* og Erika*s* lærer〈りえ（の先生）と Erika の先生〉

の場合には，りえと Erika には別々の先生がいることになる．

3.6　所有代名詞 / 人称代名詞の所有格

「私の」,「あなたの」をデンマーク語で表すには所有代名詞を用いる．所有代名詞は関わる名詞の性によって語形変化する．

［共性形］min bog〈私の本〉,［中性形］mit penalhus〈私の筆箱〉

［共性形］din bog〈あなたの本〉,［中性形］dit penalhus〈あなたの筆箱〉

所有代名詞が名詞の前に置かれ付加的に用いられる場合には，強調などの特別な場合を除き，所有代名詞には強勢がない．しかし，名詞が省略され，所有代名詞が単独になった場合や，所有代名詞が主語に対する補語として述語的に用いられる場合には，所有代名詞に強勢が置かれる．なお次の例文中の 'min や 'din の左

上の記号（ˈ）は，記号（ˈ）の後の音節，すなわち min や din に強勢が置かれることを表す．

    Er det din bog? – Nej, det er ikke ˈmin.
    Hvis bog er det? – Det er ˈdin.

「彼の」，「彼女の」，「私たちの」，「あなたたちの」，「彼らの」をデンマーク語で表すには人称代名詞の所有格を用いる．（☞ 2.3）

    hans bog   〈彼の本〉   hans penalhus   〈彼の筆箱〉
    hendes bog 〈彼女の本〉   hendes penalhus 〈彼女の筆箱〉
    vores bog   〈私たちの本〉   vores penalhus   〈私たちの筆箱〉
    jeres bog   〈あなたたちの本〉 jeres penalhus   〈あなたたちの筆箱〉
    deres bog   〈彼らの本〉   deres penalhus   〈彼らの筆箱〉

これらは人称代名詞の所有格であるので，関わる名詞の性によって語形変化することはない．

3.7　再帰所有代名詞

文［正確には，主節や従位節といった節］の主語が3人称単数である場合，同じ文［節］中にある主語のものの所有関係を表すには3人称の人称代名詞の所有格 hans, hendes, dens, dets を用いるのではなく，再帰所有代名詞 sin（共性形），sit（中性形），sine（複数形）を用いる．

    Rie slukker *sin* telefon. 〈りえは自分の電話の電源を切る．〉
    Hun finder *sit* penalhus. 〈彼女は自分の筆箱を見つける．〉
    Hun finder *sine* bøger.   〈彼女は自分の本を見つける．〉

もし，これらの文で主語が3人称単数の女性だからといって，hendes telefon や hendes bøger を用いて次のようにすると，

    Rie slukker *hendes* telefon. 〈りえは（自分とは別の）彼女の電話の電源を切る．〉
    Hun finder *hendes* penalhus. 〈彼女は（自分とは別の）彼女の筆箱を見つける．〉
    Hun finder *hendes* bøger.   〈彼女は（自分とは別の）彼女の本を見つける．〉

Rie と hendes の hende は別の女性になってしまう．Hun と hendes の hende も同様に別人になってしまう．

3.8　短い答え──その2

先行の疑問文の陳述内容から主語と定形動詞を除いた部分を人称代名詞 det で

受けて短い答え方をする場合，定形動詞がerであれば，次のようになる．（☞1.7）
　　Er det¹ din bog?
　　Ja, det² er det¹./Nej, det² er det¹ ikke.
なお，この場合，先行の疑問文の陳述内容から主語と定形動詞を除いた部分を受ける det² が文頭に置かれ，その結果，主語の det¹ が定形動詞の後ろに置かれていることに注意する必要がある．

3.9　住所表示

デンマークでは，住所の表示方法は，以下のとおりである．
　　Søløvevej 7　　　　　通り名＋番地
　　2610 Rødovre　　　　郵便番号＋市の区画

ところで，「～通りに住んでいる」という場合に，通り名が -vej の時には前置詞 på を用い，通り名が -gade の時にはふつう前置詞 i を用いる．
　　Han bor på Søløvevej 7.　　　〈彼はスルーヴェヴァイ7番地に住んでいる．〉
　　Han bor i Gothersgade 14.　　〈彼はゴダスゲーゼ14番地に住んでいる．〉

3.10　電話番号

デンマークでは電話番号は数字を二桁ごとにまとめて表示し，かついう．したがって，91736455 は 91 73 64 55 のように表示し，
　　enoghalvfems treoghalvfjerds fireogtres femoghalvtreds のように読む．

3.11　合成名詞

danskstuderende〈デンマーク語学生〉は dansk〈デンマーク語〉と studerende〈学生〉との合成名詞である．デンマーク語の合成名詞は一語として書くことに注意する必要がある．

練習問題

発音練習

Udtale 3: 1つの語のように発音されている箇所に下線を引きなさい．

1) Hvad er det?   2) Det er en bog   3) Det er ikke en bog
4) Det er et penalhus   5) Det er ikke et penalhus

文法練習

Grammatik 3A: 文意にあうように空欄を埋めなさい．

1) A: Hvad er _____?
2) B: Det _____ _____ taske.
3) A: _____ _____ din taske?
4) B: Nej, _____ _____ _____ _____. _____ _____ ikke _____.
5) A: _____ _____ er det?
6) B: _____ _____ Charlottes.

Grammatik 3B: (　) 内の指示に従って人称代名詞あるいは所有代名詞を入れなさい．

1) Rie finder (Ries) _____ penalhus.
2) Rie finder (Hans') _____ penalhus.
3) Finn og Morten laver (Finn og Mortens) _____ lektier.
4) Finn og Morten laver ikke (Dorte og Belindas) _____ lektier.
5) Rie: "Vi laver (Rie og Linus') _____ lektier sammen."
6) Rie taler med (Ries) _____ dansklærer.
7) Hans slukker (Linus') _____ telefon.
8) Hans til Rie og Linus: "Slukker I ikke _____ telefon?"
9) Linus taler med (Linus') _____ klassekammerater.
10) "Dronning Margrethe, hvor er (Dronning Margrethes) _____

briller?"
11) "Dronning Margrethe, hvor er (Prins Henriks) _____ briller?"
12) "Dronning Margrethe, hvor er (Frederiks og Joachims) _____ briller?"

聞き取り練習

Lytteøvelse 3A: 以下の質問にデンマーク語で答えなさい．

1. Finder Rie et penalhus i klassen?
2. Kender Linus Leos adresse?
3. Hvad laver Elin?
4. Hvad er Leos adresse?
5. Hvad er Leos telefonnummer?

Lytteøvelse 3B: 以下に挙げられている施設の住所そして電話番号を聞き取りなさい．

> *Tivoli, Louisiana kunstmuseum, Den Hirschsprungske samling, Nørrebro Bryghus, Cinemateket*

和文デンマーク語訳

次の日本語をデンマーク語に訳しなさい．

1) Rie: すみません，それは何ですか？
2) Hans: これは携帯電話です．
3) Rie: それは誰の携帯電話ですか？
4) Hans: Erika のです．
5) Rie: Erika の携帯電話が鳴っていますか？
6) Hans: いいえ，ちがいます．私の携帯電話が鳴っています．
7) Hans は自分の携帯電話の電源を切る．

> コラム 3

住所と地図があればどこへでも！

　デンマークでは，全ての通りに名前が付けられていて，通り名を示す看板がその通りの両端にある建物に記されています．また建物の入り口には番地が表示されています．ですので，デンマークでは住所と地図さえあれば，（余程の方向オンチでない限り）その場所に自分で辿り着くことができます．デンマークの住所表示は，一軒家であれば以下のように表されます．（なお，改行して示す場合にはコンマは省きます ☞ 3.9）

①<u>Søløvevej</u> ②<u>7,</u> ③<u>2610</u> ④<u>Rødovre</u>
①【通り名】，②【番地】，③【郵便番号】，④【市の区画】

また，マンションなどの集合住宅に住んでいる場合には，以下のように表されます．

①<u>Jagtvej</u> ②<u>25,</u> ③<u>1.（sal）</u> ④<u>tv.,</u> ⑤<u>2200</u> ⑥<u>København N</u>
①【通り名】，②【番地】．
③【マンションの階数】：階数の表し方については 4 課を参照．
④【踊り場の右か左か】：デンマークでは，マンションなどの集合住宅では一般的に，フロアに 2 戸ずつ住宅が入っています．ですので，そのフロアの左側の 1 戸に住んでいる場合は，tv. = til venstre〈左側〉そして右側の 1 戸に住んでいる場合は，th. = til højre〈右側〉という表記で表します．
⑤【郵便番号】
⑥【市の区画】：コペンハーゲンでは，以下のように，地名の後にアルファベット 1 文字が付け足された表記が用いられます．
　　København N（= nord）：コペンハーゲン北区
　　København S（= syd）：コペンハーゲン南区
　　København Ø（= øst）：コペンハーゲン東区
　　København V（= vest）：コペンハーゲン西区
　　København K（= København）：コペンハーゲン旧市街地

3

通り名を示す看板

2 Familie og bolig 家族と住居

Lektion 4　ラスムスン一家
Familien Rasmussen

Familien Rasmussen bor i et hus i Rødovre. Familien ejer huset. Huset har mange værelser, og Rie lejer et værelse i stuen.② Gitte Rasmussen er 39 år gammel. Hun arbejder på et kontor. William Rasmussen er 37 år gammel. Han underviser i litteratur på et universitet. Universitetet ligger ikke i Rødovre. Det ligger i København.① Gitte og William er gift. Gitte er Williams kone, og William er Gittes mand. De har to børn, en dreng og en pige. Børnene hedder Yrsa og Buller. Yrsa er Bullers søster, og Buller er Yrsas bror. Hun er 11, og han er 7. De er søskende.

Ries forældre bor ikke i Danmark. De bor i Japan. Ries mor hedder Erika, og Ries far hedder Ryo. De er ikke gift mere. De er skilt. Ries mor bor i en lejlighed på 3. sal i Kyoto og betaler 95.000 yen i husleje. ② På 4. bor hendes morfar. Hendes far bor i Kobe. Rie har ikke søskende, så hun er enebarn.

語句

familie（-n, -r）:［名］家族，一家
bolig（-en, -er）:［名］住居
familien:［名］家族，一家（familie の単数既知形）
Rasmussen:［固］ラスムスン（デンマーク人の名字）
bor:［動］住む；住んでいる（bo の現在形）
hus（-et, -e）:［名］家
ejer:［動］所有している（eje の現在形）
huset:［名］家（hus の単数既知形）
mange:［形］多数の
værelser:［名］部屋（værelse (-t, -r) の複数未知形）
lejer:［動］（賃貸料を払って）借りる（leje の現在形）
stuen:［名］1 階（stue (-n) の単数既知形）
i stuen: 1 階に
Gitte:［固］ギデ（デンマーク人の女性名）
år:［名］歳；年（år (-et, -) の複数未知形）
kontor（-et, -er）:［名］事務所，オフィス
William:［固］ヴィリアム（デンマーク人の男性名）
underviser:［動］教える（undervise の現在形）．undervise i ～ ～を教える
litteratur（-en）:［名・単］文学
universitet（-et, -er）:［名］大学
universitetet:［名］大学（universitet の単数既知形）
ligger:［動］横たわっている；（地理的に）ある（ligge の現在形）
København:［固］コペンハーゲン（デンマークの首都）
gift:［形］結婚している
kone（-n, -r）:［名］妻，奥さん
mand（-en, mænd）:［名］夫；男
børn:［名］子ども（barn (-et, børn) の複数未知形）
dreng（-en, -e）:［名］男の子
pige（-n, -r）:［名］女の子
børnene:［名］子ども（barn の複数既知形）
Yrsa:［固］ユアサ（デンマーク人の女性名）
Buller:［固］ブラ（デンマーク人の男性名）
søster（-en, søstre）:［名］姉妹
bror（-en, brødre）:［名］兄弟
søskende:［名・複］兄弟姉妹
forældre:［名・複］両親
mor（-en, mødre）:［名］母親
far（-en, fædre）:［名］父親
mere:［副］より多く，もっと．ikke ... mere もはや～ない
skilt:［形］離婚している
lejlighed（-en, -er）:［名］アパート・マンションの部屋・一区画
3.（= tredje）:［序数］3 番目の
sal:［名］階．på 3. sal 4 階に
betaler:［動］支払う（betale の現在形）
yen（-nen, -）:［名］［日本の通貨単位］円
husleje（-n, -r）:［名］家賃
4.（= fjerde）:［序数］4 番目の
morfar（-en, morfædre）:［名］母方の祖父
så:［接］だから，それなので
enebarn（-et, enebørn）:［名］ひとりっ子

よく使われる表現

① 【〜はどこにありますか？】: Hvor ligger 〜 ?
ある建物がどこにあるかをたずねるときには，上記のようにいう．

Hvor ligger universitetet? 〈大学はどこにありますか？〉
– Det ligger ikke i Rødovre. Det ligger i København.
〈それはレズオウアにはありません．それはコペンハーゲンにあります．〉

よく使うフレーズなので，以下の質問文も覚えてしまおう．

Hvor ligger stationen?　　〈駅はどこにありますか？〉
Hvor ligger posthuset?　　〈郵便局はどこにありますか？〉
Hvor ligger banken?　　　〈銀行はどこにありますか？〉
Hvor ligger biblioteket?　〈図書館はどこにありますか？〉

対象となっている名詞が共性名詞の場合には人称代名詞 den を使って，またそれが中性名詞の場合には人称代名詞 det を使って返答する．

Den / Det ligger derovre. 〈それはあちらにあります．〉

この ligge という動詞は，「横になっている，横たわっている」という意味を持つ．しかし建物がどんなに高さを持つ建物であっても用いられる．

Hvor ligger Tokyo Skytree? 〈東京スカイツリーはどこにありますか？〉
– Det ligger i Sumida-ku. 〈それは墨田区にあります．〉

ちなみに東京スカイツリーのようなタワー・塔は，デンマーク語では中性名詞 tårn (-et, -e) で表される．したがって det で返答文が始められている．

② 【1階に・で】: i stuen, 【4階に・で】: på 3. (tredje) sal

階数を表すときには，序数詞を用いる．また，英国式と同様に数字で表される階数と，実際に使われる序数詞にはズレがあるので注意が必要である．

階数	デンマーク語
5 階	på 4. (fjerde) sal
4 階	på 3. (tredje) sal
3 階	på 2. (anden) sal
2 階	på 1. (første) sal
1 階	i stuen

4.1 名詞の単数形・複数形

デンマーク語の名詞にも英語などと同様，単数形と複数形という数による変化がある．

	単 数 形	複 数 形
共性名詞	en lejlighed	lejligheder
中性名詞	et hus	huse

デンマーク語の名詞の数の変化には，4種類の規則変化および不規則変化がある．

規 則 変 化

	共 性		中 性	
	単 数	複 数	単 数	複 数
-er 型	en blomst〈花〉	blomster	et træ〈木〉	træer
-r 型	en gade〈通り〉	gader	et æble〈リンゴ〉	æbler
-e 型	en stol〈イス〉	stole	et hus〈家〉	huse
-ゼロ型	en sko〈靴〉	sko	et kort〈カード〉	kort

-er 型の例
共性：bil〈自動車〉, blyant〈えんぴつ〉, by〈町, 都市〉, måned〈(年月の) 月〉, station〈駅〉, reol〈本棚〉, ske〈スプーン〉, vært〈ホスト；家主〉etc.
中性：gardin〈カーテン〉, køkken〈キッチン〉, loft〈天井〉, sted〈場所〉, universitet〈(総合) 大学〉etc.

-r 型の例
共性：klokke〈ベル〉, kusine〈(女性の) いとこ〉, lampe〈ランプ〉, nøgle〈キー, 鍵〉, pige〈女の子〉, samtale〈会話〉, skole〈学校〉, stue〈居間〉, uge〈週〉, vase〈花びん〉etc.
中性：billede〈絵；写真〉, tæppe〈カーペット；毛布〉, vindue〈窓〉, værelse〈部屋〉etc.

-e 型の例
共性：dag〈日〉, dreng〈男の子〉, dør〈ドア〉, gang〈回；廊下〉, seng〈ベッド〉, politibetjent〈警察官〉etc.
中性：bord〈テーブル，机〉, brev〈手紙〉, gulv〈床〉, torv〈広場；市（いち）〉etc.

- ゼロ型の例
共性：fisk〈魚〉, mus〈はつかねずみ〉etc.
中性：fjernsyn〈テレビ〉, spørgsmål〈質問〉, svar〈答え〉, år〈年〉etc.

複数形の作り方が不規則変化をする名詞には, en and〈鴨〉: ænder, en mand〈男；夫〉: mænd, en tand〈歯〉: tænder, en hånd〈手〉: hænder, en bog〈本〉: bøger, et barn〈子ども〉: børn, en bror〈兄弟〉: brødre などがある.

4.2　名詞の未知形・既知形

それまでに話題に上ったことのない, 聞き手に未知のものに言及する場合, その名詞は未知形になる. つまり, 不定冠詞を伴い, en blomst, et træ のようにいい, それぞれ英語の a flower, a tree に相当する. なお, blomst, træ のように冠詞を伴わない形を基本形（あるいはゼロ形）という. すなわち, 名詞の単数未知形とは〔不定冠詞＋基本形〕のことをいう.

一方, 話し手と聞き手の双方ともに了解しているものに言及する場合, 英語では定冠詞を付けて the flower, the tree や the street, the apple のようにいうが, デンマーク語では英語の定冠詞に当たる部分が名詞の語尾変化として現れ, blomsten, træet や gaden, æblet のようになり, これらの形を名詞の単数既知形という. なお, 中性名詞の単数既知形語尾の -(e)t は [(ə)ð] と発音される.

名　詞　変　化　表

		単数未知形	単数既知形	複数未知形	複数既知形
-er 型	共性	en blomst	blomsten	blomster	blomsterne
	中性	et træ	træet	træer	træerne
-r 型	共性	en gade	gaden	gader	gaderne
	中性	et æble	æblet	æbler	æblerne
-e 型	共性	en stol	stolen	stole	stolene
	中性	et hus	huset	huse	husene

-ゼロ型	共性	en sko	skoen	sko	skoene
	中性	et kort	kortet	kort	kortene
不規則	共性	en and	anden	ænder	ænderne
	中性	et barn	barnet	børn	børnene

複数形の場合，複数未知形は blomster, træer であり，複数既知形はこれら複数未知形に変化語尾 -ne を加えたものをいう．なお，複数形がゼロ型の場合，すなわち単複同形の名詞の場合には，複数未知形に変化語尾 -ene を加え，skoene, kortene のようにいう．

したがって，新しい名詞を覚える場合には，上のように，単数未知形，単数既知形，複数未知形，複数既知形の4つの形を同時に覚える必要がある．

blomst は辞典等における見出し語としては，ふつう blomst (-en, -er) のように示され，これは単数既知形が blomsten で，複数未知形が blomster であることを示しているが，このことからさらに単数未知形が en blomst で，複数既知形が blomsterne であることが導き出される．同様に barn (-et, børn) から，et barn, barnet, børn, børnene の変化形がわかる．

4.3　所有代名詞 / 人称代名詞の所有格 ＋ 名詞の複数形

「私の」，「あなたの」を表す所有代名詞は名詞の複数形と結びつく場合には複数形になる．(☞ 3.6)

　　［共性形］min bog : **mine** bøger
　　［中性形］mit penalhus : **mine** penalhuse
　　［共性形］din bog : **dine** bøger
　　［中性形］dit penalhus : **dine** penalhuse

一方，「彼の」，「彼女の」，「私たちの」，「あなたたちの」，「彼らの」を表す人称代名詞の所有格の場合には，名詞の複数形と結びついても語形変化をしない．

　　hans bog : hans bøger　　　　　hans penalhus : hans penalhuse
　　hendes bog : hendes bøger　　　hendes penalhus : hendes penalhuse
　　vores bog : vores bøger　　　　vores penalhus : vores penalhuse
　　jeres bog : jeres bøger　　　　 jeres penalhus : jeres penalhuse
　　deres bog : deres bøger　　　　deres penalhus : deres penalhuse

4.4 序数詞

〈何番目〉を表す数詞を序数詞という．デンマーク語では序数はアラビア数字にドット（デンマーク語では punktum という）を添えて表す．例えば，〈1番目〉は 1. = første となる．

（ゼロ番目は nulte という）

1. første	11. ellevte	21. enogtyvende
2. anden, andet	12. tolvte	30. tredivte
3. tredje	13. trettende	40. fyrretyvende
4. fjerde	14. fjortende	50. halvtredsindstyvende
5. femte	15. femtende	60. tresindstyvende
6. sjette	16. sekstende	70. halvfjerdsindstyvende
7. syvende	17. syttende	80. firsindstyvende
8. ottende	18. attende	90. halvfemsindstyvende
9. niende	19. nittende	100. hundrede
10. tiende	20. tyvende	1.000. tusinde
		1.000.000. millionte
		1.000.000.000. milliardte

4.5 親族名称

far (-en, fædre)〈父〉, mor (-en, mødre)〈母〉, forældre〈両親〉, søn (-nen, -ner)〈息子〉, datter (-en, døtre)〈娘〉, bror (-en, brødre)〈兄 / 弟〉, søster (-en, søstre)〈姉 / 妹〉, farfar (-en, farfædre)〈父方の祖父〉, farmor (-en, farmødre)〈父方の祖母〉, morfar (-en, morfædre)〈母方の祖父〉, mormor (-en, mormødre)〈母方の祖母〉, bedstefar (-en, bedstefædre)〈祖父〉, bedstemor (-en, bedstemødre)〈祖母〉, bedsteforældre〈祖父母〉, farbror (-en, farbrødre)〈父方のおじさん〉, faster (-en, fastre)〈父方のおばさん〉, morbror (-en, morbrødre)〈母方のおじさん〉, moster (-en, mostre)〈母方のおばさん〉, onkel (onklen, onkler)〈おじさん〉, tante (-n, -r)〈おばさん〉, fætter (-en, fætre)〈(男性の) いとこ〉, kusine (-n, -r)〈(女性の) いとこ〉, nevø (-en, -er)〈おい〉, niece (-n, -r)〈めい〉

bedstefar は farfar と morfar の両方を指す．同様に bedstemor は farmor と mormor

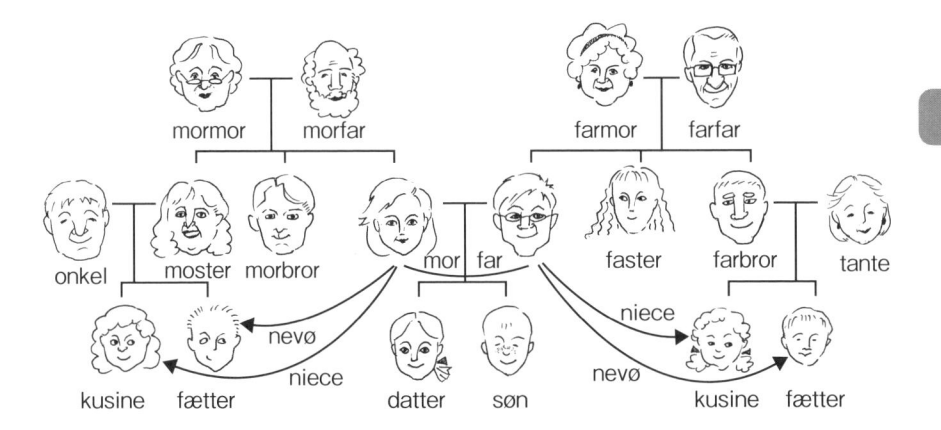

の両方を指す．

　onkelとfarbrorおよびmorbrorの使い方はデンマーク人の間で意見が一致しない．ある家庭では，血のつながったおじさんはfarbrorとmorbrorであり，onkelは血のつながっていないおじさん，つまりfasterやmosterの夫のことを指すとされる．それに対し，onkelが血のつながったおじさんも，血のつながっていないおじさんも指すとする家庭もある．tanteについてもonkelと同様のことがいえる．

兄弟姉妹の表し方

　デンマーク語で兄はstorebror（-en, storebrødre），弟はlillebror（-en, lillebrødre），姉はstoresøster（-en, storesøstre），妹はlillesøster（-en, lillesøstre）というが，加えて兄弟姉妹を表すsøskendeという語もある．兄弟の数を訊く場合に，英語のHow many brothers and sisters do you have? のように訊くのではなく，

　　　Hvor mange søskende har du?
のように訊く．ちなみに，søskendeは複数扱いである．

4.6　名詞の変化：語末音節中の -e- の脱落

　-en, -el, -erに終わる名詞は，単数既知形語尾 -en, -et や複数形語尾 -er, -e が続くと，n, l, r の前の -e- が脱落する傾向にある．ただ，どの単語のどの変化形で -e- が脱落するのかは予測することができないので，単語ごとに覚えなくてはならない．

例：en artikel – artiklen – artikler – artiklerne〈記事〉
　　en bibel – bib(e)len – bibler – biblerne〈聖書，バイブル〉
　　en aften – aftenen – aft(e)ner – aft(e)nerne〈夕方，晩〉
　　et køkken – køkkenet – køkkener – køkkenerne〈台所，キッチン〉
　　en søster – søsteren – søstre – søstrene〈姉／妹〉
　　et nummer – nummeret – numre – numrene〈番号〉

4.7　名詞の変化：-er に終わる名詞の複数既知形

　動詞に -er を付けて，その動詞の表す行為を行なう人や道具を表す名詞やデンマーク人や日本人のように○○人を表す -er に終わる名詞の複数既知形は複数未知形から複数形語尾 -e を取り去ったものに既知形語尾 -ne を加える．

例：en lærer – læreren – lærere – <u>lærerne</u>〈教師〉
　　en oplukker – oplukkeren – oplukkere – <u>oplukkerne</u>〈栓抜き〉
　　en dansker – danskeren – danskere – <u>danskerne</u>〈デンマーク人〉

　なお本書の各課の「語句」と巻末の「語句集」では，この種の名詞の変化形は，例えば，dansker (-en, -e, -ne) のように表示する．

4.8　名詞の変化：同じ子音字の重ね綴り

　単数既知形語尾 -en, -et や複数形語尾 -er, -e あるいは複数既知形語尾 -ene が続くと，単語末の子音字を重ね綴りする名詞がある．

例：en kop – koppen – kopper – kopperne〈カップ〉
　　en kat – katten – katte – kattene〈猫〉
　　et glas – glasset – glas – glassene〈グラス；コップ〉

　これは，例えば koppen や kopper の -pp- の前の -o- が表す母音が短くて強勢があることを示している．ちなみに，デンマーク語には小さな「ッ」で表したくなるような二重子音は存在しないので，koppen は決して「コッペン」のような発音にはならない．

練習問題

発音練習

Udtale 4: [d] に聞こえる文字と，[ð] に聞こえる文字とをマークしなさい．
（☞ 13 ページ）

huset, du, penalhuset, universitetet, navnet, hedde, fornavnet, arbejder, gift, efternavnet, mellemnavnet, litteratur, barnet, Rødovre, skilt

文法練習

Grammatik 4A: 相応しい名詞の形態を選びなさい．

1) Esther bor i *et hus / huset*.
2) *Et hus / huset* ligger i Smørum.
3) Smørum er *en by / byen* på Sjælland i Danmark.
4) Esthers hus har fem *værelse / værelset / værelser / værelserne*.
5) I *værelser / værelserne* har hun mange *møbel / møblet / møbler / møblerne*.
6) Esthers *mand / manden / mændene* er død.
7) Hans *billede / billedet* står på *en kommode / kommoden* i Esthers *stue / stuen*. I stuen har hun også fire *lamper / lamperne*: *en lampe / lampen* i *et loft / loftet* og tre *lamper / lamperne* på *borde / bordene*.
8) Esther er glad for sit *hus / huset*, men hun savner sin *mand / manden*.

Grammatik 4B: 1) を参考に（ ）内の副詞を正しい場所に入れなさい．

1) （også）Rie taler japansk. Hun taler <u>også</u> dansk.
2) （kun）Sana taler polsk. Hun kommer fra Polen.
3) （ikke）Gittes bror har børn, men han har søskende.
4) （aldrig）René taler tit med sin faster, men med sin moster.
5) （også）Yrsas forældre er Bullers forældre.
6) （ikke, ofte）Et hus har to etager. Det har en lejlighed.

7) (også) "Jeg elsker is! Elsker du is?"
8) (kun, ikke) Hun har 100 kroner. Hun køber et fjernsyn.
9) (altid, bare) "Spiser du morgenmad eller en gang imellem?"
10) (aldrig) Janniks kusine kommer næsten på biblioteket.
11) (ikke, også) En dreng er et barn. En pige er et barn. Men en dreng er en pige.
12) (kun, ikke) Min søster har én cykel. Jeg låner cyklen.
13) (også) "Ejer I et sommerhus?"

聞き取り練習

Lytteøvelse 4A: 読み上げられている語がどちらかを聞き取りなさい．

1) hus/huset 2) familie/familien 3) værelse/værelset
4) stue/stuen 5) universitet/universitetet 6) mand/manden

Lytteøvelse 4B: 読まれるテキストを全てデンマーク語で書きなさい．以下の単語もテキストに含まれているので，注意すること．

> Køge, Birte, sammen med, kæreste, Mikael, Per, storebror, lillesøster, Lars, journalist, Roskilde, Sofie, arkitekt, alene

和文デンマーク語訳

次の日本語をデンマーク語に訳しなさい．

1) A：ブラの母方の祖母はどこに住んでいますか？彼女はレズオウアに住んでいますか？
2) B：いいえ，住んでいません．彼女はコペンハーゲンに住んでいます．
3) A：ヴィリアムとギデには子どもが4人いますか？
4) B：いいえ，彼らには2人だけ子どもがいます．
5) Jens の両親は離婚しています．彼らはもう結婚していません．

コラム4 さまざまな家族形態

　デンマークと日本における文化の違いは多々ありますが，「デンマークの家族形態の多様さ」もその1つといえるでしょう．

　デンマークでは，もちろん正式に結婚している人も多くいるのですが，結婚という形式はとらずに同棲を続ける，いわゆる事実婚の形態を選んでいるカップルも多くいます．

　また両親が（離婚をして）別々に暮らしているということもデンマークでは珍しくありません．筆者が友人のお母さんが主催する夕食会に招かれたときのことです．私の友人はその場に居合わせたゲストたちに私を紹介して回ってくれました．「これが私のお母さんの2番目の夫で，お隣が彼の今の奥さん．そしてこちらが私のお母さんの3番目の夫で，そのお隣が彼の今の奥さん．そしてこちらの2人は，私のお母さんの今の夫と彼の前の奥さんとの間の子供です．」人間関係が複雑過ぎて，帰宅するときになっても，誰が誰だかさっぱり分かりませんでした．

　また，デンマークは世界で最初に同性カップルの結婚を認めた国でもあります．2012年には，同性カップルが教会で式を挙げることも認められました．

　しかしこのような一見複雑な家族形態も，デンマークでは決して否定的な評価を受けることはありません．個々人が「自由」にそして「平等」に様々な選択ができる場所というものに，デンマーク人は大きな価値をおいています．デンマークの家族形態には，いわゆる「定型」のような概念はもう存在しないのかもしれません．しかしデンマークの家族形態は，「自由」と「平等」を何よりも好むデンマーク人の気質を表しているものの1つといえるでしょう．

Lektion 5　あなたの部屋に何がありますか？

Hvad er der på dit værelse?

Buller: Hvor mange værelser er der i jeres lejlighed? ①
Rie: Der er fire værelser: mit værelse, mine forældres soveværelse, en spisestue og en dagligstue. Vi har også en entré, et badeværelse og et køkken.
Buller: Hvad er der på dit værelse? ②
Rie: På mit værelse er der en seng, to reoler, to stole og et bord.
Buller: Hvad er der på bordet?
Rie: På bordet er der en computer og en lampe. Der er også et billede.

Rie: Hvor mange værelser har I?
Buller: I vores hus er der seks værelser, to i stuen og fire på 1. sal.
Rie: Hvad er der i stuen?
Buller: I stuen er der en sofa, et sofabord og et fjernsyn. Der er også en computer.
Rie: Hvad laver du i stuen? ③④
Buller: Sommetider ser jeg fjernsyn. Sommetider spiller jeg computer.

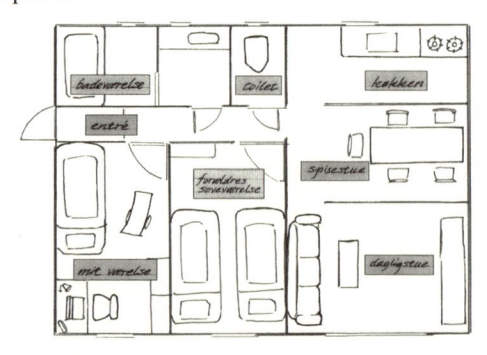

語句

der er 〜 : 〜がある
soveværelse (-t, -r)：[名] 寝室
spisestue (-n, -r)：[名] 食堂，ダイニング
dagligstue (-n, -r)：[名] 居間，リビングルーム
entré/entre (-en, -er)：[名] 玄関
badeværelse (-t, -r)：[名] 浴室，バスルーム
køkken (-et, -er)：[名] 台所，キッチン
seng (-en, -e)：[名] ベッド
reol (-en, -er)：[名] 本棚
stol (-en, -e)：[名] 椅子
bord (-et, -e)：[名] テーブル，机
computer (-en, -e, -ne)：[名] コンピュータ
lampe (-n, -r)：[名] ランプ，電灯，電気スタンド
billede (-t, -r)：[名] 絵；写真

i stuen: リビングルームに
1. (=første)：[序数] 一番目の，最初の
på 1. sal: 2階に・で
sofa (-en, -er)：[名] ソファー
sofabord (-et, -e)：[名] ソファーテーブル
fjernsyn (-et, -)：[名] テレビ（受像機）；（メディアとしての）テレビ（放送）
laver：[動] 〜する（lave の現在形）
sommetider：[副] 時々
ser：[動] 見る；見える（se の現在形）
se fjernsyn: テレビを見る
spiller：[動] ゲームをする；楽器を演奏する；球技等のスポーツをする（spille の現在形）
spille computer: コンピュータゲームをする
toilet (-tet, -ter)：[名] トイレ

よく使われる表現

① 【いくつの〜がありますか？】：Hvor mange 〜 er der?
【いくつの〜を持っていますか？】：Hvor mange 〜 har du?
　数えられるものについて，その数がいくつあるかを知りたい場合には，[hvor mange + 名詞の<u>複数未知形</u>] を使って，「いくつあるのか」あるいは「相手がいくつ持っているのか」ということをたずねることができる．
　　Hvor mange værelser er der i jeres lejlighed?
　　Hvor mange værelser har I?

② 【〜には何がありますか？】：Hvad er der + [場所を表す副詞（句）]
「何がありますか」ということをたずねる場合に使われる．
　　Hvad er der på dit værelse?
　　Hvad er der i stuen?

③ 【リビングでは何をしているの？】：Hvad laver du i stuen?
　この課で使われている Hvad laver du? は，2課のように職業についてたずねている疑問文ではなくて，「（普段は）リビングでは何をしているのか？」ということをたずねている疑問文である．同じ動詞 lave が使われているが，場面や文脈で

意味が異なるので注意が必要である.
④【リビングに・で／1階に・で】: i stuen
　i stuen には，2つの異なる意味があるので注意が必要である．1つ目はこの課で使われている「リビング（居間）に・で」という意味である．2つ目は4課でも使われていた「1階に・で」という意味である．

5.1　不定主語の存在文：der-構文

　デンマーク語では，「～がある」という存在文において主語が未知で不定の場合には形式主語 der で文を始め，不定主語で文を始めることはしない．なお，この der は，場所を表す副詞 der ではないので，決して強勢が置かれることはない．
　　Der er fire værelser i vores lejlighed.〈4つの部屋が私たちのマンションにある．〉
といい，決して *Fire værelser er i vores lejlighed. とはいわない．
　存在文の疑問文は，例えば，以下のようである．
　　Er der mange værelser i jeres lejlighed?
　　　〈あなたたちのマンションにはたくさんの部屋がありますか？〉
　　Hvor mange værelser er der i jeres lejlighed?
　　　〈あなたたちのマンションにはいくつの部屋がありますか？〉
　　Hvad er der i stuen?〈リビングには何がありますか？〉

5.2　主語と定形動詞の倒置

　　Jeg ser sommetider fjernsyn.〈私は時々テレビを見る．〉
という文中の主語以外の文構成素，例えば sommetider〈時々〉をテーマ化，あるいは強調するために文頭に置くことがあるが，その場合，主語と定形動詞が倒置される．別の言い方をすると，デンマーク語の文において，定形動詞は必ず文頭から2番目の位置に置かれる．
　　→ Sommetider ser jeg fjernsyn.〈時々は私はテレビを見る．〉
　der-構文による存在文においても，場所を表す語句などをテーマ化，あるいは強調すると，これを文頭に置くことになり，その結果，形式主語 der と定形動詞 er が倒置される．
　　Der er en computer og en lampe på bordet.〈1台のコンピュータと1つの電気スタンドが机の上にある．〉
　　→ På bordet *er der* en computer og en lampe.〈机の上には1台のコンピュータ

と1つの電気スタンドがある.〉

5.3　住居関連の語彙

　これまでに出てきていない，住居関連の語彙をいくつか挙げる.
ejendom (-men, -me)〈(アパート・マンションの) 建物〉, etageejendom (-men, -me)〈低・中・高層住宅〉, gård (-en, -e)〈(集合住宅等の) 中庭〉, trappe (-n, -r)〈階段〉, opgang (-en, -e)〈建物の階段のある部分，(集合住宅の西階段，東階段などの) 階段〉, gelænder (-et, -e)〈手すり〉, énfamiliehus (-et, -e)〈戸建住宅〉, villa (-en, -er)〈邸宅〉, rækkehus (-et, -e)〈(同じ型の住宅が一列に並んだ) 列状住宅, テラスハウス〉, wc (wc'et, wc'er)〈トイレ〉, kælder (-en, kæld(e)re)〈地下室〉, væg (-gen, -ge)〈(内) 壁〉, tag (-et, -e)〈屋根〉, skorsten (-en, -e)〈煙突〉, altan (-en, -er)〈バルコニー, ベランダ〉, terrasse (-n, -r)〈テラス〉, have (-n, -r)〈庭〉, skur (-et, -)〈小屋, 物置〉, hæk (-ken, -ke)〈生垣〉

5.4　集合住宅の住居表示（住所）

　Vesterbrogade 78, 3. t.v.〈ヴェスタブロ通り78番地四階左〉
ちなみに，t.v. = til venstre〈左に〉は階段踊り場の左手に入口があることを意味している．他に，t.h. = til højre〈右に〉，mf. = midtfor〈中央〉がある．(☞ Lektion 3 コラム)

5.5　ユニット強勢

　se fjernsyn〈テレビを見る〉や spille computer〈コンピュータゲームをする〉のような言い回しは，fjernsyn や computer が可算名詞であるにも関わらず，不定冠詞が付いていない．それは，例えば se fjernsyn がある特定のテレビ受像機を見るのではなく，テレビ放送を見るということを言い回し全体で意味しているからである．se fjernsyn はいってみれば一語のようなものであり，全体で1つのユニットを構成している．その場合にはユニット全体に対して1つの強強勢が置かれ，それは動詞 se には決して置かれず，後ろの要素である fjernsyn に置かれる．これをユニット強勢と呼び，このような状況を $_0$se 'fjernsyn のように表す (se の左下の $_0$ は次の音節 se に強勢がないことを表す．fjernsyn の左上の ' については ☞ 3.6)．このユニット強勢という現象はデンマーク語において非常に重要である．

練習問題

発音練習

Udtale 5: 1つの語のように発音される箇所に下線を引きなさい．

1) Der er en stol
2) Der er også et bord
3) Der er ikke en computer
4) Der er to stole

文法練習

Grammatik 5A: 数詞はデンマーク語で綴り，名詞は適切な変化形にしなさい．

Farzams familie har (7, værelse) _____ i alt: (2, soveværelse) _____ (4, børneværelse) _____ og (1, stue) _____. Farzams mor læser mange (bog) _____. I stuen står der (3, bogreol) _____, og på bogreolerne står der måske (431, bog) _____ ! I loftet hænger der et par (lampe) _____, og der er også (2, gulvlampe) _____ ved sofaen. Der er ikke så mange (vindue) _____. Faktisk er der kun (1) _____. På væggene hænger der (9, billede) _____. I alt har Farzams familie (3, fjernsyn) _____ og (6, seng) _____. Huset koster (7.555, krone) _____ i husleje.

Grammatik 5B: 指定の語句で文が始まるように書き換えなさい．

1) Der er to sofaer i stuen
   • I stuen _____
2) Cinemateket ligger i Gothersgade
   • I Gothersgade _____
3) Der er én stol på kontoret og tre i entréen
   • På kontoret _____
4) Hans farfar er 93, og hans farmor er 89!

- 93 _____, og hans farmor _____!
- 93 _____, og 89_____!

5) "I er ikke japanere!"
   - "Japanere _____!"
6) Han hedder Bo til fornavn
   - Bo _____
   - Til fornavn _____
7) De læser avis, men de ser ikke fjernsyn
   - De læser avis, men fjernsyn _____
8) Lisbeth har en lejlighed, og hun har også et sommerhus
   - Lisbeth har en lejlighed, og et sommerhus _____
9) "Du har også en søn"
   - "En søn _____"

聞き取り練習

Lytteøvelse 5A: 読み上げられている語がどちらかを聞き取りなさい。

1) værelse/værelser   2) stol/stole   3) lampe/lamper
4) bord/borde   5) reol/reoler 6) billede/billeder

Lytteøvelse 5B: 何人の人が住んでいるかを聞き取りなさい。

地名	人数	地名	人数
København		Århus	
Odense		Esbjerg	
Rønne		Thorshavn	
Nuuk		Ålborg	

和文デンマーク語訳

次の日本語をデンマーク語に訳しなさい．

1) Hansen 一家は Hellerup にある邸宅に住んでいます．
2) その邸宅には部屋が7つあります：両親の寝室と居間と食堂が1階に，4部屋が2階に．キッチンとバスルームと地下室もあります．［下線のある部分で文を始めること．］
3) 彼らの居間には何がありますか？
4) ソファーが1つ，ソファーテーブルが1つ，テレビが1台，テーブルが1つ，椅子が6脚，そして本棚が3つあります．
5) 彼らは時々居間でテレビを見ます．

ブラの部屋

コラム5 衣・食・住！住環境にはこだわります！

　衣食住の中でデンマーク人が一番こだわるもの，それは住環境でしょう．日本でもインテリア関係の雑誌などでデンマークを始めとする北欧諸国がよく取り上げられますが，デンマーク人は，自分の暮らす空間をより快適で心が落ち着くものにするため，自分の家でどんな家具を使うか，どのような内装にするのかということに大きなこだわりを持っている人たちです．

　このようなデンマーク人の「家で快適に暮らすこと」に対するこだわりは，デンマークが数多くの建築家そして家具デザイナーを輩出していることからも分かるでしょう．デンマーク国立銀行やオーフース市庁舎の建築で有名なArne Jakobsen（アーネ・ヤコブスン）は建築家としてだけではなく，アントチェアやエッグチェアそしてスワンチェアなどの椅子のデザインでデザイナーとしてもその名が世界的に知られています．

　デザイナーとしては，他にもYチェアで有名なHans Wegner（ハンス・ヴィーナ），そして「椅子の彫刻家」と呼ばれることもあるFinn Juhl（フィン・ユール），「PH-lamper」と呼ばれる一連のランプのデザインで知られるPoul Henningsen（ポウル・ヘニングスン）など名を挙げればきりがありません．また建築家としても，シドニーのオペラハウスを設計したことで知られるJørn Utzon（ヤアン・ウトソン）やコペンハーゲンにあるオペラハウスやデンマーク・デザイン・センターを設計したHenning Larsen（ヘニング・ラースン）などが挙げられます．

　しかし何もデンマーク人は，高級な家具で自分の部屋を埋め尽くすことに興味があるのではありません．彼らには「代々受け継がれて来た家具を修理して使う」という伝統があるように思います．誰かのお家を訪ねて，ある家具について「この家具はおばあちゃんから受け継いだ物です」というような説明を受けることも珍しくありません．「快適に暮らす」ということは，決して高級なものに囲まれて暮らすということではない，というデンマーク人の考え方が垣間見えます．

Lektion 6

良い誕生日
En god fødselsdag

Det er den 12/9, og Yrsa har fødselsdag. ①② Hun fylder 12. Buller giver hende en stor tegning og et lille, blåt penalhus. Den store tegning og det lille, blå penalhus er pakket fint ind. Buller har ikke fødselsdag. Alligevel giver Yrsa ham en gave. Hun giver ham et nyt, rødt ur, men det nye, røde ur er ikke pakket ind. William og Gitte har købt en lækker kage og mange små, lækre chokolader. Yrsa og Buller drikker kold saft, og William og Gitte drikker varm kaffe. Rie drikker grøn te. Af sine forældre får Yrsa nyt tøj, og hun giver dem et stort knus.

Rie: Jeg har også en lille gave til dig.
Yrsa: Til mig?
Rie: Ja, værsgo. ③
Yrsa: Japanske spisepinde! Tusind tak.
Rie: Selv tak. Hvad synes du om dem?
Yrsa: De er fine.
Rie: Det er jeg glad for. Faktisk har jeg spisepinde til jer alle.
Gitte: Til os? Det var sødt af dig. ④
Rie: Det var så lidt.
Yrsa: Mor, hvad farve har dine pinde? ⑤
Gitte: De er gule. Hvad med dine?
Yrsa: De er brune. Vi er virkelig glade for dem, Rie!

語句

god (-t, -e)：[形] 良い
fødselsdag (-en, -e)：[名] 誕生日
den 12/9 (= tolvte i niende)：9 月 12 日
fylder：[動] 満たす，一杯にする（fylde の現在形）
fylde 〜 (år)：〜歳になる
giver：[動] 与える，あげる（give の現在形）
tegning (-en, -er)：[名] スケッチ，線画
stor (-t, -e)：[形] 大きい
den：[定冠][共性形]
lille (små)：[形] 小さい
blå (-t, -)：[形] 青い
er pakket ind：包装されている
fint：[副] きれいに
alligevel：[副] それにもかかわらず，やはり
gave (-n, -r)：[名] プレゼント
ur (-et, -e)：[名] 時計
ny (-t, -(e))：[形] 新しい
rød (-t, -e)：[形] 赤い
men：[接] しかし
det：[定冠][中性形]
købt：[動] 買う（købe の過去分詞）
har købt：現在完了形
kage (-n, -r)：[名] ケーキ；クッキー
lækker (-t, lækre)：[形] 美味しい
små：[形] 小さい（lille の複数形）
chokolade (-n, -r)：[名] チョコレート
drikker：[動] 飲む（drikke の現在形）
kold (-t, -e)：[形] 冷たい
saft (-en)：[名・単] 果汁ジュース
varm (-t, -e)：[形] 熱い；暑い；暖かい；温かい
kaffe (-n)：[名・単] コーヒー

grøn (-t, -ne)：[形] 緑の，グリーンの
te (-en)：[名・単] 紅茶；お茶
af：[前] 〜から
får：[動] もらう，手に入れる（få の現在形）
få ... af 〜：…を〜からもらう
tøj (-et)：[名・単] 衣服
knus (-et, -)：[名] 抱きしめること．give 〜 et stort knus：〜をぎゅっと抱きしめる
til：[前] 〜に・へ
værsgo：[間] どうぞ
japansk (-, -e)：[形] 日本(語)の
spisepind (-en, -e)：[名] 箸
tusind tak：[間] どうもありがとう
selv：[不代] 自分自身
selv tak：[間] どういたしまして
synes：[動] 思う（synes の現在形）
synes om 〜：〜について思う
om：[前] 〜について，〜に関して
fin (-t, -e)：[形] すてきな，良い
glad (-, -e)：[形] うれしい
er glad for 〜：〜をうれしく思う
faktisk：[副] 実際
alle：[不代] すべて(の)
sød (-t, -e)：[形] 親切な；甘い
det var sødt af dig：どうもご親切に
så：[副] それほど；大変
lidt：[形] 少しの
det var så lidt：どうってことありません
farve (-n, -r)：[名] 色，色彩
pind (-en, -e)：[名] 棒；(spisepinde) 箸
gul (-t, -e)：[形] 黄色の
brun (-t, -e)：[形] 茶色の
virkelig [副] ほんとうに

よく使われる表現

① 【(今日は) 9月12日です】: Det er (den) 12/9 (= tolvte i niende) (i dag)

日付は，[(共性の定冠詞 den) +序数詞] で日にちを表し，月名は「何番目の月」というように序数詞を用いて表す．(☞ 9.1.3)

  Det er (den) 2/12 (= anden i tolvte) i dag.〈今日は12月2日です．〉

ちなみに日付をたずねる場合には，次のようにいう．

  Hvad dato er det i dag?〈今日は何日ですか？〉

② 【ユアサは今日，誕生日です】: Yrsa har fødselsdag i dag

誰かが誕生日であることを表す場合には，~ har fødselsdag.「~が誕生日を持っている」という．したがって，相手の誕生日をたずねる場合にも，

  Hvornår har du fødselsdag?〈あなたの誕生日はいつですか？〉
  – Jeg har fødselsdag (den) 12/9 (tolvte i niende).

のような言い方ができる．その他にも，

  Hvornår er det din fødselsdag?〈あなたの誕生日はいつですか？〉
  – Min fødselsdag er (den) 12/9.

のようにいうこともできる．

③ 【どうぞ】: Værsgo

自分から相手にプレゼントなどを渡したりする場合だけでなく，自分のものを相手に貸す場合などにも使われる．また，自分が誰かに料理を作って，「さあ，どうぞお召し上がりください」という意味で使われることもある．さらに，お店などで会計を支払う場合にも使われるなど，さまざまな場面で使うことができる．しかしながら，英語の please とは異なるので，相手に何かしてほしいときなどに使うことは決してできないのでご注意を．

④ 【ご親切にどうも】: Det var sødt af dig

相手がしてくれたことに対して，「ありがとう」という代わりに，使うことができる表現．テキストでは，会話の相手に対して使われているので af dig となっているが，

  Det var sødt af ham. 〈それは彼は親切にしてくれましたね．〉
  Det var sødt af hende. 〈それは彼女は親切にしてくれましたね．〉

のように，会話の相手以外の第3者について用いることもできる．

⑤ 【あなたのお箸は何色ですか？】: Hvad farve har dine pinde?

何かの色をたずねる場合には，Hvad farve har ~?「~は何色を持っていますか？」という聞き方をする．しかしながら，この質問に対する返答では，「~は~

色を持っている」という言い方はせずに，De er gule.「それらは黄色です」と動詞 være を用いて答える．

6.1　形容詞の呼応変化

形容詞は名詞に付加的に用いられる場合も，主格補語や目的格補語のように述語的に用いられる場合も，関連する名詞類の性・数に呼応して語形変化し，これを呼応変化と呼ぶ．付加的用法の場合には，さらに名詞が未知であるか，既知であるかによって語形変化をする．

形容詞の呼応変化の変化語尾

	未知形		既知形
	単数	複数	
共性	-ゼロ	-e	-e
中性	-t		

ちなみに，形容詞の未知形複数形と既知形は同じ形である．

6.1.1　形容詞の付加的用法

名詞が未知である場合，
　［未知形単数共性形］en *stor* dreng　←〔共性名詞単数未知形 en dreng ＋形容詞〕
　［未知形単数中性形］et *stort* barn　←〔中性名詞単数未知形 et barn ＋形容詞〕
　［未知形複数形］*store* drenge　　　←〔共性名詞複数未知形 drenge ＋形容詞〕
　［未知形複数形］*store* børn　　　　←〔中性名詞複数未知形 børn ＋形容詞〕

名詞が既知である場合，形容詞が付加的に修飾しない場合には，名詞は既知形になる．

　　en dreng　→　drengen
　　et barn　　→　barnet
　　drenge　　→　drengene
　　børn　　　→　børnene

67

一方，形容詞が付加的に修飾する場合には，名詞は既知形にはならず，基本形のままで，英語のように独立した定冠詞（den, det, de）が付く．この場合，形容詞は既知形になるが，形容詞の既知形は関わる名詞の性・数にいっさい関係なく同一の形である．なお，定冠詞には決して強勢が置かれることはない．

　　　［既知形］den *store* dreng　←　en stor dreng
　　　［既知形］det *store* barn　←　et stort barn
　　　［既知形］de *store* drenge　←　store drenge
　　　［既知形］de *store* børn　←　store børn

6.1.2　形容詞の叙述的用法

　形容詞が補語となる叙述的用法の場合には，関連する名詞が未知であろうと既知であろうと，形容詞は必ず未知形になる．

<u>主格補語</u>

　　　［未知形単数共性形］　Drengen er *stor*.　〈(その)男の子は大きい．〉
　　　［未知形単数中性形］　Barnet er *stort*.　〈(その)子どもは大きい．〉
　　　［未知形複数形］　　　Drengene er *store*.〈(その)男の子たちは大きい．〉
　　　［未知形複数形］　　　Børnene er *store*.〈(その)子どもたちは大きい．〉
　　　［未知形単数中性形］　Kød er *dyrt*.　　〈肉は値段が高い．〉

<u>目的補語</u>

　　　［未知形単数共性形］　Han maler sin bil *rød*.
　　　　　　　　　　　　　〈彼は自分の自動車を赤色に塗る．〉
　　　［未知形単数中性形］　Vi maler vores hus *rødt*.
　　　　　　　　　　　　　〈私たちは私たちの家を赤色に塗る．〉
　　　［未知形複数形］　　　Hun maler sine negle *røde*.
　　　　　　　　　　　　　〈彼女は自分の爪を赤色に塗る．〉

6.1.3　形容詞の未知形の用法

(1) 冠詞を伴わない名詞の前
　　　　Det er godt *vejr* i dag.〈今日はいい天気です．〉
(2) 不定冠詞の後
　　　　en billig stol〈安い椅子〉
　　　　et billigt hus〈安い家〉

(3) 不定代名詞の後
  Her er *nogle* billige stole.〈ここにいくつかの安い椅子があります。〉
(4) 補語であるとき
  Stolen er *billig*. — Stolene er *billige*.
  Huset er *billigt*. — Husene er *billige*.
  Kød er *dyrt*.
(5) 数詞の後（限定する語が先行しない場合）
  Der er *seks* gode stole i stuen.〈6脚の良い椅子がリビングにあります。〉

6.1.4　形容詞の既知形の用法

(1) 独立定冠詞の後
  den billige stol — *de* billige stole
  det billige hus — *de* billige huse
(2) 指示代名詞の後（指示代名詞（den/det/de）には常に強勢がある．）
  den billige stol — *de* billige stole
  〈その / あの安い椅子〉 〈それらの / あれらの安い椅子〉
  det billige hus — *de* billige huse
  〈その / あの安い家〉 〈それらの / あれらの安い家〉
  denne billige stol — *disse* billige stole
  〈この安い椅子〉 〈これらの安い椅子〉
  dette billige hus — *disse* billige huse
  〈この安い家〉 〈これらの安い家〉
(3) 所有代名詞／人称代名詞の所有格の後
  min gode ven — *mine* gode venner
  〈私の良い友人〉 〈私の良い友人たち〉
  vores gode ven — *vores* gode venner
  〈私たちの良い友人〉 〈私たちの良い友人たち〉
(4) 名詞の所有格の後
  vennens dygtige søn — *vennens* dygtige sønner
  〈友人の有能な息子〉 〈友人の有能な息子たち〉
  en vens dygtige søn — *en vens* dygtige sønner
  〈ある友人の有能な息子〉 〈ある友人の有能な息子たち〉

(5) 数詞の後（限定する語が先行する場合）
De to røde biler er billige.〈その2台の赤い自動車は安い.〉
(6) 定冠詞省略法の名詞の前
Han var i Japan sidste år.〈彼は昨年日本にいた.〉

6.1.5 呼応変化の例外(1)：形容詞 lille - små〈小さい〉

lille - små〈小さい〉は他の形容詞とは異なり，性，限定・非限定（既知・未知）による変化はせず，数による変化をするのみである．

	単数	複数
共性形	lille	små
中性形		

en lille stol　　——　　små stole
den lille stol　　——　　de små stole
et lille hus　　——　　små huse
det lille hus　　——　　de små huse

6.1.6 呼応変化の例外(2)：形容詞 hel - helt - hele〈まるごとの，完全な，全体の〉

形容詞 hel〈まるごとの，完全な，全体の〉は可算名詞の単数形および複数形とともに用いられる．
　　Jeg kan spise en *hel* kage.〈私はケーキ1個まるごと食べることができる.〉
　　Vi har ikke et *helt* sæt spillekort.〈うちには全部そろったトランプ一式がない.〉
　　Jeg steger fintsnittede grøntsager, kinakål og *hele* svampe på panden.
　　〈私は細かく刻んだ野菜，白菜とまるごとのキノコをフライパンで炒める.〉

形容詞 hel は他の形容詞と同じ呼応変化をするが，既知形変化の際には，独立定冠詞（den/det/de）を伴わずに，修飾される名詞は変化語尾の付いた既知形のままとなる．
　　Hun læser en *hel* dag.　　　　〈彼女は丸1日読書をする.〉
　　Hun læste *hele* dagen i går.　　〈彼女は昨日1日中読書をした.〉
　　De bor et *helt* år i Japan.　　　〈彼らは丸々1年，日本に住む.〉
　　Hun læste *hele* måneden i januar.　〈彼女は1月はひと月中勉強した.〉

数詞の前に置かれた複数未知形の hele はその数詞の表す数を強調する.
　Hele 204 lande deltog i OL 2012.〈204 もの国々が 2012 年のオリンピックに参加した.〉

6.1.7　呼応変化の例外(3)：-t 形(のみ)を欠く形容詞

　未知形中性単数形の語尾 -t を付加しない，つまり［未知形中性単数形］=［未知形共性単数形］となるものがある．例えば以下の綴り字で終わるものがそうである．

① -t [*-d*]：let (-, -te)〈軽い〉，mæt (-, -te)〈お腹が一杯の〉，sort (-, -e)〈黒い〉etc.
　en sort kat〈黒い猫〉── et sort punkt〈黒い点〉

② -sk に終わるほとんどの語：dansk (-, -e)〈デンマークの〉，falsk (-, -e)〈偽りの〉，udenlandsk (-, -e)〈外国の〉etc.
　en dansk stol〈デンマーク製の椅子〉── et dansk bord〈デンマーク製のテーブル〉

注意！
　形容詞が，(a) 単音節語で，(b) 人名・地名から派生したものではなく，(c) 外来語ではなく，本来語である場合は，語尾が -sk に終わっていても，-t 形も存在する：rask (-(t), -e)〈元気な〉，frisk (-(t), -e)〈新鮮な〉，barsk (-(t), -e)〈荒れた〉etc.
　en rask pige〈元気な女の子〉── et rask(t) barn〈元気な子供〉

③ -isk：：nordisk (-, -e)〈北欧の〉，praktisk (-, -e)〈実用的な〉，politisk (-, -e)〈政治的な〉etc.
　en nordisk vinter〈北欧の冬〉── et nordisk land〈北欧の国〉

④ -d に終わる語の一部：glad (-, -e)〈うれしい；喜んでいる〉，lærd (-, -e)〈学識のある〉，fremmed (-, -e)〈見知らぬ〉etc.
　en fremmed kvinde〈見知らぬ女性〉── et fremmed barn〈見知らぬ子〉

6.1.8 呼応変化の例外 (4)：-e 形(のみ)を欠く形容詞

未知形複数形／既知形の語尾 -e を付加しない，つまり［未知形共性単数形］＝［未知形複数形／既知形］となるものがある．例えば以下の綴り字で終わるものがそうである．

① -å に終わる語：blå (-t, -)〈青い〉, grå (-t, -)〈灰色の〉, rå (-t, -)〈生の〉 etc.

形容詞 blå	名　詞			
	単　数		複　数	
	共　性	中　性	共　性	中　性
未知形	en blå bog	et blåt øje	blå bøger	blå øjne
既知形	den blå bog	det blå øje	de blå bøger	de blå øjne

② fri (-t, -/-e)〈自由な〉と ny (-t, -/-e)〈新しい〉の2語は，-e 形の使用は任意．

形容詞 fri	名　詞			
	単　数		複　数	
	共　性	中　性	共　性	中　性
未知形	en fri mand	et frit land	fri/frie mænd	fri/frie lande
既知形	den fri/frie mand	det fri/frie land	de fri/frie mænd	de fri/frie lande

形容詞 ny	名　詞			
	単　数		複　数	
	共　性	中　性	共　性	中　性
未知形	en ny bog	et nyt hus	ny/nye bøger	ny/nye huse
既知形	den ny/nye bog	det ny/nye hus	de ny/nye bøger	de ny/nye huse

6.1.9 呼応変化の例外(5)：-t 形と -e 形の両方を欠く形容詞

未知形中性単数形の語尾 -t を付加せず，また未知形複数形/既知形の語尾 -e も付加しない，つまり全ての形態が［未知形共性単数形］と同じとなる形容詞がある．

① -e に終わる形容詞：bange〈恐れて，心配して〉，stille〈静かな〉，moderne〈現代の〉etc.

形容詞 stille	名　　詞			
	単　数		複　数	
	共　性	中　性	共　性	中　性
未知形	en stille gade	et stille barn	stille gader	stille børn
既知形	den stille gade	det stille barn	de stille gader	de stille børn

② -ende に終わる形容詞：これらは本来，動詞の現在分詞である：forbavsende〈驚くべき〉，spændende〈ワクワクするような〉，lovende〈有望な〉etc.

③ -s に終わる形容詞：gratis〈無料の〉，gammeldags〈古風な〉，fælles〈共通の〉etc.

注意！
ただし，tilfreds〈満足している〉などは例外で，-t 形も -e 形も存在する．

④ -å, -e 以外の母音字で終わる形容詞：snu〈ずるい〉，ekstra〈余分の〉，tro〈誠実な，忠実な〉etc.

6.1.10　形容詞の変化：子音字の重ね綴りについて

語末の音節が |短母音＋子音| となる形容詞は，未知形複数形そして既知形で（つまり -e 形では）語末子音字の重ね綴りをする．

形容詞 smuk〈美しい〉	名　　詞			
	単　数		複　数	
	共　性	中　性	共　性	中　性
未知形	en smuk pige	et smukt land	smukke piger	smukke lande
既知形	den smukke pige	det smukke land	de smukke piger	de smukke lande

同様に子音字の重綴をする形容詞：dum (-t, -me)〈馬鹿な〉，grim (-t, -me)〈醜い〉，nem (-t, -me)〈簡単な〉，grøn (-t, -ne)〈緑の〉，flot (-, -te)〈立派な〉etc.

6.1.11　形容詞の変化：語末音節中の -e- の省略について

　大多数の語において，最終音節中の -e- [ə] はきわめて弱く発音される．そのため，語が -el, -en, -er で終わる場合，語形変化に際して，この後にさらに音節が続くと，この -e- [ə] は省略される．

形容詞 snæver 〈狭い〉	名　　詞			
	単　数		複　数	
	共 性	中 性	共 性	中 性
未知形	en snæver gade 〈狭い通り〉	et snævert rum 〈狭い空間〉	snævre gader	snævre rum
既知形	den snævre gade	det snævre rum	de snævre gader	de snævre rum

　同様に語末音節中の -e- [ə] の省略が起こる形容詞：enkel (-t, enkle)〈簡単な〉, nøgen (-t, nøgne)〈裸の〉, voksen (-t, voksne)〈成人の〉, munter (-t, muntre)〈ゆかいな〉etc.

　さらに，-e- [ə] の直前に同一子音字が2個ある場合には，語形変化中にこの -e- [ə] の省略が起こると，上記同一子音字のうちの1個が脱落する．

形容詞 gammel 〈古い；年配の〉	名　　詞			
	単　数		複　数	
	共 性	中 性	共 性	中 性
未知形	en gammel by	et gammelt hus	gamle byer	gamle huse
既知形	den gamle by	det gamle hus	de gamle byer	de gamle huse

　同様の語形変化を伴う形容詞：rådden (-t, rådne)〈腐った〉, frossen (-t, frosne)〈冷凍の〉, lækker (-t, lækre)〈美味しい〉, sikker (-t, sikre)〈安全な〉etc.

6.2　間接目的語の位置

　デンマーク語では，直接目的語と間接目的語の両方を要求する動詞，例えばgive を含む文中において，〔間接目的語〕〔直接目的語〕の順になる．それは間接目的語が人称代名詞の場合ばかりではなく，普通名詞や固有名詞の場合も同様である．

Buller giver *hende* en stor tegning.
Buller giver *sin søster* en stor tegning.
Buller giver *Yrsa* en stor tegning.

一方，これらの文中の間接目的語を前置詞 til を用いた句に書き換えることもできる．

Buller giver en stor tegning *til hende*.
Buller giver en stor tegning *til sin søster*.
Buller giver en stor tegning *til Yrsa*.

また，主格補語と間接目的語の両方を含む文においても，〔間接目的語〕〔主格補語〕の順になる．

Det var *ham* en stor glæde.　〈それは彼にとって大きな喜びであった．〉
Det var *Martin* en stor glæde.　〈それはマーティンにとって大きな喜びであった．〉

また，これらの文中の間接目的語も前置詞 for を用いた句に書き換えることができる．

Det var en stor glæde *for ham*.
Det var en stor glæde *for Martin*.

6.3　s- 形動詞について（詳しくは後述 ☞ 13.1, 15.2）

デンマーク語の動詞には，語尾 -s が付き，能動の意味を表すものと，受動の意味を表すものがある．前者は不定詞形，現在形，過去形，過去分詞形の 4 変化形があるが，後者は不定詞形，現在形，過去形の 3 変化形しかない．また後者の不定詞は，（英語の to- 不定詞に相当する）at- 不定詞では用いられない．

	能動の意味			受動の意味	
不定詞	lykkes	synes	ses	slukkes*	spises*
現在	lykkes	synes	ses	slukkes	spises
過去	lykkedes	syntes	sås	slukkedes	spistes
過去分詞	lykkedes	syntes	set(e)s	——	——
意味	首尾よくいく	思う	会う	消される	食べられる

* at- 不定詞は用いられない

受動の意味を表す s- 形動詞は，例えば，slukke（現在形 slukker）〈消す〉や spise（現在形 spiser）〈食べる〉などのように，対応する能動形がある．一方，能動の意味を表す s- 形動詞は，ses のように対応する能動形 se（現在形 ser）〈見る，会う〉があるものと，lykkes や synes のように，対応する能動形のないものがある．

6.4 「思う」を意味する synes と tro について

Hvad *synes* du om dem?〈あなたはそれらをどう思うか？〉
Jeg *synes*,（at）de er fine.〈私はそれらがすばらしいと思う．〉

この会話は，日本から持ってきた箸を手渡されて，それらについてどう思うかと訊かれたのに対して，すばらしいと思う，と答えているものである．つまり，答えている私は，それらの箸を実際に見た上で答えているのである．このように自分が経験した物事に対して「思う」場合には synes が用いられる．それに対して，日本からお土産に箸を買ってきてくれているということを伝え聞いた私は，それらを未だに見てはいないが，すばらしいと思うということを表現するためには synes ではなく，tro という動詞を用いる．

Jeg tror,（at）de er fine.〈私は（まだ見ていないけれども，日本の美的センスと技術はすぐれているので）それらがすばらしいと思う．〉

synes が経験した物事に関して用いられるのに対し，tro は経験していない物事に関して用いられるという違いとは別に，synes は個人個人によって評価が異なり得る「思う」を表し，tro は正解が1つしかない事実に対して使われることが多い．

Jeg *synes*,（at）Martins søster er køn.〈私はマーティンの妹はきれいだと思う．〉
という人もいれば，
Jeg *synes* ikke,（at）Martins søster er køn.〈私はマーティンの妹はきれいだとは思わない．〉
という人もいるかも知れない．好みの問題であろう．したがって synes が使われる．しかし
Jeg *tror*,（at）Martin er tyve år gammel.〈私はマーティンは20歳だと思う．〉
という人もいれば，
Jeg *tror*,（at）Martin er nitten år gammel.〈私はマーティンは19歳だと思う．〉
という人もいるかも知れないが，正解は1つしかないので，この場合は tro が使われる．

6.5 感情表出の過去形 det var ...

デンマーク語には，過去の事柄ではないが，話し手が思わず口にする感情表現の det var ... という表現方法がある．ちなみに，var は英語の be 動詞に対応する være（現在形 er）の過去形で，英語の was と語源的には同じ形である．

  Det var sødt af dig. 〈ご親切に，どうも．〉
  Det var så lidt. 〈どうってことありません．〉
  Det var synd. 〈かわいそうに．〉
  Det var dog utroligt. 〈なんて信じられない．〉
  Det var en god idé. 〈良いアイデアね．〉

デンマークの町並み

練習問題

発音練習

Udtale 6: 短母音はそのまま，長母音には（：）を，stød付き音は（'）を付けなさい．

1) rød, rødt, røde　　2) grøn, grønt, grønne　　3) god, godt, gode
4) stor, stort, store　　5) ny, nyt, nye　　6) kold, koldt, kolde
7) varm, varmt, varme　　8) blå, blåt, blå

文法練習

Grammatik 6A: 例にしたがって，不定冠詞を定冠詞に変えたうえで，形容詞を変化させなさい．

1) en rød bog → *den røde bog*　　2) et sort bord
3) en varm dag　　4) et lille værelse
5) en hvid lampe　　6) en god dag　　7) en dårlig morgen

Grammatik 6B: 例にしたがって，形容詞と名詞を変化させなさい．

1) et blåt ur (2) → *to blå ure*　　2) en japansk bil (19)
3) en brun seng (7)　　4) et koldt land (4)
5) et lille japansk barn (133)　　6) en fin middag (11)

Grammatik 6C: 形容詞を正しい形にしなさい．

Japan er et (farverig) _____ land. I Japan er der mange (forskellig) _____ spisepinde. Der er både (rød) _____ og (blå) _____ pinde og (lang) _____ og (kort) _____. De (lang) _____ spisepinde bruger voksne, og de (kort) _____ bruger børn. Danskerne spiser som regel med bestik, altså med kniv og gaffel. Bestik er sommetider (fin) _____ og (dyr) _____, andre gange (ny) _____ og (billig) _____. Der er selvfølgelig også bestik til de helt (lille) _____ børn. Til en (fin)

_____ middag har man i Danmark sommetider dug på bordet. En dug er ofte（hvid）_____, men sommetider er den（blå）_____ eller（rød）_____, måske begge dele. Til（fin）_____ middage er der som regel kun voksne eller（stor）_____ børn med. Det er en（god）_____ idé, for de （lille）_____ sidder sjældent stille.

聞き取り練習

Lytteøvelse 6A: 読み上げられている語がどちらかを聞き取りなさい．

1) fin/fine
2) stor/store
3) rød/røde
4) lækker/lækre
5) kold/kolde
6) varm/varme
7) grøn/grønne
8) sød/søde

Lytteøvelse 6B: 誕生日を聞き取り、デンマーク語で綴りなさい．

	fødselsdag：誕生日		fødselsdag：誕生日
1		7	
2		8	
3		9	
4		10	
5		11	
6		12	

和文デンマーク語訳

次の日本語をデンマーク語に訳しなさい．［下線部分がある場合は，その語句で文を始めること．］

1) <u>今日は</u>ユアサの従姉は誕生日です．彼女は15歳になります．
2) 彼女の両親は彼女に新しい日本製の時計を贈ります．
3) その黄色の時計は彼女はほんとうにうれしく思います．
4) <u>母方の祖母からは</u>彼女は新しい服をもらいます．
5) 彼女はその新しい服が高価だと思います．

コラム 6 誕生日はいくつになっても，大切．

　デンマークではいくつになっても誕生日を祝います．皆さんの想像以上に盛大に祝います．もし皆さんがデンマーク滞在中に，誕生日を迎えることがあったら，友人や旅先で出会った人たちにいってみてください．Jeg har fødselsdag i dag! と．きっと皆さんの周りの人たちは，Tillykke!!（おめでとう！）といって，誕生日を祝ってくれることだろうと思います．

　このように「誕生日を祝う」ことを大切にするデンマークには，「誕生日」に関連するさまざまな伝統があります．

「ケーキは自ら持参！」

　デンマークでは，誕生日を迎える人自らが学校や職場にケーキを持参し，クラスメートや同僚たちに誕生日のケーキを振る舞うことが珍しくありません．何だか「さぁ，私のことを祝って！」といっているようで，最初は驚いてしまいましたが，これもある意味非常にデンマークらしいことなのかもしれません．

「誕生日には歌！」

　デンマークで誕生日に歌われる歌の一節をここで紹介します．

I dag er det Oles fødselsdag,	今日はオーレの誕生日，
hurra hurra hurra	万歳！万歳！万歳！
Han sikkert sig en gave får,	彼はきっとプレゼントをもらうでしょう，
som han har ønsket sig i år,	彼が今年ずっと望み続けてきたプレゼントを，
med dejlig chokolade og kager til.	そして美味しいホットチョコレートとケーキも付けて

　歌詞にある hurra は，誰かを祝うときによく使われるフレーズで，誕生日の歌のあとにこの hurra を数回叫ぶというのも，誕生日の恒例行事になっています．

「0 がつく歳はいつもより豪勢に」

　30, 40, 50 など 0 がつく歳の誕生日は rundfødselsdag（丸がつく誕生日）と呼ばれ，普段よりも大きく祝います．ただし 30 歳になる人でシングルの人は気をつけなければなりません．30 歳を迎える人が独身の場合，デンマークでは「コショウ挽き（peberkværn）」を送るという（独身の人にとっては）迷惑な伝統もあります．

公園で誕生日を祝うことも

Lektion 7

誰が一番年上ですか？

Hvem er ældst?

Yrsa:	Mor, hvornår er du født? ①
Gitte:	Jeg er født i 1973.
Yrsa:	Så er du ældre end far, ikke?
Gitte:	Jo, det er jeg. Far er født i 1975, så jeg er ældst.
Yrsa:	Hvornår er Buller født?
Gitte:	Han er født i 2005, så han er den yngste. Han er fem år yngre end dig.
Yrsa:	Far, hvor høj er du?
William:	Jeg er cirka 185 cm høj. Jeg er måske 40 cm højere, end du er.
Yrsa:	Men Buller er ikke højere end mig, vel?
William:	Nej, det er han ikke. Han er den laveste.
Gitte:	Buller, hvad synes du om Rie?
Buller:	Jeg synes, hun er sød. Hun er min bedste ven.
Gitte:	Er hun ikke dygtig til dansk?
Buller:	Jo, det er hun.
Gitte:	Er hun også dygtigere end dig?
Buller:	Nej! Jeg er den dygtigste!

語句

hvornår: ［疑副］いつ
født: ［動］［過去分詞］生まれた，生まれの
er født 〜: 〜生まれである
1973 = nitten (hundrede) treoghalvfjerds
i 1973: 1973 年に
så: ［副］それならば
ældre: ［形］より年上の，より古い (gammel (-t, gamle) の比較級)
end: ［従接］〜よりも
far (-en, fædre): ［名］父親
ikke?: 〜ですよね？（肯定文の後に置き付加疑問を表す）
jo: ［間］（否定疑問文に対する答えとして）はい；いいえ
så: ［同接］だから，それなので
ældst: ［形］最も年上の，最も古い (gammel の最上級)
yngste: ［形］最も若い (ung (-t, -e) の最上級 yngst の既知形)
yngre: ［形］より若い (ung の比較級)

høj (-t, -e): ［形］高い，背が高い
cirka: ［副］約，およそ
cm = centimeter (en, -): ［名］センチメートル
måske: ［副］もしかしたら，ひょっとしたら
højere: ［形］より高い (høj (-t, -e) の比較級)
vel?: 〜ではないですよね？（否定文の後に置き付加疑問を表す）
laveste: ［形］最も低い (lav (-t, -e) の最上級 lavest の既知形)
bedste: ［形］最も良い (god (-t, -e) の最上級 bedst の既知形)
ven (-nen, -ner): ［名］友人
dygtig (-t, -e): ［形］有能な
dygtig til 〜: 〜に有能な
dygtigere: ［形］より有能な (dygtig (-t, -e) の比較級)
dygtigste: ［形］最も有能な (dygtig の最上級 dygtigst の既知形)

よく使われる表現

① 【何年のお生まれですか？ ──〜生まれです】：
　　Hvornår er du født? – Jeg er født i 1973.

　通常「〜生まれ」を表す場合には，er født を用いる．ただし，故人の場合には er født 以外にも，blev født を使うことができる．

　　H. C. Andersen blev født i 1805.〈アンデルセンは 1805 年に生まれた．〉
　　H. C. Andersen blev født i Odense på Fyn.
　　　　〈アンデルセンはフューン島のオーゼンセで生まれた．〉

「1973 年に」は，前置詞 i ＋年号で表される．ここで年号の発音の仕方について簡単に触れておく．1973 のような 4 桁の年号の場合には，以下の 2 通りの読み方がある．

  1973：nitten hundrede（og）treoghalvfjerds
    ：nitten treoghalvfjerds

 最初の読み方では，まず「1900」といってから，「73」といっているのに対して，2 つ目の読み方では 4 桁の数字を 2 つずつに分けて，「19」・「73」と読み上げている．どちらもデンマーク語で用いられる読み方であるが，2 つ目の読み方の方が比較的新しい言い方である．どちらの読み方でもできるということを覚えておくようにしよう．
 ただし，4 桁の年号でも，例えば 1900 年から 1909 年までのような，各 100 年の最初の 10 年間の年号や，3 桁の年号には「19」・「73」のような読み方は使うことができない．

   987：ni hundrede（og）syvogfirs
  1905：nitten hundrede（og）fem
  2007：to tusind（og）syv

 年号を口にする機会は多いので，色々な年号を使って練習するようにしよう．

7.1 形容詞の比較変化

比較変化とは，形容詞が意味する性質の程度・度合いの大小を表すための語形変化，つまり原級・比較級・最上級を表す語形変化のことである．

7.1.1 語尾による比較変化

7.1.1.1 規則変化
(1) 比較級 = 原級 + -ere，最上級 = 原級 + -est

原級	意味	比較級 -ere	最上級 -est
høj	高い	højere	højest
lav	低い	lavere	lavest
lækker	美味しい	lækrere	lækrest
smuk	美しい	smukkere	smukkest

同様の比較変化をする形容詞：dum, dyr, enkel, fin, flot, frisk, glad, grim, kold, kær, køn, let, munter, nem, ny, rask, sikker, sød, varm etc.

　例：Den røde blomst er *smukkere* end den gule.
　　　　　　　　　　　〈その赤い花はその黄色いのよりも美しい．〉
　　Han er 5 cm *højere* end mig. 〈彼は私よりも５センチ背が高い．〉
　　Jeg er 5 cm *lavere*, end han er.〈私は彼よりも５センチ背が低い．〉
　　Han har tre brødre, og han er *den laveste* af brødrene.
　　Han har tre brødre, og han er *lavest* af brødrene.
　　　　　　　　　〈彼は３人兄弟がいるが，彼が兄弟で一番背が低い．〉

注意1
　形容詞の最上級は補語として叙述的に用いられる場合，呼応変化をしない．したがって，例えば主語が複数形の場合でも不変化である．
　Brødrene er *højest* i klassen.〈（その）兄弟たちはクラスで一番背が高い．〉
　　⇔ Brødrene er *de højeste* i klassen.

注意 2

比較級を強調するには程度の高い様を表す langt を用いる.

Det der træ er *langt* højere end det her.〈あの木はこの木よりもずっと高い.〉

注意 3

最上級を強調するには接頭辞 aller- を用いる.

Peter er den *aller*højeste i klassen.〈ピーダはクラスで一番背が高い.〉

(2) 比較級 = 原級 + -ere, 最上級 = 原級 + -st

この変化をするのは -ig, -lig, -som に終わる形容詞である.

原　級	比較級 -ere	最上級 -st
dygtig	dygtigere	dygtigst
tydelig	tydeligere	tydeligst
langsom	langsommere	langsomst

tydelig (-t, -e)〈明瞭な〉
langsom (-t, -me)〈(スピードが) 遅い〉

同様の比較変化をする形容詞：dejlig, farlig (-t, -e)〈危険な〉, fattig (-t, -e)〈貧しい〉, flittig (-t, -e)〈勤勉な〉, hurtig (-t, -e)〈(スピードが) 速い〉, hyggelig (-t, -e)〈快適な, 楽しい〉, ivrig (-t, -e)〈熱心な〉, kedelig (-t, -e)〈退屈な〉, lykkelig (-t, -e)〈幸せな〉, mærkelig (-t, -e)〈奇妙な〉, rolig (-t, -e)〈落ち着いた, 静かな〉, tørstig (-t, -e)〈喉が渇いた〉, vanskelig (-t, -e)〈難しい〉, venlig (-t, -e)〈親切な〉; ensom (-t, -me)〈孤独な〉, glemsom (-t, -me)〈忘れっぽい〉, morsom (-t, -me)〈面白い〉, tvivlsom (-t, -me)〈疑わしい〉, voldsom (-t, -me)〈激しい〉etc.

例：Den store bog er *billigere* end den lille.
　　〈その大きな本はその小さいのよりも安い.〉
Dine historier er *morsommere* end hans.
　　〈あなたのお話は彼のよりも面白い.〉

7.1.1.2 不規則変化

(1) 比較級・最上級の語幹母音が，原級の母音とは異なるもの

原級	比較級	最上級
stor	større	størst
ung	yngre	yngst
lang	længere	længst
få	færre	færrest

få [複数形のみ]〈少数の〉

例：Deres hus er *større* end vores.〈彼らの家は，私たちのよりも大きい．〉
　　Han er 5 år *yngre* end mig.　〈彼は私よりも5歳若い．〉

(2) 比較級・最上級の形態が，原級とは大きく異なるもの

原級	比較級	最上級
gammel	ældre	ældst
god	bedre	bedst
lille, lidt	mindre	mindst
mange	flere	flest
meget	mere	mest
dårlig, slem	værre	værst

lidt [不可算名詞(単数)と用いて]〈少しの〉
meget [不可算名詞(単数)と用いて]〈たくさんの〉
slem (-t, -me)〈ひどい，悪い〉

例：Min far er *ældre* end min mor.〈私の父は母よりも年上だ．〉
　　Han drikker kaffe og te, men han drikker *mest* kaffe.
　　　〈彼はコーヒーと紅茶を飲みますが，もっともコーヒーを多く飲みます．〉

注意！：dårligの比較変化はdårligere, dårligstとværre, værstの2種類がある．værre, værstはもともと質の悪いものがさらに悪くなる場合に用いられ，dårligere, dårligstはもともと質の良いものの質が悪くなる場合に用いられる．

例：Hendes dårlige finger bliver *værre*.〈彼女の悪い指はさらに悪くなる．〉
　　Kartoflerne bliver *dårligere*.　　　〈ジャガイモは悪くなる．〉

7.1.2 mere, mest を用いた比較変化：比較級＝ mere ＋原級，最上級＝ mest ＋原級

外来語，多音節語，過去分詞からできた形容詞，名詞からできた形容詞，合成語などは，（英語の more, most に相当する）mere, mest を用いて比較変化を表す．

原級	比較級 mere ＋	最上級 mest ＋	成り立ち（由来）等
økonomisk	mere økonomisk	mest økonomisk	外来語
almindelig	mere almindelig	mest almindelig	多音節語
bange	mere bange	mest bange	強勢のない -e に終わるいくつかの語
rå	mere rå	mest rå	完全母音に終わる短い語
frossen	mere frossen	mest frossen	過去分詞
uventet	mere uventet	mest uventet	過去分詞
lovende	mere lovende	mest lovende	現在分詞
skyet	mere skyet	mest skyet	名詞
tilfreds	mere tilfreds	mest tilfreds	前置詞 til ＋名詞
iskold	mere iskold	mest iskold	is〈氷〉＋ kold〈冷たい〉：合成語

økonomisk (-, -e)〈経済的な〉, almindelig (-t, -e)〈一般的な〉, bange (-, -)〈恐れて〉, uventet (-, uventede)〈予期しない〉, skyet (-, skyede)〈曇りの〉(☞ 19.3), iskold (-t, -e)〈氷のように冷たい〉

同様の比較変化をする形容詞：gammeldags, moderne, politisk, praktisk, snu, stille, tro, voksen etc.

例：Det er *mere økonomisk* at cykle end at have bil.
　　〈自転車で移動することは，車を所有するよりも経済的だ．〉
　　Jeg er *mere tilfreds* med resultatet, end han er.
　　〈私は彼よりもその結果に満足している．〉
　　I København er det *mest almindeligt* at cykle på arbejde.
　　〈コペンハーゲンでは，自転車で通勤するのが最も一般的だ．〉

注意 1

mere, mest を用いた比較変化の場合，形容詞そのものは呼応変化をする．

Man kan altid give mere, hvis barnet er mere sulten*t*.
〈子どもがもっとおなかがすいているならば，いつでももっと多く与えることができる．〉

Deres forældre er mere konservativ*e* end vores.
〈彼らの両親は私たちの両親よりも保守的である．〉

Jeg har læst tre bøger i ferien. Denne her er den mest interessant*e*.
〈私は休暇中に 3 冊の本を読んだ．これが一番面白い．〉

注意 2

Jeg var *mere tørstig* end sulten.
〈私はお腹がすいているよりも，喉が渇いていた．〉

このように，異なる性質を表す形容詞を比べる際には，tørstig のように語尾による比較変化が可能な形容詞であっても，mere を用いることが必要となる．

注意 3

なお，-ig, -lig, -som に終わる形容詞は，語形変化によって比較級，最上級を表すと述べたが，最近では，語形変化を伴わずに，mere, mest を用いて表すことを好む人もいるようである．

7.2　接続詞：等位接続詞，同位接続詞，従位接続詞

デンマーク語には og（英語 and），men（英語 but），eller（英語 or）という 3 つの等位接続詞と så（英語 so），for（英語 for）および後者と同義であるが古風な thi（英語 for）いう 3 つの同位接続詞があり，これら 6 つ以外に多数の従位接続詞がある．

同位接続詞は等位接続詞とは異なり，文（／節）と文（／節）とを結合するだけで，語や句を結合することはない．また，等位接続詞は，基本的には，結合した前後の文（／節）を入れ替えることができるが，同位接続詞は前後の文（／節）を入れ替えることはできない．

Rie er 21 år gammel, og Linus er 31 år gammel.
◯ Linus er 31 år gammel, og Rie er 21 år gammel.

しかし，
    Far er født i 1975, så jeg er ældst.
    〈父さんは 1975 年生まれです，だから私が最年長です．〉
    × Jeg er ældst, så far er født i 1975.
    〈私が最年長です，だから父さんは 1975 年生まれです．〉
1973 年生まれの私が最年長だからといって，父さんが 1975 年生まれの必然性はなく，例えば 1976 年生まれでも良いのである．

同様に，
    Jeg er ældst, for far er født i 1975.
    〈私が最年長です，というのは父さんは 1975 年生まれだから．〉
    × Far er født i 1975, for jeg er ældst.
    〈父さんは 1975 年生まれです，というのは私が最年長だから．〉

7.3　否定疑問文に対する肯定の返答を導入する間投詞 jo

　肯定の疑問文に対する肯定の返答を導く間投詞は ja であり，否定の返答を導く間投詞は nej である．
    Taler hun dansk?　　〈彼女はデンマーク語を話しますか？〉
    Ja, det gør hun.　　〈はい，話します．〉
    Nej, det gør hun ikke.〈いいえ，話しません．〉

　一方，否定の疑問文に対する肯定の返答を導く間投詞は jo である．
    Taler hun ikke fransk?〈彼女はフランス語を話さないのですか？〉
    Jo, det gør hun.　　〈いいえ，話します．〉
    Nej, det gør hun ikke.〈はい，話しません．〉

　一方，形式的には否定辞 ikke を含む否定疑問文ではあるが，その ikke が否定の意味を持たず，話し手が聞き手に対して自分の発言に同意を求めていることを合図する叙法の ikke である場合がある．この場合も肯定の返答を導く間投詞は jo ではあるが，その意味は否定疑問文に対する jo〈いいえ〉とは異なり〈はい〉である．この場合，nej も同様に〈いいえ〉を意味する．

Er hun ikke dygtig til dansk?
〈彼女はデンマーク語に優れていますね・優れているんじゃないですか？〉
Jo, det er hun. 〈はい，優れています．〉
Nej, det er hun ikke. 〈いいえ，優れていません．〉

比較せよ

Er hun ikke dygtig til dansk?
〈彼女はデンマーク語に優れていないのですか？〉［ふつうの否定疑問文］
Jo, det er hun. 〈いいえ，優れています．〉
Nej, det er hun ikke. 〈はい，優れていません．〉

7.4　付加疑問の ikke, vel

　肯定文の後に置いて相手の同意を求める付加疑問文は否定の副詞 ikke を用いて表す．
　　Du er ældre end far, *ikke*?〈あなたは父さんよりも年上です，ね？〉

このような付加疑問文は相手から肯定の返答を期待して発せられる．その場合，返答を導入する間投詞としては jo が用いられる．
　　Jo, det er jeg. 〈はい，そうです．〉

しかし，否定の返答が返されることがまったくないわけではない．
　　Nej, det er jeg ikke. 〈いいえ，そうではありません．〉

　一方，否定文の後に置く付加疑問文は副詞 vel を用いて表す．
　　Buller er ikke højere end mig, *vel*?　〈ブラは私よりも背が高くないです，ね？〉

このような付加疑問文は相手から否定の返答を期待して発せられる．
　　Nej, det er han ikke. 〈はい，そうです．〉

しかし，肯定の返答が返されることがまったくないわけではない．
　　Jo, det er han. 〈いいえ，そうではありません．〉

練 習 問 題

発音練習

Udtale 7: 短母音はそのまま，長母音には（：）を，stød付き音は（'）を付けなさい．

1) ny, nyere, nyest
2) fin, finere, finest
3) kold, koldere, koldest
4) varm, varmere, varmest
5) høj, højere, højest
6) lav, lavere, lavest
7) gammel, ældre, ældst
8) ung, yngre, yngst
9) god, bedre, bedst
10) stor, større, størst
11) lille, mindre, mindst
12) blå, mere blå, mest blå

文法練習

Grammatik 7A: 形容詞を正しい形態に比較変化させなさい．

1) Ida er 9 år, og Lotte er 11 år, og Andreas er 16 år.
   Ida er _____ end Andreas. Lotte er _____ end Ida. Andreas er _____ _____. Ida er _____ _____.

2) Ida er 165 cm høj, og Lotte er 158 cm høj, og Andreas er 200 cm høj.
   Ida er _____ end Lotte. Ida er _____ end Andreas. Lotte er _____ _____. Andreas er _____ _____.

Grammatik 7B: 形容詞を正しい形態にしなさい．

1) Der bor (mange) _____ mennesker i Tokyo end i København.
2) "Jeg er ikke den (god) _____ til matematik, men jeg er (god) _____ til historie."
3) Det (italiensk) _____ køkken er (sund) _____, men også lidt (dyr) _____ end det (indisk) _____.

4) Adjektiver er lidt (svær) _____ at bøje, men verberne er indimellem (slem) _____.
5) I USA har (få) _____ mennesker de (mange) _____ penge. Det er (uretfærdig) _____. I Sverige er det lidt (god) _____. De (få) _____ har (mange) _____ penge, men alle har nok.
6) Sverige er meget (lille) _____ end USA, men dog (stor) _____ end Danmark.
7) På den (smal, grøn) _____, _____ bænk ved søen sidder der en (gammel) _____ dame. Hun læser i en (ny) _____ bog om (spændende) _____ rejser.

聞き取り練習

Lytteøvelse 7A: 以下に挙げられているのは，デンマークの著名人及び職業名です．彼らの職業，生年そして没年を聞き取りなさい． *CD-I 53*

Karen Blixen, Niels Bohr, Carl Nielsen, Ludvig Holberg,
Mærsk Mc-Kinney Møller, Thorvald Stauning, Nikolai Grundtvig,
direktør, forfatter, fysiker, komponist, politiker, præst

Lytteøvelse 7B: リーヌス，りえそしてハンスが一緒に話しています．会話を全てデンマーク語で書きなさい． *CD-I 54*

和文デンマーク語訳

次の日本語をデンマーク語に訳しなさい．

1) 私たちの母方のおじさんは父さんよりも年下かな？知ってる？
2) いいや，知らない．でも，おじさんは1973年生まれだと思う．
3) 父さんは1969年生まれだ，だから父さんが一番年長だと思う．
4) そう，父さんはおじさんよりも4歳年上だと思う．

コラム 7

アンデルセンはアナスン！

　Rasmussen 一家の名字もそうですが，デンマーク人の名字の多くは-sen で終わっています．これには歴史的な背景があります．遡ること 1800 年代には，デンマークの農民はまだ名字というものをもっていませんでした．子どもは名前（fornavn）をもらったら，それを父親の名前で補って，名字のように使っていたのです．例えば，

　　　　　父：Niels　　息子：Peter

という親子がいたとします．この場合，息子は Peter Nielssøn（= Niels の息子，Peter）というように呼ばれていました．時が経つに連れて，-søn の部分の発音が弱化し，現在デンマークの名字としてよく見られる-sen という名字になったのです．（アイルランド系の名字に見られる"マック"やスラブ系の名字に見られる"ビッチ"と同じ現象です．）

　デンマークを代表する童話作家のアンデルセンもこのタイプの名字を持つ一人です．アンデルセンはデンマークでは，H. C. Andersen（ホー・スィー・アナスン）と呼ばれます．H は Hans そして C は Christian の頭文字を表しています．何故このように呼ばれるのか，それはデンマークでは Andersen といっただけでは誰のことかまず分からないからです．Andersen という名字を持つデンマーク人は非常に多く，日本で「佐藤さん」といっても「どの佐藤さん？」といわれるのと同じようなものです．

コペンハーゲンの市庁舎前広場にあるアンデルセン像
(観光客がアンデルセンの膝部分に手をかけて記念撮影をするのがお決まりとなっており,おかげで彼の膝はピカピカになっている.)

Lektion 8

過去，現在，未来
Før, nu og senere

William mødte Gitte i 1997 på en café i Århus. William havde set Gitte før, men de havde aldrig talt sammen. Nu har de været sammen i snart 15 år. De har to børn og er glade for hinanden.

For 9 år siden købte de huset i Rødovre.① Huset havde Gitte set i avisen. Nu ser hun ikke længere efter huse i avisen. Hun ser efter et nyt sommerhus. Hun har set på et i Skagen, men det er dyrt.

Sidste år var familien på ferie i Spanien. De synes alle, det var en skøn ferie. Rejsen havde de købt på et rejsebureau. Her har de før købt rejser. Rejsebureauet ligger på Rådhuspladsen i København, og her har det ligget i mange år.

I sidste uge spiste William og Gitte sammen på en fransk restaurant i Roskilde. De havde bestilt bord, men var kommet for sent.② De fik et bord alligevel. Maden var fantastisk, og de kommer snart igen. Faktisk har de allerede bestilt bord.

Nu er Yrsa ikke hjemme. Hun er taget hjem til en veninde. Hendes veninde har også boet i Rødovre, men for nylig flyttede hun og hendes familie til Hillerød. De havde fundet et nyere hus med en større have. Yrsa kommer først hjem i morgen.

語句

mødte: møde（mødte, mødt）：［動］会う
café/cafe（-en, -er）：［名］カフェ
Århus：［固］オーフース（デンマーク第2の都市）
havde: have（har, havde, haft）［完了助動詞］
set: se（så, set）［動］見える；見る
før：［副］以前に
aldrig：［副］決して〜ない
talt: tale（talte, talt）［動］話す
sammen：［副］一緒に
nu：［副］今
været: være（er, var, været）［動］〜である；いる，ある
snart：［副］ほとんど
barn（-et, børn）：［名］子ども
glad for 〜：〜をうれしく思う
hinanden：［相互代名詞］互いを，互いに
for 〜 siden：（時間的に）〜前に
købte: købe（købte, købt）［動］買う
ikke længere: もはや〜ない
avis（-en, -er）：［名］新聞
se efter 〜：〜を探す；〜を見てみる，〜をチェックする
sommerhus（-et, -e）：［名］別荘
se på 〜：〜を見る
Skagen：［固］スケーイン（デンマーク（ユラン半島）最北端の町）
dyr（-t, -e）：［形］値段が高い
sidste：［形］最後の；この前の．sidste år 昨年
var: være（er, var, været）［動］〜である；いる，ある
ferie（-n, -r）：［名］休暇．på ferie 休暇で
Spanien：［固］スペイン
synes: synes（synes, syntes, syntes）［動］思う
skøn（-t, -ne）：［形］すてきな
rejse（-n, -r）：［名］旅，旅行
rejsebureau（-et, -er）：［名］旅行代理店
her：［副］ここ
rådhusplads（-en, -er）：［名］市庁舎前広場
ligget: ligge（lå, ligget）［動］横になっている；（地理的に）ある
uge（-n, -r）：［名］週
spiste: spise（spiste, spist）［動］食べる
fransk（-, -e）：［形］フランス(語)の
restaurant（-en, -er）：［名］レストラン
Roskilde：［固］ロスキレ
bestilt: bestille（bestilte, bestilt）［動］注文する，予約する
bestille bord: テーブルを予約する
var: være（er, var, været）［完了助動詞］
kommet: komme（kom, kommet）［動］来る，到達する
for：［副］〜すぎる
sent：［副］（時刻・時期が）遅くに
fik: få（fik, fået）［動］もらう，手に入れる
maden: mad（-en）：［名］［単］食事，食べ物
fantastisk（-, -e）：［形］すばらしい
igen：［副］ふたたび，また
allerede：［副］すでに
hjemme：［副］自宅で・に，家で・に
taget: tage（tog, taget）［動］行く
hjem：［副］自宅に・へ，家に・へ
veninde（-n, -r）：［名］女性の友だち
boet: bo（boede, boet）［動］住んでいる
for nylig: 最近
flyttede: flytte（flyttede, flyttet）［動］引っ

越す
Hillerød:［固］ヒレレズ
fundet: finde（fandt, fundet）［動］見つける
nyere:［形］ny（-t, -(e)）の比較級

med:［前］〜を伴って
større:［形］stor（-t, -e）の比較級
have（-n, -r）:［名］庭
først:［副］最初に，〜になってやっと・初めて

よく使われる表現

① 【〜前】: for 〜 siden

for 9 år siden のように，年月を表す名詞を for と siden の間において，「〜前」を表すことができる．

　　for 2 måneder siden 〈2ヶ月前〉　　for 3 uger siden 〈3週間前〉
　　for 4 dage siden 〈4日前〉　　　　for 5 timer siden 〈5時間前〉

② 【遅れる】: at komme for sent

「(時間に) 遅れる」ことを表す場合に用いる表現．

　　Hvorfor kommer du altid for sent?〈どうして君はいつも遅刻するんだ？〉
　　Undskyld, jeg kommer for sent.　〈遅れて申し訳ありません．〉

8.1　動詞

8.1.1　動詞の語形

　デンマーク語の動詞は，英語同様，自動詞と他動詞とに区別され，それぞれが，一定の叙法を持ち，文を構成する定形と，叙法を持たず，文を構成できない不定形に分けられる．デンマーク語には定形動詞として，現在形，過去形，命令形の3形があり，不定形動詞としては，不定詞，現在分詞，過去分詞の3形がある．古風な形を残す若干の過去分詞を除けば，デンマーク語の動詞は，多数のヨーロッパ系の言語とは異なり，人称・性・数に関する変化はしない．

8.1.2　動詞の変化パターンと語形変化

　動詞の語形は前項で述べたように6形あり，通常は，不定詞形，現在形，過去形，過去分詞形，現在分詞形，命令形の順に並べる．変化パターンとしては，動詞語幹にそれぞれ，-e, -er, -ede, -et, -ende, - を付加する規則動詞第1類と，-e, -er,

-te, -t, -ende, - を付加する規則動詞第2類．さらに過去形と過去分詞形は単語によって様々な形にはなるが，それ以外の変化形としては，若干の動詞を除いて，-e, -er, -ende, - を付加する不規則動詞がある．

変化パターンの例：

	規則動詞1	規則動詞2	不規則動詞
不定詞	elske〈愛する〉	spise〈食べる〉	flyve〈飛ぶ〉
現在	elsker	spiser	flyver
過去	elskede	spiste	fløj
過去分詞	elsket	spist	fløjet
現在分詞	elskende	spisende	flyvende
命令	elsk	spis	flyv

若干の動詞を除けば，上記のように，不定詞形が分かれば，現在形と現在分詞形と命令形は自動的に作ることができるので，**動詞を覚えるときには，6形すべてを覚える必要はないが，不定詞形，過去形，過去分詞形の3形を覚える必要がある．**

なお，若干の例外的動詞とは，規則動詞第1類の中の完全母音で終わる bo〈住んでいる〉, nå〈間に合う；到達する〉, sne〈雪が降る〉などや，不規則動詞の være〈〜である；ある・いる〉, have〈持っている〉, vide〈（〜なことを）知っている〉などである．

不定詞	bo	nå	sne	være	have	vide
現在	bor	når	sner	er	har	ved
過去	boede	nåede	sneede	var	havde	vidste
過去分詞	boet	nået	sneet	været	haft	vidst
現在分詞	boende	nående	sneende	værende	havende	vidende
命令	bo	nå	sne	vær	hav	vid

規則動詞第1類の例：
注意：規則動詞第1類には，何の記号も付さないし，変化形も示さない．

arbejde〈働く，仕事をする〉, koste〈値段がする〉, lave〈作る；する〉, lege〈遊ぶ〉, ligne〈似ている〉, lukke〈閉める〉, pakke〈包む，荷造りする〉,

pleje 〈ふつう〜する〉, ringe 〈鳴る；鳴らす〉, snakke 〈話す〉, studere 〈学ぶ；研究する〉, vaske 〈洗う〉, vente 〈待つ；期待する〉, åbne 〈開ける〉 etc.

規則動詞第２類の例：
注意：規則動詞第２類には，右肩に ＊ を付すが，変化形は示さない．
begynde* 〈始まる；始める〉, besøge* 〈訪ねる〉, glemme* 〈忘れる〉, hilse* 〈挨拶する；よろしく伝える〉, høre* 〈聞こえる；聞く〉, købe* 〈買う〉, køre* 〈乗り物が動く；乗り物に乗る，乗り物で行く〉, lære* 〈学ぶ；覚える〉, læse* 〈読む；読書する〉, møde* 〈会う〉, rejse* 〈旅をする；立てる〉, råbe* 〈叫ぶ，大きな声を出す〉, sende* 〈送る〉, tale* 〈話す〉, undskylde* 〈許す〉, vise* 〈見せる，示す〉 etc.

不規則動詞の例：
注意：不規則動詞には，何の記号も付さないが，変化形は示す．
bede (bad, bedt) 〈頼む，乞う〉, blive (blev, blevet) 〈〜になる；留まる〉, drikke (drak, drukket) 〈飲む〉, få (fik, fået) 〈もらう，手に入れる〉, gå (gik, gået) 〈行く；歩く〉, gøre (gør, gjorde, gjort) 〈する〉, hedde (hed, heddet) 〈〜と称する〉, holde (holdt, holdt) 〈保持する；(車などが) とまる〉, komme (kom, kommet) 〈来る，到達する〉, ligge (lå, ligget) 〈横になっている；(地理的にものが) ある〉, lægge (lagde, lagt) 〈横にする，置く〉, løbe (løb, løbet) 〈走る〉, se (så, set) 〈見える；見る〉, sidde (sad, siddet) 〈座っている〉, sige (sagde, sagt) 〈言う〉, skrive (skrev, skrevet) 〈書く〉, spørge (spurgte, spurgt) 〈問う，質問する〉, stå (stod, stået) 〈立っている〉, sætte (satte, sat) 〈置く；座らせる〉, tage (tog, taget) 〈行く；取る〉 etc.

(☞ 巻末の付録 3. 不規則変化動詞表)

8.1.3　現在形の用法

(1) 現在の事実・習慣

Hvad laver du i Danmark? (= What do you do in Denmark?)
– Jeg er danskstuderende.
〈あなたはデンマークで（職業などとして）何をしていますか？〉
–〈私はデンマーク語専攻学生です．〉
Skolen begynder kl. (= klokken) 8.〈学校は午前 8 時に始まる．〉

　　　　De plejer at spille badminton om søndagen.
　　　　〈彼らはふつう日曜日にバドミントンをする．〉

(2) 現在の進行状況
　　　　Hvad laver du her? (= What are you doing here?)
　　　　 – Jeg læser avis.
　　　　〈あなたはここで何をしていますか？〉――〈新聞を読んでいます．〉
　　　　Børnene leger ude i haven.　　〈子どもたちは外の庭で遊んでいる．〉
　　　　Far står og laver mad ude i køkkenet.〈父さんはキッチンで料理をしている．〉

(3) 恒久的な状態・真理
　　　　Århus ligger i Jylland.　〈オーフースはユラン半島にある．〉
　　　　Solen går ned i vest.　〈日は西に沈む．〉

(4) 未来の事柄
　　　　Jeg kommer snart.　　　　〈まもなく行きます．〉
　　　　Det bliver regnvejr i morgen.　〈明日は雨天になる．〉
　　　　Jeg rejser til Skagen, hvis jeg får tid.
　　　　　〈私は，もし時間ができたら，スケーインに行きます．〉

(5) 歴史的現在
　過去に起こった出来事を，あたかも今起こっているかのごとく，生き生きと描写するときに，現在形を用いることができる．これは新聞などの見出しによく見られる方法である．
　　　　Mand røver brugsen i Valby.〈男がヴァルビューの生協店舗に強盗に入る．〉
　　　　Suveræne tyskere banker Juventus ud.
　　　　　〈絶対的なドイツ人がユヴェントスを下す．〉
　　　　I 1807 angriber englænderne igen København.
　　　　　〈1807年にはイギリス人は再びコペンハーゲンを攻撃する．〉

8.1.4　過去形の用法 —— その1

　デンマーク語の過去形は，過去の一時点が特定できる特定過去で用いられたり，感情表現の過去形（☞6.5）で用いられるほか，英語の仮定法過去の用法に類似

する用法もある．

(1) 特定過去
　デンマーク語の過去形は，文中に過去の一時点が特定できる副詞的語句が明示されているか，あるいは，前後関係から過去の一時点が特定できる，特定過去においてのみ用いることができる．
　　Jeg skrev et langt brev til ham *i går.*　〈私は昨日長い手紙を彼に書いた．〉
　　For tre år siden var hun i Frankrig.　〈3年前は彼女はフランスにいた．〉
　　Da jeg kom hjem i aftes, lå min kone og læste i sengen.
　　　〈私が昨晩帰宅した時には，私の妻はベッドで読書をしていた．〉
　　Når jeg rejste til Danmark, besøgte jeg altid mine gode venner Jens og Line.
　　　〈私がデンマークに行った時には，私はいつも親友のイェンスとリーネを訪ねた．〉

　一方，過去の事実，出来事であっても，過去の一時点を特定できない不特定過去の場合には現在完了形が用いられる．例えば，「あなたは英語をどこで習いましたか？」という質問は，英語ではふつう過去形を用いて，Where did you learn English? というが，デンマーク語では，過去の一時点が特定できない質問であるので，Hvor har du lært engelsk? のように現在完了形を用いてたずねる．

8.1.5　完了形

　デンマーク語の完了形は，英語の完了形同様に，〔助動詞 have ＋ 動詞の過去分詞〕によって作られるもののほか，一部の自動詞では，〔助動詞 være ＋ 動詞の過去分詞〕によって作られ，その意味するところは，英語の場合と同様，「経験」，「継続」，「完了」である．しかし，英語とは異なり，過去の一時点を特定できない不特定過去は過去形ではなく，現在完了形が表わすこと（☞8.1.4）からわかるように，デンマーク語における現在完了形の使用頻度は英語の場合よりも格段に多くなる．

8.1.5.1　他動詞の完了形
　他動詞の完了形は，英語の完了形同様に，〔助動詞 have ＋ 動詞の過去分詞〕によって作られる．したがって，現在完了形では，〔har ＋ 過去分詞〕，過去完了形では〔havde ＋ 過去分詞〕となる．

Han har sat cyklen ned i kælderen. 〈彼は自転車を地下室に下ろした.〉
Hun har brækket benet. 〈彼女は足を折った（ので歩けない）.〉
De havde lavet maden, da gæsterne kom.
〈彼らは，お客さんたちが到着した時には食事を作り終えていた.〉

8.1.5.2　自動詞の完了形

　自動詞の完了形の場合，状態動詞と動作動詞では助動詞 have が用いられ，変化動詞（推移動詞）では助動詞 være が用いられる.

　状態動詞とは，ある状態が継続する様を表す動詞で，være〈〜である；いる，ある〉, stå〈立っている〉, sidde〈座っている〉, ligge〈横になっている〉などである.

Hun har siddet her længe. 〈彼女はここに長いこと座っている.〉
Jeg har været syg hele ugen. 〈私は1週間ずっと病気でした.〉

　動作動詞とは，時間的幅を持って動作が行なわれることを表すものであり，arbejde〈働く〉, spekulere〈考える〉, spadsere〈散歩する〉, sne〈雪が降る〉などである.

Jeg har arbejdet hele dagen. 〈私は一日中働いた.〉
Det har sneet meget siden i aftes.〈昨晩以来たくさん雪が降った.〉

　変化動詞（推移動詞）とは，行為が一瞬にして完了することを表すものであり，さらに自動詞の変化動詞の場合は主語に起こる変化を表す．例えば，blive〈〜になる〉, ske*〈起こる〉, begynde*〈始まる〉, komme i gang〈始まる〉, høre* op〈終わる〉, forsvinde (forsvandt, forsvundet)〈消える〉, dukke op〈現れる〉, falde (faldt, faldet)〈落ちる〉, vælte〈倒れる〉, komme〈来る，到達する〉, gå i stykker〈壊れる〉などである.

Deres søn er blevet stor. 〈彼らの息子は大きくなった.〉
Der er sket en ulykke på motorvejen. 〈自動車道で事故が起こった.〉
Filmen er allerede begyndt. 〈映画はもうすでに始まっている.〉
Mine nøgler er forsvundet. 〈私のキーがなくなった.〉
Der er faldet meget sne. 〈たくさんの雪が降った.〉
Det gamle træ er væltet. 〈その老木は倒れた.〉
Gæsterne er kommet. 〈お客さんたちが到着した.〉
Vasen er gået i stykker. 〈花びんは壊れた.〉

往還の動詞，すなわち，gå, løbe, flyve など，行き来を表す動詞は，時間的幅を持った動作を表す動作動詞にも，主語に起こる変化を表す変化動詞にもなり得る．
  Vi har gået flere timer.　　〈私たちは何時間も歩いた．〉
  Jeg har løbet tre gange i dag.〈私は今日3回ランニングをした．〉
  Vi har snart fløjet (i) tolv timer.
    〈私たちは間もなく12時間飛行したことになります．〉

  Bussen er gået.　　　　　〈バスは行った．〉
  Hunden er løbet væk.　　〈その犬は逃げた．〉
  Han er fløjet fra Kastrup.〈彼はカストロプ空港から飛び立った．〉

8.1.5.3　現在完了形の用法
デンマーク語の現在完了形は，英語同様，「経験」，「継続」，「完了」を表す．
  Har du nogensinde været på Lolland?
    〈あなたはロラン島に行ったことがありますか？〉
  Vi har snart boet her i Jylland en halv snes år.
    〈私たちは間もなくここユラン半島に10年間住んでいる．〉
  Jeg har endelig læst denne her bog.〈私はやっとこの本を読み終えた．〉

さらにデンマーク語の現在完了形は，英語とは異なり，過去の一時点を特定できない不特定過去を表すのに用いられる．
  Jeg har mødt Martin i byen.〈私は街でマーティンに会った．〉
  Toget er lige kørt.　　　　〈電車はちょうど行った．〉

主節が未来を表す内容である時，従位節内で未来完了の意味で現在完了形が用いられる．
  Jeg ringer, når jeg har lavet lektier.〈私は宿題が終わったら電話します．〉
  Jeg vil begynde at studere på universitetet, når jeg har arbejdet et år.
    〈私は1年間働いた後，大学で学び始めるつもりです．〉

8.1.5.4　過去完了形の用法
 主節と従位節とで完結文（☞11.1.1）が構成されている時，主節が過去形で表されており，従位節の表す内容が主節の事柄よりも以前に起こった事柄である場合には，従位節は過去完了形で表される．また，その逆もあり得る．

I går fortalte Hans, at han var holdt op med at ryge.
　〈昨日，ハンスは喫煙をやめたと話した．〉
Jeg lånte 100 kr. af Lone i formiddags, fordi jeg havde tabt min tegnebog.
　〈私は，札入れを落としたので，午前中にローネから100クローネ借りた．〉
Vi havde lavet maden, da gæsterne kom.
　〈私たちは，お客さんたちが到着した時に食事を作り終わっていた．〉
Før Thomas gik på arbejde i dag, havde han set vejrudsigten i fjernsynet.
　〈トマスは今日，仕事に行く前に，テレビで天気予報を見た．〉

さらに，2つの完結文が等位接続詞で並列されている場合でも，時間の前後関係によっては，片一方の節に過去完了形が用いられ，もう片一方の節に過去形が用いられることがある．
　Claus havde lovet at komme kl. 18, men han kom først kl. 20.
　　〈クラウスは晩の6時に来ると約束したが，8時にようやくやって来た．〉

8.2　前置詞 i と på

前置詞 i は，原則として英語の in に対応し，「〜の中に・で」を意味する．
　Vi har to liter mælk i køleskabet.
　　〈私たちは2リットルのミルクが冷蔵庫にある．〉
　Han kommer sukker i kaffe.〈彼は砂糖をコーヒーに入れる．〉
　De har mange smukke blomster i haven.
　　〈彼らはたくさんの美しい花が庭にある．〉

都市，町，国，大陸，大きな半島などの場合も，前置詞 i が用いられる．
　Min lillesøster bor i Hillerød, og min storebror i Helsingør.
　　〈私の妹はヒレレズに住んでいる．そして私の兄はヘルスィングウーアに住んでいる．〉
　Der bor mange mennesker i Kina.〈大勢の人が中国に住んでいる．〉
　Jeg elsker at rejse rundt i Europa.
　　〈私はヨーロッパ巡りの旅をするのが大好きだ．〉
　I Jylland er der mange store og små åer.
　　〈ユランにはたくさんの大小の川がある．〉

前置詞 på は，原則として英語の on に対応し，「～の（表面に接触して）上に・で」を意味する．

 Vores smukkeste vase står på bordet.
  〈私たちの最も美しい花びんはテーブルの上にある．〉
 Deres kanariefugl er fløjet væk og sidder nu på taget.
  〈彼らのカナリアは飛んで行って，今，屋根の上にとまっている．〉

広場，島，比較的小さな半島，丘や山などにも，前置詞 på が用いられる．

 Rejsebureauet ligger på Rådhuspladsen.
  〈その旅行代理店は市庁舎前広場にある．〉
 H.C. Andersen er født på Fyn. 〈アンデルセンはフューン島生まれである．〉
 Vi har været på camping på Djursland i Jylland.
  〈私たちはユランのデューアスラン（半島）でキャンプをした．〉
 Der er altid mange udenlandske turister på Himmelbjerget.
  〈いつも大勢の外国の旅行者がヒメルビェアウエズ（小山・丘）にいる．〉

施設等には前置詞 på を用いる傾向がある．

 Vi spiste middag på en restaurant i Tivoli i aftes.
  〈私たちは昨晩，チボリ公園内のレストランでディナーを食べた．〉
 Hvor skal du hen? 〈あなたはどこに行きますか？〉
 – Jeg skal på biblioteket. 〈私は図書館に行きます．〉
 – Jeg skal på apoteket. 〈私は薬局に行きます．〉
 – Jeg skal på posthuset. 〈私は郵便局に行きます．〉

しかし，前置詞 i が用いられる場合もある．

 – Jeg skal i banken. 〈私は銀行に行きます．〉
 – Jeg skal i biografen. 〈私は映画館に行きます．〉
 – Jeg skal i Brugsen. 〈私はブルーセン（生協店舗）に行きます．〉

8.3　前置詞 i を用いた「時」の表現

 i forgårs 〈一昨日〉
 i går   〈昨日〉
 i dag   〈今日（きょう：こんにち）〉

i morgen	〈明日〉
i overmorgen	〈明後日〉
i morges	〈[過ぎ去った] 今朝〉
i formiddag	〈[今現在の，あるいはこれから来る] 午前中に〉
i formiddags	〈[過ぎ去った] 午前中に〉
i eftermiddag	〈[今現在の，あるいはこれから来る] 午後に〉
i eftermiddags	〈[過ぎ去った] 午後に〉
i aften	〈[今現在の，あるいはこれから来る] 今晩〉
i aftes	〈昨晩〉
i nat	〈[過ぎ去った，この] 深夜に，未明に；[今現在の，あるいはこれから来る] 深夜に，未明に〉

練習問題

発音練習

Udtale 8: 語尾の音が，[ð] のように子音が短く聞こえる語と，[ð:] のように子音が長く聞こえる語に分けなさい．

flyttede, taget, arbejdede, ligget, kommet, gået, sommerhuset, arbejdet, rejsebureauet, havde, lavet, billede, ejede, lejet, spillede, givet, drukket

文法練習

Grammatik 8A: *er* あるいは *har* を空欄に入れなさい．

1) Rie _____ læst dansk i et halvt år.
2) Linus _____ arbejdet på en restaurant i et år.
3) William _____ flyttet sofaen ind i stuen.
4) Yrsas veninde _____ flyttet til Hillerød.
5) Rie _____ kommet hjem.
6) Buller er her ikke. Han _____ gået en tur med Rie.
7) Gitte _____ gået ud i haven.
8) Rie _____ begyndt at lære dansk.
9) _____ du spist morgenmad?
10) Hvad _____ der sket?

Grammatik 8B: 動詞を過去形あるいは現在完了形にしなさい．

1) I 1994 (bo) _____ Thorleif og Solveig på Grønland.
2) Søren (være) _____ på ferie i Østen tre gange.
3) Jeg (finde) _____ 100 kr. på vejen forleden.
4) Frøken Nielsen (betale) _____ sin husleje for en uge siden.
5) "Er du sulten?" "Nej, jeg (spise) _____."

6) Håkon (studere) _____ på Syddansk Universitet i snart tre år.
7) Charlotte (få) _____ et barn i onsdags. Hun (blive) _____ mor.
8) Hovedstaden i Japan (ligge) _____ i mange år i Kyoto.
9) Hovedstaden i Japan (ligge) _____ i Tokyo i mange år.
10) "Han (have) _____ engang en bil. Har han stadig det?"

Grammatik 8C: 動詞を過去形あるいは過去完了形にしなさい．

1) I lørdags (komme) _____ mine forældre på besøg. De (tage) _____ toget.
2) Hun (læse) _____ artiklen flere gange, men hun (forstå) _____ den stadig ikke.
3) I sommer (være) _____ vi på Fyn. Vi (høre) _____ meget om Svendborg.
4) Laila og Kjeld (arbejde) _____ længe og (være) _____ efterhånden meget trætte.
5) I weekenden (læse) _____ Noriko en bog om kirsebærtræer. Hun (købe) _____ bogen i en boghandel i nærheden. Den (være) _____ dyr.
6) Fru Hansen på sjette (give) _____ Flemming en gave. Han (være) _____ utrolig glad for den.

聞き取り練習

Lytteøvelse 8A: 読み上げられている語がどちらかを聞き取りなさい．

1) have/havde   2) være/været   3) tage/tog
4) komme/kommer 5) ligge/ligger 6) se/set

Lytteøvelse 8B: 読まれるテキストを全てデンマーク語で書きなさい．

> Hans Christian Andersen, Odense, fattig, skomager, rig, hjælpe,
> penge, ved Nyhavn, skrive, berømt, eventyr, grim, ælling

和文デンマーク語訳

次の日本語をデンマーク語に訳しなさい．

1) 私たちの息子たちは日曜日にふつうコンピュータゲームをする．
2) 父さんはキッチンで料理をしていますか？——いいえ，していません．彼は（その）男の子たちと通りで遊んでいます．
3) 私が昨日帰宅した時，（その）映画はすでに始まっていた．
4) 私は一昨日12個の青りんごを買った．私たちはそれらをもう食べてしまいましたか？
5) 私のテレビは壊れました．だから新しいテレビを買います．

コラム 8　デンマークにも方言は多い

　第8課には，Århus や Skagen そして Roskilde など，これまでに習ったデンマークの地名 Rødovre や København 以外のものが出てきました．地図で確認すると分かりますが，Århus そして Skagen は，Rødovre や København そして Roskilde のあるシェラン島ではなく，ユラン半島にある町です．

　デンマークは面積でいえば日本の九州とほぼ同程度の大きさですが，その中にも方言の違いがあります．私たちがこの教科書で習っているのは，rigsmål と呼ばれる，いわゆる標準デンマーク語です．この標準デンマーク語は，シェラン島北部で話されているデンマーク語に一番近いとされています．

　それぞれの方言の違いは，1つには発音上の違い，また1つには文法上の違い，さらには語彙に関する違いに現れます．まず発音上の違いに目を向けると，これまでデンマーク語に特有の音として練習してきた stød（声門せばめ音）も，方言によってはこの stød を持たない方言も存在します．次に文法上の違いに関してですが，これまではデンマーク語の名詞は共性と中性の2性が存在する，と習ってきましたが，方言によっては名詞に男性，女性，中性の3性が存在するものもあります．また，bilen, huset, bilerne 等の名詞の既知形が，西ユランの方言では æ という独立定冠詞が前に置かれ，æ bil, æ hus, æ biler 等と表されます．最後に語彙の違いについてですが，例えばユラン半島南部では，goddag や hej の代わりに mojn という語が挨拶に使われます．また træls という形容詞は，元々はユラン方言で「やっかいな，面倒な」というような意味で使われていましたが，現在では標準語の語彙としても使われるようになり，ユラン半島から離れた首都のコペンハーゲンでも頻繁に耳にするようになりました．

3　Arbejde og fritid　仕事と余暇

Lektion 9　仕事と学校
Arbejde og skole

De fleste danskere arbejder som regel 37 timer om ugen.① I år 1900 arbejdede danskerne 60,4 timer om ugen og i 1958 47,5 timer om ugen. Nu arbejder danskerne fra mandag til fredag og har fri om lørdagen og om søndagen.② Andre danskere er på arbejde både på hverdage og i weekenden, både tidligt og sent.

De fleste har ferie i fem uger om året. De har sommerferie i juli eller august, efterårsferie i oktober, juleferie i slutningen af december og i begyndelsen af januar og vinterferie i februar. Studerende har længere ferier.

William møder klokken 8.30 hver morgen og har fri omkring klokken 17 om eftermiddagen. Gitte arbejder fra 9–15, men sommetider arbejder hun også om aftenen. Efter arbejde henter hun Buller i fritidsklubben, men William handler ind.

Yrsa går i skole fra 8–15.15. ③ Det gør Buller ikke. Han har allerede fri klokken 13.45. Så går han i fritidsklub. Yrsa laver bare lektier, en gang imellem alene, andre gange sammen med en ven eller en veninde.

語句

arbejde（-t, -r）:［名］仕事
fritid（-en）:［名・単］余暇，自由な時間
fleste:［形］最も多数の（mange（flere, flest）の最上級 flest の既知形）
dansker（-en, -e, -ne）:［名］デンマーク人
arbejde:［動］働く，仕事をする
som:［接］〜として
regel（reglen, regler）:［名］規則，ルール．som regel ふつう
time（-n, -r）:［名］時間（= 60 分）
uge（-n, -r）:［名］週．om ugen 一週間に
mandag（-en, -e）:［名］月曜日
til:［前］〜まで
fredag（-en, -e）:［名］金曜日
fri（-t, -(e)）:［形］自由な．have fri 自由な時間がある；仕事・学校が休みである
lørdag（-en, -e）:［名］土曜日．om lørdagen（毎）土曜日に
søndag（-en, -e）:［名］日曜日
anden（andet, andre）:［不代］別の
være på arbejde: 仕事中である
både A og B: A と B の両方とも
hverdag（-en, -e）:［名］平日，週日
weekend（-en, -er）:［名］週末．i weekenden 週末に
tidligt:［副］（時刻・時期が）早くに
år（-et, -）:［名］年．om året 一年に
sommerferie（-n, -r）:［名］夏休み
juli:［名］7 月
august:［名］8 月
efterårsferie（-n, -r）:［名］秋休み
oktober:［名］10 月
juleferie（-n, -r）:［名］クリスマス休暇
slutning（-en, -er）:［名］終わり

december:［名］12 月
begyndelse（-n, -r）:［名］初め
januar:［名］1 月
vinterferie（-n, -r）:［名］冬休み
februar:［名］2 月
studerende（en studerende, den studerende, -, de studerende）:［名］大学生
længere:［形］より長い（lang（længere, længst）の比較級）
møde *:［動］（学校・仕事などに）到着している
klokken:［名］（時刻を表して）〜時
hver（hvert）:［不代］毎，ごと
morgen（-en, -er）:［名］朝
omkring:［前］頃；だいたい
eftermiddag（-en, -e）:［名］午後．om eftermiddagen 午後に
aften（-en, aft(e)ner）:［名］夕方；晩．om aftenen 晩に
efter:［前］〜の後
hente:［動］取りに行く，迎えに行く
fritidsklub（-ben, -ber）:［名］学童クラブ
handle ind:［動］買い物をする
gå（gik, gået）:［動］行く
skole（-n, -r）:［名］学校．gå i skole 学校に行く
så:［副］次に，その後
bare:［副］ただ
lektie（-n, -r）:［名］宿題
gang（-en, -e）:［名］回，度．en gang imellem 時々
alene:［副］一人で
med:［前］〜と一緒に
eller:［等接］あるいは

よく使われる表現

① 【週に 37 時間】：37 timer om ugen
　【年に 5 週間】：fem uger om året
「(ある期間) のうち~時間／~週間」と表す場合には，上記の様に [前置詞 om + (期間を表す) 名詞の単数既知形] を用いる．
　　　tre gange om dagen 〈日に 3 回〉，ti dage om måneden 〈月に 10 日〉

② 【(仕事や学校がなくて) 休みである】：have fri
「(仕事や学校がなく) フリー・休みである」を伝える場合に使われる表現．
　　　Hvornår har du fri?　　〈いつがお休み・フリーですか？〉
　　　Jeg har fri efter kl. 15.　〈15 時以降はフリーです．〉
　　　Jeg har fri om onsdagen.　〈毎週水曜日は休みです．〉

③ 【学校に行く】：gå i skole，【学童クラブに行く】：gå i fritidsklub
　動詞 gå と行き先を表す副詞句を用いた表現は，テキストで用いられているもの以外にも，次のようなものもよく使われる．
　　　gå på arbejde 〈仕事に行く〉
　　　gå i gymnasiet〈高校に行く〉，gå på universitetet〈大学に行く〉
どの表現も前置詞直後の名詞に強勢があることに注意しよう．

9.1　暦

9.1.1　季節

　デンマークにも，日本と多少時期がずれはするが，forår (-et, -)〈春〉，sommer (-en, somre)〈夏〉，efterår (-et, -)〈秋〉，vinter (-en, vintre)〈冬〉という 4 つの årstid (-en, -er)〈季節〉がある．

　「(毎) 春に」は，前置詞 om と季節を表す語の単数既知形を用いて om foråret と表す．同様に，om sommeren, om efteråret, om vinteren.

　前置詞 i と名詞の見出し語形を用いた i sommer/i vinter は「(今現在進行中の) この夏／冬に」あるいは「(今過ぎ去ったばかりの) この夏／冬に」あるいは「(これから来る) この夏／冬に」を意味する．一方，春／秋の場合は i foråret/i efteråret のように名詞の既知形を用いて同様の意味を表す．また，i dette forår/i denne sommer/i dette efterår/i denne vinter は「この春／夏／秋／冬に」を意味する．なお，「過ぎ去った春／夏／秋／冬」を明確に表現したい場合は，前置詞を付けないで sidste forår/sommer/efterår/vinter といい，「次の春／夏／秋／冬」を明確に表現したい場合は，前置詞を付けないで næste forår/sommer/efterår/vinter という．

前置詞 til と名詞の見出し語形を用いた til sommer/til vinter は「今度の夏／冬に」を意味し，名詞の既知形を用いた til foråret/ til efteråret は「今度の春／秋に」を意味する．

9.1.2　月

デンマーク語の måned (-en, -er)〈月〉の名称は，英語同様，ラテン語起源であるが，綴り，発音，強勢の位置等が多少異なることがあるので，注意が必要である．

januar〈1月〉, februar〈2月〉, marts〈3月〉, april〈4月〉, maj〈5月〉, juni〈6月〉, juli〈7月〉, august〈8月〉, september〈9月〉, oktober〈10月〉, november〈11月〉, december〈12月〉

過去，現在，未来に関しても，一般的に，例えば「1月に」は，前置詞 i を用いて，i januar のように表されるが，「来たる（今度の）1月に」は，前置詞 til を用いて，til januar のように表される．

9.1.3　日付の言い方

Hvad dato er det i dag?〈今日は何日ですか？〉
Det er (den) 12. (= tolvte) september i dag.〈今日は9月12日です．〉

日付は，〔（共性の定冠詞 den）＋序数詞〕で日にちを表し，月名を，前置詞を用いずに，その直後に付けて表す．2日に関しては，「2番目」を表す序数詞の共性形を用いて，(den) 2. (= anden) という．

日付は，また，月名の代わりに，何番目の月という意味で序数詞を用いて表すこともできる．（☞ Lektion 6,「よく使われる表現」①）

Det er (den) 12/9 (= tolvte i niende) i dag.〈今日は9月12日です．〉
Det er (den) 15/2 (= femtende i anden) i dag.〈今日は2月15日です．〉

誕生日
　　Hvornår er det din fødselsdag?　　　〈あなたの誕生日はいつですか？〉
　　Min fødselsdag er（den）12. september.　〈私の誕生日は9月12日です。〉
あるいは
　　Hvornår har du fødselsdag?
　　Jeg har fødselsdag（den）12. september.
　　Jeg har fødselsdag（den）12/9（= tolvte i niende）.

9.1.4　週

　　デンマーク語の ugedag (-en, -e)〈曜日〉は次のようである：
　　mandag（-en, -e）〈月曜日〉，tirsdag（-en, -e）〈火曜日〉，
　　onsdag（-en, -e）〈水曜日〉，torsdag（-en, -e）〈木曜日〉，
　　fredag　（-en, -e）〈金曜日〉，lørdag（-en, -e）〈土曜日〉，
　　søndag（-en, -e）〈日曜日〉

　　曜日を訊くには，
　　　Hvad ugedag er det i dag?　〈今日は何曜日ですか？〉
とすれば良いが，ふつうは ugedag の uge- を省略して，
　　　Hvad dag er det i dag?　　〈今日は何曜日ですか？〉
のように質問し，その返答は，例えば，
　　　Det er lørdag i dag.　　　〈今日は土曜日です。〉
のようにいう．

「（毎）月曜日に」は，前置詞 om と曜日を表す語の単数既知形を用いて om mandagen と表す．同様に，om tirsdagen, om onsdagen ...

「この前の月曜日に」は，前置詞 i と曜日を表す語の見出し語形に -s を付した形を用いて i mandags と表す．同様に，i tirsdags, i onsdags ...

「今度(次)の月曜日に」は，前置詞 på と曜日を表す語の見出し語形を用いて på mandag と表す．同様に，på tirsdag, på onsdag ...

「今度(次)の月曜日に」の「今度(次)の」の部分を強調する場合には，副詞 nu

〈今〉を添えて，nu på mandag のようにいい，「今度(次)の月曜日ではなく，さらに 1 週間先の月曜日に」は，otte dage〈8 日〉を添えて，på mandag otte dage といい，「今度(次)の月曜日ではなく，さらに 2 週間先の月曜日に」は，fjorten dage〈14 日〉を添えて，på mandag fjorten dage という．

9.1.5 時刻

時刻の訊き方は次のようである．
　　Hvad er klokken?〈(時刻は) 何時ですか？〉

答えるときには，1 時，2 時など丁度の時刻には次のようにいう．
　　Klokken/Den er ét.〈1 時です．〉
　　Klokken/Den er to.〈2 時です．〉

そして例えば 1 時 1 分から 1 時 20 分までだと，〈～(分)過ぎ〉を表す前置詞 over を用いて，次のように「1 時から何分過ぎ」という．
　　Klokken/Den er ét minut over ét.　〈1 時 1 分です．〉
　　Klokken/Den er syv minutter over ét.〈1 時 7 分です．〉
　　Klokken/Den er tyve minutter over ét.〈1 時 20 分です．〉

ただし 15 分過ぎは，〈15 分〉を表す名詞 kvart (-en) あるいは kvarter (-et, -) を用いて次のようにいう．
　　Klokken/Den er kvart over ét.　　　〈1 時 15 分です．〉
　　Klokken/Den er (et) kvarter over ét.〈1 時 15 分です．〉

そして例えば 1 時 40 分から 1 時 59 分までだと，〈～(分)前〉を表す前置詞 i を用いて，次のように「2 時に何分前」という．
　　Klokken/Den er ét minut i to.　　　〈1 時 59 分です．〉
　　Klokken/Den er syv minutter i to.　〈1 時 53 分です．〉
　　Klokken/Den er tyve minutter i to.　〈1 時 40 分です．〉
　　Klokken/Den er kvart i to.　　　　〈1 時 45 分です．〉
　　Klokken/Den er (et) kvarter i to.　〈1 時 45 分です．〉

そして例えば 1 時 30 分は「2 時に向かって半時間進んだ」ということで，次の

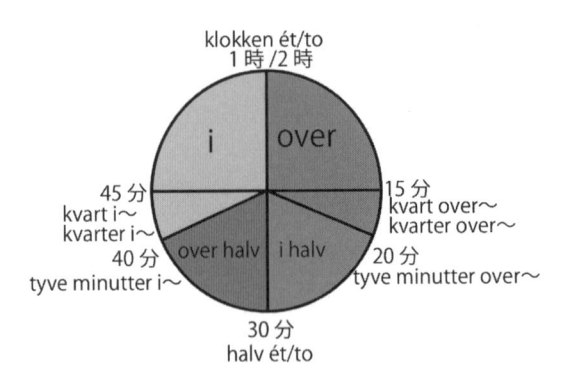

ようにいう.
 Klokken/Den er halv to. 〈1時30分/1時半です.〉

そして例えば1時21分から1時29分までだと，次のように「1時半に何分前」という.
 Klokken/Den er ni minutter i halv to. 〈1時21分です.〉
 Klokken/Den er ét minut i halv to. 〈1時29分です.〉

そして例えば1時31分から1時39分までだと，次のように「1時半から何分過ぎ」という.
 Klokken/Den er ét minut over halv to. 〈1時31分です.〉
 Klokken/Den er ni minutter over halv to. 〈1時39分です.〉

 一日の時刻は，om morgenen〈朝に〉, om formiddagen〈午前中に〉, om eftermiddagen〈午後に〉, om aftenen〈夕方・晩に〉, om natten〈夜中・未明に〉を用いて，次のようにいう.
 Klokken er seks om morgenen.〈時刻は午前6時です.〉←〈朝の6時です.〉
 Klokken er ti om formiddagen.〈時刻は午前10時です.〉←〈午前の10時です.〉
 Klokken er tre om eftermiddagen.〈時刻は午後3時です.〉←〈午後の3時です.〉
 Klokken er otte om aftenen.〈時刻は午後8時です.〉←〈晩の8時です.〉
 Klokken er to om natten.〈時刻は午前2時です.〉←〈夜中の2時です.〉

 「何時に～をする」という文においては，klokkenはkl.のように略記されて，例

えば次のようになる．
 Jeg stod op kl. halv syv i går.〈私は昨日 6 時半に起床しました．〉

駅などの列車の発着を告げるアナウンスなどでは 24 時間制を用いて次のようにいう．
 Toget fra Odense ankommer kl. 17:16（=sytten seksten）．
  〈オーゼンセからの列車は 17 時 16 分に到着いたします．〉
 Toget til Helsingør afgår kl. 12:45（=tolv femogfyrre）．
  〈ヘルスィングウーア行きの列車は 12 時 45 分に出発いたします．〉

時間が遅くなった時に使う次の表現もよく用いる便利な表現である．
 Klokken er mange. 〈時刻は遅くなりました．〉

 Hvad tid begynder filmen?〈映画は何時に始まりますか？〉
Hvornår ... ?〈いつ…？〉よりもう少し厳密に〈何時に…？〉とたずねる場合に用いる表現である．

9.2　前置詞 om を用いた「時」の表現

 om foråret（☞ 9.1.1）や om mandagen（☞ 9.1.4）で見たように，前置詞 om と時間を表す名詞の単数既知形とで，「(毎)〜に」を表す．

  om morgenen 〈(毎)朝に〉
  om formiddagen 〈(毎)午前中に〉
  om eftermiddagen 〈(毎)午後に〉
  om aftenen 〈(毎)夕方・晩に〉
  om natten   〈(毎)夜中・未明に〉
  om dagen   〈(毎)日中に；1 日に〉
  om døgnet   〈(毎)1 日 24 時間に〉
  om ugen   〈(毎)週に〉
  om måneden 〈(毎)月に〉
  om året   〈(毎)年に〉

9.3 小数と分数

9.3.1 小数

デンマーク語では小数を表す小数点に相当するのは，例えば 3,2〈3.2〉のように komma (-et, -er)〈コンマ〉である．一方，3桁を区切る印は，例えば 2.500〈2,500〉のように punktum (-met, -mer)〈点〉である．そして 3,2 は tre komma to と読む．また，小数の後に来る名詞は，小数が 1 の場合は単数形が普通であり，小数が 2 以上の場合は複数形である．

  3,1 sekund (= tre komma et sekund)   〈3.1 秒〉
  3,2 sekunder (= tre komma to sekunder) 〈3.2 秒〉

小数が 5 の場合も小数の後に来る名詞は複数形であるが，0,5 を形容詞の halv (-t, -e) を用いて読む場合には名詞は単数形となる．

  3,5 sekunder (= tre komma fem sekunder)〈3.5 秒〉
  3,5 sekund (= tre et halvt sekund)   〈3.5 秒〉

身長の言い方
  Han er 1,87 (= en syvogfirs).   〈彼（の身長）は 1.87 メートルだ．〉

値段の言い方
  Det koster 1,50 kr. (= halvanden krone) 〈それは 1.5 クローネだ．〉
  Det koster 9,75 kr. (= ni femoghalvfjerds)〈それは 9.75 クローネだ．〉
  Det koster 10,50 kr. (= ti en halv (krone))〈それは 10.5 クローネだ．〉

9.3.2 分数

分数〔～分の 1〕は〔序数 + del (-en, -e)〈部分〉〕で表され，〔～分の 1〕が 1 つの名詞として扱われる．

  1/5 (= en femtedel) 〈5 分の 1〉
  3/5 (= tre femtedele) 〈5 分の 3〉

つまり 3/5 は 1/5 が複数個（3 個）あるということであり，femtedele と複数形になっている．

分数の後ろに来る名詞は単数形でも複数形でも可能であるが，複数形だと不自然に感じられることがあるので，単数形の使用が勧められる．
　　1/5（= en femtedel）sekund 　　　〈5分の1秒〉
　　3/5（= tre femtedele）sekund 　　〈5分の3秒〉

「2分の1」は形容詞 halv を用いて表す．
　　1/2 time（= en halv time）　　　　〈半時間〉
　　1/2 sekund（= et halvt sekund）　　〈2分の1秒〉
　　5 1/2 sekund（= fem et halvt sekund）〈5と2分の1秒〉

ただし 1 1/2 は halvanden, halvandet を用いて表す．
　　1 1/2 sekund（= halvandet sekund）　〈1と2分の1秒〉

「4分の1」は en fjerdedel あるいは形容詞 kvart（-, -e）を用いて表すが，「4分の3」のように分子が複数の場合は fjerdedele を用いるか，形容詞 trekvart〈4分の3〉を用いる．
　　1/4 sekund（= en fjerdedel sekund）　　　　〈4分の1秒〉
　　3/4 sekund（= tre fjerdedele sekund）　　　〈4分の3秒〉
　　1/4 århundred(e)（= et kvart århundred(e)）〈4分の1世紀〉
　　3/4 århundred(e)（= trekvart århundred(e)）〈4分の3世紀〉

練習問題

発音練習

Udtale 9: 短母音はそのまま，長母音には（：）を，stød 付き音は（'）を付けなさい．

1) år, året, år, årene, 2) forår, sommer, efterår, vinter, 3) måned, måneden, måneder, månederne, 4) januar, februar, marts, april, maj, juni, juli, august, september, oktober, november, december, 5) uge, ugen, uger, ugerne, 6) dag, dagen, dage, dagene, 7) mandag, tirsdag, onsdag, torsdag, fredag, lørdag, søndag, 8) morgen, formiddag, middag, eftermiddag, aften, nat

文法練習

Grammatik 9A: 以下の「時」を表す副詞句やその他の語句の中から，正しいものを選び空欄に入れなさい．

A: *siden da, hver morgen, om formiddagen, tre timer, kl. 13.25, hver dag, på tirsdag, igen, kl. 10.15, hvert år, siden 2001, sent, i tirsdags, om aftenen*

A: _____ kørte vi fra Liseleje til Korsør. Det tog lidt over _____. Vi kørte fra Liseleje _____ og nåede Korsør _____. _____ har vi ikke lavet så meget. Vi står _____ op _____. _____ går vi ture på stranden eller i skoven. _____ kører vi _____ retur til Liseleje, men denne gang _____. _____ er der for meget trafik på vejene. Vi besøger Korsør _____. Min faster og onkel har boet her _____.

B: *28, 30, 31, 365, 366, februar, marts, juli, august, året, skudår, i skudår, dage, måneder, månederne, sommermåneder, i sommermånederne, vintermånederne, foråret, sommer, efteråret, hvert fjerde* (☞ 15.3)

B: _____ har tolv _____. _____ har _____ eller _____ dage. Men _____ har kun _____. _____ år er dog skudår. _____ har _____ dage i stedet for _____. _____ har februar 29 _____. Både _____ og _____ er lange måneder, og heldigvis er de _____. _____ har mange de længste ferier. _____ er ofte mildt og farverigt, men _____ er mørke og lange. _____ kommer i _____, og så er der ikke lang tid til _____.

Grammatik 9B: 動詞を正しい形態にしなさい．

Aarhus Festuge（være）_____ en af Nordeuropas største kunst- og kulturfestivaler. Hvert år（spille）_____ både rytmiske og klassiske musikere. Der（være）_____ også teater, film, design og meget andet. Festugen（foregå）_____ selvfølgelig i Aarhus og（vare）_____ i ti dage. Normalt（begynde）_____ den om fredagen i uge 35. Sidste år（være）_____ Linus ikke med. Han（bo）_____ stadig i Sverige. Men i år（komme）_____ han med! Han（købe）_____ billetter til et par koncerter, og de（være）_____ dyre.
Aarhus Byråd（beslutte）_____ i 1965 at（lave）_____ en festuge hvert år. Festugen（være）_____ Danmarks ældste kulturfestival. Den（have）_____ hvert år et nyt tema. Temaerne（være）_____ meget forskellige. I 2005（fylde）_____ H. C. Andersen 200 år. Derfor（være）_____ temaet "Mit livs eventyr". Året efter（være）_____ det "Womania". Derfor（handle）_____ festugen om kvinder. Hvad（blive）_____ det næste?

聞き取り練習

Lytteøvelse 9A: 読み上げられる時刻を聞き取りなさい．

CD-I
62

Lytteøvelse 9B: りえとギデが話しています．会話を全てデンマーク語で書きなさい．

> derefter, nok, begynde, gå til, starte, slutte, gang, elev, hold

和文デンマーク語訳

次の日本語をデンマーク語に訳しなさい．

1) ほとんどの日本人はふつう週に 40 時間働く．
2) あなたたちはいつ夏休みですか？それは 8 月ですか，それとも 9 月ですか？
3) 金曜日には私たちはふつう 15 時にはもうフリーです．[下線部分を文頭に置くこと．]
4) 10 時 25 分に図書館で会いましょう！[図書館は話し手も聞き手も知っているものとする．]
5) 私たちはこの前の夏に休暇でフランスに行きました．

コラム 9

帯分数 1½

　Lektion 2（2課）のコラムで見たように，50, 70, 90 の成り立ちでは 2½, 3½, 4½ という帯分数が用いられている．そして 2½ では tredje〈3番目〉，3½ では fjerde〈4番目〉，4½ では femte〈5番目〉という序数詞が用いられているが，それはなぜだろうか？（序数に関しては ☞ 4.4）

　それは，例えば 2½ では下の図のように，対象物の3番目のものの半分までが埋まった状態を思い浮かべれば納得できるであろう．

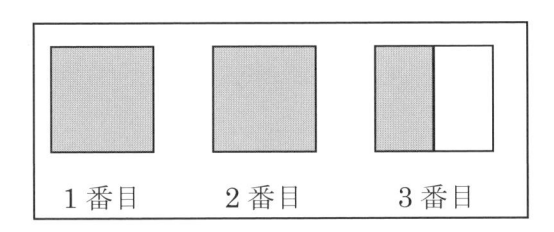

```
┌─────────────────────────────┐
│  ■■■    ■■■    ■□        │
│  1番目  2番目  3番目         │
└─────────────────────────────┘
```

　これは時刻が2時半の時に，Klokken er halv tre. というのと事情が似ている．halv tre は古くは halv gaaen tre といった．gaaen とは at gaa（= gå）の古い過去分詞形で，〈進んだ〉という意味である．つまり，全体で〈3時に向かって半時間進んだ〉という意味だったと思われる．（時刻に関しては ☞ 9.1.5）

　さて，この帯分数であるが，今日普段の生活では聞くことはまれである．ただし，1½ は例外で，日常的に非常によく用いられる．

　1,50 kr. を en krone og halvtreds øre という代わりに，ふつう halvanden krone〈1½ クローネ〉という．

　150 を (et)hundrede(og)halvtreds という代わりに，halvandet hundrede〈1½ 百〉ということがよくある．

Lektion 10

ぼくたちはどこに行くの？
Hvor skal vi hen?

I dag skal Gitte arbejde over, og Rie må hente Buller fra fritidsklubben. Hun kan tage bussen fra universitetet, eller hun kan cykle. Hun vil helst tage bussen i dag. Efter et kvarters tid stiger hun ud af bussen og går ind i fritidsklubben. Buller sidder inde i tegneværelset. Han har slet ikke været ude i dag.

Rie: Hej Buller. Kommer du ikke med hjem?
Buller: Hej Rie. Jeg vil gerne, men jeg kan ikke.
Rie: Hvorfor kan du ikke det? ①
Buller: Fordi jeg skal tegne.
Rie: *Skal* du tegne?
Buller: Nej, jeg *skal* ikke, men jeg vil meget gerne.
Rie: Du kan også tegne hjemme.
Buller: Må jeg gerne det?
Rie: Ja da, selvfølgelig må du det.
Buller: Ok, vi går om lidt.
Rie: Godt. Men skynd dig! Vi har travlt. ②
Buller: Hvorfor har vi travlt?
Rie: Vi skal pakke. I morgen kører vi alle op i sommerhuset.
Buller: Hvad skal vi deroppe?
Rie: Tja, du kan for eksempel tegne!

語句

i dag: 今日
skulle (skal, skulle, skullet): ［法助］（予定）〜することになっている；（主語以外の要求）〜しなくてはならない，；〜するべきである
arbejde over: ［動］残業する
måtte (må, måtte, måttet): ［法助］（必要）〜する必要がある，〜しなくてはならない；（許可）〜してもよい
kunne (kan, kunne, kunnet): ［法助］〜できる
tage (tog, taget): ［動］（乗り物に）乗る
bus (-sen, -ser): ［名］バス
cykle: ［動］自転車に乗る，自転車で行く
ville (vil, ville, villet): ［法助］（意思）〜するつもりである，（願望）〜したい
helst: ［副］一番〜したい，できれば〜したい（gerne (hellere, helst) の最上級）
kvarter (-et, -): ［名］四分の一時間，15分．et kvarters tid 大体15分間
tid (-en, -er): ［名］時間．〜s tid 大体〜の時間の間
stige (steg, steget): ［動］登る，上る．stige ud af ... (乗り物) から降りる
ud: ［副］外に・へ
af: ［前］〜（の中）から
ind: ［副］中に・へ
sidde (sad, siddet): ［動］座っている
inde: ［副］中で・に
tegneværelse (-t, -r): ［名］お絵かきルーム
har været: være の現在完了形
slet ikke: ［副］まったく〜ない
ude: ［副］外で・に
komme med: ［動］一緒に来る・行く
vil gerne: 〜したい
hvorfor: ［疑副］なぜ？
fordi: ［従接］なぜならば
tegne: ［動］線画を描く
meget: ［副］とても，たいへん；たくさん
må (gerne): 〜してもよい
da: ［副］もちろん，ほんとうに
selvfølgelig: ［副］もちろん．とうぜん
om lidt: 少ししたら
godt: ［副］それはよかった
skynde * sig: ［再帰動詞］急ぐ
travl (-t, -e): ［形］忙しい，多忙の．have travlt 忙しい
pakke: ［動］荷造りをする，荷物を詰める
i morgen: 明日
køre *: ［動］乗り物に乗る，乗り物で行く
op: ［副］上に・へ；北に・へ
deroppe: ［副］上のそこで；北のそこで
tja: ［間］（ためらい・迷い・あきらめなどの気持ちを表して）ううん，さあて，そうねえ，ふん（しょうがない）
eksempel (eksemplet, eksempler): ［名］例．for eksempel 例えば

よく使われる表現

① 【どうして？】：Hvorfor?
　Hvorfor は理由をたずねるときに使われる疑問詞である．Hvorfor で始まる疑問

文に対しては，通常接続詞 fordi で返答文を始める．
　　　Hvorfor kan du ikke det?　〈どうして君はそれができないの？〉
　　　– Fordi jeg skal tegne.　　〈僕は絵を描かなくちゃいけないからだよ．〉
しかし，fordi を省略して返答をすることもできる．
　　　Hvorfor har vi travlt?　　〈どうして私たちは忙しいの？〉
　　　– Vi skal pakke.　　　　　〈荷造りをしないといけないの．〉
② 【忙しい】：have travlt
　［動詞 have ＋形容詞 travl の中性形（travlt）］で，「忙しい」という意味で使われる．
　　　Jeg har travlt i dag.〈私は今日忙しい．〉
　　　Vi havde meget travlt i går.〈私たちは昨日とても忙しかった．〉
　　　De har ikke haft så travlt i denne uge.〈彼らは今週それほど忙しくなかった．〉

10.1　方向／場所を表す副詞

　デンマーク語には，基本的に 1 音節語で方向を表す一連の副詞があり，加えてそれらの方向の副詞に -e が付いた場所を表す一連の副詞がある．

方向を表す副詞		場所を表す副詞	
bort	離れたところへ	borte	離れたところで
frem	前へ	fremme	前で
hen	((少し) 離れたところへ) そこへ	henne	((少し) 離れたところで) そこで
hjem	家へ	hjemme	家で
ind	中へ	inde	中で
ned	下へ	nede	下で
om	回り込んだ向こうへ	omme	回り込んだ向こうで
op	上へ	oppe	上で
over	越えた向こう側へ	ovre	越えた向こう側で
ud	外へ	ude	外で

　　　Tyven løb *bort* med min pung.　〈泥棒は私の財布を取って逃げて行った．〉
　　　Hun var *borte* i en times tid.　　〈彼女は 1 時間くらいいなくなっていた．〉
　　　Drengen trådte et skridt *frem*.　　〈男の子は一歩前に踏み出した．〉

Han sidder længere *fremme* i salen. 〈彼はホールのずっと前方にすわっている.〉
Han gik *hen* til døren. 〈彼はドアの方へ行った.〉
Han står *henne* på hjørnet. 〈彼はあちらの角に立っている.〉
Hvad tid kommer du *hjem* i dag? 〈今日何時に帰って来るの？〉
Vi blev *hjemme* hele dagen i forgårs. 〈私たちは一昨日，一日中家にいた.〉
De kom *ind* i stuen. 〈彼らはリビングに入ってきた.〉
De ser fjernsyn *inde* i stuen. 〈彼らはリビングでテレビを見ている.〉
Drengen kravlede *ned* fra træet. 〈男の子は木からはい降りてきた.〉
Min bedste ven bor *nede* ved søen.
　　　〈私の一番の親友は下の湖のそばに住んでいる.〉
De gik *om* foran huset. 〈彼らは回り込んで家の前に行った.〉
Han står *omme* bag skuret.
　　　〈彼は（回り込んだ）物置の後ろに立っている.〉
Han klatrede *op* i træet. 〈彼はその木に登った.〉
Der sidder en smuk fugl *oppe* på taget.
　　　〈美しい鳥が屋根の上にとまっている.〉
Vi vil sejle *over* til en lille ø.
　　　〈私たちは（海を越えて）ある小島に（船で）行くつもりだ.〉
Vi plejer at fejre jul *ovre* hos farmor og farfar i Jylland.
　　　〈私たちはふつう（海を越えた）ユランの祖父母のところでクリスマスを祝う.〉
Børnene løb *ud* i haven. 〈子どもたちは庭に走り出た.〉
De leger *ude* i haven nu. 〈彼らは今，外の庭で遊んでいる.〉

10.2　法助動詞

　デンマーク語には，英語同様，当該の発話内容に対する話し手や他の人の心的態度（叙法）を表す法助動詞と呼ばれる1グループがある．デンマーク語の法助動詞は英語のそれとは異なり，不定詞形，現在形，過去形，過去分詞形の4形があり，そのうちの不定詞形と過去形が同形であるという特徴を有している．また，法助動詞は基本的に強勢が置かれない．

不定詞形	現在形	過去形	過去分詞形	意味
burde	bør	burde	burdet	妥当性；適切性
kunne	kan	kunne	kunnet	能力；可能性；許可
måtte	må	måtte	måttet	許可；必要；強い推量
skulle	skal	skulle	skullet	要求；予定；請負；伝聞
turde	tør	turde	turdet	勇気；許可
ville	vil	ville	villet	意思・願望；予測

ちなみに，話し手やその他の人の心的態度とは，
    Du må godt komme ind.　〈入っていいですよ．〉
    Jeg skal hjælpe dig.　〈私はあなたを手伝わなくてはいけない．〉

のように，「～してもいい」という話し手の心的態度（許可）であったり，「～しなさい」という第3者の心的態度（要求）に起因する「～しなくてはいけない」という意味や，
    Han må være syg.　〈彼は病気に違いない．〉
    Det vil blive regnvejr i morgen.　〈明日は雨天になるでしょう．〉

のように，「～に違いない」（強い推量）や「～であろう」（推測）という，ある出来事について事実かどうか判断するという話し手の心的態度のことを指す．

10.2.1　kunne

(1)　[(学習などで身に着けた) 能力，技能]
    Mona kan stå på hænder.　〈モーナは逆立ちすることができる．〉
    Han kan tale dansk.　〈彼はデンマーク語を話すことができる．〉
    Han kan dansk.　〈彼はデンマーク語ができる．〉
        [kunne はこの種の能力を表す場合，原形不定詞を用いることなく，直接，名詞類を目的語とすることができる．]

(2)　[(生まれもっての) 能力，属性]
    En elefant kan blive meget gammel.　〈象はとても高齢になり得る．〉
    Træ kan flyde på vand.　〈木は水に浮くことができる．〉

(3) ［(周囲の状況などによる実現の) 可能性］
　　Jeg kan låne en cykel af min bror.　〈私は自転車を兄から借りることができる.〉
　　Kan du veksle en tier?　　　　　　〈10 クローネ硬貨を両替できますか？〉
　　Det kan være varmt i Rom.〈ローマは暑くなることがある.〉［(5) と比較せよ］

(4) ［許可］…してもよい，…してもかまわない
　　Du kan gå nu.〈もう行っていいよ.〉
　　Han kan ikke komme med.　　　〈彼は一緒に行けません.〉

(5) ［(話し手の推定を示して：不確実な推量) 可能性］
　　Det kan godt være.　　　　　　〈そうかもしれない.〉
　　Det kan være varmt i Rom.〈ローマは暑いかもしれない.〉［(3) と比較せよ］

10.2.2　måtte

(1) ［許可］(しばしば gerne, godt とともに) …してもよい
　　Man må gerne gå på græsset i parken.　〈公園の芝生の上を歩いてもよい.〉
　　Mor, må jeg få en is? – Ja, det må du godt.
　　　　〈お母さん，アイスをもらっていい？　――ええ，いいわよ.〉
　　Må jeg bede om saltet?　　　　　　〈お塩を取っていただけますか？〉

(2) ［((1)［許可］の否定) 禁止］…してはいけない
　　Du må ikke ryge her.〈あなたはここでタバコを吸ってはいけない.〉
　　Ingen må vide det.　〈誰もそれを知ってはいけない.〉

(3) ［内的・外的必要・必然］…しなければならない，…する必要がある，…せざるをえない
　　Du må altså skynde dig lidt, ellers kommer vi for sent!
　　　　〈あなたはほんとうに少し急ぐ必要があります，そうしないと私たちは遅刻します.〉
　　Kirsten måtte lave sit hjemmearbejde om, fordi der var for mange fejl.
　　　　〈キアステンは，間違いがあまりにも多すぎたので，宿題をやり直す必要があった.〉
　　Jeg må gå nu, for jeg skal være hos tandlægen kl. 13.

〈もう行かなくちゃ，というのは午後1時に歯医者さんに行くので．〉

注意！

(3) ［内的・外的必要・必然］の意味の måtte は肯定平叙文でしか用いられず，疑問文，条件文，否定文では behøve〈〜する必要がある〉が（場合によっては skulle も）用いられる．すなわち，måtte が疑問文，条件文，否定文で用いられているときには，(1)［許可］（否定の場合は (2)［禁止］）を表す．

Jeg må skynde mig for at nå toget.
〈私は電車に間に合うために急ぐ必要がある．〉
Behøver jeg (at) skynde mig?
〈私は急ぐ必要がありますか？〉
Hvis jeg behøver (at) skynde mig, ...
〈もし私が急ぐ必要があるのならば，〉
Jeg behøver ikke (at) skynde mig.
〈私は急ぐ必要がない．〉

Du må (gerne) låne bogen.
〈あなたはその本を借りてもいいです．〉
Må jeg låne bogen?
〈私はその本を借りてもいいですか？〉
Hvis jeg må låne bogen, ...
〈もし私がその本を借りてもいいのならば，〉
Du må ikke låne bogen.
〈あなたはその本を借りてはいけない．〉

(4) ［提言・提案］må hellere …したほうがいい
　　Du må hellere tilstå alting.〈あなたは全てを白状したほうがいいですよ．〉
　　Vi må hellere få vekslet penge lige nu.
　　　〈私たちはちょうど今，お金を両替したほうがいい．〉

(5) ［論理的必然性；強い推量］…にちがいない
　　Du må være tørstig.　　〈あなたはのどが渇いているにちがいない．〉
　　Han må have taget nøglerne.〈彼はそれらのキーを取ったにちがいない．〉
　　Jeg har ikke set min nabo længe. Han må være rejst på ferie.
　　　〈私は私の隣人を長い間見ていない．彼は休暇で旅行に行ったにちがいない．〉

10.2.3　skulle

(1) ［要求，命令，義務］～しなくてはいけない，～しなさい
　　Peter skal bo i Paris.
　　　　〈ピーダはパリに住まなくてはいけない（と，私が，あるいは，Aさんが要求・命令している）.〉
　　I skal rydde op nu!　　　　　〈あなたたちは今かたづけなさい！〉
　　Hun skal drikke te.　　　　　〈彼女は紅茶を飲まなくてはいけない.〉
　　Man skal overholde statens love.〈国家の法律に従う義務がある.〉

(2) ［計画，取り決め，予定］～することになっている
　　Peter skal bo i Paris.　　　　〈ピーダはパリに住む（計画である）.〉
　　Jeg skal rejse om tre dage.　　〈私は3日後に旅行に行く（予定である）.〉
　　Hvad skal vi have til middag?〈私たちはディナーに何を食べますか？〉

(3) ［(疑問文で) 不確実さ］～をしたらいいか？
　　Hvad skal jeg gøre?　　　　　〈私は何をしたらいいのだろう？〉
　　Hvem skal man stole på?　　　〈誰を信用したらいいのだろうか？〉

(4) ［約束，請負］～するように・～になるように私が請負います
　　Jeg skal nok rydde op om lidt.〈少ししたらきっとかたづけます.〉
　　Du skal nok få dine penge.
　　　　〈あなたのお金があなたにきっと手に入るようにします.〉
　　Det skal nok gå.　　　　　　〈きっとうまく行くよ.〉
　　Det skal du få betalt.　　　　〈仕返しをしてやるぞ！〉
　　Jeg skal give dig!　　　　　　〈やっつけてやる！〉

10.2.4　ville

(1) ［意思，意図，願望］…しようと思う，…するつもりだ，…したい
　　Jeg vil selv male spisestuen.
　　　　〈私は自分でダイニングルームのペンキ塗りをするつもりだ・塗りたい.〉
　　Birgit vil være kok, når hun bliver stor.
　　　　〈ビアギトは大きくなったらコックになるつもりだ・なりたい.〉

Min søn vil ikke gå i skole mere!
　〈私の息子はこれ以上学校に行くつもりはない・行きたくない.〉
Han vil også være med.〈彼も参加するつもりだ・参加したい.〉
Vil du have mere kage?〈もっとケーキがほしいですか？〉
Hvad vil du her?〈あなたはここで何をするつもりですか・したいですか？〉
［注意：ville には本動詞の不定詞がなくても〈～をするつもりである・～がしたい〉という意味がある.］

注意！
　［願望］を表すときには副詞 gerne を伴うことが多い.
Jeg vil gerne besøge dig i morgen.〈私は明日あなたを訪ねたい.〉
Lars vil gerne være tandlæge, når han bliver stor.
　〈ラースは大きくなったら歯医者になりたい.〉
Jeg vil gerne have en kop te.　〈私は紅茶を一杯ほしい.〉

1 人称主語の私が相手の 2 人称あなたから何かがほしい場合には，gerne を入れないと丁寧さに欠け，ぶしつけになるので注意.
　× Jeg vil have en kop te. → Jeg vil gerne have en kop te.
　× Jeg vil låne din ordbog. → Jeg vil gerne låne din ordbog.

(2)［予測：単純未来］
Han vil være her kl. 8.　〈彼は 8 時にここに来るでしょう.〉
Vejret vil klare op senere.〈天気はのちに晴れるでしょう.〉
Jeg tror, at du vil blive rig engang.
　〈私は，あなたがいつかお金持ちになると思う.〉
Om 50 år vil man måske kunne rejse til Mars.
　〈50 年後にはもしかしたら火星に行けるでしょう.〉

10.3　måtte, skulle, ville ＋ 方向を表す副詞的語句

　デンマーク語の方向を表す副詞には，10.1 で示したもの以外にも，væk〈～から離れたところへ〉，tilbage〈後ろに，もどって〉，hjemmefra〈家から〉などがある.［ちなみに，væk には方向を表す意味のほかに，場所を表す〈～から離れたところで〉の意味があり，tilbage にも同様に，〈残っている，後に〉の意味もある.］

［必要］の måtte と［予定］，［主語以外の要求］の skulle と［意思・願望］の ville が方向を表す副詞的語句と共起する場合には，「行く・到達する」という意味の本動詞の不定詞は省略される．なお，方向を表す副詞的語句とは文中における文構成要素のことで，具体的には，方向を表す副詞 op, ud, væk, tilbage などや，i byen, til Danmark などの前置詞句がその役割を担う．

　Jeg *må op* nu, ellers kommer jeg for sent til timen.
　　　〈私は今起きなくてはいけない，そうしないと授業に遅刻する．〉
　Jeg *må videre*.　　〈私は先に行かなくてはいけない．〉
　Hvor *skal* I *hen*? – Vi *skal i teatret*.
　　　〈あなたたちはどこに行きますか？―― 私たちは劇場に行きます．〉
　Vi *skal hjem* nu.　〈私たちは今家に帰ります．〉
　De *vil i byen* i aften.〈彼らは今晩，街に（遊びに）行くつもりだ．〉
　Jeg *vil* gerne på cykeltur på Bornholm.
　　　　　　　　　〈私はボーンホルム島のサイクリングツアーに行きたい．〉

10.4　副詞の比較変化

副詞の中には比較変化をするものが若干ある．

原級		比較級	最上級
gerne	〈喜んで，好んで〉	hellere	helst
længe	〈長い間〉	længere	længst
ofte	〈しばしば〉	oftere	oftest
tit	〈しばしば〉	tiere	tiest

Peter vil gerne have kaffe, og Lene vil hellere have te, men Thomas vil helst have øl.
　　〈ピーダはコーヒーがほしく，リーネは紅茶のほうがほしい．しかしトマスはビールが一番ほしい．〉
Hvem af jer har boet i Danmark længst?
　　〈あなたたちのうちの誰がデンマークに一番長い間住んでいますか？〉
Hun besøger oftere/tiere sine forældre, end hendes bror gør.
　　〈彼女は両親を兄が訪ねるよりも頻繁に訪ねている．〉

10.5 ユニット強勢：動詞＋方向を表す副詞的語句

〔動詞＋方向を表す副詞的語句〕はユニット強勢となり，動詞に強勢がなく，方向を表す副詞的語句に強勢がある．以下の例文中の各語の左下の記号 ₀ はその語（の ₀ の直後の音節）に強勢がないことを表し，各語の左上の記号 ' はその語（の ' の直後の音節）に強勢があることを表す．

Tyven ₀løb 'bort med min pung.
Drengen ₀trådte et skridt 'frem.
Han ₀gik 'hen til døren.
Hvad tid ₀kommer du 'hjem i dag?
De ₀kom 'ind i stuen.
Drengen ₀kravlede 'ned fra træet.
De ₀gik 'om foran huset.
Vi vil ₀sejle 'over til en lille ø.
Børnene ₀løb 'ud i haven.
Han ₀klatrede 'op i træet.
Jeg ₀må 'op nu, ellers kommer jeg for sent til timen.
Jeg ₀må 'videre.
Hvor ₀skal I 'hen? – Vi ₀skal i te'atret.
Vi ₀skal 'hjem nu.
De ₀vil i 'byen i aften.

動詞が他動詞の場合でも，目的語である対象の場所の移動を表す場合には，動詞に強勢はなく，方向を表す副詞的語句に強勢が置かれるユニット強勢となる．

Han ₀bragte kufferten 'ind i bilen.
　〈彼は（その）スーツケースを自動車に運び入れた．〉
Han ₀fik sin bagage 'ned fra bagagenettet.
　〈彼は自分の手荷物を網棚からおろした．〉
Hun har ₀flyttet sengen 'hen ved vinduet.〈彼女はベッドを窓の方に移動した．〉

10.6 強調や特別な意味を表すための強勢

ふつうは強勢を置かない人称代名詞，「～である」という意味の være，法助動詞などの語でも，強調や対比などのために強勢を置くことがある．

₀Jeg ₀er japaner.
⇔ 'Jeg ₀er japaner.〈［他の人は日本人ではないようですが］私は日本人です．〉
⇔ Jeg 'er japaner.〈私は［日本人でなくはなく，ほんとうに］日本人です．〉
Jeg ₀vil være kok, når jeg bliver stor.
　　〈私は大きくなったらコックになるつもりです．〉
　⇔ Jeg 'vil være kok, ...
　　〈私は（何が何でも）ぜったいにコックになるつもりです．〉

　法助動詞 skulle の場合には，skulle に強勢が置かれると［要求，命令，義務］の意味が強調される．
　'Skal du tegne?〈絵を書かなくちゃいけないの？〉
　Nej, jeg 'skal ikke.〈いいえ，いけないというわけではありません．〉

練習問題

発音練習

Udtale 10: 発音されていない部分がどこか記しなさい.

1) ka<s>n</s>, kunne   2) skal, skulle   3) vil, ville

文法練習

Grammatik 10A: *kan, skal, vil* あるいは *må* を入れなさい.

1.
Rie: _____ jeg spørge dig om noget?
Hans: Ja, selvfølgelig.
Rie: _____ du forklare mig, hvad "jeg har travlt" betyder?
Hans: Ja, det kan jeg godt. Det betyder, at man har mange ting at lave.
Rie: OK. _____ du også godt skrive det på tavlen?
Hans: Ja, det vil jeg gerne. Sådan skriver man det.
Rie: Tak skal du have.
Hans: Selv tak.

2.
Linus: _____ du hjem efter timen?
Rie: Nej. Jeg skal på biblioteket.
Linus: _____ du lave lektier?
Rie: Ja, det skal jeg, men jeg _____ ikke. Jeg er lidt træt ... .
Linus: Du _____ også tage på café med mig først og så gå på biblioteket.
Rie: Det er en god idé! Det _____ jeg gerne.

Grammatik 10B: 方向／場所を表す副詞を入れなさい.

1) Lise går _____ på tredje sal. Om ti minutter kommer hun måske _____ igen.
2) Torben går rundt _____ i haven. Han gik _____ i haven for en halv time siden. Han kommer måske _____ i stuen igen til frokost.

3) Frøken Freja går _____ til supermarkedet. Hun går _____ . _____ er der mange varer.
4) "Skal vi ikke tage bussen _____?" spurgte Rie, "_____ venter Gitte med saft og chokolade."
5) Jens vil ikke _____, for det regner. I dag bliver han _____ .
6) _____ på den anden side af gaden stod hr. og fru Schmidt. De skulle _____ til stationen. _____ på stationen ventede fru Schmidts kusiner.
7) _____ på landet er der mere plads end _____ i byen. Alligevel vil mange gerne _____ til byen.
8) _____ i kælderen er der mere plads end _____ på loftet. Men _____ i skuret er der mindst plads.

聞き取り問題

Lytteøvelse 10A: 読み上げられている語がどちらかを聞き取りなさい。

1) hjem/hjemme   2) ind/inde   3) ud/ude
4) op/oppe   5) ned/nede   6) hen/henne

Lytteøvelse 10B: リーヌスとりえが話しています。会話を全てデンマーク語で書きなさい。

| næste, desværre, først, åh |

和文デンマーク語訳

次の日本語をデンマーク語に訳しなさい。

1) 今日はギデは残業するつもりです。[下線部分を文頭に置くこと。]
2) 私の母方のおばはあちらの角に立っています。
3) 5羽の美しい鳥が屋根の上にとまっている。
4) あなたは逆立ちできますか？
5) 図書館でタバコを吸ってはいけません。
6) あなたたちの先生と話してもいいですか？
7) 私たちは明日フューン島に行きます（行くことになっています）。[私たちがコペンハーゲンに住んでいることに留意してデンマーク語に訳すこと。]

コラム 10 移動は自転車．電車の中にも自転車．

　デンマークでは通勤・通学をはじめ，移動には自転車を使うことが一般的です．さらに移動に自転車を使うことは，健康的でもあり環境にも優しいと考えられています．ただ単に自転車を使う人の数が多いだけではなく，デンマークでは自転車での移動がしやすいように，車道と歩道の間に自転車専用道がきちんと整備されています．

　特に首都のコペンハーゲンは，土地が平らなこともあって，自転車での移動がとても便利です．しかし，自転車での移動にはいくつかルールがあります．

　　①自動車と同様，右側通行をする．自転車専用道が 2 車線のときは，左側が追い越し車線．
　　②止まるときは片手を挙げて，止まることを後走者に知らせる．
　　③右折のときは右手を横に出し，左折は二段階左折をする．
　　④暗くなってからは必ず前後にライトを付ける．
　　⑤横断歩道を自転車で渡ってはならない．

とくに④や⑤に違反してしまうと，罰金を科せられることもありますので，ご注意を．

　自転車専用道が普及していることにも驚かされますが，デンマークでは自転車ごと電車で移動ができるようになっています．ですので，自転車を駅には駐輪せずに，そのまま電車に持って入り，自分の職場や学校の近くの駅まで持って行き，その駅からまた職場や学校まで自転車で移動するということが普通に行なわれています．ただ，この場合は自転車用の運賃も支払う必要があります．

コペンハーゲンの Østerport（ウスタポアト）駅

コペンハーゲン市街は自転車で移動！

あなたは今日 8051 番目の自転車通行者です．

Lektion 11 — 別荘はどこにありますか？
Hvor ligger sommerhuset?

William og Gitte har et sommerhus i Hornbæk. De holder meget af sommerhuset, fordi det ligger nær stranden. Hvis det regner, tordner eller blæser meget, plejer familien at spille kort eller sådan noget. ① Der er ikke noget fjernsyn i sommerhuset. Hvis solen skinner, er de selvfølgelig ude. I haven, hvor Buller ofte spiller fodbold, er der blandt andet havemøbler og blomsterkrukker. Man ved aldrig, om vejret er godt om sommeren i Danmark. Sommetider er det skønt, og sommetider.... ja, sommetider bliver man inde.

William, Gitte og Yrsa er kørt i bil til Hornbæk, men Rie og Buller har taget tog og bus. Først tog de et tog til Hillerød, så tog de en bus til Hornbæk. I Hornbæk viser Buller vej, for Rie har ikke været der før.

Rie: Jeg kender ikke vejen. Ved du, hvordan vi finder sommerhuset, Buller?
Buller: Ja, det gør jeg.
Rie: Skal vi ikke dreje til højre ved banken?
Buller: Nej, det skal vi ikke. Vi skal dreje til højre ved det næste lyskryds. Så skal vi gå cirka 200 meter. Ved første vej på venstre hånd skal vi dreje igen. For enden af vejen ligger sommerhuset.

語句

Hornbæk: ［固］ホアンベク（コムーネ名）
holde (holdt, holdt) af ～: ［動］～が好きである，～を愛している
nær: ［前］～の近くで・に
strand (-en, -e): ［名］浜辺，ビーチ
hvis: ［従接］もしも
regne: ［動］雨が降る．det regner 雨が降る・降っている
tordne: ［動］雷が鳴る．det tordner 雷が鳴る・鳴っている
blæse＊: ［動］風が吹く．det blæser 風が吹く・吹いている
pleje: ［動］pleje at ～ ふつう～する
kort (-et, -): ［名］カード，トランプ．spille kort カードゲーム・トランプをする
sådan (sådant, sådanne): ［不代］そのような．sådan noget そのようなもの（☞ 19.5）
noget: ［不代］なにか（英 something）
noget: ［不代］すこしも（ない），なにも（ない）（英 any）
sol (-en, -e): ［名］太陽
skinne: ［動］光る，照る
hvor: ［関副］（場所や時間を先行詞としてとる）
ofte: ［副］しばしば
fodbold (-en, -e): ［名］（スポーツとしての）サッカー；サッカーボール．spille fodbold サッカーをする
blandt: ［前］（三者以上の）間に，中に．blandt andet 例えば，なかには～も，なかんずく
andet: ［不代］ほかのもの
havemøbel (havemøblet, havemøbler): ［名］庭用家具
blomsterkrukke (-n, -r): ［名］フラワーポット
man: ［不代］（不特定の人をさして）だれかある人，人（訳出する必要のないことが多い）
ved: ［動］（従位節を目的語として，知識・情報として）知っている．vide (ved, vidste, vidst)
om: ［従接］（間接疑問文を導いて）～かどうか
vejr (-et, -): ［名］天気，天候
sommer (-en, somre): ［名］夏．om sommeren 夏に
blive (blev, blevet): ［動］～になる；留まる
bil (-en, -er): ［名］自動車
tog (-et, -(/-e)): ［名］列車，電車
vise＊: ［動］見せる，示す．vise vej 道案内をする
vej (-en, -e): ［名］道，道路
for: ［同接］というのは，というのも
der: ［副］（あ）そこで・に
kende＊: ［動］（人・ものを目的語として）知っている
finde (fandt, fundet): ［動］見つける
Skal vi ikke ～: 私たちは～しないんですか？
dreje: ［動］まわる，曲がる；まわす，曲げる
højre: ［名］右．til højre 右に・へ
ved: ［前］～のそばに，～のところで
bank (-en, -er): ［名］銀行
næste: ［形］次の
lyskryds (-et, -): ［名］信号のある交差点

gå (gik, gået)：[動] 歩く；行く
meter (-en, -)：[名] メートル
første：[形] 最初の，第一の
venstre (-, -)：[形] 左の．på venstre hånd 左手に
hånd (-en, hænder)：[名] 手
ende (-n, -r)：[名] 終わり；端，突き当たり．for enden af 〜 〜の突き当たりに

よく使われる表現

① 【ふつう〜する】：pleje at 〜
「ふつう〜する／よく〜する」という意味のよく使われる表現．
De plejer at spille kort, hvis det regner.
〈もし雨が降れば，彼らはよくトランプをします．〉
Jeg plejede at cykle på universitetet, da jeg boede i København.
〈私はコペンハーゲンに住んでいたときは，ふつうは自転車で大学に行っていました．〉

11.1　語順

11.1.1　完結文

完結文とは別の文に従属しない文のことをいう：
Vi rejser på lørdag.〈私たちは今度の土曜日に旅立つ．〉

従位節を含む文もまた完結文である：
Vi rejser på lørdag, når vi er kommet hjem fra arbejde.
〈私たちは今度の土曜日に仕事から帰宅後に旅立つ．〉

ちなみに，この文中の når vi er kommet hjem fra arbejde は単独では文を構成できない従位節であり，完結文とはいえない．
　完結文は，また，完結文と完結文とを等位接続詞（og, men, eller）で結んだ全体をも指す．なお，等位節（＝等位接続詞で始まる完結文）の前にはコンマを打つ：
De har mange penge, og de har en stor lejlighed, men de har ikke nogen børn.
〈彼らにはお金がたくさんあり，大きなマンションを持っているが，彼らには子どもがない．〉

完結文は，同様に，完結文と完結文とを同位接続詞（så, for, thi）で結んだ全体をも指す．なお，同位節（＝同位接続詞で始まる完結文）の前にはコンマを打つ：
Jeg er meget træt, for jeg har løbet hele vejen fra stationen.
〈私はとても疲れている，というのは駅からずっと走って来たからだ．〉

別の言い方をすると，等位接続詞（og, men, eller）で始まる等位節も同位接続詞（så, for, thi）で始まる同位節も完結文である．

11.1.2　主節と従位節

完結文の中には，主節とそれに従属する従位節から成るものもある．その場合，従位節は完結文中の文構成素であり，多くの場合は時・場所・条件などを表す副詞的語句であるが，目的語や主語や補語の場合もある．なお，従位節の前（文頭以外）と後（文末以外）には必ずコンマを打つ．[以下，二重線の下線部分は主節，一重線の下線部分は従位節]

Vi rejser på lørdag, når vi er kommet hjem fra arbejde.［副詞的語句］
Jeg ved ikke, om han kommer til timen i dag.［目的語］
　　〈私は，彼が今日，授業に来るかどうか知りません．〉
At han kommer så sent, er irriterende.［主語］
　　〈彼がこれほど遅く来ることはいらいらさせる．〉
Problemet var, at han ikke havde nogen penge.［補語］
　　〈問題は彼が一銭も持っていないことでした．〉

話の流れ次第では従位節が主語以外の文構成素であっても文頭に来ることもある（☞5.2）：

Hvis det bliver regnvejr i morgen, bliver vi hjemme.
　　〈もし明日雨天になれば，私たちは家に留まる．〉
Vi bliver hjemme, hvis det bliver regnvejr i morgen.

11.1.3　主節の語順

主節の語順は，1）完結文，2）等位節（＝等位接続詞に導かれる完結文），3）同位節（＝同位接続詞に導かれる完結文）に適用される．主節の語順は以下のようである．

前域	中域			後域		
	v	n	a	V	N	A
	定形動詞	主語	副詞的語句	不定形動詞	目的語, 補語	副詞的語句
Jeg	vil		ikke	tage	toget	hjem i dag
I dag	vil	jeg	ikke	tage	toget	hjem
I dag	vil	jeg		tage	toget	hjem
	Vil	du		tage	toget	hjem i dag?
Jeg	tog		ikke		toget	hjem i går
	Tog	du			toget	hjem i går?
	Tag				toget	hjem!
Han	har		alligevel	givet	hende pengene	juleaften
Juleaften	har	han	alligevel	givet	hende pengene	
Pengene	har	han	alligevel	givet	hende	juleaften
Alligevel	har	han		givet	hende pengene	juleaften
Hende	har	han	alligevel	givet	pengene	juleaften
Vi	bliver					hjemme, hvis det bliver regnvejr
Hvis det bliver regnvejr,	bliver	vi				hjemme

v, V = verbaler 動詞的語句(定形動詞,不定形動詞)

n, N = nominaler 名詞的語句(主語,直接目的語,間接目的語,主格補語,目的格補語)

a, A = adverbialer 副詞的語句

11.1.4 従位節の語順

　従位節の語順で特徴的な点は,第一に,接続詞域に従位接続詞あるいは疑問代名詞・副詞や関係代名詞・副詞が置かれ,第二に,主節とは異なり,前域がなく,第三に,中域内の順番がnavつまり主語,副詞的語句,定形動詞の順になっていることである.

接続詞域	中 域			後 域		
	n	a	v	V	N	A
	主語	副詞的語句	定形動詞	不定形動詞	目的語，補語	副詞的語句
fordi	det		ligger			nær stranden
hvis	det		regner, tordner eller blæser			meget
hvis	solen		skinner			
hvor	Buller	ofte	spiller		fodbold	
om	vejret		er		godt	
hvordan	vi		finder		sommerhuset	
at	han	ikke	havde		nogen penge	
hvis	det	igen	bliver		regnvejr	i morgen
fordi	han	alligevel	har	givet	hende pengene	juleaften
om	jeg	aldrig	må	lave	mad	hjemme

換言すれば，従位節では，まず接続詞類が来て，次に主語と定形動詞が来るが，もしも中域に置く副詞的語句があれば，それは必ず主語の直後，定形動詞の直前に来るということである．これを会話の最中に間違わないようにするには，声に出して何回も言う練習をしなくてはならない．

11.1.5　従位接続詞

注意！
従位接続詞の前に付けた記号◆は，当該の従位節が主節の前に置くことができることを表す．

名詞節
◆at: 〜であること［英語の that に相当］
　　Jeg er glad for, at du har det godt.〈私は，あなたが元気でうれしい．〉

◆om: 〜であるかどうか［間接疑問文を導く］
　　Jeg vil spørge Susanne, om hun har betalt.
　　　〈私はスサネに彼女が支払ったかどうか訊いてみる．〉
　　Jeg ved ikke, om jeg kommer i aften.〈私は今晩行くかどうかわからない．〉

時

- **da:** ［過去の1回だけの出来事について］〜した時
    Lene fik en cykel, da hun blev 7 år.
    〈リーネは7歳になった時自転車をもらった．〉
    Da Lene blev syv år, fik hun en cykel.

- **dengang:** 〜した当時
    Jeg var ikke særlig flittig, dengang jeg gik i skole.
    〈私は学校に通っていた当時，とくに勤勉ではなかった．〉
    Dengang jeg gik i skole, var jeg ikke særlig flittig.

- **når:** ［過去の複数回の出来事について］〜した時；［現在・未来の出来事について］〜する時
    Når vi kom hjem fra skole, fik vi altid kold saft.
    〈私たちは学校から帰るといつも冷たい果汁ジュースを出してもらった．〉
    Når jeg spiller badminton, sveder jeg meget.
    〈私はバドミントンをしている時汗をたくさんかく．〉
    Jeg vil rejse til Japan, når jeg bliver stor.
    〈私は大きくなったら日本に行くつもりだ．〉
    Når jeg bliver stor, vil jeg være pilot.
    〈私は大きくなったらパイロットになるつもりだ．〉

- **siden:** 〜して以来
    Jeg har ikke mødt Claus, siden vi var børn.
    〈私は，私たちが子どもの時以来クラウスに会っていない．〉

- **mens:** 〜している間
    Rasmus hørte radio, mens han reparerede sin cykel.
    〈ラスムスは自分の自転車を修理している間，ラジオを聴いていた．〉

- **før:** 〜する前に，◆ **inden:** 〜するまでに
    Jeg ringer til dig, før jeg tager på ferie.
    〈私は休暇に旅立つ前にあなたに電話します．〉
    Husk at tænde for opvaskemaskinen, inden du går.

〈出かけるまでに食器洗い機のスイッチを入れるのを忘れないで！〉

◆efter (at): 〜した後
　　Else har det bedre, efter (at) hun er holdt op med at ryge.
　　　〈エルセは喫煙を止めた後、体調が（以前より）良い。〉
　　Jeg ser mine venner mere, efter (at) jeg har fået bil.
　　　〈私は自動車を入手した後、友だちにより多く会っている。〉

indtil, til: 〜するまで
　　Jeg venter på dig, indtil du er færdig.〈私はあなたが終わるまで待ちます。〉
　　Ole blev på stranden, til solen gik ned.
　　　〈オーレは陽が沈むまでビーチに留まった。〉

理由
fordi: 〜なので
　　Jeg lukker vinduet, fordi det er begyndt at regne.
　　　〈私は、雨が降り始めたので窓を閉める。〉

◆da: 〜なので
　　Han var ikke i skole i går, da han var syg.
　　　〈彼は病気だったので昨日学校に行かなかった。〉
　　Da han var syg i går, var han ikke i skole.

◆siden: 〜なので
　　Siden han var så fattig, kunne han ikke engang købe noget brød.
　　　〈彼はたいそう貧しかったのでパンを買うことすらできなかった。〉

条件
◆hvis: もしも〜ならば
　　Jeg kommer, hvis jeg ikke skal på arbejde.
　　　〈私はもし仕事に行かないならば参ります。〉
　　Hvis det er godt vejr i overmorgen, tager vi i skoven.
　　　〈もし明後日良い天気ならば、私たちは森に出かけます。〉

譲歩

◆ selv om (selvom と綴る場合もある (cf. s. 301))
　　Han spiser, selv om han ikke er sulten.〈彼は空腹ではないけれども食事をする。〉
　　Selv om det bliver regnvejr i morgen, tager vi på fisketur.
　　〈たとえ明日雨が降っても魚釣りに行きます。〉

比較

end: 〜よりも
　　Han er klogere, end jeg troede.〈彼は私が思っていたのよりも賢い。〉

◆ som: 〜のように
　　Som du kan se på kortet, findes der mange små øer i Danmark.
　　〈あなたが地図を見てわかるように，多数の小島がデンマークにあります。〉

som om: あたかも〜のように
　　Sten går, som om han er fuld.
　　〈スティーンはあたかも酔っ払っているかのように歩いている。〉

目的

så: 〜するように
　　Jeg vil gerne have en lejlighed, så jeg altid kan lave mad hjemme.
　　〈私はいつでも自宅で料理ができるようにマンション（の一区画）がほしい。〉

対立

◆ mens: 〜の一方で
　　Min far spiller tennis, mens min mor spiller badminton.
　　〈私の父はテニスをする，一方，母はバドミントンをする。〉

間接疑問文

om や疑問代名詞，疑問副詞で始まる間接疑問文も従位節である：
　　Ved du, hvornår gæsterne kommer?〈お客さんたちがいつくるかわかりますか？〉
　　Jeg aner ikke, hvor gammel hun er.
　　〈私には，彼女が何歳なのか，見当がつきません。〉

Jeg ved godt, hvad du har i hånden.
〈私は，あなたが手に何を持っているか知っています．〉

注意！
疑問代名詞（を含む語句）が間接疑問文の主語である場合，主語マーカーとして der を挿入しなければならない．
Kan du sige mig, hvem **der** kommer i aften?
〈今晩誰が来るか教えてもらえますか？〉

11.2 天候に関する表現

Hvordan er vejret i dag?　〈今日の天気はどうですか？〉
Det er fint/godt vejr i dag.　〈今日は良い天気です．〉

「明日雨が降ります」という内容を伝えたい場合，動詞 regne の現在形を用いて Det regner i morgen. というのは文法的には正しいが，現実には Det bliver regnvejr i morgen.〈明日雨天になる〉という言い方をするのが一般的である．

その他の気象現象の言い方：
Det regner.〈雨が降る．〉	過去形	Det regnede.
Det blæser.〈風が吹く．〉	過去形	Det blæste.
Det tordner.〈雷が鳴る．〉	過去形	Det tordnede.
Det lyner.〈稲光がする．〉	過去形	Det lynede.
Det er godt vejr.〈良い天気です．〉	過去形	Det var godt vejr.
Solen skinner.〈日が照る．〉	過去形	Solen skinnede.
Det sner.〈雪が降る．〉	過去形	Det sneede.
Det er overskyet.〈曇りです．〉	過去形	Det var overskyet.

気候に関する det/der er ～ という言い方による言い回し：
Det er køligt. ／ Der er køligt.　〈涼しいです．〉
Det er varmt. ／ Der er varmt.　〈暑いです．〉
Det er fugtigt. ／ Der er fugtigt.〈じめじめしています．〉
Det er koldt. ／ Der er koldt.　〈寒いです．〉
Det er lunt. ／ Der er lunt.　〈暖かいです．〉

主語が det であっても der であっても，ここでは大きな意味の違いはない．

「寒い」という場合には，fryse (frøs, frosset)〈凍る〉という動詞を用いて，次のように言うこともできる：
 Fryser du?　〈寒いですか？〉
 Ja, jeg fryser.〈はい，寒いです．〉

11.3　道案内に関する表現

道をたずねるには，例えば，次のようにいうことができる：
 Hvor ligger stationen?　　　　　　　〈駅はどこにありますか？〉
 Hvordan kommer man til stationen?　〈どうやって駅に行きますか？〉
 Hvordan skal man komme til stationen?　〈どうやって駅に行けばいいですか？〉
 Hvordan finder man posthuset?　　　〈どうやって郵便局に行きますか？〉

また，これらを間接疑問文にして：
 Kan du sige mig, hvor stationen ligger?　〈～を教えていただけますか？〉
 Kan du sige mig, hvordan man kommer til stationen?
 Kan du sige mig, hvordan man skal komme til stationen?
 Kan du sige mig, hvordan man finder posthuset?
 Vil du vise mig her på kortet, hvor stationen ligger?
  〈駅がどこにあるか，この地図上で，示していただけますか？〉
 etc.

道を教える場合：
 Du kan gå lige ud ad Vesterbrogade.
  〈ヴェスタブロゲーゼをまっすぐ行けばいいです．〉
 Du skal dreje til højre/venstre ved banken.
  〈あなたは銀行の所で右/左に曲がればいいです．〉
 Dér ser du stationen på højre/venstre hånd.
  〈そこで駅が右手/左手に見えます．〉
 Du skal forbi kirken.〈教会を通り過ぎます．〉
 etc.

11.4　交通に関する表現

Kan man tage en bus herfra til stationen?〈ここから駅までバスで行けますか？〉
Hvor lang tid tager det（at køre）med bus til Zoologisk Have?
　　　　　　　　　　　　　　　〈動物園までバスでどのくらいかかりますか？〉
Det tager ca. tre kvarter.　　　〈約45分かかります.〉

「バスで行く」,「電車で行く」というのは次のように複数のいい方がある：

tage bus	tage tog	
tage en bus	tage et tog	tage（med）en bus/et tog は「複数あ
tage bussen	tage toget	るバス／電車の中からあるバス／電
tage med bus	tage med tog	車に乗る」ことを意味する.
tage med en bus	tage med et tog	
tage med bussen	tage med toget	

　その他の一般的な乗り物には, metro (-en, -er)〈地下鉄〉, S-tog (-et, -/(-e))〈S電車（コペンハーゲン近郊電車）〉, rutebil (-en, -er)〈（ふつう複数の町を経由する）長距離路線バス〉, taxa (-en, -er) /taxi (-en, -er)〈タクシー〉, færge (-n, -r)〈フェリー, 連絡船〉, skib (-et, -e)〈船〉, fly (-et, -)〈飛行機〉などがある.

「バスに乗る」,「電車に乗る」というのは次のようにいう：
　　₀stå/₀stige på ˈbussen　　　　　₀stå/₀stige på ˈtoget

「バスから降りる」,「電車から降りるというのは次のようにいう：
　　₀stå/₀stige af ˈbussen　　　　　₀stå/₀stige af ˈtoget

ただ, ₀stå/₀stige ˈpå, ₀stå/₀stige ˈaf で「乗る」,「降りる」を表す：
　　Jeg vil stå på i Odense.〈私はオーゼンセで乗るつもりです.〉
　　Du kan stige af ved Rådhuspladsen.〈あなたは市庁舎前広場で降りればいいです.〉

　乗り物が停まる場所は, 大きな町の昔からある古い大きな駅だと banegård (-en, -e), ふつうの駅は station (-en, -er), バスの停留所は (bus)stoppested (-et, -er), 長距離路線バスのターミナルは rutebilstation (-en, -er), 港は havn (-en, -e), 空港は lufthavn (-en, -e) と呼ばれる.

練 習 問 題

発音練習

Udtale 11: 強勢がある箇所に下線を引きなさい．
1) Da sommerhuset ligger nær stranden, holder familien meget af det.
2) Da det ligger nær stranden, holder familien meget af sommerhuset.
3) Da det ligger nær stranden, holder de meget af sommerhuset.
4) Hvis vejret er godt, er familien ude i haven.
5) Hvis det er godt, er familien ude i haven.
6) Hvis det er godt, er de ude i haven.

文法練習

Grammatik 11: 直接話法を間接話法にしなさい．
1) (a) Solveig til Sigurd: "Spiser du is?"
   - (Nutid: 現在形) *Solveig spørger Sigurd, om han spiser is.*
   - (Datid: 過去形) *Solveig spurgte Sigurd, om han spiste is.*
   - (Førnutid: 現在完了形) *Solveig har spurgt Sigurd, om han spiser is.*
   - (Førdatid: 過去完了形) *Solveig havde spurgt Sigurd, om han spiste is.*
2) (b) Sigurd til Solveig: "Selvfølgelig."
   - (Nutid: 現在形) *Sigurd svarer Solveig, at han selvfølgelig spiser is.*
   - (Datid: 過去形) *Sigurd svarede Solveig, at han selvfølgelig spiste is.*
   - (Førnutid: 現在完了形) *Sigurd har svaret Solveig, at han selvfølgelig spiser is.*
   - (Førdatid: 過去完了形) *Sigurd havde svaret Solveig, at han selvfølgelig spiste is.*
3) Rasmus til Torben: "Hvor bor dine bedsteforældre?"
4) (a) Linda til sin bedste veninde: "Drikker du også alkohol?"
5) (b) Lindas veninde til Linda: "Nej."
6) En studerende til en medstuderende: "Hvad skal du lave i ferien?"
7) (a) Louise til Troels: "Vil du ikke med på stranden, selvom det regner?"

8) (b) Troels til Louise: "Jo!"
9) To turister til Mikkel: "Hvordan kommer man hurtigst til Rungsted?"
10) (a) En elev til sin lærer: "Ligger Middelfart i Jylland eller på Fyn?"
11) (b) Læreren til sin elev: "På Fyn."

聞き取り問題

Lytteøvelse 11A: 以下の質問にデンマーク語で答えなさい．
1) Hvor skal Rie hen?
2) Skal hun til venstre eller til højre ved cafeen?
3) Hvad skal hun gå forbi?
4) Skal hun gå i et kvarters tid?

Lytteøvelse 11B: 読まれるテキストを全てデンマーク語で書きなさい．

cykle, S-tog, hver, skifte, Nørreport, Islands Brygge, derfra, normalt

和文デンマーク語訳

次の日本語をデンマーク語に訳しなさい．
1) もし雨が強く降ったり，雷がひどく鳴ったり，風がひどく吹いたりすると，ブラはふつう自分の部屋でお絵かきをするが，もし陽が照っていると，彼は外の通りでサッカーをする．
2) ホアンベクまでどうやって行くか，教えていただけますか？
— はい．まずヒレレズまで電車に乗ります．そしてその後，ホアンベクまでバスに乗ります．
3) りえはラスムスン家の別荘がどこにあるのか知りません，だからブラが道案内します．
4) ユランの小さな町まで行く（旅する）時には，長距離バスに乗らなければなりません（＝乗る必要があります）．
5) ロスキレ行きのバスはちょうど出たところだと思います．

コラム 11-① sommerhus と kolonihave

　デンマークには，Hornbæk のように別荘ばかりが建ち並ぶ「別荘地区」のような町が存在します．Hornbæk があるシェラン島の北東部は別荘地区として有名です．ユラン半島に目を向ければ，ユラン半島の西海岸，いわゆる北海に面している海岸部や，半島の東側にある小さな島々なども別荘が多い地区です．

　別荘と一口にいっても，実際に一年中家族がそこで生活できるような大きな別荘から，夏の間暮らせるだけの簡単な施設だけを備えたものなど，その大きさや形態はさまざまです．ただしこのような別荘地区には，住んで良い時期が決められていて，原則として決められた期間以外に別荘に住むことは禁止されています．

　このように「別荘地区」は海岸沿いや自然の多い郊外にありますが，コペンハーゲンなどの都市に比較的近い場所には kolonihave（菜園・庭園用スペース）と呼ばれる，sommerhus よりもはるかに小さい小屋と菜園用の庭が付いた区画が集まる「菜園地区（こちらは havekoloni と呼ばれます）」があります．都市部に住んでいながらにして簡単に菜園を行ない，自然の中で過ごすことができるようになっています．

コラム 11-② S-tog：コペンハーゲン近郊電車

11課ではりえとブラが Hillerød まで電車に乗っていきます．この Hillerød も ラスムスン一家が住む Rødovre も，S-tog と呼ばれる「コペンハーゲン近郊電車」の駅がある町です．この S-tog は 1934 年に開通し，2020 年現在では 6 路線が走っています．

路線名	始点・終点駅	始点・終点駅
A	Hillerød	Hundige / Solrød Strand
B / Bx	Farum	Høje Taastrup
C	Klampenborg	Ballerup / Frederikssund
E	Holte	Køge
F	Hellerup	Ny Ellebjerg
H	Østerport	Frederikssund

この S-tog はコペンハーゲン近郊の主要な町に駅を置くだけでなく，F 線以外の路線であればどれでも，コペンハーゲン中央駅（Københavns Hovedbanegård / København H），ヴェスタポアト駅（Vesterport Station），ナアアポート駅（Nørreport Station），ウスタポアト駅（Østerport Station）の4つの主要駅に停まるようになっている非常に便利な交通機関です．

Lektion 12 ほぼ全員がくつろぎ楽しく過ごしている
Næsten alle hygger sig

Næsten alle hygger sig i sommerhuset: Gitte og Rie sidder og taler om Ries sprogskole, mens William og Yrsa er ved at lave mad.① Men Buller går rundt og sparker til en bold inde i stuen. Han keder sig.

Gitte: Kommer du ikke over og sætter dig, Buller?
Buller: Hvor skal jeg sætte mig?
Gitte: Du kan sidde ved siden af mig.
Buller: Det gider jeg ikke.
Gitte: Så kan du sidde ved siden af Rie.
Buller: Jeg er faktisk lidt søvnig. Jeg vil hellere ligge lidt på sofaen. ②
Gitte: Ok, hvis du lægger dig på sofaen, så henter jeg et glas saft til dig.

Buller: Tak mor.
Gitte: Skal jeg stille det på bordet?
Buller: Ja tak.
Gitte: Nu står det på bordet. Du må passe på, det ikke vælter.
Buller: Det skal jeg nok. Mor, hvad sidder I og snakker om?
Gitte: Ikke noget særligt. Vi sidder bare og hygger os.
Buller: Og hvad laver far og Yrsa? ③
Gitte: De står og laver mad.
Buller: Jeg håber, de skynder sig!

語句

næsten:［副］ほとんど，ほぼ
hygge sig:［再動］くつろぐ，楽しむ，楽しくすごす
mens:［従接］〜している間；一方
ved: er ved at 〜 〜しているところである，〜している最中である
lave:［動］作る．lave mad 食事を作る，料理をする
rundt:［副］ぐるぐると，回って
sparke:［動］蹴る．sparke til 〜 〜を（繰り返して）蹴る
bold (-en, -e):［名］ボール，玉
kede:［動］退屈させる．kede sig［再動］退屈する
over:［副］〜を越えて，〜を渡って
sætte (satte, sat):［動］置く，座らせる．sætte sig［再動］座る
ved siden af 〜:〜の横で，〜の隣りで
gide (gad, gidet):［動］（否定文・疑問文・条件文で用いて）〜する気がある
så:［副］それならば
søvnig (-t, -e):［形］眠い

vil hellere: 〜の方をしたい
ligge (lå, ligget):［動］横たわっている，横になっている
lægge (lagde, lagt):［動］横たえる．lægge sig［再動］横たわる，横になる
glas (-set, -):［名］グラス，コップ．et glas saft 果汁ジュース一杯
stille:［動］置く，立てる，立てかける
stå (stod, stået):［動］立っている
passe på, (at) ...:［動］〜になるように気をつける
vælte:［動］倒れる；倒す
skulle (skal, skulle, skullet):［法助］（請負・約束を表して）〜します
nok:［副］（請負・約束のskulleとともに，請負・約束を強めて）きっと
snakke:［動］話す，しゃべる
noget:［不代］（否定文で用いて）何も（ない）；（疑問文・条件文で用いて）何か（英語 anything）
særlig (-t, -e):［形］特別な，特殊な
håbe:［動］望む

よく使われる表現

① 【食事を作る，料理する】：lave mad
 lave mad に似た表現として，以下の表現も覚えるようにしよう．
  lave morgenmad〈朝食を作る〉，lave frokost〈昼食を作る〉，lave aftensmad〈夕食を作る〉
 どの表現でも強勢は，lave ではなくその直後の名詞にあることに注意して発音しよう．

② 【〜の方がいい】：Jeg vil hellere 〜
  Jeg vil gerne købe et sommerhus.〈私は別荘が買いたい．〉
  Jeg vil hellere købe et sommerhus.

〈私は別荘を買う方がいい（（例えば）新しい車を買うよりは）．〉
　　Jeg vil helst købe et sommerhus.
　　　〈私は何よりも（他のことはさておいても）別荘を買いたい．〉
　この3つの文から分かるように，副詞 gerne を比較変化させていくことで，意味にも違いが生じる．vil gerne / vil hellere / vil helst いずれもよく使われる表現なので覚えよう．
③【(今現在）お父さんとユアサは何をしているの？】：
　　Hvad laver far og Yrsa?
　Hvad laver ～? は，これまでに何度も出て来た表現だが，この課では「(今現在）～が何をしているのか？」ということをたずねるために使われている．
　　Hvad laver far og Yrsa? ― De står og laver mad.〈彼らは食事を作っています．〉

12.1　再帰代名詞 sig

　主語の動作・行為が主語自身に向けられる場合で，文の主語が3人称単数・複数である時，目的語は特別な形をした再帰代名詞 sig で表現される．
　　Han/de keder sig.〈彼・彼らは退屈している．〉
　　　　⇕
　　Han keder ham.〈彼（Peter）は（別の）彼（Thomas）を退屈させる．〉
　　De keder dem.〈彼らは（別の）彼らを退屈させる．〉

　この再帰代名詞 sig は，主語と同一のものが前置詞の目的語である場合にも用いられる．
　　Læreren lukkede bogen og lagde den foran sig på bordet.
　　　〈先生はその本を閉じて机の上の自分の前に置いた．〉

12.2　再帰動詞

　主語の動作・行為が主語自身に向けられる場合で，文の主語が3人称単数・複数である時，再帰代名詞 sig を用いて，例えば，kede sig〈(自分自身を退屈させる→）退屈する〉のようにいう．そしてこの kede sig のような形が辞典類では見出し語形として掲載される．一方，主語が1人称，2人称の場合には，人称代名詞の目的格が用いられる．

Jeg keder mig.　　　　Vi keder os.
Du keder dig.　　　　I keder jer.
Han keder sig.
Hun keder sig.　　　　De keder sig.
Den（=hunden）keder sig.
Det（=dyret）keder sig.
　　　　　　De keder Dem.

よく使われる再帰動詞：

barbere sig〈ひげを剃る〉, bevæge sig〈動く〉, hvile sig〈休む, 休息する〉, hygge sig〈楽しむ〉, kede sig〈退屈する〉, lægge sig〈横になる〉, more sig〈楽しむ〉, rejse* sig〈立ちあがる〉, skynde* sig〈急ぐ〉, skære (skar, skåret) sig〈切り傷をする〉, slå (slog, slået) sig〈身体をぶつける, 打ち傷をする〉, sætte sig〈座る〉, udvikle sig〈発達する, 発展する〉, vaske sig〈身体を洗う〉

12.2.1　再帰動詞の完了形

　主語の動作・行為が主語自身に向けられる再帰動詞の場合, その意味するところを日本語で考えると, これらの動詞が一見, 自動詞のように思われるが, これらはあくまでも自分自身を kede〈退屈させる〉, more〈楽しませる〉, skynde*〈急がせる〉という, 他動詞構文であるので, 完了の助動詞は have である.

　Vi har moret os godt i byen.〈私たちは街で大いに楽しんだ.〉
　Hun havde kedet sig, indtil hendes venner ankom.
　　　〈彼女は彼女の友だちが到着するまで退屈していた.〉

12.3　ligge: lægge sig, sidde: sætte sig, stå: rejse sig

「横になっている」,「座っている」,「立っている」という状態を表す状態動詞 ligge, sidde, stå に対し,「横になる」,「座る」,「立つ（立ち上がる）」という行為の完了を表す変化動詞（推移動詞）は一連の再帰動詞で表される.

ligge	⇔	lægge sig
sidde	⇔	sætte sig
stå	⇔	rejse sig

Han *ligger* i sengen.	〈彼はベッドで横になっている.〉
Han *lægger sig* på sofaen.	〈彼はソファーに横になる.〉
Han *sidder* på en stol.	〈彼はイスに座っている.〉
Han *sætter sig* på en bænk.	〈彼はベンチに座る.〉
Han *står* henne ved vinduet.	〈彼はあちらの窓の所に立っている.〉
Han *rejser sig* straks.	〈彼はすぐさま立ちあがる.〉

12.4 弱強勢文構成素の位置

　直接目的語が人称代名詞の場合には，人称代名詞には基本的に強勢がないので，本動詞（助動詞ではない動詞）の直後に置かれて本動詞の一部のように発音される．本動詞が不定形動詞になる完了形の文（例文 (4)）や法助動詞に始まる文（例文 (6)）では，直接目的語はもともと本動詞の直後に置かれているので語順に何の変更もない．しかし本動詞が現在形（例文 (2)）や過去形の単純時制の場合には，強勢のない人称代名詞は中域の副詞的語句の前に置かれて，本動詞の直後に置かれる．

前　域	中　　域				後　　域		
	v	n	a		V	N	A
	定形動詞	主語	弱強勢文構成素	副詞的語句	不定形動詞	目的語補語	副詞的語句
(1) Jeg	ser			ofte		Peter	på gaden
(2) Jeg	ser		₀ham	ofte			på gaden
(3) Jeg	har			ofte	set	Peter	på gaden
(4) Jeg	har			ofte	set	₀ham	på gaden
(5) Jeg	vil			ofte	se	Peter	på gaden
(6) Jeg	vil			ofte	se	₀ham	på gaden
(7) På gaden	ser	jeg	₀ham	ofte			
(8)	Ser	du	₀ham	ofte			på gaden?
(9) Hvorfor	ser	jeg	₀ham	ofte			på gaden?
(10) Jeg	ser			ikke		Martin	på gaden
(11) Jeg	ser			ikke		ˈham	på gaden

　ただし，単純時制の場合でも，疑問文（例文 (8), (9)）であるためや，前域に

主語以外のものが置かれた結果（例文 (7)），主語が中域の主語領域に置かれると，本動詞と強勢のない人称代名詞は隣同士になれない．それでも強勢のない直接目的語は中域の弱強勢文構成素の領域に置かれる．

一方，「Peter ではなく Martin, 彼」のように「対比」などのために人称代名詞に強勢が置かれる時には，その人称代名詞は後域の目的語の領域に留まる（例文 (11)）．

直接目的語と間接目的語の両方ともが強勢のない人称代名詞である時には，両方ともが中域の弱強勢文構成素の領域に置かれる（例文 (13)）．しかし，直接目的語だけが強勢のない人称代名詞で，**間接目的語が強勢のある名詞である場合には，強勢のない人称代名詞である直接目的語は中域の弱強勢文構成素の領域には置かれない**（例文 (14)）．一方，間接目的語が強勢のない人称代名詞で，直接目的語が強勢のある名詞である場合には，強勢のない人称代名詞である間接目的語は中域の弱強勢文構成素の領域に置かれる（例文 (15)）．直接目的語が強勢のある名詞で，間接目的語が「対比」などのために強勢のある人称代名詞である場合には，両目的語は後域の目的語の領域に留まる（例文 (16)）．

前 域	中 域				後 域		
	v	n		a	V	N	A
	定形動詞	主語	弱強勢文構成素	副詞的語句	不定形動詞	目的語補語	副詞的語句
(12) Jeg	giver			ikke		Peter bolden	
(13) Jeg	giver		$_0$ham $_0$den	ikke			
(14) Jeg	giver			ikke		Peter $_0$den	
(15) Jeg	giver		$_0$ham	ikke		bolden	
(16) Jeg	giver			ikke		^{1}ham bolden	

場所の副詞 her〈ここ〉, der〈そこ, あそこ〉に強勢がない場合には, これらの副詞も中域の弱強勢文構成素の領域に置かれる（例文 (18)）.

前域	中域				後域		
	v	n		a	V	N	A
	定形動詞	主語	弱強勢文構成素	副詞的語句	不定形動詞	目的語補語	副詞的語句
(17) Han	sidder			altid			i haven
(18) Han	sidder		₀der	altid			
(19) Han	sidder			altid			¹der

再帰動詞の目的語である再帰代名詞も強勢がないので, 単純時制の場合には, 中域の弱強勢文構成素の領域に置かれる（例文 (20)）.

前域	中域				後域		
	v	n		a	V	N	A
	定形動詞	主語	弱強勢文構成素	副詞的語句	不定形動詞	目的語補語	副詞的語句
(20) Vi	hygger		₀os	bare			
(21) Vi	vil			bare	hygge	₀os	

12.5　行為・動作の進行状況あるいは継続状況を表す表現

12.5.1　ligge/sidde/stå/gå + 他の動詞

デンマーク語の動詞は, その動詞が動作を表すことのできるものであれば, 現在形で, 習慣的に行なわれる事柄など, あるいは現在の進行状況を表すことができる.

　　Han ser fjernsyn hver aften.〈彼は毎晩テレビを見る。〉［習慣］

　　Hvad laver han nu? – Han ser fjernsyn i stuen.
　　　〈彼は今何をしていますか？— 彼はリビングでテレビを見ています。〉［現在の進行状況］

デンマーク語には, 英語の現在進行形のような特別な構文はないが, このように

動詞の現在形で現在の進行状況を表すことができるのである．とはいえ，現在の進行状況あるいは継続する状況を強調的に表現する手段もデンマーク語には存在する．

その手段の1つとして，ligge〈横になっている〉，sidde〈座っている〉，stå〈立っている〉という基本的な3つの状態動詞と動作を表す動詞との組み合わせで，進行状況を表すことができる．これは例えば，ある人が移動することなく，一か所に留まり，何かの動作を行なっている場合に用いられる．さらに，ある人が移動しながら動作を行なっている場合には，gå〈歩く〉という動作動詞と動作を表す動詞との組み合わせで，移動しながら行なっている動作の進行状況を表すことができる．

Drengen *ligger og hører* radio.〈男の子は（寝転がって）ラジオを聴いている．〉
Pigen *sidder og læser* oppe på sit værelse.
　〈女の子は上の自分の部屋で（座って）勉強をしている．〉
Familien *sad og så* fjernsyn hele aftenen.〈一家は一晩中テレビを見ていた．〉
Mor *står og laver* mad ude i køkkenet.
　〈お母さんは台所で（立って）食事を作っている．〉
Far *går og vander* blomster ude i haven.
　〈お父さんは外の庭で花に水をやっている．〉

なお，ligge og ...，sidde og ...，stå og ... の場合，動作が進行中であることに注目しているのであり，「横になっている」，「座っている」，「立っている」こと自体は二の次であるとするならば，これらの状態動詞の部分は必ずしも日本語に訳出する必要はないということができる．しかしながら，上の例文で，男の子がラジオを聴いている状態は，横になっているのであり，座ったり，立ったりはしていない，ということもまた事実である．

gå og ... は，「今現在，移動しながら〜している最中である」という意味ばかりではなく，英語の現在進行形と同じく，もっと広い時間的幅の中で，「いつも・たえず〜している」という意味も表すことができる．

Han *går* altid *og driller*. 〈彼はいつもからかってばかりいる．〉

gå og ... はまた，しばらく音沙汰のない友人・知人に電話などで近況を訊くとき，数日の時間的幅を持った「近頃」はどうしているのかという文脈で用いることも可能である．

Hvad *går* du *og laver*?　〈（近頃）どうしているの？〉

12.5.2　være i færd med at 不定詞, være ved at 不定詞

動作・行為の進行状況は〔være i færd med at 不定詞〕や〔være ved at 不定詞〕でも表現することができる.

Han er i færd med at male sommerhuset.
〈彼は別荘にペンキを塗っているところだ.〉
Børnene var i færd med at pynte juletræet, da deres forældre kom hjem.
〈子どもたちは, 彼らの両親が帰宅した時, クリスマスツリーに飾り付けをしている最中だった.〉
De er ved at spise.〈彼らは食事をしているところです.〉
Vi var ved at pakke, da du ringede.
〈私たちは, あなたが電話してきた時, 荷物をつめていたところでした.〉

注意！

〔være ved at 不定詞〕は「もう少しで〜しそうである」, 過去の場合には「もう少しで〜しそうであったが, そうならなかった」を意味する時がある. なお, その場合には副詞 lige〈まさに, ちょうど〉を伴うことが多い.

Jeg er ved at være færdig.　　〈私はもう少しで終わるところだ.〉
Jeg er ved at dø af kulde.　　〈私は寒くて今にも死にそうだ.〉
Han var ved at drukne.　　　〈彼は（危うく）溺れるところであった.〉
Jeg var lige ved at falde i søvn midt i timen.〈私は授業中に眠りそうになった.〉

12.6　名詞の個体化・非個体化と形容詞

名詞が表す対象の範囲を限定し, 特定化できるようにすることを個体化といい, 範囲を限定せず, 抽象的にすることを非個体化という.

12.6.1　物質名詞の個体化と形容詞

øl (-let)〈ビール〉や kaffe (-n) は物質名詞であり, 数えることができないが, これを可算名詞化し個体化することができる. その場合, 個体化された名詞は共性名詞となる. en øl (-len, -/-ler)〈(ビン1本・缶1個・グラス1杯の) ビール〉, en kaffe (-n, -)〈(1杯の) コーヒー〉.

文の主語が個体化された名詞の場合, 主語が共性名詞であるので, 補語となる

形容詞は未知形単数共性形である．一方，主語が非個体化された名詞の場合，それが共性名詞であるか，中性名詞であるかに関わらず，補語となる形容詞は未知形単数中性形となる．

個体化の例：
 Kaffen er for stærk. 〈その（1杯の）コーヒーは濃すぎる．〉
 Min øl er ikke kold nok. 〈私のビールは十分に冷えてない．〉

非個体化の例：
 Kaffe er dyrt.   〈コーヒー（というもの）は値段が高い．〉
 Øl er sundt.   〈ビール（というもの）は身体に良い．〉

ただ，非個体化された物質名詞であっても，ある特定の対象を指す場合には，補語としての形容詞はそれぞれの名詞が持つ本来の性に呼応して共性形あるいは中性形になる．

例えば，コーヒーメーカー（kaffemaskine (-n, -r)）の説明書あるいはコマーシャルにおいて，「もしあなたが作ったコーヒーがにがかったならば，…が原因です…」というような文脈においては次のようにいう．

 Hvis kaffen er bitter, ...

同様に，あるレストランの評価において，「そのレストランで出すビールはおいしい」という文脈においては次のようにいう．

 Øllet er godt.

12.6.2　可算名詞の非個体化（物質名詞扱い）と形容詞

可算名詞である fisk (-en, -)〈魚〉，gås (-en, gæs, gæssene)〈ガチョウ〉等はそれぞれ1尾の魚，1羽のガチョウ等の個体を表すが，これらが非個体化され，物質名詞として扱われると，食べ物としての魚，ガチョウを意味し，これらが文の主語の場合には補語である形容詞は未知形単数中性形となる．

 Fisk er sundt. 〈魚は身体に良い．〉
 Gås er dejligt. 〈ガチョウはおいしい．〉

12.6.3 非個体化された名詞を受ける人称代名詞 det

非個体化された名詞は3人称単数中性の人称代名詞 det で受ける．
Spiser I gås i Japan? 〈日本でガチョウを食べますか？〉
Nej, det spiser vi ikke i Japan. 〈いいえ，それは日本では食べません．〉

コペンハーゲン市街には運河も多い．
(左手前の大きなボートはレストラン，ボートの中には
居住場所として使われているものもある)

練習問題

発音練習

Udtale 12: 強勢がある箇所に下線を引きなさい.
1) Du kender mig, og jeg kender dig
2) Jeg keder mig
3) Keder du dig?
4) Han keder sig også

文法練習

Grammatik 12A: *sidde/sætte sig; stå/rejse sig; ligge/lægge sig* のいずれかを適切な形にして入れなさい.
1) Yrsa _____ i sengen og læser en bog om blomster. Hun _____ for snart en time siden.
2) "Hvis I har lyst, kan I _____ ved siden af os. Så kan vi alle _____ og spise frokost sammen."
3) Thorvald _____ i køkkenet hele aftenen i lørdags. Gæsterne _____ bare i stuen og nød maden. De _____ først og gik hjem, da klokken blev 23.
4) Man bør _____ for ældre mennesker i bussen, men mange vælger alligevel _____.
5) "Da du pludselig _____ ned på stolen lige før, troede jeg, du var ved at falde."

Grammatik 12B: 動詞を正しい形態にしなさい.
Copenhagen Jazz Festival (eksistere) _____ siden 1979 og (eksistere) _____ stadig. Hvert år (besøge) _____ mere end 250.000 gæster festivalen. De (hygge sig) _____ og (høre) _____ koncerter. Nogle koncerter (skulle) _____ man (betale) _____ for, andre koncerter (være) _____ gratis. Gæster (kunne, høre) _____ koncerter både inde og ude, og musikerne (komme) _____ fra hele verden. Festivalen (gøre) _____ jazz mere populær i Danmark. Hvis man (skynde sig) _____,

(kunne) _____ man (få) _____ billetter til de mest populære koncerter. Sommetider (tage) _____ min kæreste også med, men han (kede sig) _____ lidt, når vi bare (sætte sig) _____ i græsset og (lytte) _____. Han (foretrække) _____ rock.

聞き取り問題

Lytteøvelse 12A: ブラとギデが話しています．会話を全てデンマーク語で書きなさい．

CD-1 74

> fodbold, slå græs, tage ... med, sove

Lytteøvelse 12B: ユアサとギデそしてりえが話しています．会話を全てデンマーク語で書きなさい．

CD-1 75

> spørge, I to, bare, ved ... tiden, glemme, at, noget frugt

和文デンマーク語訳

次の日本語をデンマーク語に訳しなさい［下線部分がある場合は，その語句で文を始めること．］
1) 私は彼らと一緒にいるといつも退屈する．
2) お母さんとユアサは今キッチンで食事を作っているところですか？［進行を明瞭に表す表現を用いること］
3) 彼らは街で大いに楽しんだ．
4) 10分前にブラはイスに座って，コンピュータゲームをし始めた．
5) 彼は，私が彼を訪ねた時，バスルームのペンキを塗っているところだった．
6) ［久しぶりに電話をかけて］（近頃）あなたたちどうしているの？

コラム 12-① saft という不思議な飲み物

　皆さんがデンマークに滞在するときには，恐らく必ずこの saft と呼ばれる飲み物を目にすることでしょう．saft というのは，ベリーなどの果汁で作られたジュースです．スーパーなどでは，濃縮液の状態で販売されていて，そのまま飲むと濃すぎて飲めないので，水で薄めて飲みます．

　この saft という飲み物は，子どもが飲むものとしてよく出されます．大人たちがアルコール類またはコーヒー・紅茶を飲む一方で，子どもたちには水で薄めた saft が出される，といった光景はデンマークではよく目にするものです．

　色々な種類の saft があるのですが，比較的よく見かけるのは solbærsaft（カシスのジュース）や hyldeblomstsaft（ニワトコの花のジュース）でしょうか．特に hyldeblomstsaft は夏の時期に，デンマーク人が自分たちで手作りするほど，彼らに好まれています．hyld（ニワトコ）という植物の花を摘み，それを水，レモン，砂糖と一緒に煮て作ります．爽やかな味がして，とても美味しい saft です．

コラム 12-② hygge とは？

　12課には hygge sig という表現がでてきましたが，この hygge という動詞（そして名詞）は，デンマーク文化の代名詞といってもいい程よく取り上げられる単語です．しかしながら，この hygge は日本語に非常に訳しづらい単語でもあります．hygge sig には「楽しむ」という訳語と「くつろぐ」という訳語をあてていますが，hygge というのはまさにこの「楽しむ」と「くつろぐ」を足したような状態のことなのです．

　そして季節が秋や冬になると，この hygge が使われる機会が多くなります．つまりこの hygge は屋外での活動に対しては用いられることが少ないようなのです．外が寒く暗いときに，暖かい屋内でロウソクの灯りや間接照明の暖かい光のもとで，心許せる友人や恋人，家族と，ゆったりとした時間を過ごす，これもデンマーク人が好む hygge の1つです．

4 Indkøb og invitationer 買い物と招待

Lektion 13

またね！

Vi ses!

Rie og Linus mødes på en frokostrestaurant for at spise smørrebrød. De har ikke set hinanden længe. Rie har været i sommerhus, og Linus har besøgt sine forældre i Sverige.

Rie: Dejligt at ses igen. Hvornår sås vi sidst?
Linus: Det er i hvert fald en måned siden. Jeg tror, vi mødtes i et supermarked.
Rie: Det er rigtigt.
Tjener: Her er et par menukort til jer.
Rie: Tak skal du have. ①
Linus: Hvad kunne du tænke dig?
Rie: Jeg tror, jeg skal have to stykker smørrebrød: ét med røget ål og røræg og ét med frikadeller og rødkål. Hvad med dig?
Linus: Kan du lide ål? Jeg kan ikke lide ål.② Men har de måske røget ørred?
Rie: Jeg tror kun, de har smørrebrød.
Linus: Så skal jeg også have to stykker: ét med æg og grønlandske rejer og ét med leverpostej og rødbeder.
Rie: Så kalder jeg på tjeneren… Undskyld?
Tjener: Hvad skulle det være?
Rie: Vi vil gerne bede om… ③

Linus: Du Rie, skulle vi ikke holde en fest hjemme hos dig?
Rie: Jo! Det lyder som en god idé. Min danske værtsfamilie elsker fester.
Linus: Hvad med på fredag? Vi kunne mødes i supermarkedet og handle ind sammen.
Rie: Det er en aftale. Vi snakkes ved på fredag.
Linus: Det gør vi. Vi ses!

語句

indkøb（-et, -）:［名］買い入れ，買い物
invitation（-en, -er）:［名］招待(状)
mødes（mødes, mødtes, mødtes）:［動］（約束をして）会う
frokostrestaurant（-en, -er）:［名］ランチ・レストラン
for at + 不定詞：〜するために
smørrebrød（-et）:［名・単］オープンサンドイッチ
se（så, set）:［動］見える；見る；会う
længe:［副］長い間
besøge*:［動］訪ねる，訪問する
Sverige:［固］スウェーデン
dejlig（-t, -e）:［形］すてきな
ses（ses, sås, setes）:［動］（複数の人が）会う．vi ses!（別れのあいさつとして）また会いましょう！またね！
sidst:［副］最後に
fald（-et, -）:［名］場合，ケース．i hvert fald いずれにしても
måned（-en, -er）:［名］（時間の長さとしての）月
siden:［副］〜前に
tro:［動］（経験していないことを）思う
supermarked（-et, -er）:［名］スーパーマーケット
rigtig（-t, -e）:［形］正しい，本当の
par（-ret, -）:［名］ペア，カップル．et par 〜 2, 3の〜；2つの〜
menukort（-et, -）:［名］献立表，メニュー
tak skal du have：ありがとうございます
tænke*:［動］考える．han kunne tænke sig 〜 彼は〜がほしい（☞20.2）
jeg skal have 〜：私は〜をもらいます
stykke（-t, -r）:［名］切片，かけら，個．

to stykker 〜 2個の〜
røget（-, røgede）:［形］燻製にした
ål（-en, -）:［名］ウナギ
røræg（-gen/-get）:［名・単］スクランブルエッグ
frikadelle（-n, -r）:［名］フリカデレ（デンマーク風ミニハンバーグ）
rødkål（-en, -）:［名］ムラサキキャベツ；ムラサキキャベツを細切りにして酢と砂糖で煮た料理
hvad med 〜：〜はどうですか？
kunne lide 〜：〜が好きである
ørred（-en, -er）:［名］鱒（マス）
æg（-get, -）:［名］卵；玉子
grønlandsk（-, -e）:［形］グリーンランド（語）の
reje（-n, -r）:［名］海老（エビ）
leverpostej（-en, -er）:［名］レバーペースト
rødbede（-n, -r）:［名］赤カブ；赤カブを煮て，スライスして酢と砂糖に漬けた料理
kalde*:［動］呼ぶ．kalde på 〜 〜を呼ぶ
tjener（-en, -e, -ne）:［名］ウェイター
Hvad skulle det være?:（店員などが客に対して）何にいたしましょうか？
bede（bad, bedt）:［動］頼む，乞う．bede om 〜 〜を頼む
holde（holdt, holdt）:［動］持っている，保持する．holde (en) fest パーティーを開く
fest（-en, -er）:［名］パーティー，祭り
hos:［前］〜のところで，〜の家で
lyde（lød, lydt）:［動］響く，聞こえる，音がする
som:［従接］〜のような

13

idé/ide（-en, -er）:［名］アイデア，考え
dansk（-, -e）:［形］デンマーク（語）の
værtsfamilie（-n, -r）:［名］ホストファミリー
elske:［動］愛している，大好きである

på fredag: 今度の金曜日に
aftale（-n, -r）:［名］合意，約束
vi snakkes ved!:（別れのあいさつとして）じゃあ，また（会って）話しましょう！

よく使われる表現

① 【ありがとうございます】: Tak skal du have

"Tak!"，"Mange tak!"，"Tusind tak!" の他にも，感謝を伝える表現としてテキスト内で使われている，"Tak skal du have."（直訳すると「複数の感謝をあなたは得ます」）がある．感謝を伝える相手が複数の場合には，"Tak skal I have." という．

感謝の言葉に対して，「どういたしまして」という場合には，以下のような表現が使える．"Selv tak."，"Velbekomme"，"Det var så lidt."（どうってことありません．）．

② 【～が好きですか？】—「～が好きです」，「～が好きではありません」】:

Kan du lide ål? Jeg kan ikke lide ål

デンマーク語では「（私は）～が好きです」という日本語は，Jeg kan lide ～ で表される．したがって，「～が好きですか？」は Kan du lide ～ ? そして「～が好きではありません」は Jeg kan ikke lide ～ で表される．

③ 【注文をする】: Vi vil gerne bede om ～

レストランやカフェで注文をするときには，テキストにあるように Vi vil gerne bede om ～「～をお願いします」という言い方をする．他にも，Jeg vil gerne have ～ という言い方や，Jeg skal have ～ という言い方を使うこともできる．

また，「メニュー表」や「お水」そして「お勘定」をお願いしたいときには，次のようにいう．

Må jeg bede om et menukort / et glas vand / regningen?

13.1 能動の意味を持つ s- 形動詞

13.1.1 形態

不定詞	samles	mødes	slås	findes	omgås
現在	samles	mødes	slås	findes	omgås
過去	samledes	mødtes	sloges	fandtes	omgikkes
過去分詞	samledes	mødtes	sloges	fandtes	omgåedes
意味	集まる	（約束して）会う	喧嘩する	見られる，存在する	扱う；付き合う

　能動の意味を持つ s- 形動詞は現在分詞形と命令形を持たないが，ごくまれに不定詞形が命令形として用いられることがある．

Omgås glas med forsigtighed!　　〈ガラスを慎重に扱え！〉
Skændes nu ikke!　　〈口喧嘩するな！〉
Slås nu ikke!　　〈喧嘩するな！〉

13.1.2 能動の意味を持つ s- 形動詞の分類

13.1.2.1 相互的 s- 形動詞

　相互的 s- 形動詞は，2以上の複数メンバーから成る主語を要求し，各メンバーが互いに動作・行為を及ぼし合うものである．

Rie og Linus *mødes* på en frokostrestaurant.
Vi *snakkes/tales* ved!　　〈じゃあ，また話しましょう！〉
Vi *ses*!　　〈じゃあ，また会いましょう！〉
Vi *enedes* om at gå hjem.　　〈私たちは家に帰ることで同意した．〉
De *skiltes* som gode venner.　　〈彼らは良き友だちとして別れた．〉
Skal vi ikke *samles* foran biografen?　　〈映画館の前で集まりませんか？〉

　相互的 s- 形動詞は，動作・行為の向かう対象が主語に内包されているので，自動詞的である．

相互的 s- 形動詞の他の例：følges (ad) (følges, fulgtes, fulgtes)〈一緒に行く，同行する〉, hjælpes (ad) (hjælpes, hjalpes, hjulpedes)〈助け合う〉, skiftes (skiftes, skiftedes, skiftedes）〈交代する〉, snakkes/tales ved〈話し合う〉.

相互的 s- 形動詞のいくつかでは，単数主語で文を始めることができるが，その場合，その動作・行為を互いに行なう相手を前置詞 med によって示す．
 Han skal *mødes* med sin ven.　〈彼は友だちと会うことになっている．〉

しかしまれではあるが，その med 以下も省略されることがある．
 Peter *slås* altid.　　　　〈ピーダはいつも喧嘩ばかりしている．〉

13.1.2.2　複数主語を特に要求しない s- 形動詞
このグループには自動詞的なものと他動詞的なものの両方がある．
 Der *findes* kun få åer på Sjælland.　〈シェラン島には少しの川しかありません．〉
 Jeg har *længtes* efter foråret.　〈私は春が待ち遠しかった．〉
 Han *mindedes* sine unge dage.　〈彼は自分の若かりし日々を思い出していた．〉
 Jeg *synes*, at du skal besøge dine forældre noget oftere.
  〈私は，あなたはご両親をもう少し頻繁に訪ねるべきだと思う．〉

 このグループに属す他の例：lykkes（lykkes, lykkedes, lykkedes）〈首尾よく行く，成功する〉, mislykkes（mislykkes, mislykkedes, mislykkedes）〈失敗する〉, omgås, trives（trives, trivedes, trivedes）〈栄える，繁栄する；成長する，すくすく育つ〉．

注意！
 lykkes と mislykkes の主語は，人ではなく，「実験」や「試み」などといった事柄，もしくは不定詞句の内容を受ける仮主語の det である．
 Forsøget *er lykkedes*.〈(その) 試みは成功した．〉
 Det vil aldrig *lykkes*（for）ham at bestå eksamen.
  〈彼は決して試験に合格しないでしょう．〉
 Det *er mislykkedes*（for）tyven at stjæle bilen.
  〈(その) 泥棒はその自動車を盗むのに失敗した．〉

なお，成功する人や失敗する人は，(for) ham や (for) tyven のように前置詞 for を入れたり，入れなかったりして表すが，for を入れるほうが一層，話しことば的である．

13.2　丁寧表現—英語の仮定法過去に対応する過去形

「もし私が鳥だったならば，あなたの所に飛んでいくのに［現実には鳥ではないので飛んで行けない］」という文の「私が鳥だったならば」の部分は非現実を表し，英語であれば if I were a bird ... のように，定形動詞は were という仮定法過去形を用いる．この場合，デンマーク語では hvis jeg var en fugl ... となり，定形動詞は var という直接法過去形となんら変わらない形である．英語では，be 動詞は，1 人称単数の主語の場合，直接法過去形が I was, 仮定法過去形が I were で異なった形であるが，デンマーク語では være の過去形を使った jeg var が英語の I was と I were の両方に対応する．すなわち，デンマーク語では動詞の変化形として，仮定法と直接法とを区別しないので，デンマーク語文法では仮定法（あるいは他の多くの言語の接続法）という文法範疇を扱わない．

控え目で丁寧な依頼や提案をする場合，英語では Would you ...? や Could you ...? といった法助動詞の仮定法過去形を用いるのに対し，デンマーク語では法助動詞の過去形 ville や kunne を用いる．

Skulle vi ikke holde en fest hjemme hos dig?
　〈あなたの所でパーティーを開きませんか？〉
Vi *kunne* mødes i supermarkedet og handle ind sammen.
　〈私たちはスーパーで落ちあって一緒に買い物ができますが．〉
Ville du godt lukke døren?　〈ドアを閉めていただけますか？〉
Kunne jeg få en cigaret?　〈タバコを 1 本いただけますでしょうか？〉
Var der noget, jeg *kunne* hjælpe med?
　〈私にお手伝いできることがなにかございますか？〉

13.3　jeg tror kun, at…: 思考動詞と中域副詞

håbe〈〜を望む，〜であれば良いと思う〉, mene*〈〜という意見である〉, synes, tro などの思考動詞を用いる際には注意が必要である．すなわち，思考動詞に導かれる at- 節内の中域副詞域に置かれるべき ikke, aldrig などの否定辞や snart, straks, tit などの時間を表す副詞的語句が at- 節から繰り上がって主節に置かれる傾向がある，ということである．

Jeg tror *kun*, de har smørrebrød. は
　jeg / tror / at / de / *kun* / har /smørrebrød
　　［私は / 彼らがオープンサンドイッチしか置いていない / と思う］に相当する．

同様に，
 Jeg synes *altid*, de råber og laver mærkelige lyde derinde.
  〈私は，彼らがいつもその中で大きな声を出して奇妙な音を立てている，と思う。〉
 Nu tror jeg *snart*, at de kommer.
  〈もう私は，彼らが間もなく来る，と思う。〉
 Jeg håber *ikke*, at det begynder at regne.〈雨が降り始めなければいいのですが。〉

デンマークの家庭での昼食
（パンに自分の好きなものをのせて，どうぞ召し上がれ！）

練習問題

発音練習

Udtale 13: 以下の語にある g は様々な音に発音されます．$[g]$, $[w]$, $[i]$, $[ŋ]$ のどれか，あるいは無音かを聞き取りなさい．

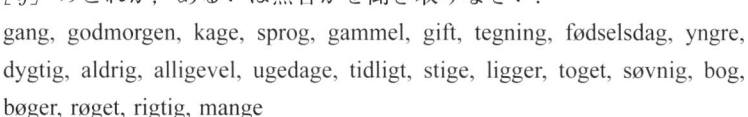

gang, godmorgen, kage, sprog, gammel, gift, tegning, fødselsdag, yngre, dygtig, aldrig, alligevel, ugedage, tidligt, stige, ligger, toget, søvnig, bog, bøger, røget, rigtig, mange

文法練習

Grammatik 13A: 動詞を過去形にし，指定の語句で文を始めなさい．

1) Rie og Linus mødes på en frokostrestaurant (I går)
    I går mødtes Rie og Linus på en frokostrestaurant
2) William og Gitte skændes (Forleden)
3) Rie og Linus ses tit (Da de var i Danmark)
4) William og Rie følges ad til stationen (I morges)
5) Nogle børn slås på parkeringspladsen (Torsdag i forrige uge)
6) Hun omgås ikke de andre kolleger (Dengang)
7) Der findes mange varer på hylderne (I Italien)
8) Vi kan hjælpes ad med maden (Hvis vi havde lyst)
9) Morten og Helle skiftes til at passe børnene (Før de blev skilt)
10) I længes måske efter en pause (Jeg troede, at)

Grammatik 13B: 与えられている動詞を相応しい形態にして空欄に入れなさい．

mødes, tales, ses, mindes, længes, skilles, skændes, lykkes, mislykkes, samles

1) Louise og Klavs plejede at _____ på en café hver tirsdag eftermiddag. Nu _____ de i stedet om torsdagen.
2) Godt at se dig! Hvornår _____ vi sidst?
3) Jeg kan ikke _____, hvornår jeg sidst har _____ så meget efter is.
4) Ibs mor og far var engang gift, men de _____ for meget. De _____ dog som gode venner. Og til højtiderne _____ de stadig.

5) Ida kunne ikke vide, om projektet ville _____ eller _____, men hun håbede det bedste.
6) Eleverne _____ i gården i formiddags.
7) Vi _____!

Grammatik 13C: *For at* を使って1つの文にしなさい．[本来，中域に置かれる否定辞やその他の副詞類が at 不定詞にある時には at の直前に置かれることに注意]

1) Han tager ind til byen. Han handler (også) ind.
   • *Han tager ind til byen for (også) at handle ind.*
2) Rie er kommet til Danmark. Hun læser dansk.
3) Gitte var på et rejsebureau. Hun købte også en rejse til Spanien.
4) Rie og Buller skynder sig hjem. De pakker.
5) Jens skyndte sig. Han kom ikke for sent.
6) Hun arbejdede meget. Hun fik flere penge.

聞き取り問題

Lytteøvelse 13: ヴィリアムとギデの会話を聞いて1～3の設問に答えなさい．

> klar, gulerodskage, jordbærtærte, fadøl, have lyst til,
> en kop kaffe, et øjeblik, beholde, resten

1) Hvor er William og Gitte?
2) Hvad skal de have?
3) Hvad koster det?

和文デンマーク語訳

次の日本語をデンマーク語に訳しなさい．

1) りえとリーヌスは明日銀行の前で会う予定です．
2) 昨日はリーヌスとハンスは駅の前のあるレストランで会いました．
3) 彼はスクランブルエッグが好きですか？
4) 私の先生は，レバーペーストが好きではありません．

5) ラスムスン一家はオープンサンドイッチが大好きです．
6) 私たちはケーキを2切れ頼みたいのですが．
7) 今度の金曜日にスウェーデンにいるリーヌスの両親を訪ねませんか？
8) 私はマーティンの妹はきれいだとは思わない．

コラム 13 Smørrebrød

　デンマークの伝統料理に挙げられるものといえば，smørrebrødです．簡単にいえば，ライ麦パン・黒パン（rugbrød）を薄くスライスしたものに，具（pålæg）をのせて食べるオープンサンドイッチのことです．りえとリーヌスのように，レストランで食べるタイプの smørrebrød もあれば，自宅で食べる smørrebrød もありますし，また店頭に並べられていてテイクアウトできるような smørrebrød もあります．

　デンマークにおける smørrebrød の歴史は長く，あのアンデルセンの日記にも何度も登場する食べ物で，アンデルセンの好物の1つでもあったようです．また，デンマークのノーベル文学賞作家である Johannes V. Jensen は，"Ved frokosten" というタイトルで smørrebrød について詩を詠んでいます．

　Smørrebrød がデンマーク人に愛されている料理であることは，smørrebrød の中には決まった名前で呼ばれているものがあることからも分かります．

『獣医さんの夜食（dyrlægens natmad）』
：ライ麦パン・黒パンをスライスしたものに，レバーペースト（leverpostej）を塗り，その上に塩漬けにした牛モモ肉のスライスをのせ，アスピック（西洋風煮こごり）をのせ，最後に生の玉ねぎのスライスとコショウソウを飾ったもの．

　外国人には分からなくて戸惑うのですが，デンマーク人には例えばレバーペーストにはキュウリや赤カブの酢漬けを，ローストビーフには西洋ワサビを，など決まった組み合わせがあるようです．何でも思い付いたものを黒パンにのせて食べれば良いという訳でもないようです．

Lektion 14

買い物

Indkøb

Rie:	Jeg synes, vi skal lave frikadeller og kartoffelsalat til vores gæster.
Linus:	Det kan vi godt. Har du en opskrift med? ①
Rie:	Ja, det har jeg. Vi skal i hvert fald have noget svinekød, cirka et kilo. Og et kilo oksekød også.
Linus:	Ok, det her er økologisk oksekød, men det er lidt dyrt. Det derovre er ikke økologisk, men til gengæld er det billigt.
Rie:	Jeg synes, vi skal købe det økologiske. Det plejer at være bedre.
Linus:	Hvad mangler vi mere?
Rie:	Vi mangler nogle æg, men jeg kan ikke finde nogen.
Linus:	Jeg har dem her.
Rie:	Godt, så mangler vi bare et par kilo kartofler, nogle løg og noget persille. Resten har vi hjemme.
Linus:	De løg ser ikke helt friske ud, synes jeg. Et øjeblik. Undskyld mig?
Ekspedient:	Ja, hvad kan jeg hjælpe med?
Linus:	Har I nogen andre løg? De her ser lidt gamle ud.
Ekspedient:	Nu skal jeg se efter.
Linus:	Tak for hjælpen.
Ekspedient:	Hvad med disse?
Linus:	Tak! De ser fine ud. Har vi det hele, Rie?
Rie:	Det tror jeg. Nu kan vi godt gå til kassen. Hvad tror du, det bliver?
Linus:	Det bliver måske 500 kr. De her varer koster ikke så meget. ②

語句

kartoffelsalat (-en, -er)：［名］ポテトサラダ
gæst (-en, -er)：［名］客，ゲスト
kan godt：（できなくはない→）できる
have ～ med：～を持ってきている
opskrift (-en, -er)：［名］レシピ
skal have：手に入れなくてはいけない，買わなくてはいけない
svinekød (-et)：［名・単］豚肉
kilo (-et, -)：［名］キロ（グラム）
oksekød (-et)：［名・単］牛肉
det her：［指代］［中性単数］この；これ
økologisk (-, -e)：［形］エコ（ロジー）な，環境にやさしい，有機農法の
derovre：［副］あちらで・に，むこうで・に
til gengæld：その代わりに
billig (-t, -e)：［形］値段が安い
bedre：より良い．god (bedre, bedst) の比較級
mangle：［動］欠けている，足りない
mere：［副］もっと多く．meget (mere, mest) の比較級
nogle：［不代］（可算名詞の複数形とともに肯定平叙文で用いられて）いくつかの（英語 some）
nogen：［不代］（可算名詞の複数形とともに否定文・疑問文・条件文で用いられて）どれも（ない），何も（ない）（英語 any）
kartoffel (kartoflen, kartofler)：［名］ジャガイモ
løg (-et, -)：［名］タマネギ

noget：［不代］（不可算名詞とともに肯定平叙文で用いられて）いくらかの（英語 some）
persille (-n)：［名・単］パセリ
rest (-en, -er)：［名］残り（のもの）
se ～ ud：～のように見える，～のようである
helt：［副］まったく
frisk (-(t), -e)：［形］新鮮な
øjeblik (-ket, -ke)：［名］一瞬．Et øjeblik! ちょっと待って！
undskyld：［動］undskylde*〈許す〉の命令形．Undskyld mig! すみません！
ekspedient (-en, -er)：［名］（接客する）店員・売り子
hjælpe (hjalp, hjulpet)：［動］助ける；手伝う．hjælpe … med ～ …が～するのを手伝う
de her：［指代］［複数］これら（の）
gammel (-t, gamle)：［形］古い；年老いた
hjælp (-en)：［名・単］助け，手伝い．Tak for hjælpen! お手伝いありがとう！助けてくれてありがとう！
disse：［指代］［複数］これら（の）
hel (-t, -e)：［形］全体の，すべての；まるごとの；完全な，欠けたところのない．det hele すべて（のもの））（☞6.1.6）
kasse (-n, -r)：［名］レジ；箱，ボックス
vare (-n, -r)：［名］品物
koste：［動］値段がする

よく使われる表現

① 【～を持ってきている】：Har du en opskrift med?

「～を持参している」という場合には，その対象を have と med で挟みこむようにして，Jeg har ～ med といういい方をする．(med に強勢が置かれることに注意しよう．)

　　Jeg har ikke nogen penge med.〈私はお金を一銭も持ってきていない．〉
　ちなみに，「～を持参する，～を持っていく」というのは，tage ～ med という．
　　Tager du ikke din ordbog med på universitetet i dag?
　　　　〈あなたは今日，辞書を大学に持っていかないのですか？〉
② 【(値段)になる】：Hvad tror du, det bliver? – Det bliver måske 500 kr.
　テキストで「(値段が) ～になる」という表現で blive が使われていることから分かるように，「いくらになりますか？」というのは Hvad bliver det? / Hvor meget bliver det? という．また，koste を使って Hvad koster det? / Hvor meget koster det?「いくらしますか？／いくらかかりますか？」ということもできる．

14.1　指示代名詞

　デンマーク語の指示代名詞には，「この；これ」を意味する denne/dette/disse と「あの・その；あれ・それ」を意味する den/det/de があり，形容詞的にも，名詞的にも機能する．

指示代名詞	単数		複数
	共性	中性	
あの；あれ その；それ	den	det	de
この；これ	denne	dette	disse

　指示代名詞はそれが指し示す名詞の性・数に呼応した語形変化をし，**常に強勢が置かれる**．

指示代名詞＋名詞	単数		複数
	共性	中性	
あの その	den stol	det bord	de stole
この	denne stol	dette bord	disse stole

Du skal *denne* vej. 〈あなたはこの道を行けばいい．〉
Dette tog kører til Roskilde. 〈この電車はロスキレに行く．〉
Disse gardiner har jeg købt i Ikea. 〈これらのカーテンは私はイケアで買った．〉
De biler er dyrere end *disse*. 〈あれらの自動車はこれらよりも高い．〉

　これらの指示代名詞は，特に話しことばでは，話し手から離れた場所を表す副詞 der や，話し手に近い場所を表す副詞 her を伴って用いられる．

指示代名詞＋副詞＋名詞	単　数		複　数
	共　性	中　性	
あの：あれ その：それ	den der stol	det der bord	de der stole
この：これ	den her stol denne her stol	det her bord dette her bord	de her stole disse her stole

Den der sofa henne i hjørnet har jeg fået af min mormor.
　〈向こうの隅にあるあのソファーは私は母方の祖母にもらった．〉
Det her køleskab er gået i stykker.〈この冷蔵庫は壊れた．〉
Disse her DVD'er må du godt låne.〈これらの DVD は借りてもいいです．〉

14.2　不定代名詞 nogen, noget, nogle

　この不定代名詞には，英語の any と some に相当する2つの異なる用法がある．
　英語の any に相当し，「あるか，ないか」，「ゼロかゼロでないか」を問題にする時に用いられる場合は，主に，否定文，疑問文，条件文で用いられ，必ず強勢が置かれる．

性＼数	単　数	複　数
共　性	nogen	nogen
中　性	noget	

Det har jeg ikke *nogen* mening om på nuværende tidspunkt.
　〈それについては私は現時点でいかなる意見もない．〉
Barnet har ikke *noget* tøj på. 　〈(その)子供は服をまったく着ていない．〉
Har de *nogen* reoler? 　〈彼らは本棚を持っていますか？〉
Der er ikke *nogen* tæpper på gulvet.〈床にはカーペットが1つもない．〉

　英語の some に相当する場合は，数えられない物質名詞においては，ある不特定の量「いくらか」を意味し，可算名詞においては，ある不特定の数「いくつか」を意味し，典型的には肯定平叙文で用いられる．これは名詞の前に付加的に置かれる時には強勢が置かれない．ただし，繰り返しを避けるなどの理由から名詞が省略され，結果としてこの不定代名詞が単独になる場合には強勢が置かれる．

性＼数	単　数	複　数
共　性	noget	nogle
中　性		

Jeg har *noget* vin og ost i køleskabet.
　〈私はいくらかのワインとチーズが冷蔵庫にあります．〉
Vi har haft *noget* vrøvl med naboerne.
　〈私たちは隣人たちといくらかのトラブルがあった．〉
Carsten har købt *nogle* kager med hjem til aftenkaffen.
　〈カーステンは晩のコーヒーにケーキをいくつか買って帰宅した．〉
Jeg har lånt *nogle* spændende bøger på biblioteket.
　〈私は数冊のおもしろそうな本を図書館で借りた．〉
Har vi nogen kartofler hjemme? – Ja, vi har *nogle* i kælderen.
　〈家にジャガイモはありますか？──はい，地下室にいくつかあります．〉

名詞的用法

　この不定代名詞が名詞を伴わずに単独で用いられる場合，nogen は「誰か（複数の人も可）」，noget は「何か」，nogle は「何人かの人たち」を意味する．この場合必ず強勢が置かれる．

Jeg kan høre *nogen* græde. 　〈誰かが泣いているのが聞こえます．〉
Der faldt *noget* ned fra taget. 　〈何かが屋根から下に落ちた．〉

Der står *nogle* og råber ude på gaden.
〈何人かの人たちが外の通りで叫んでいる.〉

「何か」を意味する noget を形容詞が修飾する場合には，形容詞は未知形単数中性形になり，noget の後ろに置かれる.
Der er sket *noget frygteligt.*〈恐ろしいことが起こった.〉
Han siger aldrig *noget godt* om sin far.
〈彼は決して自分の父親について良いことを言わない.〉
Hvad skal du lave i weekenden? – Ikke *noget særligt.*
〈あなたは週末に何をしますか？—特に何も.〉

14.3　不定代名詞 anden/andet/andre 〈別の，ほかの〉

不定代名詞 anden〈別の，ほかの〉は形容詞的にも名詞的にも用いられ，形容詞的に用いられる場合には関連する名詞の性・数に呼応して変化する.

性＼数	単数	複数
共性	anden	andre
中性	andet	

en *anden* bog　　　　　den *anden* bog
et *andet* billede　　　　det *andet* billede
andre bøger/billeder　　de *andre* bøger/billeder

注意！
ふつうの形容詞が，定冠詞などの限定詞の後では既知形になり，未知形とは異なる形になるのに対し，anden/andet/andre は定冠詞などの限定詞の後でも形は変わらない.

名詞的用法
不定代名詞 anden が名詞を伴わずに単独で用いられる場合，andet は「別のこと」，andre は「ほかの人たち」を意味する. この場合必ず強勢が置かれる.

14.4　se 〜 ud

se 〜 ud は「(主に，見た目・外見上)〜のようである」を意味し，A ser B ud の構文において B が形容詞の場合には，A er B の構文におけるのと同様に，当該形容詞は必ず未知形であり，性・数に関しては主語 A の性・数に呼応する．
　　— Drengen ser *klog* ud.　　〈(その)男の子は賢そうだ．〉
　　— Barnet ser *klogt* ud.　　〈(その)子は賢そうだ．〉
　　— Drengene/børnene ser *kloge* ud.
　　　　　　　　　　〈(その)男の子たち / 子どもたちは賢そうだ．〉

14.5　Der er + 形容詞

〔der er + 形容詞の未知形単数中性形〕で場所の描写をすることができる．
　　Der er *dejligt* på Fyn.　　　　　　〈フューン島はすばらしい．〉
　　Der er *smukt* i Nordsjælland om efteråret.〈秋，北シェランは美しい．〉
　　Der er altid *hyggeligt* hjemme hos Gitte og William.
　　　　〈ギデとヴィリアムの家はいつもくつろげて楽しい．〉
　　Der er altid *travlt* på kontoret.　　〈オフィスはいつも忙しい．〉
　　Der var meget *varmt* på Bornholm sidste sommer.
　　　　〈昨夏ボーンホルム島はとても暑かった．〉

練 習 問 題

発音練習

Udtale 14: her / der の母音の発音が，[e] あるいは [α] のどちらの発音かを聞き取りなさい．また強勢がおかれている語に下線を引きなさい． CD-I 80

    A: Var Lone her ikke lige før?
    B: Jeg ved det ikke. Lone er her og der og alle vegne.
    A: Er der travlt på kontoret?
    B: Ja, det er der.
    A: Her ser også sådan ud.
    B: Men hov, hun er der. Lone, kom lige her!

文法練習

Grammatik 14A: *Nogen, nogle, noget* のいずれかを入れなさい．

    1) Der er både _____ drenge og _____ piger i Yrsas klasse.
    2) Bor der ikke _____ danskere i Japan?
    3) Han havde aldrig mødt _____ japanere i Rødovre.
    4) Vi skal have _____ æbler og _____ mælk.
    5) Har I _____ spørgsmål? – Nej, vi har ikke _____ spørgsmål.
    6) Må jeg låne _____ penge? – Ja, der ligger _____ på bordet.
    7) Har _____ af jer sagt _____ ?

Grammatik 14B: 指示代名詞を使って書き換えなさい．

    1) et hvidt hus (det der) → *Se det der hvide hus!*
    2) en stor hund (den der)   3) en fin lampe (denne)
    4) et flot fjernsyn (dette)   5) en sød kat (de der)
    6) en rød blomst (disse)   7) en enorm kuffert (den der)
    8) et meget modent bær (disse)   9) en altid ren stue (denne)
    10) et lidt dumt TV-program (det der)

Grammatik 14C: 形容詞を語尾変化させなさい．

    Sønderborg er Sønderjyllands (stor) _____ by. Den er ret (gammel)

14

_____, fra omkring år 1200. Byen består både af (ny) _____ og (gammel) _____ bygninger. Den (stor) _____ del af byen ligger på Als-siden, mens den (lille) _____ del ligger på Sundeved-siden af Alssund. Fra havnen er der en (smuk) _____ udsigt over vandet, og i nærheden ligger der (mange, glimrende) _____ _____ restauranter. Museet på Sønderborg Slot har (interessant, historisk) _____ _____ samlinger. I Sønderborg ligger også den (berømt, hvid) _____ _____ mølle, Dybbøl Mølle. I mange år har den været et (vigtig, national) _____ _____ symbol for de (stolt) _____ danskere, der aldrig var så (heldig) _____ i krig.

CD-1 81 聞き取り問題

Lytteøvelse 14A: 読み上げられるものの値段を聞き取りなさい.

> billedet, bogen, kagerne, ferien, huslejen på landet, huslejen i byen, en kop kaffe, lampen

CD-1 82

Lytteøvelse 14B: 読まれるテキストを全てデンマーク語で書きなさい.

> være/blive enig om, vælge

和文デンマーク語訳

次の日本語をデンマーク語に訳しなさい.
1) 私はいくつかの林檎といくつかの玉ねぎが足りない.
2) その有機農法で作られた牛肉は新鮮には見えなかった. [過去形を使うこと]
3) これらの椅子は値段が高かったが、あれらの椅子はとても安かった. [her, der また過去形を使うこと]
4) あなたたちは家にいくらかの量のコーヒーとミルクがありますか?
5) 私はふつう朝に新聞を読む. [at- 不定詞を使うこと]
6) 彼女は一度も自分の夫について悪くいったことがない.

コラム14 牛乳は色で見分ける

　海外へ旅行に行って必ず立ち寄ってみたいのが，そう，スーパーマーケットです．「これは食べ物なのか？」と思われるものや，「何でこんなに大容量で売られているんだろう？」など，不思議に思うことがたくさんあります．

　その中でも一際目を惹くものが，乳製品売場です．乳製品の種類の多さにも驚嘆しますが，特に「色とりどりの牛乳パック」は非常に印象に残ります．ただこの「色とりどりの牛乳パック」，単にいろんな種類の色の牛乳パックがあるというのではなくて，牛乳が種類別に色分けされているのです．

牛乳の種類	色	説　明
skummetmælk	灰色	脂肪分：0.5%以下，ふつう0.1%
minimælk	灰色がかった水色	脂肪分：約0.5%
letmælk	水色	脂肪分：約1.5%-1.8%
sødmælk	濃い青色	脂肪分：約3.5%以上
kærnemælk	緑色	バターを作るためにクリームを撹拌（かくはん）した際に残る，低脂肪（約0.5%）の酸っぱい味のする牛乳
tykmælk	オレンジ色	脂肪がむらなく溶けた状態で，約90度の高温殺菌をした状態のsødmælkを，乳酸菌で発酵させたもの．
piskefløde	赤色	泡立てて生クリームなどに使われるクリーム（脂肪分：約38%）

　上記の表に見られる牛乳パックの色分けは，1964年に乳製品製造業者たちの間で，どの色をどの牛乳に付けるのかということについて，合意が得られたことに始まるそうです．これは，「消費者がどの業者の製品であろうと，簡単に必要な牛乳あるいは乳製品を見つけられるように」するためでした．その当時は，上記の表にあるほど，牛乳の種類は多くなく，「sødmælkは青色，pisketrødeは赤色，そしてkærnemælkは緑色」という申し合わせがあるだけでした．その後，letmælkやminimælkなどが増えて，現在の状態になっています．

Lektion 15 レシピと指示

Opskrifter og instruktioner

Rie og Linus er kommet hjem med varerne. Sammen med familien Rasmussen forbereder de middagen og dækker bord.① I alt bliver de cirka 10 personer: Familien Rasmussen, Rie, Linus og nogle af Ries venner fra sprogskolen.

Linus: Nå Rie, fortæl mig så, hvordan man laver frikadeller!
Rie: Bland kød, mel, æg, løg, salt og peber.
Linus: Det har jeg allerede gjort.
Rie: Rør herefter mælken i lidt ad gangen. Den færdige fars stilles i køleskabet en halv times tid. Til slut steges frikadellerne i cirka 5 minutter på hver side.
Linus: Ok, så kan vi lave kartoffelsalat imens. Skal jeg skrælle kartofler?
Rie: Nej, kog og pil kartoflerne.
Linus: Hvor længe skal de koges? ②
Rie: Prøv og stik en kniv i dem.③ Hvis det er let, så er de klar.
Linus: De må være klar nu. Hvad så?
Rie: Rør mayonnaise sammen med cremefraiche, mælk og sennep. Pil løget, hak det fint og rør det i dressingen med klippet purløg.
Linus: Det var let. Nu skal bordet bare dækkes. Buller, gider du hjælpe?
Buller: Ja, hvad skal jeg hjælpe med?
Linus: Læg en dug på bordet og find glas, tallerkener og bestik frem. Knivene skal lægges til højre for tallerkenerne, og gaflerne skal lægges til venstre.
Buller: Jeps. Hvornår kommer gæsterne?
Linus: De kommer snart. Skynd dig!

語句

instruktion (-en, -er): 指示，指図；使用説明書
forberede*: [動] 準備する，用意する
middag (-en, -e): [名] ディナー，正餐，晩餐
dække: [動] 覆う，カバーする．dække bord テーブルセッティングをする
i alt: 全部で，合計で
person (-en, -er): [名] 人
fortælle (fortalte, fortalt): [動] 語る，話す
blande: [動] 混ぜる
kød (-et): [名・単] 肉
mel (-et): [名・単] 穀粉；(特に) 小麦粉
salt (-et): [名・単] 塩
peber (-et): [名・単] コショウ
gøre (gør, gjorde, gjort): [動] する
røre*: [動] かき混ぜる，かき回す．røre ～ i ～を混ぜ入れる
herefter: [副] この後
mælk (-en): [名・単] ミルク
ad gangen: 一度に．lidt ad gangen 少しずつ
færdig (-t, -e): [形] 完成した，出来上がった；やり終わった；用意のできた
fars (-en, -er): [名] (ハンバーグなどの) タネ
køleskab (-et, -e): [名] 冷蔵庫
halv (-t, -e): [形] 半分の
til slut: 最後に
stege*: [動] (フライパンで) 焼く，炒める；揚げる
minut (-tet, -ter): [名] 分
side (-n, -r): [名] 面；横面；ページ
imens: [副] その間に

skrælle: [動] (ピーラーなどで根菜, 果物などの) 皮をむく
koge*: [動] 煮る；ゆでる
pille: [動] (主に指で) 皮をむく
prøve: [動] 試す，試みる
stikke (stak, stukket): [動] 刺す
kniv (-en, -e): [名] ナイフ，包丁
let (-, -te): [形] 容易な，簡単な；軽い
klar (-t, -e): [形] (補語の場合は不変化も可) 準備のできた
måtte (må, måtte, måttet): [法助] (話し手の判断・強い推量) ～に違いない
mayonnaise (-n): [名・単] マヨネーズ
cremefraiche (-n): [名・単] サワークリーム
sennep (-pen): [名・単] マスタード
hakke: [動] 刻む，ミンチにする
fint: [副] 細かく
dressing (-en, -er): [名] ドレッシング
klippe: [動] (ハサミで) 切る
purløg (-en/-et, -): [名] (セイヨウ) アサツキ／チャイブ
Gider du ～?: ～していただけますか？
dug (-en, -e): [名] テーブルクロス
frem: [副] 前に，前方に；外に
finde ～ frem: ～を見つけ出す，～を取り出す
tallerken (-en, tallerk(e)ner): [名] 皿
bestik (-ket, -): [名] (集合的に：一回の食事で用いる) ナイフ・フォーク・スプーン類
til højre for ～: ～の右に
gaffel (gaflen, gafler): [名] フォーク
jeps: [間] うん，OK

> **よく使われる表現**

① 【テーブルセッティングをする】：dække bord
　dække bord という表現は，デンマークの日常でよく使われる表現である．食事が始められるように食器などを並べて準備することを指すが，dække **bord** は発音する際には，動詞 dække よりも名詞 bord を強く読む，いわゆるユニット強勢があることに注意しよう．

② 【どれくらいの間】：hvor længe...?
　ある物事が「どれくらいの時間の幅」をもってなされる（／なされている）のかをたずねるときには，hvor længe を用いる．
　　Hvor længe har du boet i Danmark? – I to år.
　　　　〈デンマークにはどれくらいの間住んでいますか？―2年間です．〉

③ 【～してみたら！】：Prøv og stik en kniv i dem.
　「～してみたら！」と相手に提案するときには，通常は Prøv（動詞 prøve の命令形）＋ at- 不定詞が用いられる．
　　Prøv at stikke en kniv i dem.〈それらにナイフを刺してみたら！〉
　しかし特に話しことばからの影響で，不定詞マーカーの at が等位接続詞の og と同じ発音であることから，Prøv og のように綴られることも多くある．また，at stikke という不定詞の部分も，不定詞の語尾 -e の弱化が原因となって，Prøv og stik のように綴られることもある．

15.1　命令文，依頼文

15.1.1　動詞の命令形

　動詞の命令形は，不定詞形（例えば elske, spise, flyve など）から -e を取り去った形，すなわち，動詞語幹と同形である（elsk!, spis!, flyv! など）（☞ 8.1.2）．
　命令形は，一人あるいは複数の人に直接話しかけるときに用いる．
　　Luk vinduet!〈窓を閉めろ！〉
　　Vent på mig!〈私を待て！〉
　　Kom ind!　　〈入れ！〉

　再帰動詞の命令形の場合だけ，相手が du（一人）なのか，I（複数）なのかが，再帰代名詞によってわかる．

Rejs *dig*!　　〈立て！〉
Hvil *jer*!　　〈休め！〉

　命令形による文は，デンマーク語においては，主語を省略できる唯一の文形式であるので，料理のレシピや機器類の使用説明書などにおいて，一連の作業工程を説明する場合によく用いられる．
　Bland kød, mel, æg, løg, salt og peber. *Rør* herefter mælken i lidt ad gangen. *Kog* og *pil* kartoflerne. ...

　これは，次の例文のように，動作主である主語をいちいち表すのが面倒で，また，紙面も取るからであろう．
　Du blander kød, mel, æg, løg, salt og peber. *Du rører* herefter mælken i lidt ad gangen. *Du koger* og *piller* kartoflerne. ...

　ただ，命令形は，それだけでは，丁寧さに欠け，ぶしつけな印象を与えるので，口調を和らげる副詞 lige や bare を一緒に使うことが多い．
　よく知っている人に話しかける時には lige を命令形の後に挿入すると良い．
　Luk *lige* vinduet!　　〈ちょっと窓を閉めて！〉
　Vent *lige* på mig!　　〈ちょっと私を待って！〉
　Kom *lige* ind!　　〈ちょっと入って！〉

bare を命令形の後に挿入すると，「許可」のニュアンスがでる．
　Luk *bare* vinduet!　　〈さあ，窓をどうぞ閉めて！〉
　Må jeg låne din blyant? – Ja, tag den *bare*!
　　〈あなたの鉛筆を借りても良いですか？― はい，ご遠慮なく持って行ってください！〉

15.1.2　Gider du/I ...?, Vil du/I godt ...? など

　命令文や依頼文を丁寧なものにする手段として Gider du/I ...? や Vil du/I godt ...? がある．
　Gider du lukke vinduet?　〈窓を閉めてもらえますか？〉
　Gider du hjælpe?　　〈手伝ってもらえますか？〉
　Vil I godt dække bord?　〈テーブルセッティングをしてもらえますか？〉

Vil du være sød/venlig at ...? を用いると非常に丁寧になる．
 Vil du være sød at række mig saltet?〈私にお塩を取っていただけますか？〉
 Vil I være venlige at dække bord?
　　〈テーブルセッティングをしていただけますか？〉

15.1.3　否定命令文と Lad være med at ...

Dril mig ikke!〈私をからかわないで！〉のような否定命令文の代わりに，lade være med at ...〈～しないでおく，やめておく〉を命令形にして用いることが多い．
 Lad være med at drille mig!〈私をからかわないで！〉

15.2　受動態

　能動態の文では動作主である主語に焦点をあてるが，同文中の目的語に焦点をあてる必要がある場合には，動詞の受動態を用いて，能動文中の目的語を主語にすることができる．

　受動態の文は，動作・行為の対象となる受動者に焦点をあて，文の主語にするという目的ばかりではなく，動作主が分からない場合や，動作主が何・誰でも良い場合や，動作主を意識的に示したくない場合などにも用いられる．

15.2.1　s- 受動態と blive- 受動態

　デンマーク語の受動態には，語尾 -s による s- 受動態と〔blive + 過去分詞〕による blive- 受動態の 2 形式がある．

	s- 受動態		blive- 受動態	
不定詞	slukkes*	spises*	blive slukket	blive spist
現在	slukkes	spises	bliver slukket	bliver spist
過去	slukkedes	spistes	blev slukket	blev spist
過去分詞	なし	なし	er blevet slukket	er blevet spist

　　　　　* at- 不定詞は用いられない

　s- 受動態は，文体の面から見ると，blive- 受動態に比べて書きことば的性格が強いといえる．意味の違いとしては，blive- 受動態は一回だけの，特定の出来事

を記述するのに用いられるのに対して，s-受動態は一般的な状況を記述するのに用いられる傾向が強いといえる．なお，動作主は前置詞 af によって表される．

Pengene *udbetales* af staten.〈そのお金は国家によって支払われる．〉［一般的］
Pengene *bliver udbetalt* af staten.
　　〈そのお金は国家によって支払われる．〉［特定］
Skraldet *hentes*（normalt）af kommunen.
　　〈ゴミは（ふつう）コムーネによって回収される．〉［一般的］
Skraldet *bliver*（denne gang）*hentet* af kommunen.
　　〈ゴミは（今回は）コムーネによって回収される．〉［特定］
Bogen *læstes* i alle landets skoler.
　　〈その本は国中のすべての学校で読まれた．〉［一般的］
Bogen *blev* kun *læst* af Lene.〈その本はリーネだけに読まれた．〉［特定］

　とはいえ，s-受動態には過去分詞形がないので，現在完了形および過去完了形を作ることができない．不定詞形も at-不定詞として用いることができず，måtte, skulle, ville などの法助動詞の一部の意味としか結びつかない．また，話しことばでは不規則変化動詞の過去形の s-受動態が避けられる傾向にあり，それにならう形で，規則変化動詞の過去形の s-受動態も避けられる傾向にある．
　つまり，s-受動態が用いられないこれらの場合には，blive-受動態が用いられることになるので，両受動態間の「一回的，特定的」対「一般的」という意味上の違いはほとんど現在形でしか見られない．
　s-受動態は，その一般的状況を記述するという特性，および動作主を示す必要がないという特性から，動詞の命令形同様，料理のレシピや機器類の使用説明書などでよく用いられるほか，広告などでも用いられる．

Den færdige fars *stilles* i køleskabet en halv times tid. Til slut *steges* frikadellerne ca. 5 minutter på hver side.

Inden kaffemaskinen *tages* i brug første gang, eller efter længere tids opbevaring uden kaffebrygning, *gennemrenses* maskinen med rent vand.
　　〈コーヒーメーカーが初めて，あるいは長期間コーヒーを沸かすことなく保管されていた後に，使い始められる前に，コーヒーメーカーは浄水を使って徹底的に洗浄される（＝浄水だけでドリップされる）．〉

Lejlighed *søges*.　　〈マンション探しています．〉

Biler *købes* straks. 〈自動車即刻購入可.〉
Sommerhus *sælges*. 〈別荘お売りします.〉
Skagen Dameur – *fås* i to størrelser.
〈スケーイン・レディース・ウォッチ ― 2 サイズで入手可.〉
Havestole *haves*. 〈ガーデンチェア在庫あり.〉

15.2.2　法助動詞と s- 受動態

受動態と結びつく場合，法助動詞 måtte, skulle, ville の一部の意味は s- 受動態としか結びつかない.

måtte［内的・外的必要・必然］

Buller må *hentes* af Rie i dag, for Gitte skal arbejde over.
〈ブラは今日，りえに迎えに来られる必要がある，というのはギデが残業することになっているからだ.〉
Billetterne må *bestilles* i forvejen.
〈[例えば，確実に手に入れるためには] チケットは事前に予約される必要がある.〉

skulle［要求，命令，義務］

Nu skal bordet bare *dækkes*.
Knivene skal *lægges* til højre for tallerkenerne.
Billetterne skal *afhentes* inden kl. 18.
〈チケットは 18 時までに取りに来てください.〉

skulle［計画，取り決め，予定］

Buller skal ikke *hentes* af Gitte i dag, men af Rie.
〈ブラは今日はギデではなく，りえに迎えにこられることになっている.〉
Der skal *bygges* et hotel nær stranden.
〈ホテルがビーチの近くに建てられる予定である.〉

ville［意思，意図，願望］

Buller vil *hentes* af Rie i dag.　〈ブラはりえに今日迎えに来てもらいたい.〉
Hun vil altid *roses*.　　　　　　〈彼女はいつもほめてもらいたい.〉

15.3 不定代名詞 hver, hvert

hver（共性形），hvert（中性形）「おのおのの，それぞれの；一人・ひとつ残らずの，どの〜も，毎〜，〜ごとの」は名詞の単数形と結びつき名詞の前に置かれる．
 Læreren har snakket med *hver* elev.　〈先生はどの生徒とも話した．〉
 Hun besøger sine forældre *hver* måned.　〈彼女は両親を毎月訪ねる．〉
 Jeg tror, at *hvert* medlem får et eller andet.
  〈私は，どの会員も何かを貰うと思う．〉
 Han rejser til Holland *hvert* år.　　〈彼はオランダに毎年旅行に行く．〉

hver, hvert の後に序数詞を置くことができる．
 Jeg tager ind til byen *hver* dag.〈私は毎日，町中に出かける．〉[序数詞なし]
 Vi kan kun spille tennis *hver* anden uge.
  〈私たちは1週間おきにしかテニスをすることができない．〉
 Hun besøger sin mor i Frankrig *hvert tredje* år.
  〈彼女は3年ごとにフランスにいる母親を訪ねていく．〉

練習問題

発音練習

Udtale 15: 読まれる母音が，[å]，[å]，[ɔ]のうち，どの母音かを聞き取りなさい．

nå, nå, koge, når, kommer, og, at, noget, godt, løg, undskyld, over, om, må, måtte, ok, bold, sprog, forår, sommer, røget, højre, toget, ofte, også, går, morgen, formiddag, både, får, for, os, små

Grammatik 15A: 動詞を活用させなさい．

1. komme
1）Vil du godt _____ herover?
2）Hun sagde højt, "_____ indenfor!"
3）Da hun _____ hjem, var klokken lidt over 10
4）_____ du i morgen?
5）"Buller _____ _____ hjem allerede," råbte hun

2. hente
1）I går _____ Rie Buller i fritidsklubben
2）Hvad tid skal jeg _____ dig på stationen?
3）Gitte råber til Yrsa: "_____ lige avisen til mig!"
4）William har ikke _____ Buller endnu
5）Når William skal arbejde over, _____ Rie Buller

3. spise
1）Om onsdagen _____ vi ved 19-tiden
2）Har du _____ morgenmad?
3）Hvad skal vi _____ til aftensmad i aften?
4）Gitte siger til Buller: "_____ op!"
5）I morges _____ jeg ikke nogen morgenmad

Grammatik 15B: 動詞を活用させなさい．

Rødgrød med fløde

(rense) _____ bærrene. (varme) _____ vandet op og (koge) _____ bærrene i ca. 2 min. Saften (sigte) _____ gennem en fin sigte. Saften (bringe) _____ i kog sammen med sukker, og gryden (tage) _____ af varmen. (røre) _____ kartoffelmel og vand sammen og (røre) _____ jævningen i saften – herefter (måtte) _____ grøden ikke (koge) _____! (smage) _____ på grøden, og (hælde) _____ rødgrøden i en skål. Grøden (drysse) _____ med sukker og (stille) _____ tildækket i køleskabet, til den (være) _____ kold. De fleste (servere) _____ rødgrøden med iskold fløde til.

聞き取り問題

Lytteøvelse 15A: 読み上げられている語がどちらかを聞き取りなさい．

1) vær/være 2) kog/koge 3) bland/blande
4) bliver/blive 5) hjælp/hjælpe

Lytteøvelse 15B: りえとリーヌスが話しています．会話を全てデンマーク語で書きなさい．

dessert, sige, forskellig, jordbær, solbær, hindbær,
blåbær, svær, smage, rigtig, fløde, sød

和文デンマーク語訳

次の日本語をデンマーク語に訳しなさい．

1) テーブルセッティングをしなさい．［命令形を使うこと］
2) あなたの語学学校に手紙を1通書きなさい．［命令形を使うこと］

3) フリカデレ（複数既知形）はデンマークでよく食べられます．［s-受動態を用いること，また ofte〈頻繁に〉を使うこと］
4) ユアサのケーキは昨日ブラによって食べられた．
5) ジャガイモ（複数既知形）の皮を（ピーラーで）むくのを手伝ってもらえますか？［gide と du を使うこと］
6) 彼らは毎月自分の子供たちを訪ねます．

デンマークの伝統的な料理の1つ
hakkebøf med bløde løg og brun sovs
（ハンバーグに炒めた玉ねぎをのせ，茶色いソースをかけたもの．付け合わせにジャガイモは欠かせません．）

コラム15 フリカデレの作り方

デンマーク人に「デンマークの家庭料理は？」と尋ねたら，恐らく多くの人がこの「フリカデレ」を挙げることでしょう．デンマーク語の表現に mors deller / fars deller というのがあります．これは日本語に訳すと「お母さん／お父さんのフリカデレ」となりますが，このような単語が存在するほど，「フリカデレ」というのは各家庭によってこだわりと歴史がある食べ物といえるでしょう．

ここでは，フリカデレの作り方を簡単に説明しておきます．

―デンマーク風ミニハンバーグ：フリカデレを作ってみましょう！―

材料（4人分）：
　豚ひき肉：500g
　（あるいは合挽き肉：500g）
　玉ねぎ：適量
　たまご：1個
　小麦粉：1dl
　牛乳：2-3dl
　塩コショウ：少々
　バターなど：適量

付け合わせには，ジャガイモやサラダなどを

作り方：
* ひき肉と小麦粉，たまごを混ぜ合わせる．（①）
* 玉ねぎをみじん切りにし，①に混ぜ合わせる．牛乳は少しずつ混ぜ合わせる．
* ①に塩コショウで下味をつけ，30分から1時間寝かせておく．
* フライパンに，バター／マーガリン／サラダ油を入れて温める．フライパンが十分に熱くなったら，①をスプーン（大さじ）で形を整えて，フライパンで焼く．
* 何度か裏返しながら，中に火がきちんと通るように，両面が茶色になるまで焼く．

Lektion 16

多数の言語が話される
Der bliver talt mange sprog

Klokken 18.30 kommer gæsterne. De bliver med det samme vist ind i stuen, hvor de kan få en kold øl eller en sodavand inden maden. I dag behøver de ikke tage skoene af.

Yrsa: Kom indenfor!
Gæst: Tak skal du have. Og tak for invitationen. ①
Yrsa: Det var så lidt. ② Vi er glade for, I kunne komme. ③

I stuen bliver der talt både dansk og engelsk, for ikke alle Ries venner har lært at tale dansk endnu. Der bliver også grinet og fortalt vittigheder.

Linus: Værsgo at sætte jer til bords!
Rie: Vi håber, al maden bliver spist og alle øllerne drukket. Hvis nogen hellere vil have vin, så står der nogle flasker ude i køkkenet.
Linus: Velbekomme.

William: Sikke meget mad I har lavet!
Gitte: Ja, og hvor er det lækkert! Lidt salt, lidt surt, lidt stærkt og … Kommer der også noget sødt senere?
Rie: Måske. Hvis I er søde.

語句

samme (-, -)：［形］同じ．med det samme 即座に，すぐさま
vise* ind: 招き入れる．blive vist ind 招き入れられる
øl (-len, -/-ler)：［名］（ビン1本・缶1個・グラス1杯の）ビール
øl (-let)：［名・単］（物質名詞としての）ビール
sodavand (-en, -/-er)：［名］（ビン1本・缶1個の）炭酸飲料
sodavand (-et)：［名・単］（物質名詞としての）炭酸飲料
inden：［前］（時間的に）〜の前に，〜までに
behøve (at) + 不定詞：［動］〜する必要がある
tage 〜 af: 〜を脱ぐ
sko (-en, -)：［名］靴
indenfor：［副］中に・へ
tak for 〜：〜をありがとう
det var så lidt: どういたしまして
alle: ikke alle（部分否定）すべて（の〜）が…というわけではない
grine：［動］笑う

vittighed (-en, -er)：［名］冗談
værsgo at 不定詞：どうぞ〜してください！
til bords: sætte sig til bords テーブルにつく
drikke (drak, drukket)：［動］飲む
nogen：［不代］誰か
vin (-en, -e)：［名］ワイン
flaske (-n, -r)：［名］ビン，ボトル
velbekomme!：［間］（食事の時に）ごゆっくりめしあがれ！；（食事が終わった後に）お粗末さまでした！；（お礼を言われた時に）どういたしまして！
sikken (sikket, sikke)：［不代］なんという！sikke meget mad 何とたくさんの食事
hvor er det lækkert!: なんてそれは美味しいんでしょう！
salt (-, -e)：［形］塩味のきいた
sur (-t, -e)：［形］酸っぱい
stærk (-t, -e)：［形］（食べ物が）辛い；強い
sød (-t, -e)：［形］甘い；可愛い；親切な；おとなしい，行儀のよい
senere：［副］後に，後で

16

よく使われる表現

① 【ご招待どうもありがとう】：Tak for invitationen

「〜をどうもありがとう」という場合には，【Tak for + 名詞の既知形／ゼロ形】で表されることがよくある．よく使われる表現なので覚えよう．

　　Tak for hjælpen.〈お手伝いどうもありがとう．〉
　　Tak for mad.〈食事をどうもありがとう → ごちそうさま．〉
　　Tak for lån.〈（これを）貸してくれてどうもありがとう．〉

また，【tak for + 副詞句】で表されるよく使うフレーズもある．

Tak for i dag.〈今日はどうもありがとう.〉
Tak for sidst.〈この間はどうもありがとう.〉

② 【どういたしまして】: Det var så lidt
相手に何かを感謝されたときに,「どういたしまして」と伝えたい場合には, Det var så lidt. というフレーズを使うことが多い. 他に, Selv tak. や Velbekomme. ということもできる.

③ 【来てもらえて嬉しいです】: Vi er glade for, at I kunne komme
誰かの家に招待をされたときに, 招待した側が「来て下さって嬉しいです」という気持ちを表すために, Jeg/Vi er glad/glade for, at du/I kunne komme. ということがある.
また招待された側が「招待してもらえて嬉しい」という気持ちを表すために, Tak, fordi I ville se os. (直訳すると,〈私達に会いたいと思ってくれてありがとう.〉) や Tak, fordi vi måtte komme. (直訳すると,〈私達が来ても構わないということにしてくれてありがとう.〉) などのようにいうことがある.

16.1　blive- 受動態

blive- 受動態は, s- 受動態に比べて話しことば的性格が強く, s- 受動態が一般的な状況を記述するのとは異なり, 一回だけの, 特定の出来事を記述する傾向が強い (☞15.2.1). また, blive- 受動態は s- 受動態とは異なり, 不定詞形, 現在形, 過去形, 過去分詞形があり, したがって, 現在完了形と過去完了形がある. また, at- 不定詞は s- 受動態では用いられないのに対して, blive- 受動態では用いられる. 加えて, s- 受動態の過去形があまり用いられない傾向があるのに対して, blive- 受動態の過去形は問題なく用いられる (☞15.2.1).

16.1.1　blive- 受動態の各変化形の用例

at- 不定詞

Jeg bryder mig ikke om *at blive forstyrret*, når jeg ser film.
　〈私は映画を見ている時にじゃまされるのが好きではない.〉
Lagener plejer *at blive kogevasket* i Danmark.
　〈シーツはデンマークではふつう煮沸洗濯される.〉

原形不定詞

    Udstillingen vil *blive åbnet* af dronningen.
        〈その展覧会は女王様によってふたをあけられる（＝開始を宣言される）でしょう。〉
    De vil *blive rost* på mødet.〈彼らは会合で称賛されるでしょう。〉

現在形

    De *bliver vist* ind i stuen.〈彼らはリビングに招き入れられる。〉
    I stuen *bliver* der *talt* både dansk og engelsk.
        〈リビングではデンマーク語と英語の両方が話される。〉
    Al maden *bliver spist*.　　〈すべての食べ物は食べられる。〉

過去形

    Patienten *blev hjulpet* af lægen.〈（その）患者は（その）医師によって助けられた。〉
    I går *blev* Buller *kørt* i skole af sin far.
        〈昨日はブラは父親に車で学校に送られた。〉

現在完了形

    Bilen *er blevet repareret* af min bror.〈車は私の兄によって修理された。〉
    Uret *er blevet ødelagt*.　　　　　〈（その）時計は壊された。〉

過去完了形

    Da vi kom hjem fra ferien, *var* naboens hus *blevet solgt*.
        〈私たちが休暇から家に戻って来た時，隣人の家は売却されていた。〉
    Vi skulle passe på, fordi døren lige *var blevet malet*.
        〈私たちは，ドアがペンキを塗られたばかりだったので，注意しなければならなかった。〉

16.1.2　法助動詞と blive- 受動態

　受動態と結びつく場合，法助動詞 måtte, skulle, ville の一部の意味は blive- 受動態としか結びつかない．

måtte［論理的必然性；強い推量］
    I dag *må* Buller *blive hentet* af Rie, for hans forældre er syge.
        〈今日はブラはりえに迎えに来られるに違いない，というのも彼の両親が病気だからだ．〉
    Der *må blive bygget* et hotel nær stranden.
        〈ホテルがビーチの近くに建設されるに違いない．〉

skulle［約束，請負］
    Billetterne *skal blive afhentet* inden kl. 18.
        〈チケットは夕方の6時までに取りに行くようにします．〉
    Brevet *skal blive sendt* i morgen.〈手紙は明日送るようにします．〉

ville［予測；単純未来］
    I dag *vil* Buller ikke *blive hentet* af Gitte.
        〈今日はブラはギデに迎えに来られないでしょう．〉
    Brevet *vil blive sendt* i morgen.〈手紙は明日送られるでしょう．〉

16.2　自動詞の受動態

デンマーク語では目的語を取らない自動詞の受動態も可能である．そして，その際には形式主語として der が用いられる．
    Der *bliver* også *grinet*.　　　〈笑いもされる．〉
    Der *blev danset* hele natten.　〈夜中を通して踊られた．〉
    Der *festes* tit på vores kollegium.
        〈私たちの学生寮ではよくパーティが行なわれる．〉
    Der *snakkes*, men *handles* ikke.〈話はされるが，行動はされない．〉

16.3　不定代名詞 al/alt/alle〈すべての〉

al は共性の不可算名詞と，alt は中性の不可算名詞と，alle は可算名詞の複数形と結びつく．
    Al undervisning foregår på dansk.〈すべての授業がデンマーク語で行なわれる．〉
    Al maden bliver spist.　　　〈すべての食べ物は食べられる．〉
    Alt kød er udsolgt.　　　　〈すべての肉が売り切れている．〉

Alt tøjet skal vaskes inden i morgen.
〈すべての衣類は明日までに洗われなければならない.〉
Alle forældre har i dagens Danmark råd til at give deres børn en madpakke.
〈すべての両親が今日のデンマークでは自分の子どもたちに弁当を持たせる金銭的余裕がある.〉
Alle Ries venner har lært at tale dansk.
〈りえの友人全員はデンマーク語を話すのをマスターした.〉

alt と alle は名詞を伴わずに，名詞的に単独で用いることができ，それぞれ「すべてのこと」，「みんな，全員」を意味する.

Jeg ved *alt* om ham. 〈私は彼のすべてを知っている.〉
Høns spiser *alt*. 〈ニワトリは何でも食べる.〉
Yrsa snakker med *alle* i klassen.〈ユアサはクラスの全員と話す.〉
Alle var glade ved festen. 〈みんながパーティの時，喜んでいた.〉
Vi har *alle* fået vores penge.
〈私たちは全員自分たちの（得るべき）お金をもらった.〉
De er *alle* syge. 〈彼らは全員，病気である.〉
［主語と同格の alle が中域副詞の位置にあることに注意.］

16.4　感嘆表現

感嘆表現には，不定代名詞 sikken/sikket/sikke を用いたものと，程度を表す疑問副詞 hvor を用いたものがある.

16.4.1　不定代名詞 sikken/sikket/sikke

sikken は話しことばで感嘆表現に用いられる不定代名詞で，その形にはさまざまなバリエーションがある.

　［単数・共性］　　sikken, sikken en, sikke en
　［単数・中性］　　sikket, sikken et, sikke et
　［複数］　　　　　sikke, sikke nogle

sikken で始まる感嘆文では，主語と定形動詞の倒置は起こらない，つまり従位節の語順となる.

Sikken en dag vi har haft!　　　〈何ていう日だったのでしょう！〉
　　　Sikken et dejligt vejr det var i går!
　　　　〈昨日は何ていうすてきな天気だったのでしょう！〉
　　　Sikke meget mad I har lavet!
　　　　〈何てたくさんの食事をあなたたちは作ったのでしょう！〉
　　　Sikke nogle snavsede hænder du har!　〈何ていう汚い手をあなたはしてるの！〉

16.4.2　Hvor ...!

　話しことばでは，程度を表す疑問副詞 hvor に始まる感嘆表現がある．その場合，**hvor** に強勢はなく，定形動詞に強勢がある．また，hvor の後では主語と定形動詞の倒置がおこる，すなわち主節の語順となる．
　　　Hvor er det lækkert!　　　〈なんて美味しいんでしょう！〉
　　　Hvor er det koldt i dag!　　〈なんて今日は寒いのでしょう！〉
　　　Hvor typisk!　　　　　　　〈なんて典型的な！（なんて…らしい！）〉

　hvor の後で主語と定形動詞の倒置が起こらないこともあるが，概して古い，固定化された表現である．
　　　Hvor det ligner dig!　　　〈なんてあなたらしいんでしょう！〉

練習問題

発音練習

Udtale 16: 強勢があるところに下線を引きなさい.

1) Hvor ser det lækkert ud!
2) Hvad har I dog lavet?
3) Hvem i alverden er det?
4) Hvordan søren er det, du ser ud?
5) Sikke en fest, hva!
6) Nej, ved du nu hvad!

文法練習

Grammatik 16A: *s-* 受動態 *blive-* 受動態のどちらかを入れなさい.

1) Småkagerne (bage) _____ ved 190 grader i en halv time.
2) I bussen må der ikke (ryge) _____.
3) Buller (hente) _____ af Rie i morgen.
4) Ries cykel (stjæle) _____ for en uge siden.
5) Gittes bil skal (vaske) _____ en gang om måneden.
6) Vinduet (lukke) _____, når man forlader lokalet.
7) Fint tøj (vaske) _____ i koldt vand.
8) Jeg (invitere) _____ til en middag i Esbjerg.

Grammatik 16B: 正しい語彙を空欄に入れなさい.

kaldes, tilbydes, undervises, undervises, blev kendt, gives, blev undervist, blev givet, betales

På danske aftenskoler _____ der eksamensfri undervisning for voksne. Undervisningen _____ af eleverne. Aftenskolerne _____ i starten af 1800-tallet, hvor man ofte _____ i enten skrivning eller matematik. I dag _____ man også i hobbyfag. Undervisningen _____ af folkeskolelærere i gamle dage, men i dag _____ den som regel af fagfolk. For resten _____ disse skoler stadig aftenskoler, selvom der som regel _____ om dagen.

Grammatik 16C: *al, alt, alle* のいずれかを入れなさい.

1) _____ papiret var hvidt   2) De brugte _____ løgene
3) _____ børnene ser glade ud 4) De drak _____ vinen
5) Buller ved _____ om Yrsa   6) De spiste _____ desserten

聞き取り問題

Lytteøvelse 16A: 読み上げられている語がどちらかを聞き取りなさい.

1) kold/kolde   2) glad/glade   3) lækker/lækre
4) sur/sure   5) stærk/stærke   6) sød/søde

Lytteøvelse 16B: 読まれるテキストを全てデンマーク語で書きなさい.

| gå i seng, rydde op, vaske op |

和文デンマーク語訳

次の日本語をデンマーク語に訳しなさい.[下線部分がある場合は,その語句で文を始めること.]

1) その大きなスケッチは,1週間前にブラによって描かれた.
2) 語学学校(単数既知形)では,英語は話されてはいけない.
3) 今日は,ギデは料理をする必要はありません.
4) あなたはミルクを全部使ったの？
5) 何てたくさんの本をあなたは既に読んだのでしょう！
6) ゲストたちは,玄関に招き入れられ,そこで彼らは靴を脱ぎます.

コラム 16-① ぜひ遅れて行きましょう！

　日本の慣習とデンマークの慣習で異なるものの1つに，「デンマークでは，自宅に御呼ばれしたときには，遅れて行く」というものがあります．「時間に遅れる」ことは良くないことだと教えられている私たちには，ちょっと不思議な慣習です．もちろんデンマークでも「授業」や「始業時間」などに遅れることは良くないことです．ただ，誰かの家に（特にディナーやパーティーなどに）招待されているときには，「遅れて行く」方が良いとされています．時間に遅れまいと思って，約束よりも早めに到着してしまう方が，相手にとっては迷惑であり，無礼なことでもあるのです．堂々と遅れて行きましょう．

コラム 16-② ビールの国，デンマーク！

　デンマークを代表する世界的企業の1つに，ビール会社 Carlsberg（カールスベア）があります．そうです，デンマークはビールの国でもあるのです！最近では，健康に良いから，スタイリッシュだからなどという理由から，ワインの方を好んで飲むデンマーク人が多くなりつつあるのは確かですが，それでもやはりデンマークはビールの国です．

　カールスベア社のピルスナー（ピルゼンビール）である Carlsberg 以外にも，トゥボー社（Tuborg）のピルスナー Grøn Tuborg など，デンマークには数多くのビールの銘柄が存在します．またご当地ビールというのも存在し，オーフース（Aarhus）に行けば Ceres，オーゼンセ（Odense）に行けば Albani と，その土地ごとに好まれて飲まれるビールの銘柄もあります．さらに現在では，ナアアブロー・ブリュワリー（Nørrebro Bryghus）のようにビールの醸造所にレストランが併設されているような小規模ですが良質のビールを提供する醸造所も増えています．

　またデンマークには，年に2度，ビールの解禁日があります．P-dag と J-dag です．P-dag とは復活祭（påske）限定のビールが解禁される日のことで，J-dag とはクリスマス（jul）限定のビールが解禁される日のことです．この2つの限定ビールは普通のビールよりも少しアルコール度数が高いものとなっています．この解禁日には，それぞれのビールの解禁を祝って，（あるいはただただビールを飲みたくて），街は夜遅くまで飲み騒ぐ人たちで一杯になります．

5 Sygdom og sundhed 病気と健康

Lektion 17 病気と症状
Sygdom og symptomer

Det var en god fest, men siden søndag har Gitte ikke haft det så godt.

Gitte: Jeg har det ikke så godt.
William: Hvad er der i vejen? ①
Gitte: Ja, for det første har jeg ondt i led og muskler, for det andet har jeg hovedpine, og for det tredje er jeg bare træt og udmattet.
William: Har du smerter andre steder?
Gitte: Nej, det har jeg ikke.
William: Måske burde du få en tid hos lægen.

Stemme: Hej, det er Gert.
Gitte: Hallo, er det ikke hos læge Frederik Høst?
Stemme: Nej, det er det ikke.
Gitte: Så har jeg fået forkert nummer. Det må du undskylde.

Lægesekretær: Hos Læge Frederik Høst.
Gitte: Goddag, mit navn er Gitte Rasmussen.
Lægesekretær: Goddag, må jeg bede om dit CPR-nummer?
Gitte: Ja, det er 160973-2484. Siden søndag har jeg været lidt syg, og jeg vil gerne have en tid hos Frederik. ② Kan det lade sig gøre?
Lægesekretær: Det kan det da. Hvad er problemet?
Gitte: Jeg har ondt i led og muskler, jeg har hovedpine, og så er jeg ret udmattet.
Lægesekretær: Har du også feber?
Gitte: Det ved jeg ikke.
Lægesekretær: Ok, det finder vi ud af i eftermiddag. Kan du komme kl. 14.20?
Gitte: Ja, det passer fint. ③ Tak for det.
Lægesekretær: Det var så lidt. Husk dit sygesikringsbevis.
Gitte: Det skal jeg nok. Farvel igen.
Lægesekretær: Farvel så længe.

語句

sundhed (-en): [名・単] 健康
sygdom (-men, -me): [名] 病気
symptom (-et, -er): [名] 症状
siden: [前] 〜以来
der er 〜 i vejen: 〜が問題である, 〜に支障がある. hvad er der i vejen? どうしたのですか？なにが問題ですか？
første: [数] 1番目の. for det første 第一に
have ondt i 〜 : 〜が痛い
led (-(d)et, -): [名] (指などの) 節, 関節
muskel (musklen, muskler): [名] 筋肉
anden, andet: [数] 2番目の. for det andet 第二に
hovedpine (-n, -r): [名] 頭痛. have hovedpine 頭痛がする
tredje: [数] 3番目の. for det tredje 第三に
udmattet (-, udmattede): [形] 疲労困憊した
smerte (-n, -r): [名] 痛み
sted (-et, -er): [名] 場所
burde (bør, burde, burdet): [法助] 〜すべきである
læge (-n, -r): [名] 医師
sige (sagde, sagt): [動] 言う
stemme (-n, -r): [名] 声
Gert: [固] (デンマーク人男性の名前) ギアト
hallo: [間] [電話や呼びかけに用いて] もしもし. hallo, hallo! [駅や空港などのアナウンスで] ご案内申し上げます
forkert (-, -e): [形] 間違った
nummer (nummeret, numre): [名] 番号
Frederik: [固] (デンマーク人男性の名前) フレズレク
Høst: [固] (デンマーク人の名字) フスト
lægesekretær (-en, -er): [名] 医師の秘書；医院の受付
CPR-nummer (-nummeret, -numre): [名] 中央個人登録番号
syg (-t, -e): [形] 病気の
lade (lod, ladet): [動] 〜させる. det kan lade sig gøre それは可能である
problem (-et, -er): [名] 問題, 難問
ret: [副] かなり
feber (-en, febre): [名] 熱, 発熱
finde ud af 〜 : (答えなどを) 考えだす, (問題・なぞなどを) 解決する
passe: [動] 〜に合う, 〜に都合がよい
sygesikringsbevis (-et, -er): [名] 健康保険証
farvel: [間] さようなら. Farvel så længe! またね！

よく使われる表現

① 【どうしたのですか？】: Hvad er der i vejen?

　相手が体調の優れない様子である, または何か (問題があって) 困っている様子である場合に, Hvad er der i vejen?「どうしたのですか？ (何か問題でも？)」という表現がよく使われる. 体調が優れない場合には, 「どこが (具合が) 悪いの

ですか？」という意味で，次のようにたずねることもできるので，一緒に覚えてしまおう．

Hvad fejler du?〈どこが悪いのですか？〉

② 【診察時間の予約をしたいのですが】: Jeg vil gerne have en tid ...

診察時間の予約をするときには，テキストのように，Jeg vil gerne have en tid hos ～ という言い方をする．

③ 【それは都合が良いです】: Det passer fint

誰かと時間の都合を合わせたり，予定を合わせたりする場合に，「14時20分ではどうですか？」という相手の質問に対して，その申し出が自分の都合に合う場合には，Det passer fint. という．また，その申し出が自分の都合に合わない場合には，Det passer ikke så godt. Hvad med kl. 15?「それはあまり都合が良くないです．15時はどうですか？」などのようにいう．

17.1 法助動詞 burde

法助動詞 burde (bør, burde, burdet) は，kunne, måtte, skulle, ville などの他の法助動詞同様に，不定詞形，現在形，過去形，過去分詞形の4形があり，そのうち不定詞形と過去形が同形であり，かつ，基本的に強勢が置かれない．(☞ 10.2)

(1) [(道徳・社会通念・健康上などに基づく）義務；妥当，適切，適当；忠告，助言]…すべきである，…するのが当然（適切）である

Man bør gøre sin pligt.〈自分の義務をはたすべきである．〉（道徳・モラル）

Man bør ikke slå sine børn.
　〈自分の子どもをたたくべきではない．〉（道徳・モラル）

Man bør ikke spise for meget fedt og sukker.
　〈脂肪と砂糖を食べ過ぎるべきではない．〉（健康）

Man bør børste tænder to gange om dagen.
　〈1日に2回歯磨きをすべきである．〉（分別）

Du bør/burde læse hans nye bog.
　〈あなたは彼の新しい本を読むべきである．〉（強いアドバイス）

上の最後の例文において，過去形の burde は現在形の bør よりも丁寧かつ控えめである．

同様に，過去形の burde は，「過去」を表すのではなく，「実際にはやっていな

いのだが，それをやるべきである」という意味を表す場合にも用いられる．

Du burde drikke noget mere mælk!
〈あなたは（あまりミルクを飲んでいないが）もう少しミルクを飲むべきである．〉
Jeg burde dyrke noget mere motion!
〈私は（あまり運動していないが）もう少し運動すべきである．〉
Du burde besøge dine forældre noget oftere!
〈あなたは（あまりご両親を訪ねていないが）もう少し頻繁にご両親を訪ねるべきである．〉

17.2 身体部位名称

① hoved (-et, -er)〈頭〉
② ansigt (-et, -er)〈顔〉
③ hals (-en, -e)〈首；喉〉
④ skulder (-en, skuldre)〈肩〉
⑤ arm (-en, -e)〈腕〉
⑥ albue (-n, -r)〈ひじ〉
⑦ hånd (-en, hænder)〈手〉
⑧ bryst (-et, -er)〈胸〉

finger (-en, fingre)〈指〉
　⑨ tommelfinger〈親指〉
　⑩ pegefinger〈人差し指〉
　⑪ langfinger〈中指〉
　⑫ ringfinger〈薬指〉
　⑬ lillefinger〈小指〉
⑭ navle (-n, -r)〈へそ〉
⑮ mave (-n, -r)〈おなか〉
⑯ lår (-et, -)〈太もも〉
⑰ knæ (-et, -)〈ひざ〉
⑱ ben (-et, -)〈脚〉
⑲ fod (-en, fødder)〈足〉
⑳ ankel (anklen, ankler)〈足首〉
㉑ hæl (-en, -e)〈かかと〉
㉒ tå (-en, tæer)〈足の指〉

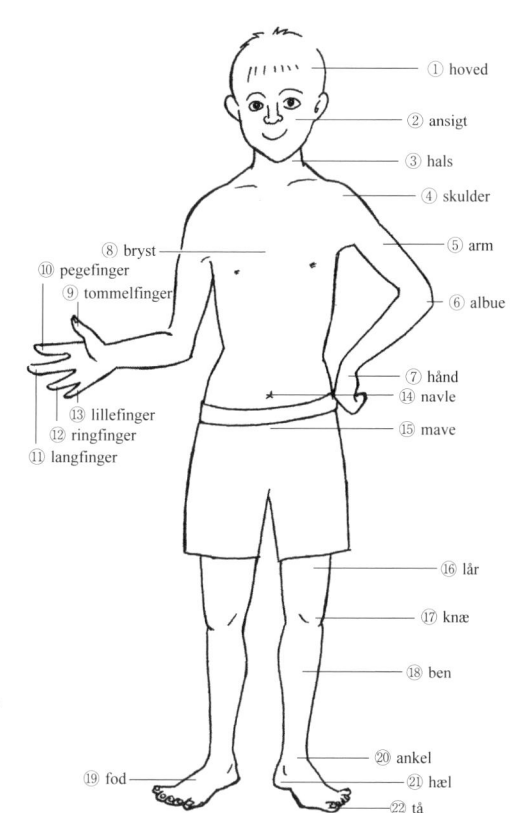

① hår (-et, -) 〈髪の毛，毛〉
② øje (-t, øjne) 〈目〉
③ næsebor (-et, -) 〈鼻孔，鼻の穴〉
④ tand (-en, tænder) 〈歯〉
⑤ pande (-n, -r) 〈額（ひたい）〉
⑥ øjenbryn (-et, -) 〈眉毛〉
⑦ øjenlåg (-et, -) 〈まぶた〉
⑧ øre (-t, -r) 〈耳〉
⑨ næse (-n, -r) 〈鼻〉
⑩ kind (-en, -er) 〈ほほ〉
⑪ mund (-en, -e) 〈口〉
⑫ læbe (-n, -r) 〈唇〉
⑬ tunge (-n, -r) 〈舌〉
⑭ hage (-n, -r) 〈あご〉

① nakke (-n, -r) 〈うなじ，首筋〉
② ryg (-gen, -ge) 〈背中〉
③ hofte (-n, -r) 〈腰，臀部〉
④ lænd (-en, -er) 〈腰（体の後ろの部分）〉
⑤ bagdel (-en, -e) 〈お尻〉

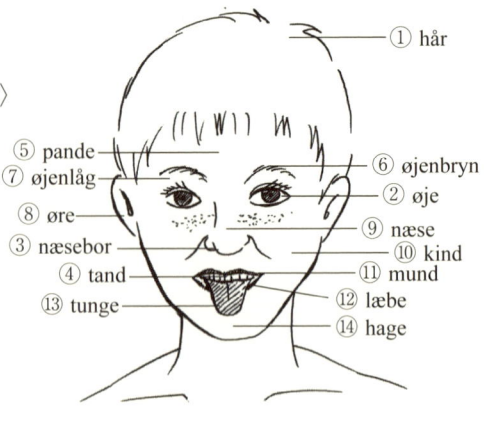

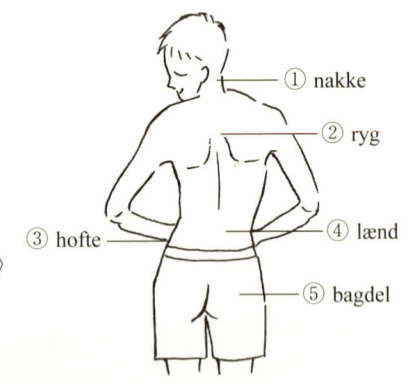

17.3　have ondt i ～ 〈～が痛い〉

　身体のある部位が痛いというのは，jeg har ondt i tænderne〈私は歯が痛い〉のように，have ondt i ～ という．例えば，

　　have ondt i hovedet　　〈頭が痛い〉
　　have ondt i maven　　〈おなかが痛い〉
　　have ondt i en tand　　〈ある歯が痛い〉
　　have ondt i hænderne　〈(両)手が痛い〉
　　have ondt i hånden　　〈手が痛い〉

ただし「腰」に関しては前置詞 over も用いることができる．

　　have ondt i/over lænden　〈腰が痛い〉

「ひどく痛い」という時には，〈おそろしい〉という意味の形容詞 forfærdelig や

frygtelig を副詞的に用いて表す.
　　have forfærdelig ondt i ～　〈～がひどく痛い〉
　　have frygtelig ondt i ～　　〈～がひどく痛い〉

コペンハーゲン中心部にある大理石教会
(Marmorkirken)

練習問題

発音練習

Udtale 17: 読まれる母音が，[u] あるいは [y] のどちらであるかを聞き取りなさい．

menu, sygdom, burde, sygesikringsbevis, hus, universitet, Kyoto, Buller, hun, litteratur, studerende, du, Yrsa, stuen, ude, slut, synes, supermarked, skulle, hygger, lyskryds, bus, uger, fjernsyn

文法練習

Grammatik 17A: 名詞を相応しい形態にしなさい．

1) Morten har store (hånd) _____. Hans ene (hånd) _____ er lidt større end den anden (hånd) _____.
2) Liselotte har ikke store (hånd) _____, men hun har ret store (fod) _____. Hun får sommetider lidt ondt i den højre (fod) _____.
3) Japanerne har ikke blå (øje) _____. Deres (øje) _____ er for det meste meget mørke.
4) Finn har en dårlig (tand) _____. Desuden ryger han, så han har også gule (tand) _____.
5) Den mindste (tå) _____ blandt alle mine (tå) _____ er min (lilletå) _____.
6) En skaldet mand har ikke et (hår) _____ på sit (hoved) _____. Alligevel kan han godt have (hår) _____ på armene.
7) Et (knæ) _____ er et (led) _____. (knæ) _____ forbinder de to dele af (ben) _____. Over (knæ) _____ er (lår) _____, og under (knæ) _____ er (underben) _____. (Knæ) _____ er tit lidt følsomme.
8) (albue) _____ er det midterste (led) _____ på armen. I (albue)

_____ mødes (underarm) _____ og (overarm) _____.
9) Mennesker har to (knæ) _____ og to (albue) _____.
10) Pianister spiller hovedsageligt klaver med (finger) _____, men også lidt med (ben) _____.

Grammatik 17B: 動詞を相応しい形態に活用させなさい．

Et symptom (være) _____ en fornemmelse, der (opleve) _____ som sygdom af en person. Når man (være) _____ syg, (fungere) _____ kroppen ikke optimalt. Alle (prøve, være) _____ syge som barn, og de fleste (prøve, være) _____ syge som voksne. Man (kunne, vaccinere) _____ mod nogle sygdomme, men ikke alle. Disse sygdomme (kalde) _____ infektionssygdomme. Den første vaccination (foretage) _____ af Benjamin Jesty i 1774. Måske. Vi (vide) _____ det ikke med sikkerhed. Han (vaccinere) _____ sin kone og sine to sønner mod kopper. Og det (virke) _____ ! Vaccinationen (kende) _____ internationalt, da lægen Edward Jenner (beskrive) _____ metoden i 1796. Alle danske børn (vaccinere) _____ i dag.

聞き取り問題

Lytteøvelse 17A: 読み上げられている語がどちらかを聞き取りなさい．

1) hoved/hovedet 2) mave/maven 3) ben/benet
4) hals/halsen 5) ryg/ryggen

Lytteøvelse 17B: りえとハンスの会話を聞き，以下の設問に答えなさい．

1) Har Rie set Linus i dag?
2) Hvornår snakkede Rie med Linus?
3) Hvad fejler Linus?
4) Ved Rie, om Linus kommer i skole i morgen?

和文デンマーク語訳

次の日本語をデンマーク語に訳しなさい．［下線部分がある場合は，その語句で文を始めること．］

1) <u>昨日から</u>私は喉が痛い．
2) <u>今日は</u>リーヌスは，お腹が痛いので，来ません．
3) 夜にはコーヒーを飲むべきではない．
4) あなたは（日頃読書をしていないが）もっとたくさんの本を読むべきである．

コペンハーゲン市街にあるゲフィオンの噴水（Gefionspringvandet）
（Gefion は北欧神話に登場する女神の 1 人）

コラム 17　CPR-nummer と sundhedskort

　デンマークではすべての国民に黄色が特徴的なプラスチックの健康保険証（sygesikringsbevis／sundhedskort）が発行されています（2007年以前は sygesikringsbevis という名称だったが、2007年以降は名称が sundhedskort に変わっている．）．そこには，名前，住所，中央個人登録番号（CPR-nummer），かかりつけ医の名前と電話番号が明記されていて，医者にかかるときにはいつも提示しなければなりません．さらにこのカードは，留学生としてデンマークに滞在する外国籍の人たちにも発行されます．誰でも持っているものなので，公的な身分証明書としても使われています．

　ですので，デンマークに長期滞在するときには，自分の CPR-nummer を覚えておくことが重要になります．デンマーク人であれば，生まれたときからこの番号を使っていますので，しっかり暗記していますが，外国籍を持つ人たちはその番号をちゃんと覚えなくてはなりません．

　CPR-nummer は，全部で10個の数字で構成されています．最初の6つの数字は，【生まれた日＋生まれた月＋生まれた年（の最後2桁）】で構成されます．残りの4つの数字は任意で与えられるものです．CPR-nummer も，電話番号と同様に，2つずつ読み上げます．

Lektion 18

クリニックで

På klinikken

Gitte er glad for sin læge, der ikke er for ung, men heller ikke for gammel.① Hans klinik, som ligger nær deres hjem, er lys og venlig. I venteværelset er der blade, som patienterne kan læse i, og legetøj, som hans helt unge patienter kan lege med. Der er også billeder på væggen, der viser kroppen, og som har betegnelser for alle kropsdelene. Når det bliver Gittes tur, kalder lægesekretæren.

Lægesekretær: Gitte Rasmussen?
Gitte: Ja, det er mig.
Lægesekretær: Værsgo. Frederik venter på dig.

Frederik: Nå Gitte, jeg hører, du har nogle symptomer? Hvor længe har du haft det?
Gitte: Siden søndag. I begyndelsen var det ikke så slemt, men nu har jeg det temmelig dårligt. Det gør ondt alle vegne.
Frederik: Vi må hellere få taget din temperatur.② Ja... Du har faktisk også feber. Jeg tror, du har fået influenza, Gitte.
Gitte: Det er en virus, ikke?
Frederik: Jo, influenza er en smitsom virus, som du nok har fået for en to-tre dage siden.
Gitte: Er der medicin, der hjælper, og som ikke har for mange bivirkninger?
Frederik: Det er der faktisk ikke. Det er for sent at vaccinere, og penicillin hjælper heller ikke.
Gitte: Hvad anbefaler du så?
Frederik: Jeg anbefaler, at du går hjem og sover og i øvrigt husker at drikke meget vand.③ Du kan også tage et par smertestillende piller, hvis din hovedpine bliver værre.
Gitte: Det vil jeg prøve. Skal jeg have en recept?
Frederik: Det behøver du ikke. Smertestillende piller fås i håndkøb.

語句

klinik（-ken, -ker）:［名］診療所，クリニック
der:［関代］［人・ものを先行詞とし，関係節中で主語となる］
ung（-t, -e）:［形］若い
som:［関代］［人・ものを先行詞とし，関係節中で主語・目的語や前置詞の目的語などとなる］
hjem（-met, -）:［名］家庭；家，自宅，生家
lys（-t, -e）:［形］明るい
venlig（-t, -e）:［形］親切な，優しい
venteværelse（-t, -r）:［名］待合室
blad（-et, -e）:［名］雑誌；新聞；(木の) 葉
patient（-en, -er）:［名］患者
læse i 〜:（本の一部を）読む；読んでいる
legetøj（-et）:［名・単］［集合的に］おもちゃ
lege:［動］遊ぶ
væg（-gen, -ge）:［名］壁
krop（-pen, -pe）:［名］身体（からだ）
betegnelse（-n, -r）:［名］名称
kropsdel（-en, -e）:［名］身体の部分
tur（-en, -e）:［名］順番
vente:［動］待つ. vente på 〜 〜を待っている
nå:［間］さて
høre*:［動］聞こえる；聞く
slem（-t, -me）:［形］ひどい，悪い
temmelig:［副］かなり
dårlig（-t, -e）:［形］悪い
det gør ondt: 痛い
vegne:［名］alle vegne いたるところに・で
må hellere: 〜するほうがいい

temperatur（-en, -er）:［名］体温；温度. tage temperatur 熱を測る
influenza（-en, -er）:［名］インフルエンザ
virus（-(s)en/-(s)et, -/vira/-(s)er）:［名］ウィルス
smitsom（-t, -me）:［形］感染する
nok:［副］［話し手の推量を表す］〜でしょう
en to-tre: 大体 2, 3 の
medicin（-en）:［名・単］薬
hjælpe（hjalp, hjulpet）:［動］(薬が) 効く
bivirkning（-en, -er）:［名］副作用
vaccinere:［動］予防接種する
penicillin（-en/-et, -er）:［名］ペニシリン
heller:［副］［否定文で用いられて］〜もまた（〜ない）
anbefale:［動］勧める
sove（sov, sovet）:［動］眠る
i øvrigt: さらに，その上；ところで
huske:［動］覚えている；思い出す
vand（-et）:［名・単］水
smertestillende（-, -）:［形］痛みを和らげる，鎮痛の
pille（-n, -r）:［名］錠剤
værre:［形］［比較級］より悪い. dårlig, slem（værre, værst）の比較級
recept（-en, -er）:［名］処方箋
behøve:［動］必要とする
fås:［動］手に入る
håndkøb:［名］薬局において処方箋なしで薬などを売却すること. i håndkøb 処方箋なしで

18

よく使われる表現

① 【〜もまた〜でない】／【また〜でもない】：heller ikke
　肯定文で「〜もまた〜である」という場合には，Jeg taler også lidt dansk. のように副詞 også を使う．しかし否定文で「〜もまた〜でない」や「また〜でもない」という場合には，også の代わりに heller を使う．

　　Han taler ikke tysk, og han taler heller ikke fransk.

② 【〜するほうがいい】：må hellere
　　Vi må hellere få taget din temperatur.
　må hellere は，話し手自身が（何らかの理由から）ある行動の遂行／ある状態の実現が望ましいと思っていることを表す．

　　Jeg må hellere gå nu.〈そろそろ私は行くほうがいいでしょう．〉
　　Det må du hellere spørge Gitte om.
　　　　〈そのことについては，あなたはギデにたずねるほうがいいでしょう．〉

③ 【〜を勧める】：Jeg anbefaler, at ...
　動詞 anbefale は，テキストにもあるように，「誰かにある行動を行なうように勧める」という意味で使われることがある．同様に，テキストのように法助動詞 kan を用いて，「〜することができますよ」と相手に勧めることもできる．また，相手の勧めに対して，「そうしてみます」と言う表現として，Det vil jeg prøve. のように動詞 prøve を用いた表現がよく使われる．

18.1　関係節

デンマーク語の関係節を導く代表的な関係代名詞は der と som である．

18.1.1　関係代名詞 der

　関係代名詞 der は，先行詞が人あるいはモノで，関係代名詞が関係節中の主語である場合に用いることができる．

　　Der er også <u>billeder</u> på væggen, *der* viser kroppen. ［下線部は先行詞］
　　Gitte er glad for <u>sin læge</u>, *der* ikke er for ung, men heller ikke for gammel.

　標準語の話しことばでは，関係節の先行詞が人称代名詞である時，人称代名詞に必ず強勢があり，人称代名詞が文の主語であっても目的格を用いる．

Ham, der star derovre, er min fætter.
〈あちらに立っている彼は私のいとこです．〉
しかしこれを書く時に人称代名詞を主格に直す人もいる．
Han, der står derovre, er min fætter.

18.1.2　関係代名詞 som

関係代名詞 som は，先行詞が人あるいはモノで，関係代名詞が関係節中の主語，目的語，あるいは前置詞の目的語である場合に用いることができる．

Hans klinik, *som* ligger nær deres hjem, er lys og venlig.
I venteværelset er der blade, *som* patienterne kan læse i
William har en datter, *som* hedder Yrsa.
Influenza er en smitsom virus, *som* du nok har fået for en to-tre dage siden.

18.1.3　2つ目以降の関係節中の主語 som

同一の先行詞にかかる関係節が2つ以上あり，2つ目以降の関係節の主語が関係代名詞である場合には，関係代名詞 der は用いられず，関係代名詞 som しか用いられない．

Der er også billeder på væggen, *der* viser kroppen, og ***som*** har betegnelser for alle kropsdelene.
Er der medicin, *der* hjælper, og ***som*** ikke har for mange bivirkninger?

18.1.4　制限的関係節と非制限的関係節

関係節には，その関係節を取り去ると文全体の意味が成り立たなくなる，その文に不可欠な制限的関係節と，その関係節が追加的な情報を与えるものであり，その関係節を取り去っても文全体の意味が損なわれることのない非制限的関係節の2種類がある．

制限的関係節

Han bor i en ejendom, der har fem etager.　〈彼は5階ある建物に住んでいる．〉
Den ejendom, som han bor i, har fem etager.〈彼が住んでいる建物は5階ある．〉

つまり，この場合の制限的関係節は，様々な低層・中層・高層のマンションの建物という母集団から，「5階建ての建物」を制限的に抽出してくるという機能を有している．

非制限的関係節
Jeg foretrækker en cykel, der ikke forurener, frem for en bil.
〈私は，自転車は汚染を起こさないし，車より良いと思う．〉
Min farbror, som fylder tres år på fredag, har fået et nyt job.
〈私の父方のおじは今度の金曜日に60歳になるが，新しい仕事を得た．〉
Han gav brevet til sin sekretær, som så lagde det ned i sin taske.
〈彼はその手紙を自分の秘書に渡した．彼女はするとそれを自分のバッグに入れた．〉

18.1.5 後方照応の指示代名詞 den/det/de

デンマーク語の指示代名詞 den/det/de〈あの，その〉は，文の後ろの方に来る節を指し示す，いわゆる後方照応機能を有する．つまり，例えば，英語であれば後方照応の定冠詞 the を用いるところに，デンマーク語ではこの指示代名詞 den/det/de を用いる．
We came to *the* conclusion that ...　〈私たちは「…という」結論に達した．〉
Vi kom til *den* konklusion, at ...　〈私たちは「…という」結論に達した．〉

この後方照応の指示代名詞 den/det/de はまた，英語で〔the ＋ 名詞 ＋ 制限的関係節〕となる場合にも用いられる．
Den ejendom, som han bor i, har fem etager.
〈彼が住んでいる建物は5階建てです．〉
Der ligger *det* hotel, som jeg boede på.
〈あそこに私が住んでいたホテルがあります．〉
この最後の文は次のようにもいう．
Der ligger *hotellet*, som jeg boede på.

制限的関係節の先行詞が英語で〔the ＋ 名詞〕である場合には，デンマーク語では約9割の頻度で〔指示代名詞 den/det/de ＋ 名詞〕になり，残りの約1割の頻度で〔名詞の既知形〕になるが，両者間に意味の違いがあるのか，なぜそのよう

な分布をしているのかということについては未だ解明されていない．

一方，非制限的関係節の先行詞が英語で〔the ＋ 名詞〕である場合には，デンマーク語では必ず〔名詞の既知形〕になる．

  Bogen, der er skrevet af en helt ukendt forfatter, er allerede udsolgt.
    〈その本は，まったく無名の作家によって書かれたものだが，すでに売り切れている．〉（være- 受動態については ☞ 20.1）

ただ確実にいえることは，関係節の先行詞が〔後方照応の指示代名詞 den/det/de ＋ 名詞〕であるならば，その関係節は必ず制限的ということである．

18.1.6 目的語 som の省略

関係代名詞 som は制限的関係節中の目的語（前置詞の目的語も含む）の場合には省略することができる．
  Jeg vil gerne se <u>det ur</u>, ⟨*som*⟩ du fik af din mormor i forgårs.
    〈私はあなたが一昨日あなたの母方の祖母からもらった腕時計を見たい．〉
  <u>Kjolen</u>, ⟨*som*⟩ jeg viste dig i går, var for lang.
    〈私が昨日あなたに見せたワンピースは長すぎた．〉

18.1.7 関係副詞 hvor

関係副詞 hvor は，先行詞が場所を表す場合に用いられる．
  <u>Den by</u>, *hvor* jeg er født, hedder Odense.〈私が生まれた町はオーゼンセという．〉
  Jeg vil helst bo på <u>landet</u>, *hvor* der er frisk luft.
    〈私はできれば，空気がきれいな田舎に住みたい．〉
  Vi er allerede nu i 1983 i <u>en situation</u>, *hvor* beskæftigelsen i Danmark stiger.
    〈私たちは，今 1983 年に既に，デンマークにおける雇用が増えている状態にある．〉

関係副詞 hvor は，また，先行詞が時間を表す場合にも用いられる．
  Vi har aldrig været oppe at skændes i <u>de to år</u>, *hvor* vi har kendt hinanden.
    〈私たちは知り合ってからの 2 年間に一度も喧嘩したことがない．〉
  For to år siden var jeg i <u>en periode</u>, *hvor* jeg arbejdede på tre projekter.
    〈2 年前には私は 3 つのプロジェクトに取り組んでいた時期があった．〉

I efterårsferien, hvor børnene har fri, må William og Gitte skiftes til at blive hjemme.
　〈秋休みには，子どもたちが学校がないので，ヴィリアムとギデは交代で家にいなくてはならない．〉

18.2　få + 過去分詞

　få は助動詞としても機能し，〔få + 過去分詞〕で，「自分のために何かをやりおおせる」，「(困難なことやなかなかする気にならないことなどを)意気を奮い立たせてやりおおせる」ことを意味する．

Jeg *fik sovet* lidt.〈私は少し眠った．〉
Jeg kan ikke *få skrevet* min stil, fordi jeg er træt.
　〈私は疲れているので作文を書きあげることができない．〉
Har du ikke *fået talt* med din læge endnu?
　〈あなたはまだホームドクターと話してないのですか？〉
Vi må hellere *få taget* din temperatur.
　〈私たちはあなたの体温を測ってしまった方がいいですね．〉

世界遺産にもなっているロスキレ大聖堂
(Roskilde Domkirke)

練習問題

発音練習

Udtale 18: 読まれる母音が，[u] あるいは [å] のどちらであるかを聞き取りなさい。

sundhed, kunne, drukket, undskyld, krukker, smuk, nummer, turde, slukke, undervise, fundet, januar, juli, august, fritidsklub, kun, sur

文法練習

Grammatik 18A: 正しい関係代名詞・副詞を使って 1 文にしなさい。

1) **Ida** blev født **på Herlev Hospital**. Ida er 43. Ida er pædagog. På Herlev Hospital er der dygtige læger → Ida, <u>der</u> er 43, og <u>som</u> er pædagog, blev født på Herlev Hospital, <u>hvor</u> der er dygtige læger

2) **Troels** var altid sund og rask. Troels dyrkede ofte sport. Troels spiste gerne spinat.

3) "Vil du hjælpe mig med **en opgave**? Jeg kan ikke løse den selv."

4) **Han** sad i et venteværelse og ventede. Han havde forstuvet anklen.

5) **Hun** så ikke på ham. Hun var for længst blevet sur.

6) **Penicillin** blev opdaget i 1928 af **Alexander Fleming**. Penicillin er en slags antibiotika. Penicillin bliver udvundet af svampe. Alexander Fleming var skotte.

7) Meningitis er **en alvorlig sygdom**. Mange har hørt om den alvorlige sygdom.

8) Patienten havde **svære symptomer**. Lægen kunne ikke lindre dem.

9) **Cirkeline** har længe haft ondt **et sted i hovedet**. Dér har hun ikke haft ondt før. Cirkeline er kun et barn.

10) **Tyfus** er **en alvorlig sygdom**. Tyfus er en kraftig blodforgiftning. Man risikerer at dø af den alvorlige sygdom.

11) **I Danmark** glemmer mange at gå regelmæssigt til tandlæge. I Danmark er tandpleje kun gratis for børn og **unge**. Unge er under 18.

12) **Mette** kom jævnligt hos en kiropraktor **den sommer**. Mette havde ondt i ryggen. Den sommer regnede det meget.

13) "**I** bør flytte jer lidt **til højre**. I står derovre. Til højre er der mere

plads."

14) "**Pillerne** ligger ikke **på bordet**. Pillerne købte jeg på apoteket. Jeg lagde pillerne på bordet."

Grammatik 18B: 固有名詞は人称代名詞を使って，人称代名詞は固有名詞を用いて文を書き換えなさい．

Buller savner tit Rie → *Han savner hende tit*

Han savner hende tit (Buller, Rie) → *Buller savner tit Rie*

1) Yrsa driller ofte Buller
2) Han kender hende ikke (William, Hanne)
3) Buller kender ikke Ries forældre
4) Hun læser den tit (Gitte, Politiken)
5) William vasker aldrig sin bil
6) Hun roser hende altid (Gitte, Yrsa)

聞き取り問題

Lytteøvelse 18A: 読み上げられている語がどちらかを聞き取りなさい．

1) læge/lægge   2) fine/finde   3) ung/unge
4) lys/lyse   5) billede/billedet   6) behøve/behøver

Lytteøvelse 18B: ブラとギデが話しています．会話を全てデンマーク語で書きなさい．

> sløj, i vejen, hals, synd for, temperatur, feber, lige

和文デンマーク語訳

次の日本語をデンマーク語に訳しなさい．［下線部分がある場合は，その語句／節で文を始めること．］

1) ヴィリアムは，コペンハーゲンにある（とある）大学で文学を教えている．
2) ブラがユアサにあげたプレゼントを，彼女はとても気に入っている．
3) リーヌスが働いているレストランで，ギデとヴィリアムは会う予定になっている．

4) 雨が降っていないのなら，私達は駅へ自転車で行くほうがいいでしょう．
5) 私は疲労困憊していたけれども，なんとか（その）ディナーの準備をした．［過去形を使うこと］

コラム 18-①　薬は簡単に買えません

　18課の最後で，ギデが「処方箋は必要ですか？」とたずねていることからも分かるように，デンマークでは原則として特定の種類の薬は，医師の処方箋なしに買うことはできません．18課のように，処方箋の必要がない類の薬であっても，日本のようにドラッグストアなどで簡単に買えるということはなく，必ず薬局（apotek）に行って購入しなければなりません．

コラム 18-②　デンマーク人は歯医者好き？

　18課にもあるように，デンマークでは，ふつう風邪をひくと「水分を取って，とにかく睡眠を十分に取りなさい」といわれることが多く，普通の風邪をひいたぐらいではあまり医者にはかかりません．
　ただそんなデンマーク人でも，定期的に通う医者があります．それは歯医者です．デンマークの歯医者は，18歳以下の子どもであれば無料で治療が受けられますが，それ以外は治療が有料となります．歯医者もやはりまず受診の予約を取らなければなりません．デンマークでは，歯を健康に保つ，ということに対する意識が非常に高く，成人であれば年に最低1度は歯の健康診断を受けることが推奨されているようです．

Lektion 19 ライフスタイルと健康
Livsstil og sundhed

Gitte har fået influenza. Hendes læge, der hedder Frederik, har anbefalet hende at drikke en masse vand og ellers bare sove.① Men inden hun går fra konsultationen, snakker de lidt sammen om sundhed og livsstil.

Frederik: Er du stresset på jobbet, Gitte? Hvis man ikke passer godt på sig selv, bliver man lettere syg.②
Gitte: Ja, i dag er der mange, der er stressede, men jeg synes ikke, jeg er stresset. Vi har et godt arbejdsmiljø, og firmaet sørger for frisk frugt i pauserne.
Frederik: Og der er noget med, du spiller tennis, ikke?
Gitte: Nej, det er badminton, jeg spiller.
Frederik: Med et par kollegaer?
Gitte: Nej, det er med William.
Frederik: Nå, det er med din mand, du spiller.
Gitte: Ja, det er det. Det er nu mest mig, der vil.
Frederik: Sig mig, ryger du og William?
Gitte: Nej, vi stoppede, da jeg blev gravid. Det sagde du jo, vi skulle!
Frederik: Det har jeg nu aldrig sagt, at I *skal*. Men det har jeg nok sagt, I *burde* gøre.
Gitte: Ja, det var sådan, det var. Det var svært at holde op, men det er vi i dag begejstrede for, at vi gjorde. Vi er begge interesserede i at passe godt på hinanden og de to små.
Frederik: Så er det jo, som det skal være. Den influenza er jeg overbevist om, du snart slipper af med.
Gitte: Det er jeg glad for, du siger. Mange tak for hjælpen.
Frederik: Det var så lidt. God bedring.③

語句

livsstil（-en, -e）:［名］ライフスタイル
masse（-n, -r）:［名］塊．en masse 〜 たくさんの〜
ellers:［副］そうでなければ；それ以外には；そのほかには
inden:［従接］〜する前に，〜するまでに
konsultation（-en, -er）:［名］診察
stresset（-, stressede）:［形］ストレスを受けた
job（-bet, -）:［名］仕事；職，勤め口
passe:［動］passe på 〜 〜に注意する，〜に気をつける
arbejdsmiljø（-et, -er）:［名］労働環境
firma（-et, -er）:［名］会社
sørge:［動］sørge for 〜 〜に気を配る，〜を手配する
frugt（-en, -er）:［名］[総称的あるいは食品としては不可算名詞] 果物；[可算名詞] 果実
pause（-n, -r）:［名］休み，休憩
der er noget med,（at）〜:〜らしい，〜だそうだ．
tennis（-sen）:［名・単］テニス．spille tennis テニスをする
badminton（-en）:［名・単］バドミントン．spille badminton バドミントンをする
kollega（-en, kolleger/-er）:［名］同僚
nu:［副］[相手が知らないことを教えてあげて] 〜ですよ
mest:［副］もっとも多く；主に，主として；たいていは．meget（mere, mest）の最上級
Sig mig:（私に言いなさい！→）ねえ，ところで
ryge（røg, røget）:［動］タバコを吸う
stoppe:［動］止める；止まる
gravid（-t, -e）:［形］妊娠した
jo:［副］[相手もわかっている，あるいは了解できることを述べて] でしょ；よね
svær（-t, -e）:［形］難しい
holde（holdt, holdt）:［動］holde op 終わる，止む；終える，止める．holde op med 〜 〜を止める
begejstret（-, begejstrede）［形］非常に喜んだ，熱狂した，興奮した．være begejstret for 〜 〜を非常に喜んだ
begge:［不代］両方，双方，両者
interesseret（-, interesserede）:［形］関心のある，興味を持った．være interesseret i 〜 〜に関心・興味がある
overbevist（-, -e）:［形］納得した，確信した．være overbevist om 〜 〜に関して納得・確信した
slippe（slap, sluppet）:［動］逃げる，逃れる．slippe af med 〜 〜から逃れる，〜から解放される
bedring（-en, -er）:［名］回復．God bedring! お大事に！

よく使われる表現

① 【たくさんの〜】：en masse 〜／masser af 〜
mange/meget 以外の表現で「たくさんの〜」を表すことができる．
    en masse mennesker / masser af mennesker
    en masse penge / masser af penge
② 【自分の身体を大切にする】：passe godt på sig selv
日本語で相手に対して「お身体を大切に」というような場合に，デンマーク語では Pas godt på dig selv! という．別れ際の挨拶としても頻繁に使われるものである．
③ 【お大事に】：God bedring!
具合が悪い相手に対してかける言葉としてよく使われるものである．

19.1　分裂文（強調構文）

文中のある文構成要素に焦点を当てたり，強調したい場合には，

    Det er〔強調したい文構成要素〕…

の構文で表現することができる．この構文を，形式面からは分裂文，意味の面からは強調構文と呼ぶ．例えば，次の文の
    Martin spiser chokolade hver dag.〈マーティンはチョコレートを毎日食べる．〉

主語を強調したい場合には，
    Det er *Martin*, der spiser chokolade hver dag.
      〈チョコレートを毎日食べるのはマーティンだ．〉あるいは〈マーティンがチョコレートを毎日食べる．〉
のようにいい，つなぎのことばとして関係代名詞 der を用いる．

目的語を強調したい場合には，
    Det er *chokolade*, (som) Martin spiser hver dag.
      〈マーティンが毎日食べるのはチョコレートだ．〉
のようにいい，つなぎのことばとして関係代名詞 som を用いるが，この som はしばしば省略される．

副詞的語句を強調したい場合には，
 Det er *hver dag*, ((at)) Martin spiser chokolade.
  〈マーティンがチョコレートを食べるのは毎日だ．〉
のようにいい，つなぎのことばとして接続詞 at を用いるが，この at はほとんどの場合に省略される．

主格補語を強調する場合には，som あるいは at を用いるが，この som / at はふつう省略される．
 Det er *pilot*, ((som / at)) han gerne vil være.
  〈彼がなりたいのはパイロットだ．〉← Han vil gerne være pilot.

さらに**前置詞の目的語**を強調することもできる．
 Det er *kurven*, (som) hunden skal sove i.
  〈その犬が寝ることになっているのはそのかごだ．〉← Hunden skal sove i kurven.

また，元の文の主語が人称代名詞の場合で，この主語を強調する時には，人称代名詞の目的格形を用いる．
 Det er *ham*, der spiser chokolade hver dag. ← Han spiser chokolade hver dag.

元の文が現在完了形の文の場合，分裂文の導入部分は Det er ... である．
 Det *er* dette billede, (som) Picasso har malet.〈ピカソが描いたのはこの絵だ．〉
  ← Picasso har malet dette billede.

一方，元の文が過去形や過去完了形の文の場合，分裂文の導入部分は Det var ... である．
 Det *var* Peter, der vinkede til mig fra bussen i går.
  〈昨日バスから私に手を振ったのはピーダだ．〉
  ← Peter vinkede til mig fra bussen i går.

本課のテキスト中に見られる分裂文の元になった文は以下のようである．
 Det er badminton, (som) jeg spiller. ← Jeg spiller badminton.
 Det er med din mand, (at) du spiller. ← Du spiller med din mand.
 Det var sådan, (at) det var. ← Det var sådan.

Stine elsker Peter. という文は二義的で，〈スティーネはピーダを愛している。〉あるいは〈ピーダはスティーネを愛している。〉を意味する．この二義性を回避する手段として分裂文（強調構文）を用いることができる．[Stine が目的語である場合は，Stine に焦点が当てられている，あるいは強調されているという意味で特殊であるとはいえ二義的であることには変わりない．]

 Det er *Stine*, der elsker Peter.（Stine = 元の文の主語）
 Det er *Stine*, (som) Peter elsker.（Stine = 元の文の目的語）

Stine elsker Peter. と同様に，Hvem elsker Peter? という文も二義的で，〈誰がピーダを愛しているか？〉あるいは〈ピーダは誰を愛しているか？〉を意味する [が，どちらの意味の場合でも，当該文は特殊ではない，ふつうの疑問文である]．この場合も分裂文（強調構文）を用いることで二義性を回避することができる．hvem が主語の場合と，目的語の場合の書き換えは以下のようである．

 Hvem er det, der elsker Peter? ← [*det er hvem, der elsker Peter?]
 Hvem er det, (som) Peter elsker? ← [*det er hvem, (som) Peter elsker?]

デンマーク語では，このような二義的な文を避けるためにも分裂文（強調構文）がよく用いられる．

19.2　交錯文

at- 節，間接疑問文，あるいはその他の多くの従位節中の文構成素を強調したり，焦点を当てたりしたい場合には，その文構成素を主節の前域，すなわち，全体の完結文の文頭に置くことができる．この場合，主節と従位節の境界線が取り払われた，あるいは主節と従位節との関係が交錯したものとなっていることから，この構文を交錯文と呼ぶ．なお，交錯文中の従位節の前のコンマは任意である．

Det har jeg aldrig sagt(,) du skal gøre.
 〈それは私はあなたにしなさいとは決して言っていない．〉
  ← Jeg har aldrig sagt, du skal gøre **det**. [at- 節]
Ham vil jeg ikke håbe(,) du har inviteret til din fødselsdag.
 〈彼は，私は，あなたが自分の誕生日に招待していないことを望みます．〉
  ← Jeg vil ikke håbe, du har inviteret **ham** til din fødselsdag. [at- 節]
Den har jeg længe villet spørge dig om(,) hvor hørte hjemme.
 〈それは，私は，どこに属しているのか，長い間あなたにたずねてみたかった．〉

← Jeg har længe villet spørge dig om, hvor **den** hørte hjemme.［間接疑問文］
De 50 kroner er det lige meget(,) hvornår jeg får igen.
　　〈その 50 クローネは，私がいつ返してもらおうと，どうでもいい．〉
　　← Det er lige meget, hvornår jeg får **de 50 kroner** igen.［間接疑問文］
Den bemærkning lod jeg bare(,) som om jeg ikke havde hørt.
　　〈そのコメントは，私はただあたかも聞かなかったかのように振る舞った．〉
　　← Jeg lod bare, som om jeg ikke havde hørt **den bemærkning**.［その他の従位節］
Her har jeg en god ven (,) der bor.
　　〈ここには，私は，住んでいる親友がいる．〉
　　← Jeg har en god ven, der bor **her**.［関係節］
Det kender jeg en fyr (,) der gør hver dag.
　　〈それは，私は，毎日やっている男を知っている〉
　　← Jeg kender en fyr, der gør **det** hver dag.［関係節］

本課のテキスト中に見られる交錯文の元になった文は以下のようである．
　Det sagde du, vi skulle! ← Du sagde, (at) vi skulle **det**.
　Det har jeg aldrig sagt, at I *skal*. ← Jeg har aldrig sagt, at I skal **det**.
　Det har jeg nok sagt, I *burde* gøre. ← Jeg har nok sagt, (at) I burde gøre **det**.
　Det er vi i dag begejstrede for, at vi gjorde.
　　← Vi er i dag begejstrede for, at vi gjorde **det**.
　Den influenza er jeg overbevist om, du snart slipper af med.
　　← Jeg er overbevist om, at du snart slipper af med **den influenza**.
　Det er jeg glad for, du siger. ← Jeg er glad for, (at) du siger **det**.

デンマーク語では，交錯文は分裂文同様，非常に好まれる構文である．

19.3　-et に終わる形容詞

-et［-əð］に終わる形容詞は，interesseret (← interessere〈興味を抱かせる〉), stresset (← stresse〈ストレスを与える〉), begejstret (← begejstre〈熱狂させる〉) などのように動詞の過去分詞から派生したものや，trekantet〈三角形の〉(← trekant (-en, -er)〈三角形〉) や skyet〈曇りの〉(← sky (-en, -er)〈雲〉) などのように名詞

派生のものがあるが, 未知形複数形および既知形の語尾 -e [-ə] を付加する時, 綴りに注意する必要がある.

	未　知　形		既　知　形
	単数	複数	
共性	stress*et* [-əð]	stress*ede* [-əðə]	stress*ede* [-əðə]
中性	stress*et* [-əð]		

未知形複数形と既知形では文字 -t が -d- に交替しているが, 発音面［明瞭発音］から見ると, 他の形容詞と同様に規則的な変化をしているのである. もし仮に *stress*ete* とすると [-əðə] と発音され, 不規則な変化になってしまうのである. なお -ede [-əðə] の [-ðə] の部分は, 実際の発音では [-ðː] になることが多い.

  Drengen er interesseret i at spille fodbold.
  Det der barn er også interesseret i at spille fodbold.
  De er interesser*ede* i at spille fodbold.
  Vejret er blæsende og skyet.　〈天気は風があり, 曇っている.〉
  Under den sky*ede* himmel　〈曇り空の下で〉

19.4　存在の動詞以外の動詞と不定主語 — der- 構文 2

　主語が不定である存在文は形式主語 der を用いた der er ~ や der findes ~ のような der- 構文によって表される (☞5.1) のと同様に, 述語動詞が gå, komme, køre, løbe などの往還の動詞で, 主語が不定の場合にも der- 構文が用いられる.
  Der går en mand nede på gaden.
    〈ある男の人が下の通りを歩いている.〉［En mand går nede på gaden. とはいわない.］
  Der løb nogle børn rundt og legede.
    〈何人かの子どもたちが走り回って遊んでいた.〉［Nogle børn løb rundt og legede. とはいわない.］

　主語が不定で, 述語動詞が存在の動詞や往還の動詞以外の場合にも der- 構文が用いられる. その場合, 関係代名詞 der による書き換えが起こる.

Der er nogen, der ringer på døren.
　〈誰かがドアベルを鳴らしている.〉［Nogen ringer på døren. とはいわない.］

Der er mange, der er stressede, i dag.
　〈大勢の人が今日ストレスを被っている.〉［Mange er stressede i dag. とはいわない.］

19.5　不定代名詞 sådan, sådant, sådanne 〈そのような，このような〉

不定代名詞 sådan は次のような変化をする．

	単　数	複　数
共　性	sådan	sådanne
中　性	sådant	

書きことばでは不定冠詞の後に sådan が置かれる．

Ingen kvinde kan gå klædt på *en sådan* måde.
　〈いかなる女性もそんな風な装いはできない.〉

Jeg har aldrig oplevet *et sådant* vejr.
　〈私はこれまでこんな天候を経験したことがない.〉

Sådanne bøger skal du også læse.
　〈このような本もあなたは読まなければいけない.〉

しかし書きことばでもすこしくだけた文体だと，sådan en, sådant et のように sådan の後ろに不定冠詞が置かれる．

Jeg har aldrig oplevet *sådant et* vejr.
　〈私はこれまでこんな天候を経験したことがない.〉

話しことばでは sådan en, sådan et, sådan noget, sådan nogle のように，sådan の後ろに不定冠詞や不定代名詞が置かれるばかりではなく，**sådan は性・数による変化をしない**．

Sådan en dag har jeg aldrig oplevet før.
　〈こんな日は私は以前に一度も経験したことがない.〉

Sådan et vejr har jeg aldrig oplevet før.
〈こんな天候は私は以前に一度も経験したことがない。〉
Jeg vil også lave *sådan noget* musik. 〈私もそのような音楽を作るつもりだ。〉
Jeg vil gerne have *sådan nogle* bukser. 〈私はそのようなズボンがほしい。〉

感嘆表現では，この話しことばの言い方だけが用いられる。
　Sådan en idiot!〈なんたる大バカ者め！〉

sådan は補語として用いられる場合には主語の性・数に関わらず変化しない。
　Sådan er livet.〈そういうものですよ，人生は。〉
　Hvis alle mennesker var *sådan*, ville tilværelsen være let.
　　〈もしすべての人間がそのようだったならば，生活は容易なのでしょうが。〉

様態の副詞（☞ 21.2）や強意の副詞として用いられる場合でも sådan は語形変化をしない。
　Sådan lever de.　　　〈そのように彼らは暮らしている。〉
　Sådan gør du.　　　〈こんな風にするんですよ。〉
　Jeg har *sådan* en hovedpine.〈私はひどい頭痛がする。〉

sådan は単独で強い程度を表す副詞として用いることができる。
　Jeg glæder mig *sådan* til den koncert.
　　〈私はそのコンサートをとても楽しみにしている。〉

sådan はまた「よし，よくやった；（ああ）それだ，そこだ，その通り，その調子だ」の意味で間投詞としても用いられる。
　A: Morten bestod eksamen. – B: *Sådan!*
　　〈A：モーデンは試験に合格した。―B：よし！〉

ikke være sådan at + 不定詞「～することは簡単ではない」
　Vores følelser er ikke sådan at styre.
　　〈私たちの感情は抑えるのが容易ではない。〉

練習問題

発音練習

Udtale 19: 語尾の音が，[ð] のように短く聞こえる語と，[ðː] のように長く聞こえる語に分けなさい．

interesseret, interesserede, begejstret, begejstrede, bordet, papiret, været

文法練習

Grammatik 19A: 強調構文を使って下線部分を強調しなさい．

<u>Rie og Linus</u> havde lavet frikadeller den aften.
  → *Det var Rie og Linus, der havde lavet frikadeller den aften.*

1) <u>De</u> trænede som regel i et træningscenter nær Silkeborg.
2) De trænede som regel <u>i et træningscenter</u> nær Silkeborg.
3) De trænede som regel i et træningscenter <u>nær Silkeborg</u>.
4) "Du skal ramme <u>bolden</u>, Kjeld. Ikke mig!"
5) <u>Ham</u> er der ikke noget i vejen med. Det er hende.
6) "Vi skal ikke have <u>smørrebrød</u> i dag. Vi skal selvfølgelig have <u>salat</u>!"
7) "Vi skal ikke have smørrebrød <u>i dag</u>. Vi skal først have smørrebrød <u>i morgen</u>."
8) I karate er <u>balancen</u> vigtig. <u>Styrken</u> er ikke det vigtigste.
9) <u>Fodbold</u> er måske den mest populære sportsgren i Danmark. Ikke baseball.
10) Fodbold er måske den mest populære sportsgren <u>i Danmark</u>. Ikke i Japan.
11) <u>Både kost og motion</u> er vigtige for helbredet.
12) "Du skal <u>hverken</u> motionere <u>for min eller lægens skyld</u>. Du skal gøre det <u>for din egen skyld</u>."

Grammatik 19B: 下線部分の語句を文頭にして文を始めなさい．

Jeg har sagt, I ikke skal tænke på <u>det</u> mere.
  → *Det har jeg sagt, I ikke skal tænke på mere.*

1) "Kirurgen har jo sagt, du ikke må sluge <u>disse piller</u> før operationen."
2) Marianne kunne nu ikke forestille sig, træneren ville sige <u>sådan noget</u>.

3) Diætisten hævder, forebyggelse er bedre end helbredelse.
4) Sygeplejersken kan vist ikke huske, hvor hun har lagt sin kittel.
5) Underviseren mener, at alternativ behandling kan være en god idé for nogle.
6) "Du kan da vist ikke vide, om du får den tennispartner igen."
7) Linus ved næppe, hvordan man laver frikadeller.

Grammatik 19C: 形容詞を変化させなさい.
1) William og Gitte er (irriteret) _____ over de mange (kulørt) _____ reklamer, der hver dag kommer med posten.
2) Når Rie møder Linus, bliver hun altid (imponeret) _____ over hans dansk.
3) Yrsa og Buller blev (overrasket) _____ , da de hørte de (spændende) _____ nyheder.
4) Gittes kolleger var (frustreret) _____ over, at de, der ellers som regel var (tilfreds) _____, tit skulle arbejde over.
5) Yrsa var vild med sin (stribet) _____ kjole.
6) (prikket) _____ sokker har Buller ofte sagt, at han ønsker sig.
7) "Det var en (ternet) _____ nederdel, jeg købte," sagde den (lille) _____ lidt (genert) _____ Gertrud.

聞き取り問題

Lytteøvelse 19: 2人の人物が話しています. 会話を全てデンマーク語で書きなさい.

> Jytte, se ud, Ulla, i lige måde, tabe sig, altså, håndbold, anderledes, grøntsager

和文デンマーク語訳

次の日本語をデンマーク語に訳しなさい.［下線部分がある場合は, その語句／節で文を始めること.］

1) うなぎが好きではないのは, リーヌスです.
2) 語学学校で退屈しているのは, 彼女です.

3) ヴィリアムがギデにオーフースのとあるカフェで出会ったのは，1997年のことでした．
4) <u>それは，私は良いアイデアだと思います</u>．
5) <u>それは，私は彼がしたとは思いません</u>．
6) <u>次の信号のある交差点のところで</u>，私は，私たちが右に曲がらないといけないと思います．

コラム 19　デンマークとスポーツ

　デンマークの国民的スポーツとしては，ハンドボール，サッカーそしてバドミントンが挙げられるでしょう．ハンドボールやサッカーは国内リーグもあるほど盛んに行なわれています．いずれのスポーツも，ヨーロッパ選手権やワールドカップそしてオリンピックがあるときには，テレビで試合の中継がなされ，何かとデンマークで注目されることの多いスポーツです．

　またデンマークでは，毎年7月になると多くの人がテレビにかじりつくようにして，あるスポーツ競技の中継に夢中になっています．ツールドフランスです．この自転車プロロードレースには，デンマーク人選手の参加も多く，デンマーク人の中には中継で観戦するだけでは飽き足らず，現地へと赴いて観戦する人もいるようです．

　さらにデンマークでは，乗馬を趣味としている人やヨットを趣味としている人も多くいます．オリンピックでも馬術やセーリングなどで，デンマークが良い成績を納めることも多くあります．

　近年デンマークでは，「運動をすることが肉体的そして精神的な健康に繋がる」ということから，人々が様々な形態で積極的に運動をするようになっています．音楽を聞きながらジョギングをする人の姿を見かけることもとても多くありますし，またフィットネス・センターなどに通って運動をする人も多くいます．

6 Kultur og tradition 文化と伝統

Lektion 20

祝祭日
Højtider

Gitte er blevet rask, og det er godt, for julen nærmer sig. Sammen med pinse, påske og nytår er julen den vigtigste højtid for de fleste danskere. Dog har fx muslimske danskere helt andre traditioner, og nogle danskere vælger at rejse, når de har fri. Men familien Rasmussen fejrer hvert år jul, og i år er både Rie og Linus inviteret. For de voksne er maden ofte den vigtigste del af julen, men for børnene er det alle gaverne. I dag er Gitte og Yrsa gået ind i en legetøjsforretning for at købe en julegave til Buller.

Ekspedient: Kan jeg hjælpe?
Gitte: Ja, det kan du. Vi kunne godt tænke os at se på noget legetøj.
Ekspedient: Javel. Til en dreng eller en pige?
Gitte: Til en dreng. Han er syv år.
Ekspedient: Hvad må det koste?
Gitte: Det ville være fint, hvis det ikke var for dyrt.
Yrsa: Ja, og han skulle også gerne kunne bruge det længe.
Ekspedient: Så kunne I give ham et spil. Vi har et stort udvalg herovre.
Gitte: Måtte vi se lidt på dem?
Ekspedient: Naturligvis.
Gitte: Hvad synes du, Yrsa? Skulle vi give ham et spil?
Yrsa: Det kunne vi godt, men så skulle vi hellere give ham et computerspil.

語句

kultur (-en, -er): [名] 文化
tradition (-en, -er): [名] 伝統
højtid (-en, -er): [名] 祝祭日
rask (-(t), -e): [形] 元気な
jul (-en, -e): [名] クリスマス
nærme: [動] nærme sig 近づく
pinse (-n, -r): [名] 聖霊降臨祭
påske (-n, -r): [名] 復活祭
nytår (-et, -): [名] 新年
vigtig (-t, -e): [形] 重要な，大切な
dog: [副] しかしながら
fx (= f.eks. ← for eksempel): 例えば
muslimsk (-, -e): [形] ムスリムの，イスラム教の
vælge (valgte, valgt): [動] 選ぶ
rejse*: [動] 旅をする
når: [従接] ～する時
fejre: [動] 祝う
i år: 今年
invitere: [動] 招待する
for: [前] ～にとって
voksen (-t, voksne): [形] 成人した，大人の．voksen (en, voksne) [名詞的用法] 大人

del (-en, -e): [名] 部分
af: [前] ～の
legetøjsforretning (-en, -er): [名] おもちゃ店
forretning (-en, -er): [名] 店
julegave (-n, -r): [名] クリスマスプレゼント
tænke*: [動] 考える
kunne tænke sig ～: ～がほしい．kunne tænke sig at ～ ～したい
javel: [間] (はい) かしこまりました，承知しました；ああそうですか，なるほど
skulle gerne: ～であればいい
bruge*: [動] 使う
spil (-let, -): [名] ゲーム
udvalg (-et, -): [名] 品ぞろえ
herovre: [副] こちら(の方)に
naturligvis: [副] 勿論
skulle hellere: ～するほうがいい
computerspil (-let, -): [名] コンピュータゲーム

20.1　være- 受動態 (状態受動)

〔助動詞være + 過去分詞〕も受動態であるが，s-受動態やblive-受動態 (☞ 15.2, 16.1) とは異なり，動作や行為を表すのではなく，動作や行為の結果である状態を表すので，状態受動とも呼ばれる．

  Bogen er oversat.　　　〈その本は翻訳されている．〉
   ⇕
  Bogen er blevet oversat.　〈その本は翻訳された．〉[blive-受動態の現在完了形]

このように være- 受動態と blive- 受動態とは表す内容が異なるので，次のような文も理論的には可能となる．
  Bogen er blevet oversat, så nu er den oversat.
   〈その本は翻訳された，だから今はそれは翻訳されている．〉

være- 受動態の例文．
  Sagen er afgjort.   〈その件は解決されている．〉
  Træerne er fældet.   〈それらの木は切り倒されている．〉
  I år er både Rie og Linus inviteret.〈今年はりえもリーヌスも招待されている．〉

20.2　婉曲な，遠慮がちな表現と控え目な願望表現

デンマーク語では，婉曲で，遠慮がちに表現するために，動詞，特に法助動詞の過去形を用いる．(☞ 13.2)
  Det *ville* være fint, hvis det ikke *var* for dyrt.
   〈もし値段が高すぎなければ良いのですが．〉
  Han *skulle* også gerne kunne bruge det længe.
   〈彼はそれをまた長い間使うことができればいいのですが．〉
  Så *kunne* I give ham et spil.
   〈それならばあなたたちは彼にゲームをあげることができますが．〉
  Måtte vi se lidt på dem?　〈私たちはそれらを少し見てもいいでしょうか？〉
  Det *kunne* vi godt.　　　〈そうできますね．〉

また，過去形を用いて，控え目な願望を表すこともできる．例えば，tænke sig〈考える；想像する，思い浮かべる〉が過去形の kunne と結合すると，願望を表す kunne tænke sig〈～がほしい（のだが）；～をしたい（のだが）〉という表現になる．
  Jeg *kunne* godt *tænke mig* en ny bil.　　　〈私は新しい車がほしいのですが．〉
  Jeg *kunne* ikke *tænke mig* en bedre tilværelse.〈私はもっと良い生活は望まない．〉
  Hvad *kunne* du *tænke dig* som dessert?
   〈あなたはデザートに何がお望みですか？〉
  Jeg *kunne* godt *tænke mig* at bo i Skagen.
   〈私はスケーインに住みたいのですが．〉

20.3 形容詞の名詞的用法

形容詞は名詞として用いることが可能である.
　　En *bekendt* af mig i Odense har hjulpet mig.
　　　　〈オーゼンセにいる私のある知人が私を助けてくれた.〉
　　Er der en *voksen* til stede?　　　〈大人はいるの？〉
　　En stakkels *fattig* har det ikke nemt.　〈気の毒な貧しい人は楽ではない.〉

形容詞の未知形複数形が名詞の未知形複数形に対応する.
　　Et kursus for *voksne*.　　〈大人のための講座〉
　　Mange *unge* vælger forkert. 〈大勢の若者が間違った選択をしている.〉

〔定冠詞 ＋ 形容詞の既知形〕が名詞の既知形に対応する.
　　Vær lige lidt stille! *Den lille* sover.
　　　　〈ちょっと少し静かにして！子どもが眠っているから.〉
　　De unge i Danmark flytter tit hjemmefra i 18-19-års-alderen.
　　　　〈デンマークの若者は 18, 19 歳の年齢でしばしば家を出る.〉
　　Tasken koster *det hvide* ud af øjnene.
　　　　〈そのバッグはとても高価です.〉（←〈白目が目から出るほど〉）

さらに, 形容詞の未知形単数中性形も名詞として用いることができる.
　　Grønt er godt for øjnene. 〈緑は目に良い.〉
　　Bruden var i *hvidt*.　　　〈花嫁は白一色の衣装を着ていた.〉

ちなみに, have travlt〈忙しい〉や have ondt i 〜〈〜が痛い〉の travlt や ondt は形容詞 travl や ond の名詞化されたものが他動詞 have の目的語になっていると考えることができよう.

練習問題

発音練習

Udtale 20: [h] あるいは [f] と発音されている部分に注意して聞き，発音しなさい．

1) Hele ferien har hun haft fri
2) Han fortæller hende faktisk om flere højtider
3) Får hun fri klokken 16 eller 16.30?
4) I den forretning har jeg før fundet havemøbler
5) Hun farer fra Fåborg til Horsens for hurtigt

文法練習

Grammatik 20A: 相応しい法助動詞［behøve も含む］を正しい形態にして入れなさい．

A: Goddag, frue. Hvad _____ det være?
B: Undskyld, jeg _____ ikke høre Dem. _____ De gentage?
A: _____ jeg hjælpe?
B: Det _____ De! Jeg _____ ikke længere køre med min mand, så jeg _____ gerne se på en cykel.
A: Hvad farve _____ De tænke Dem?
B: Jeg _____ godt tænke mig en blå cykel. Og så _____ den være hurtig!
A: I Deres alder _____ man ikke cykle for hurtigt, frue. Hvad _____ den koste?
B: Min mand _____ betale, så den _____ gerne være dyr.
A: De _____ jo se Dem lidt omkring. De _____ ikke beslutte Dem nu.
B: Det _____ jeg gøre. Tak _____ De have.
A: Det var så lidt. Skulle det være en anden gang.（☞27.3）

Grammatik 20B: 例に従って，与えられている文を書き換えなさい．

Det er godt, hvis du kommer.
　a) *Det ville være godt, hvis du kom.*
　b) *Hvis du kom, ville det være godt.*

1) Vi kan måske spise middag sammen, hvis du ikke skal arbejde over.
2) Jeg rejser til Seychellerne, hvis jeg har fri.
3) Det er dejligt, hvis det kan lade sig gøre.
4) Liselotte taber sig, hvis hun dyrker mere sport.
5) Hvis det ikke regner, fejrer vi hanami, før du skal på arbejde.

聞き取り問題

Lytteøvelse 20A: りえと店員が話しています．会話を全てデンマーク語で書きなさい．

skjorte, værtsfar, bestemt, stribe, tern, klæde, pakke ind

Lytteøvelse 20B: りえは本屋にいます．以下の設問に答えなさい．
1) Skal Rie købe en ordbog?
2) Har boghandleren ikke nogen bøger af Haruki Murakami?
3) Har boghandleren "Kafka på stranden" nu?
4) Hvornår kommer den bog, Rie har bestilt?
5) Hvornår betaler Rie?

værtsmor, genre, krimi, roman, hylde, orden

和文デンマーク語訳

次の日本語をデンマーク語に訳しなさい．
1) ユアサもブラもクリスマスを祝うことを非常に喜んでいる．
　　[begejstret を使うこと]
2) (その)テーブルは予約されている．
3) 彼が遅れて来なければ良いのですが．[ville, kom を使うこと]
4) 私は，自分のデンマーク人の友人たちを夏休みに訪ねたい．[kunne を使うこと]
5) (その)本はドイツでたくさん読まれている．

コラム20 デンマークの主な年中行事

　大方のデンマーク人は，多数の日本人と同様に，特に宗教に熱心な人たちであるとは，とても思えないのですが，それでも，公式には全国民の9割近くが国民教会のメンバーであり，ルター派のプロテスタントです．そのためでしょうか，祝祭日のほとんどがキリスト教に関わりのあるものです．
　以下では，デンマーク人の日常に比較的大きい比重を占めている祝祭日について取り上げます．

fastelavn

　年が明けて2月頃になると，fastelavn（ファステラウン）という言葉を目にすることが多くなってきます．
　このファステラウンの由来は，デンマークがまだプロテスタントに改宗する以前のカトリック時代まで遡ります．当時，ポースケ前には40日間の断食が行なわれていました．この断食に入る前の日曜日と月曜日には，人々は豚肉を食べ，翌日の火曜日には小麦でできたパンと乳製品を食していたといわれます（現在でもこの時期には，クリームやジャムなどが詰まったファステラウンの丸パン（fastelavnsboller）が売り出されます．）．この断食前の日曜日から火曜日までの3日間が，ファステラウンと呼ばれる祝祭日にあたります．
　このファステラウンに行なわれていた行事として，「樽たたき」があります．邪悪のシンボルである黒猫を生きたまま樽の中に入れ，男たちが順番に，樽が壊れるまで棒で叩いたという行事です．この「樽たたき」は形を変えて現代にも残っています．現在のデンマークではファステラウンは，子供たちのお祭りの日です．子供たちは，仮装をして樽の中に厚紙でできた黒猫とお菓子を入れて叩くなどして過ごします．

påske

　ファステラウンが終わると，次にやってくる祝祭日はポースケです．ポースケは「春分の日（3/21）」の後に来る「最初の満月の日」の「次の日曜日」と決められています．ただし，「最初の満月の日」は毎年変わるので，このポースケはファステラウンと同じく移動祝祭日です．
　ポースケの休日（påskeferie）は，デンマークでは比較的長いまとまった休

日で，現在では日本のゴールデンウィークのようなものとなっています．現在では，デンマーク人たちは教会へ赴くというよりは，どこかへ旅行に行ってしまうことの方が多いようです．

　風習としては，中身を取り除いた卵の殻に絵を描くなどして作るポースケの卵（påskeæg），またはハサミで模様を切り抜いた，送り主が誰かを推理する手紙（gækkebrev）などがあります．

Sankthansdag：6月24日

　夏至自体はデンマークでは毎年6月21日か22日にあたりますが，夏至祭（sankthansdag）は，教会暦で聖ヨハネ（デンマーク語ではHans）の日である6月24日になっていて，その前夜にあたる6月23日は夏至祭前夜（sankthansaften）と呼ばれています．

　6月23日の夜にはデンマーク各地で夏至祭を祝うために焚き火（sankthansbål）が行なわれ，魔女の人形を焼いて厄払いをするという習慣があります．この時期のデンマークは，真夜中近くまで日が沈みません．いわゆる白夜に近い状態です．真夜中を過ぎる頃になってようやく暗くなり，焚き火もこの頃にクライマックスを迎えます．

Jul

　デンマークではクリスマスは家族で過ごすものです．特に，12月24日（juleaften）には家族が集まって大きな夕食会が開かれます．またこの日，普段は教会などへ行かないデンマーク人もこぞって教会へと繰り出します．この日は，デンマークでは休日ではありませんが，翌日の12月25日（første juledag）と12月26日（anden juledag）は休日です．

　ただ最近では，複雑な家族関係からか，家族と一緒にクリスマスを過ごすことを嫌がって，キリスト教国以外の国へと旅行にでかける若者も多いようです．

Lektion 21

クリスマスイブ

Juleaften

Danskerne fejrer jul om aftenen den 24. december. Nogle få går i kirke om eftermiddagen, men de fleste bliver hjemme, hvor de forbereder maden og pynter juletræet.

Gitte: Hvem laver maden?
Yrsa: Vi lader far lave maden.
Gitte: Men hvor er han? Får du ikke Rie til at hente ham?
Yrsa: Jo, om et øjeblik. ①
Gitte: Vi må snart få begyndt. Hvem pynter juletræet?
Yrsa: I hvert fald ikke Buller!
Gitte: Hvorfor ikke det?
Yrsa: Hvis vi lader juletræet pynte af Buller, så pakker han alle gaverne op.
Gitte: Så lader vi Buller dække bordet i stedet. ② Men kan jeg så få dig til at pynte træet?
Yrsa: Ja da! Må jeg få Rie til at hjælpe mig?
Gitte: Det må du selv om. ③

Denne aften fik de både gås og flæskesteg. Hertil spiste de kartofler, både hvide og brunede, og rødkål. Det smagte rigtig godt! De sluttede af med risalamande, men næsten alle var mætte. Efter maden dansede de i en ring omkring træet og sang et par salmer. Til slut pakkede de gaver op og hyggede sig med slik, nødder og chokolade resten af aftenen.

語句

juleaften (-en, juleaft(e)ner): [名] クリスマスイブ

få (færre, færrest): [形] 少ししかない；少しはある. nogle få 少数の

kirke (-n, -r): [名] 教会. gå i kirke 教会へ（礼拝に）行く

pynte: [動] 飾る，デコレーションする

juletræ (-et, -er): [名] クリスマスツリー

lade (lod, ladet): [動] 〜させる，〜することを許す. lade +〔目的語〕+〔不定詞〕〜に〜させる，〜が〜することを許す（例：lade far lave mad 父さんに食事を作らせる）. lade +〔A 目的語〕+〔不定詞〕+ af +〔B 動作主〕A を B に〜させる（例：lade juletræet pynte af Buller クリスマスツリーをブラに飾らせる）

få +〔目的語〕+ til at〔不定詞〕：〔使役構文〕〜に〜させる

om: [前] om +〔時間を表す名詞〕今から〜後に（例：om et øjeblik 少ししたら）

få +〔過去分詞〕：（何らかの努力を必要とすることを）する，やってしまう（例：få begyndt 始める，始めてしまう）(☞ 18.2)

så: [副] その場合，そうしたら

pakke: [動] pakke 〜 op（包みなどを）開ける

i stedet: （その）代わりに

træ (-et, -er): [名] 木；ツリー

måtte om 〜：自分自身でいうことやすることを決定する. Det må du selv om. ご自由に

gås (-en, gæs, gæssene): [名] ガン，雁；ガチョウ；ガチョウ料理

flæskesteg (-en, -e): [名] （オーブンで焼いた）豚肉のロースト

hertil: [副] これに対して；この（料理の）時に；これに加えて

hvid (-t, -e): [形] 白い

brunet (-, brunede): [形] ブラウンにした. brunede kartofler フライパンにバター / マーガリンと砂糖を加えてキャラメル状にしたものにゆでた後の小粒のジャガイモを絡めたもの

slutte: [動] 終わる；終える. slutte af med 〜 〜で終える

risalamande (-n): [名・単] リスアラマング（米をミルクで煮て粥状にしたものを冷たくしてチェリーソースをかけて食するクリスマスディナーのデザート. アーモンドのスライスと，丸ごとのアーモンドが1個入れてある）

mæt (-, -te): [形] 満腹の，おなかいっぱいの

danse: [動] 踊る

ring (-en, -e): [名] 輪. i en ring 輪になって

omkring: [前] 〜の周りを

synge (sang, sunget): [動] 歌う

salme (-n, -r): [名] 賛美歌

slut: [名] 終わり. til slut 終わりに，最後に

med: [前]〔道具・手段を表して〕〜で

slik (-ket): [名・単] チョコレート・キャンディー・グミキャンディーなどのお菓子類

nød (-den, -der): [名] 木の実，ナッツ

> **よく使われる表現**

① 【〜後に】：om ＋ 時間を表す表現
   om の直後に「時間を表す表現」を置いて，未来の一時点を表すことができる．
   Han skal gå om to timer. 〈彼は2時間後には行かなくてはならない．〉
   Min storebror kommer om om en uge / otte dage.〈私の兄は1週間後にやってくる．〉
   Om lidt er maden klar.　〈もうしばらくすると食事の準備が整います．〉

② 【その代わりに】：i stedet
   テキストでは,「ブラにクリスマスツリーを飾り付けさせれば，ブラがプレゼントを全部開けてしまうので，その代わりにブラにテーブルをセッティングさせる」というように，会話で既に話題になった事柄を指して「その代わりに」という意味で使われている．
   それに対して「〜の代わりに」といいたい場合，つまり「〜」の部分を相手に伝える必要がある場合には，i stedet for 〜 を使うことができる．
   I min frokostpause valgte jeg at spise ude i stedet for at spise madpakken.
      〈お昼休みに，僕はお弁当を食べる代わりに外食することにした．〉

③ 【ご自由に／自分で決めなさい】：Det må du selv om
   テキストにもあるように,「〜してもいいですか？」という質問を相手にした場合に，Det må du selv om. という返答がある場合が多い．また以下の例文のように,「ある事柄についての判断は主語である人物が自分で決めることだ」という意味で使われることも多い．
   Hvor hun vil modtage denne genoptræning, må hun selv om.
      〈彼女がどこでこのリハビリを受けるつもりかは，彼女が自分で決めることだ．〉

21.1　使役構文

デンマーク語では,「〜に〜させる」を表す使役構文には動詞 få によるものと動詞 lade によるものがある．

21.1.1 〔få ＋ 目的語 ＋ til at 不定詞〕

Gitte *fik Rie til at hente* Buller i går.
   〈ギデは昨日りえにブラを迎えに行かせた．〉

Kan jeg ikke *få* dig til at pynte træet?
〈私はあなたにツリーを飾らせることができませんか？〉
Må jeg *få* Rie til at hjælpe mig?
〈私はりえに私を手伝わせてもいいですか？〉

「もらう，手に入れる」を意味する få は，［必要］の måtte や［予定］，［主語以外の要求］の skulle や［意思・願望］の ville と結びつくと have に変身する（例：〔ville + "få"〕 → ville gerne have〈(～をもらいたい，手に入れたい →) ～がほしい〉）．同様に，使役構文の få もこれらの法助動詞と結びつくと have に変身し，〔måtte/skulle/ville + have + 目的語 + til at 不定詞〕になる．

Gitte *må have* Rie *til at hente* Buller i dag.
〈ギデは今日りえにブラを迎えに行かせる必要がある．〉
Gitte *skal have* Rie *til at hente* Buller i dag.
〈ギデは今日りえにブラを迎えに行かせることになっている．〉
Gitte *vil* gerne *have* Rie *til at hente* Buller i dag.
〈ギデは今日りえにブラを迎えに行かせたい．〉

21.1.2 〔lade + 目的語（人）＋不定詞〕

Vi *lader far lave* maden.〈私たちはお父さんに食事を作らせる．〉
Vi *lader Buller dække* bordet.
〈私たちはブラにテーブルをセッティングさせる．〉

「誰か（lade の目的語）に誰か・何か（不定詞の目的語）を～させる」という構文の「誰か（lade の目的語）」を示さない場合には，

*Vi lader（ ）dække bordet.〈私たちはテーブルをセッティングさせる．〉

とはならず，空白になった lade の目的語の場所に不定詞の目的語が繰り上がって，

Vi lader *bordet dække*.〈私たちはテーブルをセッティングさせる．〉

となる．そして，この文は，bordet と dække の並び方から，「私たちはテーブルにセッティングされるようにさせる」というように理解される．すなわち，これらの語の関係が，「テーブルがセッティングされる」という受動の関係と理解されるのである．そのため，受動態の文と同様に動作主を前置詞 af で示し，

Vi lader bordet dække *af Buller*.
　〈私たちはテーブルをブラにセッティングさせる．〉←〈私たちはテーブルにブラにセッティングされるようにさせる．〉

という言い方が生じた．テキスト内の文も同様である．
　Vi lader juletræet pynte af Buller.
　　〈私たちはクリスマスツリーをブラに飾らせる．〉

21.2　形容詞の副詞的用法

　形容詞の未知形単数中性形（-t 形になるものと，-t 形を欠くものの両方）が副詞として用いられる．
　Den store tegning er pakket *fint* ind.
　　〈その大きなスケッチはきれいに包装されている．〉
　Andre danskere er på arbejde både *tidligt* og *sent*.
　　〈他のデンマーク人たちは早い時間にも遅い時間にも仕事をしている．〉
　legetøj, som hans *helt* unge patienter kan lege med,
　　〈彼のまったく小さな患者さんたちが遊ぶことのできるおもちゃ〉
　Hvis man ikke passer *godt* på sig selv,
　　〈もし自分自身の健康によく注意しないと，〉
　Det smagte *rigtig godt*!　　　　　〈ほんとうにおいしかった．〉
　Katten går *stille*.　　　　　　　　〈猫は静かに歩く．〉
　Han talte *langsomt*.　　　　　　　〈彼はゆっくりと話した．〉
　Hun synger *dejligt*.　　　　　　　〈彼女はすてきに歌う．〉

　しかしながら，-ig あるいは -lig に終わる形容詞が副詞として用いられる場合には，-t の付いた形と -t の付かない形を用いる場合があるので注意が必要である．ところで，文中に現れる副詞的語句には以下の4種類がある．

① 「評価の副詞」：文が表す内容に対する話し手の事実判断を表す（例：måske〈もしかしたら〉），あるいは評価判断を表す（例：heldigvis〈幸運なことに〉）
　Han kommer *måske* i morgen.　　〈彼はもしかしたら明日来るかもしれない．〉
　Han har *heldigvis* fået jobbet.　　〈彼は幸運なことにその仕事を得た．〉

② 「様態の副詞」：述語動詞が表す動作や行為のありかたを表す
  Katten går *stille*.   〈猫は静かに歩く．〉
  Han talte *langsomt*.   〈彼はゆっくりと話した．〉

③ 「状況の副詞」：時間，場所，原因やその他の状況を表す
  I kan ikke spille fodbold *her*. 〈君たちはここでサッカーはできません．〉
  Dengang røg jeg ikke.   〈当時は私はタバコを吸っていなかった．〉

④ 「程度の副詞」：形容詞や副詞の程度を表す
  Det var *godt* varmt.   〈とても暑かった．〉
  Dyret er *rædsomt* grimt. 〈その動物は恐ろしく醜い．〉

-ig あるいは -lig に終わる形容詞が副詞として用いられる場合，

① 「評価の副詞」として用いる場合は，決して -t が付かない．
  Jeg kan *egentlig* godt lide ham. 〈私はほんとうは彼が好きだ．〉
  Han har *formentlig* fået jobbet. 〈彼はたぶんその仕事を得ただろう．〉

② 「様態の副詞」として用いる場合は，必ず -t が付く．
  Han løber *hurtigt*.   〈彼は速く走る．〉
  Barnet græd *forfærdeligt*. 〈その子はひどく泣いた．〉

③ 「状況の副詞」として用いる場合は，-t の付加は任意である．ちなみに，-ig あるいは -lig に終わる形容詞は，時間を表すものに限って，状況の副詞として用いられているようである．
  Jeg stod *tidlig(t)* op i morges. 〈私は今朝早くに起床した．〉
  Han har *stadig(t)* ondt i knæet. 〈彼は相変わらず膝が痛い．〉

④ 「程度の副詞」として用いる場合は，-t の付加は任意である．とはいえ，-t の付加がかつては長年にわたって認められていなかったという経緯があるので，-ig あるいは -lig に終わる形容詞を「程度の副詞」として用いる場合には -t を付けないことを勧める．
  Her er *dejlig(t)* varmt.   〈ここはとても暖かい．〉
  Han arbejder *frygtelig(t)* langsomt. 〈彼は仕事が恐ろしくおそい．〉

なお，形容詞の比較級と最上級が副詞的に用いられる場合には，-t を付加することはない．

  Buller løber hurtigere end Martin.　〈ブラはマーティンよりも走るのが速い．〉
  Yrsa synger smukkest i klassen.　〈ユアサはクラスで一番美しく歌う．〉

21.3　句動詞

〔動詞 ＋ 副詞〕でひとつの他動詞的意味を表す句動詞がある．目的語は動詞と副詞の間に置かれる．〔動詞 ＋ 副詞〕でひとつの意味を表すのであるから強勢はユニット強勢となる．(☞5.5)

  Han ₀pakker alle gaverne 'op.　〈彼はプレゼントを全部開ける．〉
  ₀Har du en opskrift 'med?　〈あなたはレシピを持って来ていますか？〉
  Vil du godt ₀lukke døren 'op?　〈ドアを開けてもらえますか？〉
  Han ₀springer sportssiderne 'over.〈彼はスポーツ面を（読まないで）とばす．〉
   (⇔ Han 'springer ₀over hækken.〈彼は生垣を跳び越す．〉[句動詞ではない])

〔動詞 ＋ 副詞〕でひとつの自動詞的意味を表す句動詞もある．

  ₀Er du 'med?　〈わかりますか？／話についてきていますか？〉
  Kan jeg ₀komme 'ind?　〈中に入ってもいいですか？〉
  I dag vil regnen ikke ₀holde 'op.　〈今日は雨は止まないでしょう．〉
  Jeg må ₀stå tidligt 'op i morgen, ellers når jeg ikke toget.
   〈私は明日早くに起床しなくてはならない，さもなくば電車に遅れる．〉
   (⇔ Jeg måtte 'stå 'op i bussen hele vejen fra stationen.〈私は駅からずっとバスの中で立っていなければならなかった．〉[句動詞ではない])

練習問題

発音練習

Udtale 21: 連続している子音間に母音を入れずに読み上げなさい.

Tre japanske universitetsstuderende drog til Schweiz for at studere sprog. De officielle sprog i Schweiz er tysk, italiensk, fransk og rætoromansk, men de tre japanske udvekslingsstuderende læste mest tysktekster. Den første, som var flittig, læste også lidt rætoromansk og lidt italiensk. Den anden, som var mindre flittig, læste også lidt fransk. Den tredje, som var mindst flittig, læste helst aldrig. Efter det tredje semester nær Alperne drog de tre straks retur til Japan.

文法練習

Grammatik 21A: 例に従って，各文を2通りに書き換えなさい．

Far laver maden（Vi）

   a) *Vi lader far lave maden*

   b) *Vi får far til at lave maden*

1) Medarbejderne arbejder over（Hun）
2) Medarbejderne arbejdede over（Chefen）
3) Medarbejderne har arbejdet over（Henriette）
4) Medarbejderne havde arbejdet over（I）
5) Deres teenagersøn bar affaldet ud（De）
6) Børnene bliver ude（Pædagogerne）
7) Børnene er blevet ude（Han）
8) Mor byttede nogle af gaverne（Den trætte Yrsa）
9) Bageren stegte gåsen（Familien, der ikke havde nogen ovn）
10) William tager også opvasken（Gitte）

Grammatik 21B: 例に従って，各文を2通りに書き換えなさい．

Jeg vil gerne have, du pynter juletræet

   a) *Gider du pynte juletræet?*

   b) *Kunne jeg få dig til at pynte juletræet?*

1) Jeg vil gerne have, du laver dine lektier
2) Jeg vil gerne have, du kommer til tiden
3) Vi vil gerne have, hun kommer med til brylluppet
4) Jeg vil godt have, du lukker vinduet
5) Jeg vil også godt have, du tænder for varmen
6) Vi vil gerne have, I snart besøger os
7) Jeg vil gerne have, I skynder jer hjem
8) Jeg vil godt have, I rejser jer for dronningen, når hun kommer
9) Vi vil godt have, du taler høfligt både til yngre og ældre
10) Vi vil også have, at du bukker for kejseren

聞き取り問題

Lytteøvelse 21A: 読み上げられている語がどちらかを聞き取りなさい.

1) aften/aftenen
2) eftermiddag/eftermiddagen
3) juletræ/juletræet
4) sted/stedet
5) forberede/forbereder
6) mæt/mætte

Lytteøvelse 21B: デンマーク語の賛美歌「Dejlig er jorden」をインターネット上で聴いて，以下の第1節の歌詞を完成させなさい.

_____ _____ jorden! / Prægtig _____ Guds Himmel! / _____ _____ sjælenes pilgrimsgang! / Gennem de favre / riger _____ jorden / _____ _____ til Paradis med sang.

和文デンマーク語訳

次の日本語をデンマーク語に訳しなさい．

1) あなたは良く眠れましたか？
2) 彼らは迅速に仕事をします．
3) 昨日は本当に悪い日でした．[形容詞 rigtig, dårlig を使うこと，また下線部を文頭に置くこと]
4) ギデは自分の子供たちにいくつかのフラワーポットを取りに行かせる．[動詞 få を使うこと]
5) りえはブラに道案内をさせる．[動詞 lade を用いて]
6) 私は疲れているので自分の両親へ1通の手紙を書いてしまうことができない．

コラム 21 Julemiddag

　Juleaften に食するものには，主菜として「がちょうの丸焼き（gåsesteg）」と「ロースト・ポーク（flæsketeg）」があります．それらを「ジャガイモのキャラメル絡め（brunede kartofler）」という，茹でたジャガイモをフライパンでバターと砂糖とからめた料理や，「ムラサキキャベツ煮（rødkål）」というムラサキキャベツを甘酸っぱく煮た料理と一緒に食べます．

　また，デザートには「アーモンド入りライスプディング（risalamande）」というお米を砂糖とバニラの実と一緒に煮たものに，アーモンドを刻んだものと生クリームを混ぜ，さらに泡立てた生クリームを混ぜて冷やしたものが出されます．これに温かいチェリーソースをかけて食べます．

　このデザートにはゲームが付いていて，プディングの中に1粒だけ丸ごと入っているアーモンドを誰が手にするかというものです．そのアーモンドが自分のデザートの中に入っていた場合は，全員がデザートを食べ終わるまで黙っていなくてはいけません．その後で，自分がアーモンドを持っていることを名乗り出ます．そうすると，プレゼントがもらえるというものです．（決して丸ごと入っているアーモンドをボリボリ食べてしまわないように．）

Jul の時期には甘いものがたくさん！
　Jul が近づいてくると，デンマークではクッキーなどの焼き菓子を作ります．シナモン風味が特徴的な「茶色のクッキー（brunkager）」，「ねじりドーナツ（klejner）」や「胡椒クッキー（pebernødder）」などは，これを見れば jul が近づいてきたな，と感じられるお菓子の1つです．

　また，日本のたこ焼きを彷彿とさせるような形をした jul のお菓子もあります．Æbleskiver といいます．昔は実際に林檎を使っていたようですが，現在では生地を「たこ焼き器」ならぬ「æbleskiver 専用フライパン」で焼いたものに，粉砂糖やジャムを付けて食べます．自分で作ることも億劫な人たちのために，冷凍食品として売られていたりもします．

　さらに konfekt と呼ばれるお菓子もあります．これはナッツ類やドライフルーツあるいはアーモンドと砂糖を挽いて練り合わせた「マジパン（marcipan）」などをチョコレートでコーティングをしたお菓子です．特に jul の時期には konfekt を家で子供たちと一緒に手作りすることが多いようです．

Lektion 22

大晦日
Nytårsaften

Nøjagtig én uge efter juleaften, nemlig d. 31. december, fejrer danskerne nytår. Nytårsaften begynder som regel lidt før kl. 18, for kl. 18 taler Danmarks dronning, Margrethe, til hele folket. Dronning Margrethe taler om det år, der gik, og om det år, der skal komme. Efter hendes tale kan middagen begynde. Engang spiste mange torsk denne aften, men i dag er det anderledes. Folk spiser det, de har lyst til, og mange mennesker vil hellere have kød. ①

William: Hvad skal vi spise nytårsaften?
Gitte: Vi kunne jo lave torsk.
William: Du kan da ikke lide torsk, kan du?
Gitte: Jo, det kan jeg da. En gang imellem.
William: Jeg tror nu ikke, børnene kan lide det.
Gitte: Så må vi nok hellere finde på noget andet.
William: Har du nogle forslag, Rie?
Rie: Ja da. Vi kunne jo lave japansk mad!
Gitte: Det er da en god idé. Er du god til det? ②
Rie: Min mor er bedre, men jeg kan da i hvert fald lave sushi og et par andre ting.
Gitte: Super. Rie bestemmer, vi hjælper til.

Denne nytårsaften spiser de alle japansk. Omsider får de brug for de pinde, Rie havde med fra Japan. ③ Allerede først på aftenen begynder folk at skyde fyrværkeri af, og nogle mennesker bliver ved hele natten. Præcis kl. 24 skåler folk i champagne og ønsker hinanden 'Godt Nytår'.

語句

nytårsaften（-en, nytårsaft(e)ner）：［名］大晦日
nøjagtig：［副］ちょうど，正確に
nemlig：［副］つまり
begynde*：［動］始まる；始める
før：［前］〜より前に
kl. = klokken：［名］（時刻を表して）〜時
dronning（-en, -er）：［名］女王；王女
folk（-et, -）：［名］民族；国民；民衆
tale（-n, -r）：［名］スピーチ，演説，話
engang：［副］かつて；いつか
mange：［形］［名詞的用法］多数の人々
torsk（-en, -）：［名］鱈
anderledes（-, -）：［形］異なった
folk：［名］［複数扱い］人々
lyst：［名］（〜したい）気持ち．have lyst til 〜 〜がしたい；〜がほしい
menneske（-t, -r, -ne）：［名］人間
hellere：［副］gerne（hellere, helst）の比較級．vil hellere have 〜 〜の方を欲する
da：［副］［相手の言うことを否定して，相手もわかっていること・了解することに注意を喚起する気持ちを表して］しかし〜でしょ
imellem：［前］／［副］〜の間．en gang imellem 時々
finde（fandt, fundet）：［動］finde på 〜 〜を思いつく

forslag（-et, -）：［名］提案
da：［副］ほんとうに
ting（-en, -）：［名］物
super：［間］すばらしい！
bestemme*：［動］決める，決定する
hjælpe（hjalp, hjulpet）：［動］hjælpe til 手伝う
japansk：［副］日本風に
omsider：［副］ついに，やっと
brug：［名］få brug for 〜 〜が必要になる．have brug for 〜 〜が必要である
skyde（skød, skudt）：［動］撃つ，射る．skyde 〜 af 〜を打ち上げる
fyrværkeri（-et, -er）：［名］花火
blive（blev, blevet）：［動］blive ved 続く．blive ved med 〜 を続ける
nat（-ten, nætter）：［名］夜，夜中．hele natten 夜通し，一晩中
præcis：［副］ちょうど，ぴったりに
skåle：［動］乾杯する
champagne（-n, -r）：［名］シャンパン
ønske：［動］望む．ønske A B A に B を望む
hinanden：［相互代名詞］互いに・を
nytår（et, -）：［名］新年．godt nytår! 良い新年を！明けましておめでとうございます！

よく使われる表現

① 【〜がほしい／〜したい】：have lyst til ＋名詞／at- 不定詞

　have lyst til ＋ 名詞で「〜がほしい」，have lyst til ＋ at- 不定詞で「〜したい」という意味で使われる．

　　　Jeg har lyst til is.　　　〈僕はアイスクリームがほしい．〉

Han har lyst til at spille fodbold.　〈彼はサッカーがしたい.〉
　この表現は動詞を have から få に変えて,「～がほしくなる」あるいは「～したくなる」という意味で使うこともできる.
② 【～が得意である, ～が上手い】: være god til ＋ 名詞／ at- 不定詞
　上記の表現は,「～が得意だ」あるいは「～が上手だ」ということを表すのに, よく使われるものである.
　　　Hun er god til fodbold.　　　　〈彼女はサッカーが上手い.〉
　　　Han er god til at lave mad.　　〈彼は料理するのが得意だ.〉
③ 【～が必要になる】: få brug for ＋ 名詞／ at- 不定詞
　上記の表現は,「～が必要になる」という意味でよく使われるものである.
　　　Du skal bare råbe, hvis du får brug for mig.
　　　　〈もし私が必要になれば, 遠慮せずに大声で呼んでください.〉
　　　Ring på min mobiltelefon, hvis du får brug for at snakke.
　　　　〈(誰かと) 話すことが必要になれば, 僕の携帯を鳴らしてください.〉
　この表現は動詞を få から have に変えて,「～が必要である」という意味で使うこともできる.

22.1　心態詞

　デンマーク語には, 話し手の発話する文の内容 (＝命題) に関する話し手の心的態度を表す心態詞と呼ばれるものがある.
　　　Vi spiser kl. 18 i aften. Vi skal *jo* til forældremøde på skolen.
　　　　〈私たちは今晩6時に食事をします. 学校の保護者会に行くことになっているでしょ.〉
上の2つ目の文の命題は [Vi skal til forældremøde på skolen「私たちが学校の保護者会に行くことになっている」] ことであり, jo はこの命題に関して, 話し手が聞き手に対して「あなたも知っていることでしょ」というシグナルを発しているのである.
　この種の心態詞は jo, da, nu, nok, vel, vist, skam, sgu, dog のように, すべて1音節語で, 基本的に強勢がなく, 文頭や文末に置かれることはなく, 文中の中域副詞の場所にしか置かれない. 以下で心態詞の代表的なものを見ていく.

　jo: 命題を聞き手も知って (わかって) いるだろうというシグナル
　　　Vi kunne *jo* lave torsk.　　〈私たちは鱈料理を作ることができるでしょ.〉

Vi kunne *jo* lave japansk mad.〈私たちは日本食を作ることができるでしょ.〉

da: 聞き手の言うことを否定して，命題を聞き手も知って（わかって）いるだろうというシグナル
Gitte: Vi kunne jo lave torsk.
William: Du kan *da* ikke lide torsk.〈あなたは鱈料理が好きではないでしょ.〉

この会話では，ギデが鱈料理を作ることもできると提案しているのに対して，ヴィリアムは心態詞 da を用いて，その提案はおかしいと否定して，ギデが鱈料理が好きではないという命題をギデもわかっているだろうというシグナルを送っているのである．

da: 命題の内容について，話し手が本当にそう思っているということを強調するシグナル
Det er *da* en god idé!〈それはほんとうに良い考えね！〉

nu: 聞き手の言うことを否定して，聞き手の知らない命題を教えてあげようというシグナル
Børnene kan *nu* ikke lide det.
　〈子どもたちはそれを好きではないのですよ.〉（→ Jeg tror *nu* ikke, børnene kan lide det.）

「鱈料理をつくることもできる」という相変わらずのギデの提案に対して，ヴィリアムは心態詞 nu を用いて，それを否定して，「子どもたちが鱈料理を好きではない」という相手，ギデ，の知らない命題を教えてあげようというシグナルを送っている．

A: Har du selv bagt alle småkagerne?
　〈あなたはそのクッキーを全部自分で焼いたのですか？〉
B: Ja, men det er *nu* ikke så svært.
　〈はい，でもそんなに難しくはないんですよ.〉

nok: 命題は話し手の推量であるというシグナル
Så må vi *nok* hellere finde på noget andet.
　〈それでは私たちは何か別のものを考えた方がいいみたいです.〉
Peter er *nok* i Odense.〈ピーダは（たぶん）オーゼンセにいるでしょう.〉

vel: 命題は話し手の推量であることに加えて，命題に対する聞き手の支持・裏付けを求めるというシグナル
Peter er *vel* i Odense.〈ピーダはオーゼンセにいるんでしょう？〉

vist: 命題は話し手の推量であるが，その根拠は話し手自身による判断ではなくて，以前に見聞きした事柄，あるいは現在の状況に基づくものであるというシグナル
Peter er *vist* i Odense.〈ピーダは確かオーゼンセにいるでしょう．〉

skam: 話し手が，聞き手の発言する命題内容を否定し，なおかつ話し手自身が主張する命題内容の方が正しいことを強調するシグナル
A: Fejler du ikke noget?〈どこか悪いのではないですか？〉
B: Nej, det gør jeg ikke. Jeg har det *skam* udmærket.
　〈いいえ，ちがいます．ほんとうに元気ですよ．〉

sgu: 話し手が自分の主張が正しいのだということを強調するシグナル．しばしば話し手の怒り・苛立ちを表す
Det ved jeg *sgu* ikke.　　〈そんなこと知らないよ！〉
Det vil jeg *sgu* ikke finde mig i.〈それはほんとうにがまんならない！〉

dog: 話し手の強調，非難・咎め，驚きのシグナル
Det var *dog* uheldigt!〈それはなんと不運なことだろう！〉
Lad ham *dog* være!　〈彼をそっとしておきなさい！〉

　これら以外の心態詞の中で重要と思われるものに altså と ellers がある．この2語はともに2音節語であり，本来は altså〈つまり〉, ellers〈そうでなければ〉を意味し，前文の内容を受ける接続の副詞であり，前域にも中域にも置かれるものであるが，これらが心態詞として用いられる場合には，jo, da などと同様に中域にしか置かれない．

altså: 話し手の強調，驚き，遺憾・不満・苛立ち，非難・咎めを表したり，聞き手に計画の変更を促すシグナル
Nej, Steen. Jeg kan *altså* ikke lide at blive fotograferet.
　〈いいや，スティーン．僕は写真を撮られるのがほんとうに好きじゃない

んだよ.〉
Det må du *altså* undskylde. 〈それはほんとうに申し訳ありませんでした.〉
Hvor er den *altså* flot! 〈それはまあなんとかっこういいんでしょう！〉
Det har jeg *altså* sagt flere gange.
　　〈それは何度も言ったけれども.〉［苛立ち］
　　〈それは何度も言ったでしょうが.〉［咎め］
Nu må vi *altså* have lavet det køleskab!
　　〈もういいかげんあの冷蔵庫を直さなくては！〉

A: Jeg vil gerne have en kop kaffe til. 〈コーヒーをもう1杯ほしいのですが.〉
B: Den er *altså* ikke varm længere.
　　〈もう熱くはないんですけどね.（だから，やめませんか？）〉
A: Vi skal også have en liter mælk.〈1リットルの牛乳も要りますよ.〉
B: Jeg har *altså* allerede købt mælk.
　　〈牛乳をもうすでに買ってあるんですけどね.（だから，やめませんか？）〉

ellers: 驚きのシグナルに加えて，話し手は聞き手による先行の発話内容の真
　　実性は受け入れるものの，自分の発話の内容から，ふつうは先行の発話の
　　内容の逆が期待されるというシグナルを送り，そして聞き手から聞き手の
　　発話の内容に対する説明を促す

Du kan *ellers* tro, vi morede os.
　　〈私たちは楽しかったですよ，ほんとうに本当ですよ.〉
Det var *ellers* en ordentlig brandert!〈ほんとうにものすごく酔っていたなあ.〉

A: Du kan *jo* vente til tirsdag med at tage af sted.
　　〈（あなたは）火曜日まで出発するのを待てるでしょ.〉
B: Jeg skal *ellers* til et vigtigt møde.
　　〈しかし，（私は）重要な会議に出なくてはならないんだけど
　　（なあ（，どうして，火曜日まで待てと言うの？））.〉
A: Jeg har ikke lyst til at tage med til stranden.
　　〈（私は）一緒に浜辺に行きたくはない.〉
B: Vandet er *ellers* varmt.
　　〈しかし，水は暖かいんだけど（なあ（，どうして，行きたくないの？））.〉

また，本来は「も，また」を意味する også も中域にのみ置かれる心態詞として機能する．

<u>også: 事実の確認や根拠を表すシグナル</u>
A: Hvor er du dog forpustet!
　　〈あなたはなんて息を切らしているんでしょう！〉
B: Jeg har *også* løbet hele vejen.〈実際ずっと走ってきたからねえ．〉

A: Jeg har løbet hele vejen.　　〈ずっと走ってきました．〉
B: Du er *også* forpustet.　　　〈確かに息を切らしていますね．〉

以上の説明からもわかるように，心態詞は基本的に会話で用いられる語である．しかしながら心態詞相互間のニュアンスの違いが微妙なことも多い上，心態詞の多くはふつうの副詞としても非常に頻繁に用いられる．例えば，da〈その時；その場合〉，nu〈今〉，dog〈しかしながら〉，vist〈確かに〉，ellers〈そうでなければ〉，altså〈つまり〉など．このような理由から外国人にとってデンマーク語の心態詞の用法を完璧に習得することは非常に困難である．だからといって心態詞を無視することはできない．デンマーク人同士の会話では心態詞が頻繁に用いられており，心態詞が含まれていない会話は非常に無味乾燥としたものとなり，「真の」デンマーク語の会話ではなくなってしまうのだから．また，デンマーク語を「本当に」理解する上で非常に重要な語なので，心態詞の用法を徐々にでも覚えるようにしたいものである．

22.2　folk〈国民，民族〉と folk〈人々〉

folk という語には，①「（歴史的・文化的に見た人々の一集団としての）国民，民族」と②「（一般に）ひとびと」の意味があり，①の場合には（-et, -）と語形変化し，②の場合には複数形の名詞として扱われる．

det danske rige og *det danske folk*　〈デンマーク王国とデンマーク国民〉
Folk på gaden mener noget andet.　〈巷では違う考えをしている．〉
Hvad vil *folk* sige?　　　　　　　　〈人々は何というだろうか？〉

練 習 問 題

発音練習
Udtale 22: 母音が [y], [ø], [ö], [ɔ̈] のどれかを聞き取りなさい．
pynte, begyndt, rødkål, nødder, gør, Søløvevej, Rødovre, Yrsa, nytår, symptomer, søndag, syg, søde, røde, skynde sig, kød, menukort, smørrebrød, søvnig, køkken, skønt, rejsebureau

文法練習
Grammatik 22A: Folk, mennesker, personer の中から相応しいものを選んで空欄に入れなさい．
1) Otte _____ var til stede ved mødet
2) Indianerne er et _____ , der er truet
3) Mange _____ bryder sig ikke om torsk
4) Der er ikke så mange forskelle på _____ og dyr, som man måske tror
5) _____ på gaden ser sjældent, hvor de går
6) Der sad seks _____ i en bil, hvor der kun var plads til fire _____
7) _____ bliver ofte lidt jaloux på meget rige _____
8) To _____ sad på en bænk og iagttog de _____ , der gik forbi
9) Høje _____ har en bedre udsigt, men de slår ofte hovedet
10) Nogle _____ kalder "indfødte" for "primitive _____ "

Grammatik 22B: 人称代名詞・再帰代名詞・関係代名詞・所有代名詞・不定代名詞 man・独立定冠詞（den/det/de）の中から適切なものを選び入れなさい．
Baronesse Karen Blixen var en dansk forfatter, _____ skrev under flere navne, _____ _____ kalder pseudonymer. _____ blev født på Rungstedlund og døde _____ samme sted. Hun betragtede _____ selv som *storyteller* og har sammenlignet _____ med Scheherazade. _____ fortællinger og eventyr følger *storytelling*-traditionen, og _____ fleste foregår i 1800-tallet eller tidligere. _____ bøger skrev _____ på enten dansk eller engelsk. Fra 1914 til 1931 boede _____ og _____ mand, Bror Blixen, i Østafrika. _____ første bog, _____ skrev, hed *Syv*

Fantastiske Fortællinger (1934). _____ anden og mest kendte bog, *Den afrikanske Farm*, udkom i 1937, og _____ succes gjorde _____ hurtigt berømt. Under _____ tur til USA i 1959 mødtes _____ bl.a. med Arthur Miller, _____ også var forfatter, og _____ i øvrigt var gift med Marilyn Monroe, _____ _____ også mødte. Efter _____ død blev _____ en myte, og _____ mener, _____ er blandt Danmarks allerbedste forfattere.

聞き取り問題

Lytteøvelse 22A: 読み上げられている語がどちらかを聞き取りなさい．

1) fejr/fejrer　　2) begynde/begynder　　3) dronning/dronningen
4) folk/folket　　5) menneske/mennesket　　6) heller/hellere

Lytteøvelse 22B: デンマーク語の賛美歌「Vær velkommen herrens år」をインターネット上で探し，以下の第1節の歌詞を完成させなさい．

Vær _____, Herrens år, / og _____ herhid! / Sandheds Gud! lad _____ hellige ord / oplive, oplyse det _____ Nord! / Velkommen, _____, og velkommen _____!

和文デンマーク語訳

次の日本語をデンマーク語に訳しなさい．

1) ヴィリアムとギデは明日のパーティーに来るよね？―いいえ，彼らは休暇中でしょ（だからいないでしょ，あなたはそのことを知っているじゃないの！）．
2) 私は浜辺に行きたいです．［lyst を用いて］―確かに気持ちの良い天気ですね．
3) 私はそのアメリカ映画を見る気がしません．［lyst を用いて］―（あなたはそういうけれど）それは面白いんだけどなぁ．
4) 午後は雨天になるみたいだ．［話し手自身の推量として］―それは天気予報もいっていました．（あなたも知っているでしょうけど）今朝は太陽があんなに気持ち良く照っていたのにね．
5) デンマークではどれくらい頻繁に雪が降りますか？―（あなたはそのようにたずねるけれど，実は）それほど頻繁には雪は降らないんですよ．

コラム22

Nytårsaften

　デンマークでは，新年は友人・知人たちと一緒に祝うことが一般的です．

　大晦日の習慣として，その日18時30分から始まるマグレーデ女王の演説を家族がテレビの前に集まって見るというものがあります．この女王様の演説は毎年国民の注目を集め，女王様が何をお話になったかということが新聞の見出しを飾り，トップニュースになることも珍しくありません．この女王様の演説は，いつもGud bevare Danmark!〈デンマークに神のご加護がありますように〉という句で締めくくられます．

　この演説のあと，人々は新年を迎えるためにパーティーへ向かったり，親しい友人たちを家に招いて夕食をともにします．大晦日には，シャンパンを飲むのが一般的です．

　また年の変わり目には，至る所で花火が打ち上げられます．日本では花火といえば夏の風物詩ですが，デンマークでは夏は夜中まで辺りが明るいので，夏に花火を打ち上げても見えません．デンマークでは，花火といえば新年に打ち上げるものとされています．新年が近づくと，打ち上げ花火の販売が許可されているお店で，花火の販売がスタートする（中にはわざわざ海外にまで花火の調達に出かける人もいるようです）のですが，その打ち上げ花火の傍らにはほとんどの場合，水泳用のゴーグルのようなものも一緒に販売されています．そうです，デンマークの新年の花火は少し危険なのです．友人同士が集まっているからかもしれませんが，打ち上げ花火を持って走り回ったり，向かいのマンションの部屋めがけて花火を打ち上げたりと，毎年大晦日のあとの数日間は新聞等で，「今年の花火による被害」などが取り上げられることも珍しくありません．

　日本のお正月は，数少ないまとまったお休みの1つですが，デンマークではクリスマス周辺は仕事もお店もお休みになることが多いですが，新年は年が明けてしまえば，2日には普通の生活に戻ります．筆者は留学当時には「もう少しお正月気分を」と思ったものですが，12月23日辺りからjulの休暇に入るデンマーク人たちは，年が明けるとすぐに学業や仕事へと戻ることを好むようです．

Lektion 23 — 新年の誓い

Nytårsforsætter

I dagene efter nytårsaften taler mange mennesker om nytårsforsætter. Et nytårsforsæt er et løfte, man giver sig selv. Det kan være svært at holde et løfte til sig selv, og man bryder det ofte.

Rie
I det nye år skal jeg jo tilbage til Japan. I Japan vil jeg gøre alle de ting, jeg ikke har kunnet gøre i Danmark. Fx har jeg ikke kunnet spise så meget japansk mad, som jeg gerne har villet, så det vil jeg gøre, når jeg kommer hjem. Desuden har jeg ingen japanske bøger læst, mens jeg har været her, så i Japan vil jeg læse en masse.

Buller
I det nye år vil jeg ingenting gøre! Jeg vil i hvert fald ikke lave lektier. Ok, måske vil jeg lave min cykel. Jeg har ikke kunnet cykle længe, fordi min cykel er punkteret. Det er lidt ærgerligt.

Gitte
I det nye år vil jeg dyrke mere sport.① Jeg har længe gerne villet spille tennis, men jeg har ofte måttet passe børn i stedet. Nu er det tid til at finde en makker!

William
De sidste år har jeg intet nytårsforsæt haft. Men det har jeg i år. I det nye år vil jeg ingen problemer have på arbejdet. Vi har måttet arbejde længe og meget den sidste tid, og det er jeg faktisk lidt træt af. ②

語句

nytårsforsæt（-tet, -ter）:［名］新年の誓い・決意
forsæt（-tet, -ter）:［名］決意，決心，意図
løfte（-t, -r）:［名］約束．holde et løfte 約束を守る
kunne:［法助］［可能性］あり得る
bryde（brød, brudt）:［動］破る
tilbage:［副］後ろに；戻って
meget:［形］たくさんの
ikke så ～ som ...: …ほどには～ない
desuden:［副］さらに，その上，おまけに
ingen（intet）:［不代］［形容詞的に］ひとつも…ない，どんな…もない；［名詞的に］何も…ない
bog（-en, bøger）:［名］本
ingenting:［不代］［名詞的に］何も…ない
lave:［動］修理する
cykel（cyklen, cykler）:［名］自転車

punkteret（-, punkterede）:［形］パンクしている
ærgerlig（-t, -e）:［形］残念な；腹立たしい
dyrke:［動］（スポーツ・ホビーなどを）する．dyrke sport スポーツをする
sport（-en）:［名・単］スポーツ
passe:［動］面倒をみる，世話をする．passe børn 子どもの世話をする
tid:［名］det er tid til at +［不定詞］～する時である
makker（-en, -e, -ne）:［名］パートナー，相棒
arbejde（-t）:［名・単］職場．på arbejdet 職場で
træt（-, -te）:［形］疲れた；うんざりした．være træt af ～ ～に疲れている；～にうんざりしている

よく使われる表現

① 【スポーツをする】: dyrke sport ／【テニスをする】: spille tennis
「何らかの運動をする」という意味では，動詞 dyrke を用いて表すことが多い．
　　dyrke gymnastik〈体操をする〉，dyrke yoga〈ヨガをする〉
また，この dyrke は「空手や柔道などをしている」という場合にも使われる．
　　dyrke judo〈柔道をする〉，dyrke karate〈空手をする〉
しかし「何らかの球技をする」という意味では，〔spille + 球技名〕を用いて表されることが多い．
　　spille fodbold, spille badminton, spille håndbold〈ハンドボールをする〉
② 【～に飽きている】: være træt af + 名詞／ at- 不定詞
træt は「疲れている」という意味でもよく使われる形容詞であるが，「～に飽きている，～にウンザリしている」という意味でもよく使われる．
　　Han er træt af sit arbejde.〈彼は自分の仕事にウンザリしている．〉

Begge børnene var trætte af at lege med kattene.
〈子供たちは２人とも，猫と遊ぶのに飽きていた．〉

23.1 不定代名詞 ingen, intet

不定代名詞 ingen, intet は，不定代名詞 nogen, noget（=any に相当）同様，形容詞的にも名詞的にも用いられる．

	単　数	複　数
共　性	ingen	ingen
中　性	intet	

ingen, intet は意味の上では ikke nogen, ikke noget と同じであり，ingen, intet は主に書きことばで用いられ，ikke nogen, ikke noget は話しことばで好んで用いられる．

名詞とともに形容詞的に用いて：〈ひとつも〜ない〉
　　Der var *ingen* avis i morges.
　　　〈今朝，新聞がなかった．〉
　　　(= Der var ikke nogen avis i morges.)
　　Han fik *intet* svar på sit brev.
　　　〈彼は自分の手紙に返事をもらわなかった．〉
　　　(= Han fik ikke noget svar på sit brev.)
　　De har *ingen* børn.
　　　〈彼らには子どもが一人もいない．〉
　　　(= De har ikke nogen børn.)

単独で名詞的に用いて：ingen〈誰も〜ない〉, intet〈何も〜ない〉
　　Der var *ingen* hjemme.
　　　〈家には誰もいなかった．〉
　　　(= Der var ikke nogen hjemme.)
　　Han ved *intet* om sin nabo.
　　　〈彼は自分の隣人について何も知らない．〉
　　　(= Han ved ikke noget om sin nabo.)

名詞的用法の intet の代わりに不定代名詞 ingenting を用いることができる．
 Han ved *ingenting* om sin nabo.
 〈彼は自分の隣人について何も知らない．〉

単独の ingen, intet あるいは ingenting や，あるいは ingen, intet を含む名詞句が目的語である場合には，それらは後域の目的語の場所ではなく，ikke や aldrig などの否定辞同様に中域の副詞的語句の場所に置かれることに注意する必要がある．とはいえ，動詞が現在形や過去形の単純時制の場合にはこれらの語句が中域に置かれているのか，後域に置かれているのか一見してわからない．

 Jeg kender *ingen* her i byen. 〈私はこの町で誰も知らない．〉
 Jeg spiste *intet* i morges. 〈私は今朝何もたべなかった．〉
 Han tjener *ingen penge* for øjeblikket.〈彼は今のところ一銭も稼いでいない．〉
 Han tjente *ingen penge* sidste måned.〈彼は先月一銭も稼がなかった．〉

しかし，完了形や法助動詞と動詞が結びつく場合には目的語の位置の違いが明白である．
 Jeg har *ingen* set i dag. 〈私は今日誰も見ていない．〉
 Jeg har *intet* spist i dag. 〈私は今日何も食べていない．〉
 Jeg kan *intet* huske. 〈私は何も思い出せない．〉
 Han har *ingen penge* tjent i de sidste år.〈彼はここ数年間一銭も稼いでいない．〉
  (⇔ Han har tjent 1.000.000 kroner i de sidste år.
   〈彼はここ数年間で 100 万クローネ稼いだ．〉)
 Han kan *ingen penge* tjene i år.〈彼は今年一銭も稼ぐことができない．〉
  (⇔ Han kan tjene mange penge.〈彼は大金を稼ぐことができる．〉)

さらには，従位節の中でも目的語の位置に注意する必要がある．
 Han siger, at han *ingen penge* tjener for øjeblikket.
  〈彼は，今のところ一銭も稼いでいないといっている．〉
 Han siger, at han *ingen penge* tjente sidste måned.
  〈彼は，先月一銭も稼がなかったといっている．〉
 Han siger, at han *ingen penge* har tjent i de sidste år.
  〈彼は，ここ数年間一銭も稼がなかったといっている．〉

Han siger, at han *ingen penge* kan tjene i år.
〈彼は，今年一銭も稼ぐことができないといっている．〉

補語の場合も同様である．
På dansk siger man, at livet *ingen dans* på roser er.
〈デンマーク語では，人生は楽ばかりではない［← 人生はバラの上のダンスではない］，という．〉（← Livet er *ingen dans* på roser.）

23.2　法助動詞の完了形

デンマーク語では法助動詞の完了形も他の動詞の完了形と同様に用いることができる．
I Japan vil jeg gøre alle de ting, jeg ikke *har kunnet* gøre i Danmark.
〈日本では，私は，デンマークですることができなかったこと全部をするつもりです．〉
Jeg *har* ikke *kunnet* spise så meget japansk mad, som jeg gerne *har villet*.
〈私は，食べたかったほどたくさんの和食を食べることができなかった．〉
Jeg *har* ikke *kunnet* cykle længe.
〈私は長い間自転車に乗ることができなかった．〉
Jeg *har* længe gerne *villet* spille tennis, men jeg *har* ofte *måttet* passe børn i stedet.
〈私は長い間テニスをしたかったけれども，その代わりにしょっちゅう子どもたちの面倒をみなければならなかった．〉
Vi *har måttet* arbejde længe og meget den sidste tid.
〈私たちはこのところ長時間たくさんの仕事をしなくてはならなかった．〉

練習問題

発音練習

Udtale 23: [l] そして [ð] と発音されている箇所を記しなさい。

udvalg, taler, bryder, tid, til, hedder, mad, bedre, salmer, omsider, med, skåler, rødkål, julen, gravid, glad, anbefalet, ellers, blade, billeder, kalder, Frederik, alle, led, hoved, tredje, øl

文法練習

Grammatik 23A: 文意にあうように空欄に動詞を補いなさい。

1) Jeg _____ længe gerne _____ spille squash, men jeg _____ ikke _____ tid
2) Ofte _____ jeg _____ sove længe, når jeg ikke _____ _____ på arbejde
3) De havde før _____ _____ i kantinen, når de _____, men nu er det forbudt, og de _____ slukke cigaretterne
4) 'Siden i går har hun ikke _____ _____ ned fra første sal, selvom hun _____ _____ i skole,' sagde moren bekymret
5) De _____ _____ blive en time længere for at _____ at _____ færdige

Grammatik 23B: 例に従って，各文を3通りに書き換えなさい。

Ex *Jeg vil komme på lørdag*
  a) *Jeg lover dig, jeg kommer på lørdag!*
  b) *Jeg lovede dig, jeg ville komme på lørdag, men ...*
  c) *Du kan regne med, jeg kommer på lørdag!*

1) Han vil tage hende med i biografen
2) Dorte vil give sin datter en ny cykel til hendes fødselsdag
3) Præsten vil konfirmere konfirmanderne, når han får tid
4) Jeg vil gifte mig med dig hurtigst muligt
5) Anders And vil overraske sine nevøer lidt senere

Grammatik 23C: 例に従って，各文を4通りに書き換えなさい．

Ex *Mig til dig: "Det begynder måske at regne"*
   a) *Jeg vil advare dig om, det måske begynder at regne*
   b) *Jeg er bange for, det begynder at regne*
   c) *Du kan godt risikere, det begynder at regne*
   d) *Der er risiko for, det begynder at regne*

1) Ham til hende: "Frikvarteret bliver kort"
2) Dem til jer: "Vi vinder"
3) Dig til mig: "Testen er svær"
4) Os til ham: "Du må ikke parkere dér"
5) Hende til dig: "Du er også punkteret"

聞き取り問題

Lytteøvelse 23A: 読み上げられている語がどちらかを聞き取りなさい．

1) ny/nye   2) gøre/gjorde   3) træt/trætte
4) dagen/dagene 5) være/været   6) ville/villet

Lytteøvelse 23B: りえとユアサが話しています．会話を全てデンマーク語で書きなさい．

> klaver, have råd, finde ud af, matematik

和文デンマーク語訳

次の日本語をデンマーク語に訳しなさい．

1) ギデは長い間別荘を1軒買いたかった．
2) ヴィリアムは，ギデが病気だったので，今週は食事を作らなければならなかった．
3) りえはこの2日間宿題ができないでいます，というのも彼女が自分の辞書を語学学校に忘れてきたからです．[sidste を使うこと]
4) 彼は日本のことについて何も知らない．
5) 彼女はデンマーク映画を1本も見たことがない．
6) 私は自分のマンションにはテレビは1台として持っていたくはない．

コラム23
寒く暗い冬は，ろうそくの灯りで hyggelig に過ごす！

　デンマークでは6月の夏至を過ぎた頃から段々と日が短くなり，jul の頃つまり冬至の辺りには朝は8時頃でもまだ暗く，夕方4時頃には再び辺りが暗くなるというように日本では想像もつかないほどに一日の日照時間が短くなります．とはいっても12月は jul があるのでまだ救われます．11月そして1月を乗り切るのはなかなか大変です．jul のようなイベントもありませんし，毎日寒くそして暗い日々が淡々と続くのです．

　でもデンマーク人たちはこの冬をむしろ「静かに屋内で過ごす時期」として肯定的に捉えているようにも思えます．日照時間がだんだん短くなってくるにつれて，デンマーク人たちは自分たちの住まいでろうそくを使う頻度も高くなります．ろうそくの灯り（や，いわゆる間接照明など）は，蛍光灯の灯りとは違って，部屋の中を暖かい灯りで照らしてくれます．彼らはろうそくが灯された空間を，とても居心地の良い空間，心が和む空間と感じるようで，よく hyggelig という形容詞を使って形容されます．

　デンマーク人のお家に行けば，まず間違いなくろうそくが常備されています．色々な種類のろうそくがあり，燭台やろうそく立てにさして使うタイプのろうそくは stearinlys と呼ばれます．またその中でも直径が太く，ろうそく立てがなくとも立てることができるものは bloklys と呼ばれています．またアルミのカップに入った背が低いタイプのものは fyrfadslys と呼ばれます．これら3種類のろうそくは一年中目にするタイプのろうそくですが，jul の時期には kalenderlys といって12月1日から24日までをカウントするためのろうそくも使われます．これは juleaften に向けて毎日1日分だけを使っていくろうそくです．また，デンマークでは juletræ もろうそくを使って本物の火で飾ります．このろうそくは julelys といって，juletræ に飾れるように普通の stearinlys よりもかなり小さくそして細いものになっています．

　このように lys（ろうそく）1つをとっても，日本とは異なるデンマークの文化を垣間みることができるのではないでしょうか．

7 Rejser og drømme 旅と夢

Lektion 24

また会いましょう！
På gensyn!

Rie har nu været i Danmark i knap et år og må snart flyve tilbage til Japan. William har kørt hende i lufthavnen.

William: Fortæl os, Rie... Hvad mener du egentlig om Danmark?
Rie: Jeg synes, Danmark er et trygt og dejligt land. Men da jeg kom hertil, syntes jeg, her var vildt koldt.
William: Hvad tror du, du kommer til at savne?
Rie: Jeg kommer i hvert fald til at savne jer! ① Jeg vil tænke på jer hver dag, når jeg kommer til Kyoto.
William: Og hvad mener du om danskerne generelt?
Rie: Jeg synes, de fleste danskere er venlige og hjælpsomme. Men de taler altså meget hurtigt! Jeg forstod kun meget lidt, da jeg kom, men nu forstår jeg det meste.
William: Jeg tror, du forstår alt nu!
Rie: Tak, men det gør jeg nu ikke. Men jeg synes selv, jeg forstår meget, når I ikke taler for hurtigt.
William: Vi håber, du vil komme igen en anden gang!
Rie: Det vil jeg. Og I må meget gerne besøge mig i Japan.② Det mener jeg virkelig!
William: Kom godt hjem! ③
Rie: Tak. Og på gensyn.

語句

drøm（-men, -me）:［名］夢
gensyn（-et, -）:［名］再会．på gensyn また会いましょう
knap:［副］ほとんど…ない，かろうじて
flyve（fløj, fløjet）:［動］飛ぶ；飛行機で行く
lufthavn（-en, -e）:［名］飛行場
mene*:［動］（…という）意見である，（…と）思う，考える；（…のことを）言う，意図する，意味する
egentlig:［副］ほんとうは，本来ならば；いったい
tryg（-t, -ge）:［形］安心できる，平穏な
land（-et, -e）:［名］国
da:［従接］［過去の一回きりの出来事を表して］〜した時
hertil:［副］ここに・へ
vildt:［副］激しく；ひどく，すごく
komme til at +〔不定詞〕:〜するようになる

savne:［動］（…がない・いないのを）寂しく思う，困る
tænke på 〜 :〜のことを考える
generelt:［副］全般的に，総じて
hjælpsom（-t, -me）:［形］進んで手伝おうとする・役に立とうとする
altså:［副］［強調を表して］ほんとうに
hurtig（-t, -e）:［形］速い．hurtigt［副］速く
forstå（forstod, forstået）:［動］理解する・している
mest:［形］最も多くの．meget の最上級．det meste ほとんどのこと
al（alt, alle）:［不代］すべての．alt すべて（のこと）
måtte gerne:［許可］〜してもよい
besøge*:［動］訪ねる，訪問する
virkelig:［副］本当に
komme godt hjem: 無事に家に帰る，気をつけて家に帰る

よく使われる表現

① 【あなたたちが居なくなって寂しくなります】: Jeg kommer til at savne jer.
　この表現は別れの挨拶の1つとしてよく使われる．ただし，未来の状態を表す表現なので，「あなたたちが居なくて寂しい」という現在の状態を表すには Jeg savner jer. と現在形を用いることに注意しよう．

② 【ぜひ〜してください】: Du/I må (meget) gerne ...
　「許可」を表す måtte と gerne を使って，「相手にどうぞ／ぜひ〜してください」という意味で使われることがある．

　　　Skal jeg hjælpe dig med at dække bord?
　　　　〈テーブルセッティングをお手伝いしましょうか？〉
　　　– Det må du meget gerne. 〈ぜひお願いします．〉

I må meget gerne sige til, hvis der er noget, jeg kan hjælpe jer med.
〈何か私がお手伝いできることがあったら，どうぞいって下さい．〉
③【お気をつけて！】：Kom godt hjem!
これから帰宅するあるいは帰国する相手に向かって「気をつけてお帰りください」という意味で使われる表現．
また，「お元気で」という意味の Hav det godt! も別れ際の挨拶としてよく使われる．
このような表現への返答として，「あなた（たち）も（同様に）ね！」と言いたいときには，I lige måde. という表現を使う．

24.1　「思う」を意味する synes, tro, tænke, mene

「思う」を表すデンマーク語の動詞には synes, tro, tænke, mene の4語がある．
synes は経験した物事に関して「思う」ことであり，tro は経験したことのない物事に関して「思う」ことである．（☞ 6.4）
　　Jeg *synes*, at bogen er spændende.　〈私はその本は面白いと思う．〉
　　Jeg *tror*, at Danmark vinder i aften.　〈私はデンマークが今晩勝つと思う．〉

ちなみに，synes と tro は話し手あるいは書き手の積極的な思考活動としての「思う」ことを表しているのではない．したがって，
　　Jeg *synes* ikke, at bogen er spændende. 〈私はその本が面白いとは思わない．〉
　　Jeg *tror* ikke, at Danmark vinder i aften.
　　　〈私はデンマークが今晩勝つとは思わない．〉
の例文中の否定辞 ikke は本来は at- 節内にあったものが主節に繰り上がってきたものである（☞13.3）．したがって，これらの例文は
　　〈私はその本が面白くないと思う．〉
　　〈私はデンマークが今晩勝たないと思う．〉
という意味である．「思わない（synes ikke, tro ikke）」こと，それ自体はできないのである．

　一方，tænke* は思考活動を表しており，〈考える，思う，思考する，頭を働かす；想像する；…と思う，推測する；…するつもりである，意図する〉を意味する．
　　Han kan ikke *tænke* logisk.　　〈彼は論理的に考えることができない．〉

Jeg vil *tænke* på jer hver dag.
〈私はあなたたちのことを毎日考えるでしょう．〉
Jeg *tænkte* nok, du ville sige det. 〈私は，あなたがそういうだろうと思った．〉
Hvornår *havde* du *tænkt*, at gæsterne skulle komme?
〈お客を何時に呼べば良いと思っていましたか？〉
Jeg *tænkte* ikke, at det kunne gøre noget.
〈それは何かの役に立つとは考えなかった．〉
Du kan da nok *tænke* dig til, at det ikke kan lade sig gøre.
〈あなたはそれが可能ではないということがわかるでしょ．〉

また，mene* は〈(…と) 思う, (…という) 意見である ; (…のことを) いっている, 意味している, (…の) つもりでいう〉を意味する.

Hvad *mener* du om Danmark?
〈あなたはデンマークのことをどう思いますか？〉
Du skal sige, hvad du *mener* om maden.
〈食事のことをどう思うかいって下さい．〉
Jeg *mener*, at planen er dårlig. 〈私の意見ではその計画は悪い．〉
Han *mener* noget andet. 〈彼は別のことをいっている．〉
Du skal sige, hvad du *mener*. 〈あなたの意見をいって下さい．〉
Mener du virkelig, at du vil rejse?
〈あなたは旅行に出たいと本気でいっているのですか？〉
Hvad *mener* du med det? 〈それはどういうことですか？〉

24.2　名詞と名詞からできた合成名詞

　名詞と名詞を合わせて合成名詞を作る場合，① 名詞と名詞を直接つなぐ，② 名詞と名詞の間に -e- を挿入する，③ 名詞と名詞の間に -s- を挿入する，3 通りの作り方がある．いずれの場合でも，合成名詞の性や複数形の作り方は 2 番目（最後）の名詞にならう．なお，合成名詞を含めた，あらゆる合成語は必ず一語として綴る．

〔名詞 + 名詞〕
　　farmor (-en, farmødre)　　　　far + mor (-en, mødre)
　　fodbold (-en, -e)　　　　　　　fod + bold (-en, -e)

〔名詞 + -e- + 名詞〕
　　julegave (-n, -r)　　　　　　　jul + gave (-n, -r)
　　flæskesteg (-en, -e)　　　　　flæsk〈豚肉〉+ steg (-en, -e)〈ロースト肉〉

〔名詞 + -s- + 名詞〕
　　nytårsaften (-en, nytårsaft(e)ner)　　nytår + aften (-en, aft(e)ner)
　　sundhedskort (-et, -)　　　　sundhed + kort (-et, -)

ただし，合成名詞の第一要素（前要素）が arbejde の場合は，arbejde の -e を取り去ったものに -s- を加える．
　　arbejdsværelse (-t, -r)〈仕事部屋〉　arbejde + værelse (-t, -r)
　　arbejdsmiljø (-et, -er)　　　　arbejde + miljø (-et, -er)〈環境〉

コペンハーゲンから 10km ほど北に位置する
デンマーク最古の遊園地 Bakken の看板
(TAK FOR BESØGET そして PÅ GENSYN!)

練習問題

発音練習

Udtale 24: 以下の語にある v は様々な音に発音されます．[v]，[w] あるいは無音かを聞き取りなさい．

flyve, William, vildt, selv, savner, giv, hvad, laver, over, overbevise, venteværelse, bivirkning, øvrig, behøver, have, farvel, knive, bliver, Sverige, leverpostej, søvnig, travl, havde, alligevel, giver, lav

文法練習

Grammatik 24A: tror, synes, tænker, mener の中から適当なものを選び，相応しい形態にして空欄に入れなさい．

1) _____ du på Gud? Eller _____ du, religion er noget pjat?
2) Melissa _____, han sad og _____ på sin gamle kæreste i Vietnam.
3) "En hyggelig eksamen"? Hvad _____ du med det?
4) "Jobbet er dit, hvis du vil have det. _____ over det!"
5) Dine kammerater _____ måske, du _____, festen var en dårlig idé.
6) "Jeg _____ det, jeg siger, og jeg siger det, jeg _____."
7) Freja havde længe _____, at mange ikke _____ særlig godt om hende.
8) "Klaus kunne ofte ikke sove. Jeg _____, han _____ for meget over alting."
9) Den dér film i går ... Hvad _____ du om den? _____ du, de laver en 2'er?
10) Min kusine _____, maden er udmærket, men hun _____, hun bliver for tyk! Det har jeg ikke selv _____ på. Jeg har altid _____, at man skal spise, hvad man _____, er godt.

Grammatik 24B: 意味が通るように空欄に接続詞あるいは疑問副詞を補いなさい．

1) _____ Obama var barn, cyklede han sommetider, _____ han skulle i skole, _____ ikke, _____ det regnede, og slet ikke, _____ det også tordnede.

2) Ditte vidste ikke, _____ Kristine og Jeppe også kom til festen, _____ de blev indimellem ikke inviteret.
3) "_____ du altid skal brokke dig over noget, gider jeg hverken med dig _____ din bror på skovtur."
4) "_____ maden er god, _____ _____ betjeningen også er god, så vil jeg gerne med på den restaurant."
5) "Jeg håber, _____ du kommer, _____ du ved, _____ jeg bor."
6) Annelise vidste godt, _____ man lavede risalamande, _____ hun foretrak faktisk risengrød.
7) _____ Madsen var træt, _____ _____ han egentlig ikke havde lyst, så arbejdede han alligevel over den aften, _____ han ikke kom bagud.
8) _____ han ingen penge har, interesserer hverken mig _____ hende.
9) Både Jakob _____ Bettina, _____ ikke Bettinas søster, tog op til gården i Sverige den weekend, _____ Jakobs mor skulle begraves. De havde ikke været der, _____ Jakobs far døde, _____ han var faldet ned fra et tag.
10) _____ du går ind, skal du tage skoene af, _____ tæppet ellers bliver beskidt.

聞き取り問題

Lytteøvelse 24: 読まれるテキストを全てデンマーク語で書きなさい.

tryg, hyggelig, sjov, udenlandsk, ophold, glæde sig til

和文デンマーク語訳

次の日本語をデンマーク語に訳しなさい.
1) 私は何か楽しいことについて考えるのが好きです. [dejligを使うこと]
2) あなたたちは, 彼女が30歳ぐらいだと思いますか？
3) デンマークは安全な国だという意見の人が多くいる.
4) 私は, 彼は中国人ではないと思う.
5) 私は, その緑色の車は古くないと思う.

コラム 24 デンマークへ留学する

24課ではりえがデンマークでの滞在を終え，日本へと戻りましたが，ここではデンマークへ留学する方法について紹介します．

「フォルケホイスコーレ（folkehøjskole）：国民高等学校」

　folkehøjskoleは，牧師でありまた思想家・詩人でもあるN.F.S. Grundtvigの理念に基づき設立された「試験ではなく，対話によって学ぶ」ことを目的とした成人向けの学校です．デンマークの教育制度に正式に組み込まれている学校ではありませんが，現在でも多くのデンマーク人によって利用されています．

　このfolkehøjskoleは現在デンマークに約70校存在し，1〜2週間程度の短期コース，1〜1ヶ月半程度の中期コース，2ヶ月以上の長期コースというように，各々が滞在できる期間にあわせてコースが選べるようになっています．

　またfolkehøjskoleは各校それぞれに特徴があり，スポーツ，自然，音楽，映画，写真，芸術，デザイン，哲学，文学，語学，歴史，現代社会など，自分の興味のある分野あるいは学びたい事柄に応じて，自分に適した学校が選べるようになっています．

Lektion 25 — 願いと驚き
Ønsker og undren

Rie er rejst retur til Japan. Det er de alle lidt kede af, særligt Buller. ①
Han savner hende tit.

Buller: Gid vi kunne besøge Rie i Japan.
Gitte: Ja, det ville være alle tiders. Men det er dyrt at rejse så langt.
Buller: Så ville jeg ønske, vi havde flere penge.
Gitte: Det ville vi vist alle sammen.
Buller: Hvis bare vi kunne sælge bilen, så ville vi have penge nok.
Gitte: Mon ikke det er en dårlig idé at sælge den?
Buller: Næh, hvorfor det?
Gitte: Fordi far bruger den.
Buller: Hvor er far?
Gitte: Jeg ved det ikke.
Buller: Mon han er væk?
Gitte: Nej, han kommer jo der.
Buller: Kommer han kørende?
Gitte: Nej, han kommer gående.
Buller: Far, jeg ville ønske, du solgte bilen.
William: Hvorfor nu det?
Buller: Tænk, hvis vi kunne besøge Rie i Japan.
William: Jamen, det kan vi. Jeg *har* købt billetter.
Gitte: Billetter til hvad?
William: Til Japan. Vi rejser i april.
Buller: Gid vi kunne rejse i morgen.

語句

ønske (-t, -r)：［名］願い，願望
undren（en）：［名・単］驚き
retur：［副］戻って；戻して；返して
ked (-, -e)：［形］være ked af ～ ～を残念に思う．være ked af det 悲しい
særlig (-t, -e)：［形］特別な．særligt［副］特に
tit：［副］しばしば
gid：［副］［願望を表す従位節を導いて］～で（さえ）あればなあ
alle tiders：とてもすばらしい，最高の
lang (-t, -e)：［形］長い．langt［副詞として］長い距離を，遠く
flere：［形］より多数の（mange の比較級）
penge：［名・複］お金
vist：［副］［以前に見聞きした記憶に基づく推量］たしか；［目前の状況から判断しての推量］どうやら
alle sammen：みんな，全員
hvis bare：～さえすれば，～でさえあれば
sælge (solgte, solgt)：［動］売る，売却する

nok：［副］十分に．have penge nok 十分にお金がある
mon ikke ...?：［確信を持って］～ではないの？，～でしょう
mon ...?：［副］～だろうか？，～かしら？
næh：［間］［先行する否定疑問文や否定の陳述を肯定して］そうなの，そうですか；［否定を表して］いいや，ちがうよ
vide (ved, vidste, vidst)：［動］［従位節を目的語にとって］～を知っている
væk：［副］遠くの方で・に，（い）なくなっている；遠くの方へ・に，（い）なくなる．er væk（い）なくなっている
kørende：［køre の現在分詞］車を運転しながら
gående：［gå の現在分詞］歩きながら
nu：［副］［驚きや疑問を表して］さて，はて，いったい
jamen：［間］しかし，でも；おやおや，まあ
billet (-ten, -ter)：［名］切符，チケット

よく使われる表現

① 【～を残念に思う】：være ked af + at- 不定詞／at- 節
〔være ked af ～〕で af 以下の事柄を「残念に思う」ことを表す．
　Buller er ked af at skulle sige farvel til Rie.
　　〈ブラはりえにお別れを言わないといけないことを残念に思っている．〉
　Buller var ked af, at Rie var rejst retur til Japan.
　　〈ブラはりえが日本に戻ったことを，残念に思っていた．〉
また，ked af det で「悲しい」という意味を表す形容詞句として使われる．
　Jeg er frygtelig ked af det.　　〈私はものすごく悲しい．〉
　Han er ked af det hele tiden.　　〈彼は四六時中悲しがっている．〉

25.1　動詞の現在分詞

　動詞の現在分詞は，gående, kørende のように，動詞語幹に –ende を付加して形成する．（☞ 8.1.2）
　デンマーク語の現在分詞は動詞的にも形容詞的にも用いられるが，英語などとは異なり，動詞的用法は非常に限定されている．

25.1.1　現在分詞の動詞的用法

　〔komme + 現在分詞〕「～しながらやってくる」：主に往還の動詞が用いられるが，それ以外の動詞も用いられる．この場合，komme には強勢はなく，現在分詞に強勢が置かれる．
　　Kommer han *gående*?　〈彼は歩いてきますか？〉
　　Han *kommer kørende*.　〈彼は車を運転して来ます．〉
　　Buller *kom cyklende*.　〈ブラは自転車をこいで来た．〉
　　Børnene *kom løbende* ind i stuen.
　　　〈子どもたちは走ってリビングに駆け込んだ．〉
　　Min hund *kom springende* hen til mig.
　　　〈私の犬は飛び跳ねて私の方にやって来た．〉
　　Yrsa *kom smilende* hen til mig.
　　　〈ユアサは微笑みながら私の方にやって来た．〉
　　Buller *kom grædende* ind i stuen.　〈ブラは泣きながらリビングに入って来た．〉

　〔komme + 現在分詞〕は文を生き生きとしたものにする．
　　Børnene løb ind i stuen.　〈子どもたちはリビングに駆け込んだ．〉
　　　⇕
　　Børnene *kom løbende* ind i stuen.
　　Min hund sprang hen til mig.　〈私の犬は私の方に跳んできた．〉
　　　⇕
　　Min hund *kom springende* hen til mig.

　〔blive + 現在分詞〕「～したままでいる」：stå, sidde, ligge, bo の現在分詞が用いられる．この場合，blive には強勢はなく，現在分詞に強勢が置かれる．
　　Peter *blev stående* ved stoppestedet i ti minutter.

〈ピーダは停留所に10分間立ったままでいた．〉
Bliv bare *siddende*!　　　　〈どうぞ座ったままでいてください！〉
Gitte *blev liggende* i sengen til kl. 8.
　　　〈ギデは8時までベッドに横になったままでいた．〉
Jeg vil gerne *blive boende* her.　〈私はここに住んだままでいたい．〉

〔have + 目的語 + 現在分詞〕「～を～したままにしてある」: stå, sidde, ligge, bo, hænge（hang, hængt）〈ぶら下がっている〉の現在分詞が用いられる．
　　Jeg *har* min cykel *stående* på stationen.〈私は自転車を駅に置いている．〉
　　Jeg *har* min skjorte *hængende* i kælderen.
　　　〈私はシャツを地下室に干している（＝ぶら下がったままにしている）．〉
　　Lene *har* haft sin gamle far *boende* i en uge.
　　　〈リーネは老いた父親を1週間住まわせていた．〉

25.1.2　現在分詞の形容詞的用法

付加的用法
　　et *voksende* problem　　〈大きくなっている問題〉
　　en *gøende* hund　　　　〈吠えている犬〉
　　kogende vand　　　　　〈熱湯（＝煮立っている水）〉

叙述的用法
　　Rygning er *generende* for ikke-rygere.
　　　〈喫煙はタバコを吸わない人々にとってわずらわしい．〉
　　Små børn er sommetider *irriterende*.
　　　〈小さい子どもはときどきいらいらさせる．〉

25.1.3　現在分詞の副詞的用法

　形容詞的用法の現在分詞は副詞的にも用いられる．

様態の副詞として
　　Du skriver *imponerende*.　　〈あなたはすばらしい文章を書く．〉
　　Han arbejder *tilfredsstillende*.　〈彼は満足のいく仕事をする．〉

形容詞を修飾する程度の副詞として

Kartoflerne var *brændende* varme.
　〈ジャガイモは火傷するほど熱かった．〉
Det var *bidende* koldt i hele februar måned.
　〈2月の間中，肌を刺すように寒かった．〉

副詞を修飾する程度の副詞として

Hun løb *overraskende* hurtigt.　〈彼女は驚くほど速く走った．〉
De spillede *bragende* godt.　〈彼らはこの上なく上手にプレイした．〉

25.1.4　現在分詞の名詞的用法

形容詞的用法の現在分詞は名詞的にも用いられる．
　en *døende*　　　〈ある死にかかっている人〉
　en *rejsende*　　　〈ある旅人〉
　en *studerende*　　〈ある大学生〉

対象が既知の場合には，形容詞の名詞的用法と同じように，独立定冠詞を用いる．(☞ 20.3)
　den *døende*〈その死にかかっている人〉, de *døende*〈その死にかかっている人たち〉
　den *rejsende*〈その旅人〉, de *rejsende*〈その旅人たち〉
　den *studerende*〈その大学生〉, de *studerende*〈その大学生たち〉

25.2　mon, mon ikke

副詞 mon はいぶかる気持ち，疑問に思う気持ちを表して，「～だろうか」を意味する．mon は他の大多数の副詞とは異なり，節を導いたり，疑問詞の直後に置かれたりもする．mon はまた返答としても用いられる．
　Er der *mon* vilde dyr i skoven?〈森に野生動物がいるだろうか？〉
　Mon han er hjemme i dag?　〈彼は今日自宅にいるだろうか？〉
　Hvem har *mon* spist kagen? – Ja, hvem *mon*!
　　〈誰がケーキを食べたのだろう？――本当だ，誰だろう！〉

Hvem *mon* har tid til sådan noget?
〈誰がそういうことに時間があるだろうか？〉
Han nægter at svare. – *Mon* dog?
〈彼は答えるのを拒んでいる．――一体どうしてだろう？〉

一方，mon ikke は確信があることを表して，「きっと，もちろん～だろう」を意味する．

Hun er virkelig smuk. – Ja, *mon ikke*!
〈彼女はほんとうにきれいだ．――ええ，そうですとも．〉
Er du glad for din nye cykel? – Ja, *mon ikke*!
〈新しい自転車を喜んでいますか？――はい，もちろんです．〉
Du kender vel ikke den slags piger? – Jo, *mon ikke*.
〈あなたはその種の女の子を知らないですよね？――いいえ，もちろん知ってますよ．〉
Mon ikke det er på tide at stå op? 〈きっと起床する時間だろう．〉

25.3　非現実と願望を表す動詞の過去形

デンマーク語では，非現実と願望を表すために，特に法助動詞の過去形を用いる．これは婉曲な，遠慮がちな表現と控え目な願望を表現する場合と同様である．(☞ 20.2)

非現実

Jeg *ville* fortælle dig det, hvis jeg *vidste* det.
〈私は，もしそれを知っていれば，あなたにお話するのですが（知らないので，お話できません）．〉
Jeg *ville* gøre det, hvis jeg *kunne*.
〈私は，もしできれば，そうするのですが（できません）．〉
Hvis jeg *havde* råd, *ville* jeg rejse rundt i Europa.
〈もし私に金銭的余裕があれば，ヨーロッパ巡りの旅をするのですが（余裕はありません）．〉
Jeg *ville* gerne hjælpe dig, men jeg kan desværre ikke.
〈できればあなたをお手伝いしたいのですが，残念ながらできません．〉

また過去完了形は，過去形が現在の事実に反することを表すのに用いられるのと同様，過去の事実に反する事柄を表すのにも用いられる．

Jeg *havde købt* en god flaske snaps, hvis jeg *havde vidst*, at du kom.
〈私は，もしあなたが来ることを知っていたならば，良いスナプスを1本買っておいたのに（でも，知らなかったので買わなかった）．〉

Jeg *var blevet* rig, hvis jeg *havde vundet* i Lotto.
〈私は，もし宝くじに当たっていたならば，お金持ちになっていたのに（でも，当たらなかったのでお金持ちにはならなかった）．〉

願望

Jeg *ville ønske*, vi *havde* flere penge.
〈私たちにもっとお金があったらいいのになあ．〉

特に，願望を表す副詞 bare および gid を用いて願望を表すことが多い．この場合，bare と gid は従位節を導く従位接続詞として機能する．

Hvis *bare* vi kunne sælge bilen, ...
〈もし私たちが自動車を売ることができさえすれば，…〉
Bare jeg ikke havde skældt ham ud.　〈彼を叱りさえしなかったならなあ．〉
Bare det altid var godt vejr!
〈いつも良い天気でありさえすればなあ！〉
Gid vi kunne besøge Rie i Japan.
〈私たちが日本にいるりえを訪ねることができたらなあ．〉
Gid jeg havde taget paraply med.　〈傘を持って来ていたらなあ．〉

練習問題

発音練習

Udtale 25: 読まれる母音が，[i]，[e]，[æ]，[ɑ̇]，[a]，[α] のうちどれかを聞き取りなさい．

pige, hedde, læge, dame, mand, barn, april, cirka, er, varmere, end, det, ikke, varmt, weekenden, sidder, mange, japanere, spiser, danske, de, meget, der, dem, vegne, templer, træ, sten, mennesker, mere, bare, hvad, Japan, har, taget, af (med tryk), af (uden tryk), flere, forskelle

文法練習

Grammatik 25A: 例に従って，各文を2通りに書き換えなさい．

Ex 1. *Jeg vil meget gerne besøge Rie i Japan*
  a) *Jeg ville ønske, jeg kunne besøge Rie i Japan*
  b) *Gid jeg kunne besøge Rie i Japan*
Ex 2. *Jeg gider ikke drikke mælk*
  a) *Jeg ville ønske, jeg ikke skulle drikke mælk*
  b) *Gid jeg ikke skulle drikke mælk*

1) Jeg vil meget gerne rejse i Afrika
2) Vi vil meget gerne have, du besøger os
3) Jeg kunne virkelig godt tænke mig et større fjernsyn
4) Jeg gider ikke lave lektier
5) Jeg vil meget gerne, I tager bøgerne frem nu
6) Jeg vil altid sove længe om morgenen
7) Testen gider vi ikke lave
8) Et større klædeskab kunne jeg også godt tænke mig
9) På lørdag vil jeg meget gerne shoppe i et storcenter med en veninde
10) Jeg vil meget gerne have, vi tager på stranden

Grammatik 25B: 例に従って，各文を4通りに書き換えなさい．

Ex *Måske er far væk*
   a) *Mon far er væk?*
   b) *Er far mon væk?*
   c) *Hvor mon far er?*
   d) *Gad vide, om far er væk?*

1) Måske regner det i morgen
2) Måske har vi også noget til fælles
3) Måske skal man trykke på den røde knap i stedet
4) Måske går det godt for Heidi
5) Måske kommer dine bedsteforældre senere

聞き取り練習

Lytteøvelse 25: ギデとヴィリアムが話しています．会話を全てデンマーク語で書きなさい．

> indtil, kollega, jamen, gøre ved, håbe, medarbejder

和文デンマーク語訳

次の日本語をデンマーク語に訳しなさい．

1) ユアサは歌いながらリビングに入ってきた．［過去形を使うこと］
2) ヴィリアムは自転車をこいでくる，一方ギデは車を運転してきます．［従位接続詞を使うこと］
3) もし私がたくさんのお金を持っているなら，働かないのに．
4) 私に新しい自転車がもらえたらなぁ．
5) 私たちが忙しくなければなぁ．

コラム25 デンマークで車を持つということ

　25課では，ブラがしきりにヴィリアムに対して「車を売ろうよ！」ということをいっていますが，ここでは「デンマークで車を所有する」ということについて一言．デンマークでは車の購入に際して，相当な額の税金を払う必要があります．2020年現在，デンマークの税金省の説明によると，197.700,00 kr.までの自家用車であれば，購入額の85%の登録税を，そしてそれ以上の額の自家用車を購入する際には，購入額の何と150%の登録税を払う必要があるそうです．

　コペンハーゲン中心部などの都市部に住んでいる場合には，前にも述べた通り，自転車を交通手段としている人が数多くいます．環境に優しいから，運動になるから，市内の中心部には駐車スペースがない等，車を持たないのには様々な理由があるようですが，純粋に車の購入には非常にお金がかかることも1つの理由になっているのでしょう．

　またデンマークの免許制度も日本とは異なります．まず，免許の更新というものがありません．80歳のおじいちゃんが若かりし頃の写真がついた免許を持っていることも珍しくありません．免許取得に関しても，日本の自動車教習所のように場内の施設で実車教習をするということはありません．建物に「køreskole」と書かれた看板が掛けられていて，そこで学科教習・技能教習を受けるのですが，技能教習はいきなり路上研修となります．

　最後に実際にデンマークで車を運転する際には，予め日本で国際免許証を取得していくことをお勧めしますが，デンマークでは日本に比べるとオートマチック車は一般的ではなく，マニュアル車の方が圧倒的に多いので，日本でオートマチック車しか運転しない人は少し注意が必要です．

Lektion 26 比較

Sammenligninger

I april ankommer familien i Kyoto, der ligger cirka 8.500 km fra Rødovre. I Kyoto er der varmere end i Danmark, men det er endnu ikke *for* varmt. Kirsebærblomsterne er sprunget ud, og i weekenden sidder mange japanere under trækronerne og spiser madpakker. Sammenlignet med danske kirsebærblomster er de japanske meget smukke, og der er mange af dem. Der er faktisk kirsebærtræer alle vegne. Templer og slotte ser meget anderledes ud, end kirker og slotte gør i Danmark. Hvor japanske templer ofte er bygget af træ, er danske kirker bygget af sten. Desuden er der mange mennesker i Japan, virkelig mange mennesker. Der bor mere end 20 gange så mange mennesker i Japan som i Danmark, selvom Japan bare er cirka 9 gange større. I Japan spiser man med pinde, mens man i Danmark spiser med kniv og gaffel. Hvad fisk angår, foretrækker Gitte japansk fisk.① Men hvad brød angår, foretrækker hun dansk brød. Buller, derimod, foretrækker is både i Danmark og i Japan. Rie har selvfølgelig taget familien med på traditionelle japanske restauranter. I modsætning til i Danmark tager man skoene af, inden man går ind på en japansk restaurant. På restauranterne deles man om maden på bordet. Det gør man ikke i Danmark. I Danmark får man sin egen tallerken og deler den ikke med nogen. Der er nok flere forskelle på Danmark og Japan, end der er ligheder, men familien kommer tilbage til Danmark med mange nye minder fra en suveræn ferie.

語句

sammenligning (-en, -er): [名] 比較
ankomme (ankom, ankommet): [動] 到着する
km = kilometer (-en, -, -ne): [名] キロメートル
endnu: [副] 未だ
kirsebærblomst (-en, -er): [名] 桜の花
kirsebær (-ret, -): [名] サクランボ
springe (sprang, sprunget): [動] 跳ぶ，ジャンプする．springe ud 花・つぼみが開く，ほころぶ
under: [前] 〜の下に・で
trækrone (-n, -r): [名] 樹冠
krone (-n, -r): [名] 王冠
madpakke (-n, -r): [名] お弁当（のサンドイッチ）
pakke (-n, -r): [名] 包，小包
sammenligne: [動] 比べる，比較する．sammenligne A med B AをBと比較する．sammenlignet med 〜 〜と比べて
smuk (-t, -ke): [形] 美しい
kirsebærtræ (-et, -er): [名] 桜の木
tempel (templet, templer): [名] 神殿，寺院
slot (-tet, -te): [名] 城，城郭
hvor: [関副] 〜のところ
bygge: [動] 建てる，築く，建設する
af: [前] （材質に関して）〜で．af træ 木材で
sten (-en, -): [名] 石；レンガ
gang (en gang, gange): [名] 倍．20 gange så mange som 〜 〜の20倍多く
selvom: [従接] たとえ〜であろうとも；（事実は）〜ではあるが
mens: [従接] 〜している間；一方で
kniv (-en, -e): [名] ナイフ；包丁
gaffel (gaflen, gafler): [名] フォーク
fisk (-en, -): [名] 魚
angå (angik, angået): [動] 〜に関わる．hvad 〜 angår 〜に関しては，〜については
foretrække (foretrak, foretrukket): [動] より好む．foretrække A (frem) for B BよりもAの方を好む
brød (-et, -): [名] パン；糧
derimod: [副] それに対して
is (-en, -): [名] アイスクリーム
is (-en): [名・単] 氷
tage (tog, taget): [動] 取る．tage 〜 med 〜を持っていく，〜を連れていく
traditionel (-t, -le): [形] 伝統的な
modsætning (-en, -er): [名] 反対，対照，対立．i modsætning til 〜 〜とは対照的に，〜とは異なり
deles (deles, deltes, deltes) om 〜: [動] 〜を分ける，分け合う，シェアする
egen (eget, egne): [不代] 自分自身の
dele*: [動] 分ける
forskel (-len, -le): [名] 違い，差異．forskel på A og B AとBとの違い
lighed (-en, -er): [名] 同じであること，類似(点)
minde (-t, -r): [名] 思い出
suveræn (-t, -e): [形] 最高の，最上の，卓越した

> **よく使われる表現**

① 【(B よりも) A の方を好む】：foretrække A ((frem) for B)
「何かと比較して，あるものを好む」ということを表現する場合に用いられる表現である.
  Jeg foretrækker foråret (frem for efteråret).〈私は（秋よりも）春の方が好きだ.〉
kan lide を用いて以下のように表現することもできる.
  Jeg kan bedre lide foråret end efteråret.　〈私は秋よりも春の方が好きだ.〉

26.1　比較の方法

26.1.1　形容詞の比較級を用いた比較

比較を表すには形容詞の比較級を用いる.（☞7.1）
  Han er *højere end* mig.　　　　〈彼は私よりも背が高い.〉
  Han er *højere, end* jeg er.　　　〈彼は私よりも背が高い.〉

形容詞の比較級を副詞として用いることもできる.
  Han løber *hurtigere end* mig.　　〈彼は私よりも速く走る.〉
  Han løber *hurtigere, end* jeg gør.〈彼は私よりも速く走る.〉

「どれだけより〜」の部分は比較級の直前に置く.
  Han er *5 cm* højere end mig.　　〈彼は私よりも5cm背が高い.〉
  Han løber *2 sekunder* hurtigere end mig.〈彼は私よりも2秒速く走る.〉

「何倍より〜」の何倍の部分は比較級の直前に置く．2倍以上は〔基数 + gange〕を用いるが，2分の1倍は en halv gang を用いる.
  Japan er cirka *9 gange* større end Danmark.
    〈日本はデンマークの約9倍の大きさである.〉
  Bogen blev *en halv gang* længere end forventet.
    〈その本は予想よりも半分の長さになった.〉

〔比較級 og 比較級〕「ますます〜になる」
  Dag for dag bliver det *koldere og koldere* i januar.

〈日ごとに1月はますます寒くなる．〉
Udviklingen er gået *stærkere og stærkere* i de sidste år.
〈発展はここ数年間，ますます激しく進んできている．〉

26.1.2　så ～ som ～ を用いた比較

〔så + 形容詞 / 副詞 + som ～〕で比較を表すことができる．
　　Den er *så* lille *som* en mus.　　〈それはハツカネズミのように小さい．〉
　　Der var *så* stille *som* i en kirke.〈教会の中にいるように静かだった．〉
　　De nye studerende er lige *så* flittige *som* de gamle.
　　　　〈（大学の）新入生たちは卒業生たちとちょうど同じくらい勤勉である．〉
　　Han svømmer lige *så* hurtigt *som* sin storebror.
　　　　〈彼は兄とちょうど同じくらい速く泳ぐ．〉

「何倍～」の何倍の部分は så の直前に置く．2倍は副詞的用法の形容詞 dobbelt を，2分の1倍は en halv gang か halvt を，3倍以上は〔基数 + gange〕を用いる．
　　Vores nye flagstang er *dobbelt* så høj som naboens.
　　　　〈私たちの新しい旗竿は隣人の旗竿の2倍の高さがある．〉
　　Avisen er kun *en halv gang* så tyk, som den plejer at være.
　　　　〈その新聞はいつものよりも半分の厚さしかない．〉
　　Han er *halvt* så høj som sin far.〈彼は身長が父親の半分である．〉
　　Der bor *20 gange* så mange mennesker i Japan som i Danmark.
　　　　〈デンマークの20倍の人間が日本に住んでいる．〉

26.1.3　その他の方法による比較

<u>lige による類似</u>
　　Vi er *lige* gamle.　　　　　　〈私たちは同い年だ．〉
　　Vokser alle negle *lige* hurtigt?　〈すべての爪が同じ速さで伸びるか？〉

<u>〔samme + 名詞 + som ～〕による比較</u>
　　De taler *samme sprog som* os.〈彼らは私たちと同じ言葉を話す．〉
　　Dine øjne har *samme farve som* din sweater.
　　　　〈あなたの目はあなたのセーターと同じ色をしている．〉

som による譬え
> Han går *som* en gammel mand.〈彼は老人みたいに歩く。〉
> Hun spiser *som* en fugl.〈彼女は小食である。〉[← 彼女は小鳥のように食べる。]

som om による譬え
> Manden lyder, *som om* han er fuld.
> 〈(その)男はあたかも酔っぱらっているかのような話しぶりだ。〉
> Han lader, *som om* han er syg.
> 〈彼はあたかも病気であるかのようなふりをする。〉
> Man lader, *som om* intet var hændt.
> 〈(実際には起こったのであるが)何事も起こらなかったかのようなふりをする。〉
> Det ser ud, *som om* der vil komme sne.〈あたかも雪になりそうな雲行きだ。〉

形容詞 forskellig, anderledes や不定代名詞 anden を用いた相違
> De to børn er meget *forskellige*.
> 〈その2人の子どもはとても異なっている。〉
> Han er en ganske *anden* mand, end han tidligere var.
> 〈彼は以前とはまったく別の男だ。〉
> De er *anderledes* end andre mennesker.〈彼らは他の人たちとは違っている。〉
> I Japan ser templer og slotte *anderledes* ud, end kirker og slotte gør i Danmark.
> 〈日本では神社仏閣と城はデンマークの教会と城とは異なる外見をしている。〉

〔jo + 比較級 ..., jo/des/desto + 比較級〕「～であればあるほど,ますます～である」
> *Jo mere* han tjente, *jo/des/desto mere* brugte han.
> 〈彼はお金を稼げば稼ぐほどもっとたくさんお金を使った。〉

〔sammenlignet med ～〕による比較
> *Sammenlignet med* danske kirsebærblomster er de japanske meget smukke.
> 〈デンマークの桜の花と比べると日本の桜の花はとても美しい。〉

〔i modsætning til ～〕による比較
> *I modsætning til* i Danmark tager man skoene af, inden man går ind på en japansk

restaurant.
〈デンマークとは異なり，日本のレストランに入る前に履物を脱ぐ。〉

従位接続詞 mens による対立
I Japan spiser man med pinde, *mens* man i Danmark spiser med kniv og gaffel.
〈日本では箸を使って食事をする，一方，デンマークではナイフとフォークを使って食事をする。〉

〔foretrække A (frem) for B〕「B よりも A を好む」
Gitte *foretrækker* japansk fisk *frem for* dansk fisk.
〈ギデはデンマークの魚よりも日本の魚の方が好きだ。〉

forskel「相違点」と lighed「類似点」
Der er nok flere *forskelle* på Danmark og Japan, end der er *ligheder*.
〈デンマークと日本には類似点よりも相違点の方が多いでしょう。〉
Der er stor *lighed* mellem de to søstre.〈その 2 姉妹には大きな類似点がある。〉

26.1.4　絶対比較級

絶対比較級は他との比較を含まず，単に比較的程度が高いことを表す。
Ældre mennesker er yngre end gamle mennesker.
〈初老の人は老人よりも年下である。〉
*ældre*bolig〈高齢者住宅〉
Jeg har lånt et *mindre* beløb i banken.
〈私は銀行で［小さな額ではないが高額でもない，比較的］少額を借りた。〉

26.2　不定代名詞 egen/eget/egne「自分自身の；固有の」

	単　数	複　数
共　性	egen	egne
中　性	eget	

Behandlingen skal betales af *egen* lomme.
　　〈治療費は自腹を切って払われねばならない。〉
Lejligheden var ikke stor, men den var i det mindste selvstændig og med *egen* indgang.
　　〈(その)アパートの部屋は大きくなかったが，それは少なくとも独立しており，固有の入口があった。〉
Færdsel før dette tidspunkt sker på *eget* ansvar.
　　〈この時刻以前の往来は自己の責任においてなされる。〉
De fleste partier på Christiansborg arbejder udelukkende for *egne* interesser.
　　〈クレスチャンスボー［デンマーク国会］の大多数の政党はもっぱら自らの利益のためだけに働いている。〉
Er nogen af dem på din *egen* alder?
　　〈彼らのうちの誰かがあなた自身の年齢ですか？〉
De har deres *eget* sommerhus oppe i Nordsjælland.
　　〈彼らには北シェランに自分たちの別荘がある。〉
Skæbnen ligger i vores *egne* hænder. 〈運命は私たち自身の手中にある。〉

26.3　テーマ化の hvad 〜 angår

［hvad 〜 angår］「〜に関しては」という表現は，これから「〜」について話しますというテーマ化の合図であるが，硬い響きのある書きことばであるといえよう。

　　Hvad fisk *angår*, foretrækker Gitte japansk fisk.
　　〈魚(に関して)は，ギデは日本の魚の方を好む。〉

テーマ化と言えば，日本語では助詞「は」がその役割を担っている．飛行機の機内で食事はビーフステーキにするか，チキンにするかとたずねられ，「ぼくはチキンだ！」と答える時に，

　　Jeg er kylling!　　　　　〈私は［人間ではなく］チキンだ！〉
と答えると困ったことになる．
　　'Jeg vil gerne have kylling!　　〈私はチキンがほしい．〉
のように jeg に強勢を置いて発音すれば良いのであろうが，文字にする場合には強勢のあることを示すのは一般的には難しい．そこでテーマ化の表現である［hvad 〜 angår］を用いると，日本語の「は」を説明することができるので便利である．

Hvad mig *angår*, vil jeg gerne have kylling.
　　〈私(に関して)は，チキンがほしい．〉
あるいは
Hvad mig *angår*, er det kylling (, jeg gerne vil have).
　　〈私(に関して)は，(私がほしいのは)チキンだ．〉

26.4　der- 構文の例外

　主語が未知で不定の場合に用いられる der- 構文において，場所や時間等を表す副詞的語句が文頭に置かれる場合には形式主語の der が省略されることがある．

På bordet er en computer og en lampe. ⇔ På bordet er der en computer og en lampe.
　　〈机の上にはコンピュータと電気スタンドがある．〉
I kirken er mange i dag. ⇔ I kirken er der mange i dag.
　　〈教会には大勢の人が今日いる．〉
I dag er mange i kirken. ⇔ I dag er der mange i kirken.
　　〈今日は大勢の人が教会にいる．〉
I weekenden sidder mange japanere under trækronerne og spiser madpakker. ⇔ I weekenden sidder der mange japanere ...
　　〈週末には大勢の日本人が木の下に座り弁当を食べている．〉

練習問題

発音練習

Udtale 26: stød のある語とない語に分けなさい．

gid, gider, bare, hvis blot, blå, rejst, rejse, retur, kede af, ked af, Buller, tit, besøge, besøger, besøgt, dyrt, dyre, langt, alle sammen, idé, fordi, far, ved, vil (uden tryk), mon, kommer, jo, kør, kørende, gå, gående, sælg, solgte, har (uden tryk), har (med tryk), april

文法練習

Grammatik 26A: mange/få, meget/lidt の中から，正しい語彙を選び，正しい形態にして空欄に入れなさい．

1) Der bor _____ mennesker i Osaka end i Hiroshima, men der bor trods alt _____ end i Tokyo.
2) Der er _____ at lave for unge mennesker i små byer end i større byer. Derfor flytter _____ og _____ unge ind til byen, hvor der er lidt _____ liv. Men kun _____ af dem bor der resten af deres liv. _____ flytter nemlig tilbage til provinsen efter nogle år.
3) "Jeg har faktisk ikke så _____ penge, i hvert fald har du _____ end mig, så må jeg ikke låne _____ ?"
4) De _____ er virkelig gode til at spille klaver, men de _____ har prøvet det engang, så alle ved _____ om klaverspil, selvom de måske ikke ved så _____ .
5) "Det _____ interessante ved skuespillet var de _____ kostumer. Selve stykket var _____ kedeligt, synes jeg. Jeg savnede lidt _____ drama."
6) For snart _____ år siden havde Poulsen en _____ charmerende forretning i Brolæggerstræde. Men efterhånden kom _____ og

308

_____ kunder forbi, og det blev _____ og _____ vanskeligt for Poulsen at betale sine _____ regninger. Gid lidt _____ havde handlet lidt _____ hos Poulsen!

Grammatik 26B: 以下の表を参考にして，各文の空欄を埋めなさい.

Land	Areal (i km² = kvadratkilometer)	Befolkning（mio.）
Danmark	43.000	5,5
Sverige	450.000	9,5
Norge	385.000	5
Tyskland	357.000	80,2
Japan	378.000	128

1) _____ _____ bor der flere end i Tyskland.
2) _____ _____ og _____ _____ bor der næsten lige mange.
3) _____ er cirka ti gange større _____ _____ .
4) _____ er faktisk lidt større _____ _____ , men der bor _____ end 24 gange _____ i _____ end i _____ .
5) Sammenlignet med Tyskland bor der _____ i _____ , men færre i både _____ , _____ og _____ .
6) Japan har både et _____ _____ og en _____ _____ end Tyskland.
7) _____ _____ _____ i Skandinavien er Danmark.
8) _____ _____ bor der 15 mio. mennesker i _____ og _____ .

Lytteøvelse 26: ブラとギデ，そしてりえとヴィリアムの会話を全てデンマーク語で書きなさい.

CD-Ⅱ
42

flyvetur, en del, slet ikke, vild, velkommen,
i lige måde, overhovedet, tur, alt

和文デンマーク語訳

次の日本語をデンマーク語に訳しなさい．[下線部分がある場合は，その語句で文を始めること．]

1) あなたたちの家は，私のマンションの部屋の5倍の大きさがある．
2) あなたのテレビは，僕の（テレビ）の2倍（値段が）高い．
3) <u>ビールに関しては</u>，ヴィリアムはデンマークのビールの方が好みだった．しかしギデは日本のビールの方が好みだった．[過去形を使うこと]
4) りえはラスムスン一家のところで一部屋を借りている．一方で彼女のデンマーク人の友人たちは，自分自身のマンションの部屋を持っている．
5) <u>あなたとは違って</u>，彼は仕事が速い．

コラム26 デンマーク人にとっての日本

　インターネットが普及した現代では，デンマークと日本の距離は以前に比べ格段に縮まっており，また今後もその傾向が続いていくのだろうと思います．しかしながら，やはりデンマーク人にとって日本という国は，遠く離れたアジアの最東端の国であり，そこに存在する文化に興味を持つ人も少なくないようです．

　デンマークで注目を集めている日本の文化は数多くあり，「こんなものがデンマークで！？」と度々驚かされるのですが，まず伝統的なところから挙げていくと，デンマークでは，日本の「武道」，主に「空手」，「合気道」そして「柔道」を習っている人が案外多くいることに驚かされます．皆さんの中で武道を習っている人がいれば，デンマークへ留学後もそれを続けることはそれほど難しいことではないかもしれません．

　また「和食」も近年デンマークで注目されているものの1つといえるでしょう．コペンハーゲンなどの都市では「SUSHI」と書かれたレストランを見かける機会がとても多くなりました．ただデンマーク人の中には，日本人であれば誰でも寿司を作れると思っている人もいるようで，皆さんも留学中に「寿司を作って」とお願いされることがあるかもしれませんので，ご注意を．

　さらに「日本のアニメーション」にも注目が集まっています．日本のアニメのDVDがデンマーク語吹き替えで販売されていることも珍しくありません．皆さんにとっては，デンマーク語の理解のために，日本のアニメをデンマーク語で見ることもできます．

　毎年4月，いわゆる日本の桜の季節には，このような日本の伝統的な文化そして現代的な文化を融合させて，「コペンハーゲン・サクラフェスティバル」が行なわれています．ここでは日本食の屋台が並び，日本文化の紹介がなされるだけでなく，日本のアニメに興味を持つデンマークの若者が，日本の若者同様にアニメのコスプレをした姿で参加するのを目にすることもあります．

　また，これまでに述べたもの以外にも，日本映画や日本文学などもデンマーク人の興味の対象として挙げられるでしょう．コペンハーゲンにあるCinemateket（映画博物館）では，日本映画の名匠，黒澤明，小津安二郎，成瀬巳喜男などの映画が上映されることも珍しくありません．また現代の日本映画が，デンマークの映画館で上映されることも多くあります．文学に目を向けると，村上春樹の作品はデンマーク語に数多く翻訳されています．彼の作品のデンマーク語訳を通して，デンマーク語について学ぶということもできるかもしれません．

Lektion 27

ラスムスン一家からの手紙
Et brev fra familien Rasmussen

Rødovre, den 25. oktober 2012

Kære Rie.

Tusind tak for sidst!① Nu er vi kommet hjem til Danmark igen. Det er en lang tur, som du ved. Vi kunne være fløjet direkte til Kastrup fra Tokyo, men det var meget dyrt. I stedet fløj vi over Helsinki. Vi ville gerne have set Helsinki, altså mere end bare lufthavnen, men det havde vi desværre ikke tid til. Det ville ellers have været spændende.

Vi vil alle meget gerne til Japan igen engang. Jeg kunne have brugt mange flere dage i Kyoto. Buller og Yrsa ville bare gerne være blevet i Japan sammen med dig. Vi burde måske også være rejst en tur til Tokyo, men det har vi aftalt at gøre næste gang. Måske kan du anbefale os nogle seværdigheder der? Eller du kan tage med!

Det var hyggeligt at møde din familie, og du må endelig hilse dem fra os.②③ Hvis I skulle få lyst, er I selvfølgelig meget velkomne til at besøge os i Danmark. Danmark plejer at være skønnest fra maj til september, men I er naturligvis velkomne når som helst.

Håber, vi snart ses igen! Pas godt på dig selv.

Kærlig hilsen
Gitte, William, Buller og Yrsa

PS Yrsa ville gerne have købt flere postkort derude. Gider du ikke sende os et par stykker?

語句

kær (-t, -e): [形] 親愛な，かわいい，いとしい；かわいらしい．[手紙などの冒頭で] Kære 〜 親愛なる〜

tak for sidst: この前はありがとうございます

tur (-en, -e): [名] 旅行

som: [接] 〜のように

kunne være fløjet: 飛行機で飛ぶこともできたのだが（実際にはそうしなかった）

direkte: [副] 直接に，ストレートに，直行で

over: [前] 〜を経由して

ville gerne have set: 見たかったのだが（実際にはそうしなかった）

altså: [副] つまり，ようするに

have tid til 〜: 〜する時間がある

desværre: [副] 残念ながら，残念なことに

ville have været 〜: （実際にそうしていたならば）〜だったのだろうが

spændende (-, -): [形] わくわくさせる，おもしろい，興奮させる，はらはらさせる

vil gerne til 〜: 〜に行きたい

burde være rejst til 〜: 〜に行く・旅行すべきだったが（実際にはそうしなかった）

aftale*: [動] 同意する，合意する，打ち合わせる，取り決める

seværdighed (-en, -er): [名] 名所，見るに値するもの

hyggelig (-t, -e): [形] 快適な，楽しい

endelig: [副] [要求・命令などを表して] 必ず，ぜひ

velkommen (-t, velkomne): [形] 歓迎される；好都合の，ありがたい，よろこばしい

når som helst: いつでも

kærlig (-t, -e): [形] 愛情の深い，やさしい，おもいやりのある；愛情のある，愛情のこもった. -e hilsner [手紙の結びで] 愛をこめて

hilsen (hilsenen, hils(e)ner): [名] 挨拶，挨拶のことば；[手紙などの] よろしくとの挨拶

PS (/p.s.): [手紙などで] 追伸

postkort (-et, -): [名] (絵)はがき，ポストカード

derude: [副] （外の）あちらで・に

sende*: [動] 送る

よく使われる表現

① 【この間はどうもありがとう】：Tusind tak for sidst!

いわゆる日本語の「先日はどうも」や「この間はどうも」に対応するデンマーク語の表現が Tak for sidst! である．この表現をデンマーク人はとても好んで使う．特に，友人同士や職場・近所などで一緒に食事をしたり，何かを共同で行なったりしたあと時間をおいて，再会したときには必ずといっていいほど，この表現を用いる．

② 【あなたの家族に会えて楽しかったです】:
　　Det var hyggeligt at møde din familie
　hyggelig はなかなか日本語に訳すのが難しい語である．しかし，デンマーク語で非常によく用いられる語でもある．「楽しい」と訳せる場合が多いが，「楽しい」と言っても「心が湧き踊るように楽しい」というよりは，「心が和んでくつろげるような楽しさ」を表すといえる．
　　Det var en hyggelig aften.〈楽しい／心の和む晩でした．〉
③ 【彼らにぜひよろしくお伝えください】: Du må endelig hilse dem fra os
　聞き手に対して，「(聞き手以外の誰かに) よろしくお伝えください」という場合に使われる表現．他にも hilse の命令形を用いて，Hils dem fra os! という言い方で，「誰かによろしくお伝えください」ということを聞き手に依頼することができる．

27.1　法助動詞の過去形 + 完了不定詞

　〔法助動詞の過去形 + 完了不定詞〕は概して過去に実現しなかったことを表す．

〔kunne + 完了不定詞〕「~できたのだが [実際にはしなかった]」
　　Vi *kunne være fløjet* direkte til Kastrup fra Tokyo.
　　　〈私たちは東京からカストロプに飛行機で直接飛ぶことができたのだが (実際にはそうしなかった).〉
　　Jeg *kunne have brugt* mange flere dage i Kyoto.
　　　〈私は京都でもっと多くの日数を使うことができたのだが (実際にはそうしなかった).〉
　　Vi *kunne have fået* en ny lejlighed, men vi ville hellere beholde den gamle.
　　　〈私たちは新しいマンションの部屋を手に入れることができたのだが，私たちは古いのを持ち続ける方を選んだ.〉

〔skulle + 完了不定詞〕「~することになっていたのに [実際にはそうならなかった]」
　　Han *skulle være startet* på sin uddannelse, men så fik han arbejde.
　　　〈彼は自分の教育を始めることになっていたのに，彼は仕事を手に入れた.〉
　　Hun *skulle have været* i Tivoli, men så blev hun syg.
　　　〈彼女はチボリ公園に行くことになっていたのに，彼女は病気になった.〉

Jeg *skulle være flyttet* i sidste uge, men den nye lejlighed var ikke klar.
〈私は先週引っ越すことになっていたのに，新しいアパートの部屋が入居可能になっていなかった.〉

〔skulle + 完了不定詞〕「～しなくてはいけなかったのに［実際にはしなかった］」

Jeg *skulle have svaret* på brevet.
〈私はその手紙に返事を書かなくてはいけなかったのに（実際にはそうしなかった）.〉

Jeg *skulle have talt* med Jesper noget før.
〈私はイェスパともう少し前に話さなくてはいけなかったのに（実際にはそうしなかった）.〉

Jeg *skulle være blevet* der en uge til.
〈私はそこにもう1週間留まらなくてはいけなかったのに（実際にはそうしなかった）.〉

〔ville + 完了不定詞〕「～したかったのに［実際にはしなかった］」

William *ville* gerne *have set* mere af Osaka.
〈ヴィリアムは大阪のもっと多くを見たかったのに（実際にはそうしなかった）.〉

Buller og Yrsa *ville* bare gerne *være blevet* i Japan sammen med dig.
〈ブラとユアサはただただあなたと一緒に日本に留まりたかったのに（実際にはそうしなかった）.〉

Yrsa *ville* gerne *have købt* flere postkort derude.
〈ユアサはそこでもっと多くの絵ハガキを買いたかったのに（実際にはそうしなかった）.〉

〔ville + 完了不定詞〕「～したら～だったのだろうが［実際にはしなかった］」

Det *ville* ellers *have været* spændende.
〈そうでなければおもしろかったのだろうが（実際にそうしなかった）.〉

Det *ville have været* sjovt at se det!
〈それを見るのはおもしろかっただろうが（実際にそうしなかった）.〉

〔burde + 完了不定詞〕「～すべきだったのだが［実際にはしなかった］」
　Vi *burde* måske også *være rejst* en tur til Tokyo.
　　〈私たちはもしかしたら東京にも一足伸ばすべきだったのだが（実際にはそうしなかった）.〉
　Jeg *burde have besøgt* mine forældre noget oftere, mens de levede.
　　〈私は両親が生きている間に彼らをもっと頻繁に訪ねるべきだったのだが（実際にそうしなかった）.〉
　Vi *burde være rejst* hjem for en uge siden, men her er så dejligt.
　　〈私たちは1週間前に家に帰るべきだったのだが，ここはとても快適なのだ.〉

27.2　～ som helst

不定代名詞の nogen, noget に som helst を付けて「なんらかの；いかなる～も」を意味する.
　Er der *nogen som helst* planer om at bygge nogle nye bygninger her?
　　〈ここに何個かの新しい建物を建設する何らかの計画がありますか？〉
　Danmark har slet ikke fået *nogen som helst* tilladelse til *noget som helst*.
　　〈デンマークはいかなることに対するいかなる許可もまったく得ていない.〉
　Jeg vil ikke tale med *nogen som helst* i dag.
　　〈私は今日いかなる人とも話したくない.〉

疑問詞に som helst を付けて「どのような～でも」を意味する.
　Jeg kan spise *hvad som helst*.　　〈私は何でも食べることができる.〉
　Hun snakker med *hvem som helst*.　〈彼女は誰とでも話す.〉
　Han kan sove *hvor som helst*.　　〈彼はどこでも寝ることができる.〉
　I er velkomne *når som helst*.　　〈あなたたちはいつでも歓迎です.〉

27.3　低い可能性の skulle

過去形の skulle は低い可能性を表すことができる.
　Han *skulle* vel ikke være gået?　〈彼は立ち去ってないですよね？〉

Hvis I *skulle* få lyst, er I selvfølgelig velkomne til at besøge os i Danmark.
　〈もしあなたたちがそうしたいと思ったならば，あなたたちはデンマークの私たちを訪ねてもらって結構です．〉
Skulle det være en anden gang.　〈またどうぞ．〉

27.4　形容詞の既知形の用法 2

形容詞の既知形は呼びかけの表現の中でも用いられる．（☞ 6.1.4）

Kære ven!　　　—　　*Kære* venner!
〈親愛なる友よ！〉　　　　〈親愛なる友たちよ！〉

コペンハーゲン市内の郵便局

練習問題

発音練習

Udtale 27: 強勢がある箇所に下線を引きなさい．

1) Rie giver en gave til Yrsa.
2) Hun giver en gave til hende.
3) Rie giver en gave til *hende*, ikke til *ham*.
4) Dronningen giver en gave til Frederik og Joachim.
5) Hun giver en gave til dem.
6) Dronningen giver en gave til *dem*, ikke til Felix.

文法練習

Grammatik 27: 例に従って，各文を2通りに書き換えなさい．

Ex. *Du kunne hjælpe Tina. Alligevel hjalp du Karoline.*
  a) *Du kunne <u>have hjulpet</u> Tina, men så hjalp du Karoline <u>i stedet</u>*
  b) *Du hjalp alligevel Karoline, <u>selvom</u> du kunne <u>have hjulpet</u> Tina*

1) Vi ville besøge Rie. Alligevel besøgte vi Lene.
2) Du skulle altså blive i Randers. Alligevel kørte du til Horsens.
3) Det kunne faktisk være godt. Alligevel var det ret skidt.
4) Hedda burde lave lektier. Alligevel lavede hun pandekager.
5) I ville også gerne spille fodbold. Alligevel spillede I håndbold hele dagen.
6) Nordtoft kunne uddanne sig til pilot. Alligevel uddannede hun sig til tandlæge.
7) Jeg ville helst sætte mig i stolen. Alligevel satte jeg mig i sofaen.
8) Underviseren kunne tale tydeligt. Alligevel talte han, som han plejer.
9) Jeg burde fortælle, hvor jeg boede. Alligevel fortalte jeg, hvad jeg hed.

10) Han ville gerne flyve til Mallorca. Alligevel sejlede han.

聞き取り練習

Lytteøvelse 27: 以下の設問に答えなさい．

1) Bor der 500.000 mennesker i Danmark?
2) Er Jylland en af de små danske øer?
3) Har alle øerne i Danmark navne?
4) Hvor mange regioner har Danmark?
5) Hvor mange kommuner har Danmark?
6) Hvad betyder det, at Danmark er et monarki?

bestå, halvø, region, kommune, monarki, kongehus, Folketinget

和文デンマーク語訳

次の日本語をデンマーク語に訳しなさい．

1) 私の生徒たちは皆いつでも私に電話してくれて構いません．［velkommen を使うこと］
2) 何でも質問してください．［命令形を使うこと］
3) そのことは君は口にするべきではなかった（が，実際にはそうした）．
4) ヴィリアムは自分の車を売ることができたのだが（実際にはそうしなかった）．
5) ブラは庭で自分の友人たちと遊びたかったのに（実際にはそうしなかった）．

コラム 27 手紙の書き方について

　　　　　　　　　　　　　　　①場所・日付（日／月／年）
②相手の名前
③本文
④結びの句
⑤自分の名前

①：日付については，日・月・年という順番で書くことに気を付ける．
②：受取人に対しては，「Kære＋名前」と表記することが多い．しかし，相手が会社や何らかの機関の場合には，「Til＋会社名／機関名」と表記するのが一般的である．
④：テキストでは結びの句として Kærlig hilsen が使われているが，ここでその他の結びの句も紹介しておく．
Venlig Hilsen
Mange/Bedste/Venlige/Kærlige＋hilsner/hilsener

付録1. 綴りと発音の関係

以下に綴りに対応する発音とその例語をまとめておく．

CD-Ⅱ
46

綴り		発音と例語		
a	[ɑː]	tale, Japan, gade	[ɑ']	taler, dag, altan
	[a]	han, alle, anden	[α]	aften, aldrig, rask, fransk
ar	[αː]	arbejde, farve, sparke	[α']	barn, klar, snart
b	[b]	bil, købe, håb 〈希望〉	[w]	peber, kobber 〈銅〉
c	[s]	cykle, cirka, præcis	[k]	café, cremefraiche, computer
	[ṣ]	chokolade, champagne, cremefraiche, social 〈社会の〉, speciel 〈特別な〉		
d	[d]	dansk, færdig, fodbold	[ð]	glad, ude, hedde
	[-]	studerende, kold, bord, god, bedst, lidt, Mads, kryds		
e	[i]	de	[e]	det, begynde, desværre
	[eː]	alene, dele, kollega	[e']	se, del, feber
	[æ]	den, dem, efter	[æː]	sjette, fjerde, tjener
	[ɑ]	gerne, herre, Bertel	[ä] / [ai]	dreng, streng 〈厳しい〉
	[α]	ret, rejse, egen, entré	[ə]	begge, både, Lene, opera
	[-]	stue, vindue, interessant, Frederik		
f	[f]	fin, aften, telefon	[w]	aftale, afgå, afhente
	[-]	af		
g	[g]	gå, ligge, sagt, tryg	[w]	bog, koge, spørge
	[j]	sælge, vælge, følge	[i]	løg, døgn, nøgle, egen, lege
	[ṣ]	etage, bagage, genert	[-]	kage, pige, uge, læge, søvnig, tidlig
h	[h]	hus, hoved, hygge	[-]	hvad, hvornår, hjem
i	[i]	disse, gik, firma	[iː]	lige, sige, stige
	[i']	is, bil, ni	[e]	finde, ikke, lidt
	[ɑ]	frisk, ringe, rigtig	[α]	mig, dig, sig
	[j]	radio, serie 〈シリーズ〉		
j	[j]	jul, hjem, hjælpe	[i]	lejlighed, nej, høj
	[ṣ]	jaloux, jasmin	[dj]	job, jazz
	[-]	vejr		
k	[k]	kaffe, kage, kirke	[g]	tyk, skrive, kirke

綴り		発音と例語		
l	[l]	lufthavn, blå, billede, gammel		
m	[m]	møde, små, sammen, nem		
n	[n]	nat, han, hun, min, din	[ŋ]	sæson, bank, restaurant, seng
o	[o]	goddag, politi, kilo	[o:]	gode, rose, store
	[o']	god, stor, Polen	[å]	onsdag, ondt, ost
	[å:]	koge, love, otte	[ɔ]	op, godt, lomme
p	[p]	penge, på, prøve	[b]	kop, spise, tæppe
	[-]	pseudonym, psykolog 〈心理学者〉, psykiater 〈精神科医〉		
q	[k]	quiz 〈クイズ〉, squash, mannequin 〈マネキン〉		
r	[r]	radio, grøn, skrive		
	[ɹ]	gerne, færdig, kirke, dyrke, mørk, spurgte, bor		
s	[s]	saft, dansk, straks	[ṣ]	sjov, pension, shorts
t	[t]	tage, tit, tirsdag	[d]	tit, helt, station, Gitte
	[ð]	meget, huset, lavet, stresset	[ṣ]	station, tradition, patient, ambitiøs
	[ds]	shorts, Albertslund	[-]	det, idet, buffet, restaurant
u	[u]	bus, minut, fuld	[u:]	juleaften, ude, kommune
	[u']	hus, tusind, jul	[å]	undskyld, smuk, lufthavn
	[y]	menu, succes 〈成功〉, superb 〈素晴らしく上等な〉		
v	[v]	ven, svømme, halve	[w]	over, prøve, gave
	[-]	tolv, halv, halvt, havde		
w	[v]	weekend, William, wc		
x	[gs]	taxa, Felix	[s]	xylofon 〈木琴〉
y	[y]	Yrsa, Jylland, nyt	[y:]	tyve, nye, betyde
	[y']	ny, by, paraply	[ø]	flytte, dygtig, begynde
	[ö]	bryst, drysse, frygtelig	[j]	yen, yoga, yoghurt 〈ヨーグルト〉
z	[s]	Zoologisk Have, zone 〈ゾーン〉, zebra 〈シマウマ〉		
æ	[æ]	tænke, skændes, spændende	[æ:]	æble, læge, blæse
	[æ']	æg, bevæge, blæser	[ȧ]	bær, stærk
	[ä] / [aj]	fræk 〈なまいきな〉, træk 〈特徴〉, skræk 〈恐怖〉		
ø	[ø]	køkken, ønske, nødder	[ø:]	møde, købe, høre
	[ø']	ø, behøve	[ö]	søn, skøn, svømme
	[ö:]	høne, prøve	[ɔ̈]	først, spørgsmål, grøn

綴り		発音と例語			
å	[å:]	måned, håbe, påske	[å']	små, skål, gå
	[ɔ]	hånd, måtte, råbte		
år	[å:]	dårlig, båret, skåret	[å']	hår, går, år

付録 2. 発音に注意が必要な語

本書に出てくる単語のうち特に発音に注意する必要があるものをリストアップする.

発音されないと思われる文字が発音される
bol<u>d</u>：［名］ボール

予想とは異なる発音
arbej<u>d</u>e：［名］［動］仕事（をする）
dag<u>l</u>igstue：［名］居間
fe<u>r</u>ie：［名］休暇
fagfolk：［名］専門家
flagstang：［名］旗竿
genre：［名］ジャンル
go<u>d</u>　go<u>d</u>t　go<u>d</u>e：［形］良い
<u>j</u>a<u>zz</u>：［名・単］ジャズ
lek<u>t</u>ie：［名］宿題
lighed：［名］類似（点）
ligne：［動］似ている
læ<u>rd</u>：［形］学識のある
pe<u>b</u>er：［名・単］コショウ
ve<u>j</u>r：［名］天気
<u>w</u>c：［名］トイレ
<u>w</u>eekend：［名］週末
<u>W</u>illiam：［固］ヴィリアム

変化形で発音が変わる
an<u>d</u>en　an<u>d</u>et　an<u>d</u>re：［不代］別の
bog　bogen　bøger　bøgerne：［名］本
l<u>y</u>s, l<u>y</u>st, l<u>y</u>se：［形］明るい

第 2 変化動詞（規則変化動詞第 2 類）
besøge　besøgte　besøgt：［動］訪ねる
bruge　brugte　brugt：［動］使う
smage　smagte　smagt：［動］味がする
koge　kogte　kogt：［動］煮る
sluge　slugte　slugt：［動］飲み込む
søge　søgte　søgt：［動］探す

第 1 強勢が第 1 音節にない
avis：［名］新聞
design：［名］デザイン
dessert：［名］デザート
diætist：［名］栄養士
elefant：［名］象
forurene：［動］汚染する
gardin：［名］カーテン
gelænder：［名］手すり
hospital：［名］病院
hotel：［名］ホテル
interessant：［形］興味を起こさせる
kantine：［名］社員食堂，学生食堂
kommode：［名］引き出し付きの収納家具
kommune：［名］コムーネ
komponist：［名］作曲家
koncert：［名］コンサート
konfirmand：［名］（キリスト教）堅信礼を受ける少年・少女
kusine：［名］（女性の）いとこ
lektion：［名］（教科書の）課
mayonnaise：［名］マヨネーズ
meningitis：［名・単］髄膜炎
metode：［名］方法
miljø：［名］環境
milliard：［名］十億
million：［名］百万
minut：［名］（時間の単位）分
monarki：［名］君主政治
motion：［名・単］運動
museum：［名］博物館
musik：［名・単］音楽
national：［形］国民の
nationalitet：［名］国籍
nevø：［名］甥（おい）
niece：［名］姪（めい）

normalt：［副］ふつう
operation：［名］手術
optimal：［形］最上の
orange：［形］オレンジ色の
paraply：［名］傘
papir：［名・単］紙
parti：［名］政党
patient：［名］患者
person：［名］人物
persille：［名・単］パセリ
pianist：［名］ピアニスト
penicillin：［名］ペニシリン
pilot：［名］パイロット
polak：［名］ポーランド人
politibetjent：［名］警察官
politiker：［名］政治家
politisk：［形］政治的な
populær：［形］人気のある
problem：［名］問題
provins：［名］地方
præcis：［副］ちょうど
pseudonym：［名］ペンネーム
pædagog：［名］保育士
recept：［名］処方箋
region：［名］レギオーン（地方）
reklame：［名］広告
religion：［名］宗教
reol：［名］本棚
resultat：［名］結果
roman：［名］長編小説
rødbede：［名］赤カブ
sekretær：［名］秘書
sekund：［名］秒
situation：［名］状態
station：［名］駅
suveræn：［形］最高の
tallerken：［名］皿
teater：［名］劇場
telefon：［名］電話
temperatur：［名］温度
terasse：［名］テラス
tradition：［名］伝統

traditionel：［形］伝統的な
trafik：［名］交通
Tyrkiet：［固］トルコ
universitet：［名］大学
vaccination：［名］予防接種
vokal：［名］母音
Zoologisk Have：［固］動物園

-ere に終わる動詞
barbere：［動］ひげを剃る
eksistere：［動］存在する
fotografere：［動］写真を撮る
fungere：［動］機能する
imponere：［動］感銘を与える
interessere：［動］興味を抱かせる
invitere：［動］招待する
notere：［動］書き留める
reparere：［動］修理する
risikere：［動］〜の危険を冒す
servere：［動］（飲食物を）出す
spadsere：［動］散歩する
spekulere：[動］考える
studere：［動］学ぶ
vaccinere：［動］予防接種する

第1強勢が第1音節にない＋外来語的発音
ba**ga**ge：［名］（手）荷物
entré/**en**tre：［名］玄関
e**ta**ge：［名］階
ge**ne**re：［動］うるさがらせる
generende：［形］わずらわしい
genert：［形］恥ずかしがり屋の
inge**ni**ør：［名］エンジニア
invita**ti**on：［名］招待(状)
jaloux：［形］嫉妬深い
journalist：［名］ジャーナリスト
pro**je**kt：［名］プロジェクト
rejsebur**eau**：［名］旅行代理店
restaur**ant**：［名］レストラン

付録 3. 不規則変化動詞表

不定詞形	現在形	過去形	現在完了形	意味
bede	beder	bad	har bedt	頼む；祈る
betyde	betyder	betød	har betydet	意味する
bide	bider	bed	har bidt	噛む
binde	binder	bandt	har bundet	結ぶ
blive	bliver	blev	er blevet	～になる；留まる
bringe	bringer	bragte	har bragt	持ってくる
briste	brister	brast	er bristet	砕ける
bryde	bryder	brød	har brudt	割る；破る
byde	byder	bød	har budt	命令する；提供する
bære	bærer	bar	har båret	運ぶ
drage	drager	drog	har draget	引き出す
			er draget	行く
drikke	drikker	drak	har drukket	飲む
drive	driver	drev	har drevet	追い立てる；動かす；経営・運営する；栽培する；ぶらぶらする
			er drevet	流れる
dø	dør	døde	er død	死ぬ
			er døet	徐々に消える（dø bort/ hen/ ud）
falde	falder	faldt	er faldet	落ちる，下がる
fare	farer	for	er faret	速く動く
finde	finder	fandt	har fundet	見つける；(～であるのが) 分かる
flyde	flyder	flød	har flydt	浮く
			er flydt	流れる
flyve	flyver	fløj	har fløjet	飛ぶ
			er fløjet	飛び立つ；飛行機で行く
forbyde	forbyder	forbød	har forbudt	禁止する
forstå	forstår	forstod	har forstået	分かる，理解する
forsvinde	forsvinder	forsvandt	er forsvundet	消える，いなくなる
fortryde	fortryder	fortrød	har fortrudt	後悔する，悔やむ
fortsætte	fortsætter	fortsatte	har fortsat	続ける
			er fortsat	続く，継続する

不定詞形	現在形	過去形	現在完了形	意味
fortælle	fortæller	fortalte	har fortalt	話す，語る
fryse	fryser	frøs	har frosset	寒い；冷凍保存する
			er frosset	氷点下になる；凍結する
følge	følger	fulgte	har fulgt	ついて行く・来る；次に生じる；従う
få	får	fik	har fået	手に入れる，得る
gide	gider	gad	har gidet	［否定文・疑問文・条件文等］〜したい，する気がある
give	giver	gav	har givet	与える
glide	glider	gled	har gledet	滑る
			er gledet	
gnide	gnider	gned	har gnedet	こする
gribe	griber	greb	har grebet	つかむ
græde	græder	græd	har grædt	泣く
gyse	gyser	gøs	har gyst	身震いする
gælde	gælder	gjaldt	har gjaldt/ gældt	有効である；〜に関して扱う；重要である；〜に当てはまる
gøre	gør	gjorde	har gjort	する
gå	går	gik	har gået	歩く
			er gået	行く；その場を去る
have	har	havde	har haft	持っている
hedde	hedder	hed	har heddet	〜という名前である
hive	hiver	hev	har hevet	引く；引き出す
hjælpe	hjælper	hjalp	har hjulpet	助ける，手伝う
holde	holder	holdt	har holdt	持っている；主催する；保つ；停める；停まっている
			er holdt	止む；止まる
hænge	hænger	hang	har hængt	掛かっている；ぶら下がっている
indbyde	indbyder	indbød	har indbudt	招待する
klinge	klinger	klang	har klinget	響く；鳴る
knibe	kniber	kneb	har knebet	挟む；困難である，不足している
komme	kommer	kom	har kommet	入れる；かける
			er kommet	来る

不定詞形	現在形	過去形	現在完了形	意味
krybe	kryber	krøb	har krøbet	這う
			er krøbet	
lade	lader	lod	har ladet	～させる
le	ler	lo	har let/leet	笑う
lide	lider	led	har lidt	苦しむ
ligge	ligger	lå	har ligget	横たわっている，横になっている；（地理的にものが）ある
lyde	lyder	lød	har lydt	響く，聞こえる
lyve	lyver	løj	har løjet	嘘をつく
lægge	lægger	lagde	har lagt	横にする；置く
løbe	løber	løb	har løbet	走る
			er løbet	
nyde	nyder	nød	har nydt	楽しむ、味わう
nyse	nyser	nøs	har nyst	くしゃみをする
pibe	piber	peb	har pebet	ピーピー鳴る、キーキー鳴る
ride	rider	red	har redet	乗馬をする
			er redet	馬で行く
rinde	rinder	randt	er rundet	流れる
rive	river	rev	har revet	引き裂く，ちぎる
ryge	ryger	røg	har røget	タバコを吸う；燻す
			er røget	移動する；消える
række	rækker	rakte	har rakt	手渡す；届く
se	ser	så	har set	見る；見える；会う
sidde	sidder	sad	har siddet	座っている
sige	siger	sagde	har sagt	言う
skrige	skriger	skreg	har skreget	叫ぶ，大声で言う
skrive	skriver	skrev	har skrevet	書く
skyde	skyder	skød	har skudt	撃つ
skære	skærer	skar	har skåret	（ナイフなどで）切る
slibe	sliber	sleb	har slebet	研磨する，磨く
slide	slider	sled	har slidt	すり切らす，すり減らす

不定詞形	現在形	過去形	現在完了形	意味
slippe	slipper	slap	har sluppet	手放す
			er sluppet	免れる，逃げる
slå	slår	slog	har slået	打つ，叩く，殴る
smide	smider	smed	har smidt	投げおく；捨てる
smøre	smører	smurte	har smurt	塗る；サンドイッチを作る
snige	sniger	sneg	har sneget	（snige sig）こっそりと去る
snyde	snyder	snød	har snydt	騙す
sove	sover	sov	har sovet	寝る，睡眠をとる
spinde	spinder	spandt	har spundet	紡ぐ；喉を鳴らす
springe	springer	sprang	har sprunget	飛び上がる，ジャンプする
			er sprunget	破裂する
sprække	sprækker	sprak	er sprukket	ヒビが入る
spørge	spørger	spurgte	har spurgt	質問する，問う
stige	stiger	steg	er steget	登る，上る；上昇する
stikke	stikker	stak	har stukket	突き刺す
			er stukket	移動する
stinke	stinker	stank	har stinket	悪臭を放つ
stjæle	stjæler	stjal	har stjålet	盗む
stride	strider	stred	har stridt	戦う
stryge	stryger	strøg	har strøget	なでる；アイロンをかける
			er strøget	（素早く）移動する
strække	strækker	strakte	har strakt	伸ばす
stå	står	stod	har stået	立っている；ある
svide	svider	sved	har svedet	焦がす
			er svedet	焦げる
svige	sviger	sveg	har sveget	裏切る
svinde	svinder	svandt	er svundet	衰える；（時間）なくなる
sværge	sværger	svor	har svoret	誓う
synge	synger	sang	har sunget	歌う
synke	synker	sank	har sunket	飲み込む，飲み下す
			er sunket	沈む
sælge	sælger	solgte	har solgt	売る；売れる

不定詞形	現在形	過去形	現在完了形	意味
sætte	sætter	satte	har sat	置く；座らせる
tage	tager	tog	har taget	取る；(乗り物に) 乗る
			er taget	行く
tie	tier	tav	har tiet	黙る
træde	træder	trådte	har trådt	踏む
			er trådt	進む
træffe	træffer	traf	har truffet	出会う；(決断などを) する；当てる
trække	trækker	trak	har trukket	引っ張る，引く
tvinge	tvinger	tvang	har tvunget	強制する
tælle	tæller	talte	har talt	数える
vide	ved	vidste	har vidst	知っている
vige	viger	veg	er veget	逸れる；〜を去る
vinde	vinder	vandt	har vundet	勝利する；勝ち取る
vride	vrider	vred	har vredet	ねじる
vælge	vælger	valgte	har valgt	選ぶ
være	er	var	har været	〜である；ある・いる
æde	æder	åd	har ædt	(動物が) 食べる；ガツガツ食べる

付録4. 分野別語彙集

自然：natur
bakke（-n, -r）：丘
bjerg（-et, -e）：山
bæk（-ken, -ke）：小川
hav（-et, -e）：海
himmel（himlen, himle）：空
jord（-en, -e）：大地；土
kyst（-en, -er）：海岸
måne（-n, -r）：月
skov（-en, -e）：森
sol（-en）：太陽
stjerne（-n, -r）：星
strand（-en, -e）：浜，ビーチ
sø（-en, -er）：湖
vandfald（-et, -）：滝
å（-en, -er）：川

天気：vejr
<u>名詞</u>
lyn（-et, -）：稲光
regn（-en）：雨
sky（-en, -er）：雲
sne（-en）：雪
storm（-en, -e）：嵐
torden（-en, -er）：雷鳴
tåge（-n, -r）：霧
vind（-en, -e）：風

<u>形容詞</u>
overskyet（-, overskyede）：曇りの
skyet（-, skyede）：曇りの
kold（-t, -e）：寒い
varm（-t, -e）：暖かい；暑い
kølig（-t, -e）：涼しい
lun（-t, -e）：（なま）暖かい
fugtig（-t, -e）：じめじめした

<u>動詞</u>
blæse*：風が吹く

lyne：稲光がする
regne：雨が降る
skinne：（太陽が）燦々と照る
sne：雪が降る
tordne：雷が鳴る

方位：verdenshjørner
øst：東
vest：西
syd：南
nord：北

生き物：levende væsner
<u>動物，小動物：dyr</u>
abe（-n, -r）：サル
bjørn（-en, -e）：クマ
hare（-n, -r）：野ウサギ
hest（-en, -e）：ウマ
hund（-en, -e）：イヌ
kanin（-en, -er）：ウサギ
kat（-ten, -te）：ネコ
mus（-en, -）：ハツカネズミ
pindsvin（-et, -）：ハリネズミ
rotte（-n, -r）：ドブネズミ；クマネズミ
ræv（-en, -e）：キツネ
rådyr（-et, -）：シカ

<u>家畜：husdyr</u>
and（-en, ænder）：アヒル
gris（-en, -e）：ブタ
ko（-en, køer）：ウシ
svin（-et, -）：ブタ
får（-et, -）：ヒツジ
ged（-en, -er）：ヤギ
gås（-en, gæs）：ガチョウ
hane（-n, -r）：オンドリ
høne（-n, -r）：メンドリ
høns（-ene）：ニワトリ

鳥：fugle
and（-en, ænder）：鴨；アヒル
due（-n, -r）：ハト
gråspurv（-en, -e）：スズメ
gås（-en, gæs）：ガン；ガチョウ
fasan（-en, -er）：キジ
kalkun（-en, -er）：七面鳥
krage（-n, -r）：ハシボソガラス
spætte（-n, -r）：キツツキ
stork（-en, -e）：コウノトリ
svale（-n, -r）：ツバメ
svane（-n, -r）：ハクチョウ
papegøje（-n, -r）：オウム
ugle（-n, -r）：フクロウ
undulat（-en, -er）：インコ

虫：smådyr
bi（-en, -er）：ミツバチ
edderkop（-pen, -per）：クモ
flue（-n, -r）：ハエ；羽虫
græshoppe（-n, -r）：バッタ
hveps（-en, -e）：スズメバチ科のハチ
mariehøne（-n, -r/mariehøns）：テントウムシ
myg（-gen, -）：カ
myre（-n, -r）：アリ
sommerfugl（-en, -e）：チョウチョ

は虫類・両生類：padder og krybdyr
frø（-en, -er）：カエル
slange（-n, -r）：ヘビ

植物：planter
花：blomster
mælkebøtte（-n, -r）：タンポポ
løvetand（-en, -）：タンポポ
rose（-n, -r）：バラ
solsikke（-n, -r）：ヒマワリ
stokrose（-n, -r）：タチアオイ
tulipan（-en, -er）：チューリップ

木：træer
bøg（-en, -e）：ブナ

birk（-en, -e）：シラカバ
eg（-en, -e）：ナラ
elm（-en, -e）：ニレ
gran（-en, -er）：トウヒ
hyld（-en, -）：ニワトコ
pil（-en, -e）：ヤナギ
syren（-en, -er）：ライラック

食料品：madvarer
野菜：grøntsager
agurk（-en, -er）：キュウリ
aubergine（-n, -r）：ナス
blomkål（-en, -）：カリフラワー
bønne（-n, -r）：インゲン
forårsløg（-et, -）：青ネギ
gulerod（-en, gulerødder）：ニンジン
græskar（-ret, -）：カボチャ
hvidkål（-en, -）：キャベツ
hvidløg（-et, -）：ニンニク
jordskok（-ken, -ker）：キクイモ
kartoffel（kartoflen, kartofler）：ジャガイモ
kinakål（-en, -）：ハクサイ
kinaradise（-n, -r）：ダイコン
løg（-et, -）：タマネギ
majs（-en, -）：トウモロコシ
peberfrugt（-en, -er）：パプリカ
porre（-n, -r）：リーキ，ポロネギ
purløg（-en/-et, -）：アサツキ
rabarber（-en, -）：ルバーブ
radise（-n, -r）：ラディッシュ
rosenkål（-en, -）：芽キャベツ
rødbede（-n, -r）：赤カブ
rødkål（-en, -）：ムラサキキャベツ
salat（-en, -er）：サラダ菜；レタス
sødkartoffel（sødkartoflen, sødkartofler）：サツマイモ
tomat（-en, -er）：トマト
ært（-en, -er）：エンドウマメ

果物：frugt
ananas:（-sen, ananas/-ser, -se(r)ne）：パイナップル

332

appelsin（-en, -er）: オレンジ
banan（-en, -er）: バナナ
blomme（-n, -r）: プラム
citron（-en, -er）: レモン
fersken（-en, fersk(e)ner）: モモ
pære（-n, -r）: 西洋ナシ
vindrue（-n, -r）: ブドウ
æble（-t, -r）: リンゴ

果物・ベリー類：bær
blåbær（-ret, -）: ブルーベリー
brombær（-ret, -）: ブラックベリー
hindbær（-ret, -）: ラズベリー
jordbær（-ret, -）: イチゴ
kirsebær（-ret, -）: サクランボ
multebær（-ret, -）: ホロムイイチゴ，クラウドベリー
ribs（-et, -）: アカフサスグリ
solbær（-ret, -）: クロフサスグリ，カシス
stikkelsbær（-ret, -）: セイヨウスグリ
tranebær（-ret, -）: ツルコケモモ，クランベリー
tyttebær（-ret, -）: コケモモ

ナッツ類：nødder
hasselnød（-den, -der）: ヘーゼルナッツ
kastanje（-n, -r）: 栗，マロン
kokosnød（-den, -der）: ココナッツ
jordnød（-den, -der）: ピーナッツ
mandel（mandlen, mandler）: アーモンド
valnød（-den, -der）: クルミ

肉類：kød
bacon（-en/-et）: ベーコン
fjerkræ（-et）: 家禽類の肉
flæsk（-et）: 豚肉
kylling（-en, -er）: 鶏肉
lammekød（-et）: ラム肉
lever（-en, -e）: レバー
leverpostej（-en, -er）: レバーペースト
oksekød（-et）: 牛肉
pølse（-n, -r）: ソーセージ；ウィンナー

skinke（-n, -r）: ハム
spegepølse（-n, -r）: ニンニク味のしないデンマーク風サラミ
svinekød（-et）: 豚肉

魚介類：fisk
fladfisk（-en, -）: カレイ類
hummer（-en, -e）: オマールロブスター
krabbe（-n, -r）: カニ
laks（-en, -）: サーモン（サケ）
makrel（-len, -ler/-）: サバ
musling（-en, -er）:（二枚）貝
reje（-n, -r）: エビ
sild（-en, -）: ニシン
torsk（-en, -）: タラ
tun（-en, -）: マグロ
ørred（-en, -er/-）: マス
østers（-en, -）: カキガイ
ål（-en, -）: ウナギ

乳製品：mælkeprodukter
cremefraiche（-n, -r）: サワークリーム
fløde（-n）: 生クリーム
is（-en, -）: アイスクリーム
kaffefløde（-n）: コーヒー用クリーム
mælk（-en）: 牛乳
ost（-en, -e）: チーズ
piskefløde（-n）: 生クリーム
smør（-ret）: バター
yoghurt（-en, -er）: ヨーグルト

穀物類：korn
bolle（-n, -r）: 丸パン
franskbrød（-et, -）: 白パン
havregryn（-et, -）: オートミール
mel（-et）: 小麦粉
ris（-en, -）: 米
rugbrød（-et, -）: ライ麦パン，黒パン
rundstykke（-t, -r）: 丸パン
wienerbrød（-et, -）: デニッシュペストリー

調味料：smagstilsætninger
eddike (-n, -r)：酢
honning (-en, -er)：ハチミツ
marmelade (-n, -r)：ジャム
mayonnaise (-n, -r)：マヨネーズ
olie (-n, -r)：油
salt (-et)：塩
sennep (-pen, -per)：マスタード
sesamfrø (-et, -)：胡麻
soja (-en)：醬油
sukker (-et, -e)：砂糖
syltetøj (-et, -er)：ジャム

香辛料：krydderier
ingefær (-en)：ショウガ
kanel (-en/-et)：シナモン
peber (-et)：コショウ

飲物：drikkevarer
冷たい飲物
danskvand: 弱塩味の炭酸水
juice: ジュース
saft: 果汁ジュース
sodavand：炭酸飲料
vand: 水

温かい飲物
kaffe: コーヒー
kakao: ココア
te: 紅茶；お茶
urtete: ハーブティー
varm chokolade: ホットチョコレート

アルコール類
portvin: ポートワイン
snaps: スナプス
vin: ワイン
øl: ビール

職業：professioner
advokat (-en, -er)：弁護士
arkitekt (-en, -er)：建築家
arbejdsløs (-t, -e)：失業中の
bager (-en, -e)：パン屋さん
blomsterhandler (-en, -e)：花屋さん
boghandler (-en, -e)：本屋さん
brandmand (-en, brandmænd)：消防士
buschauffør (-en, -er)：バスの運転手
chauffør (-en, -er)：運転手
ekspedient (-en, -er)：店員
dyrlæge (-n, -r)：獣医
farmaceut (-en, -er)：薬剤師
fisker (-en, -e)：漁師
fodboldspiller (-en, -e)：サッカー選手
fotograf (-en, -er)：カメラマン
forfatter (-en, -e)：作家
forsker (-en, -e)：研究者
frisør (-en, -er)：理容師，美容師
grønthandler (-en, -e)：八百屋さん
hjemmegående (-, -)：専業主婦・主夫の
hjemmehjælper (-en, -e)：ホームヘルパー
ingeniør (-en, -er)：エンジニア
journalist (-en, -er)：記者，ジャーナリスト
kok (-ken, -ke)：コック
kunstner (-en, -e)：芸術家
landmand (-en, landmænd)：農家
læge (-n, -r)：医者
lærer (-en, -e)：教師
maler (-en, -e)：画家
mekaniker (-en, -e)：機械工
musiker (-en, -e)：音楽家，ミュージシャン
en offentligt ansat (den offentligt ansatte,
    offentligt ansatte, de offentligt ansatte)
    公務員
pensionist (-en, -er)：年金生活者
politibetjent (-en, -e)：警察官
politiker (-en, -e)：政治家
postbud (-det, -e)：郵便配達人
præst (-en, -er)：牧師
pædagog (-en, -er)：保育士
rengøringsassistent (-en, -er)：掃除夫
sanger (-en, -e)：歌手
sekretær (-en, -er)：秘書
skomager (-en, -e)：靴屋さん

skrædder（-en, -e）: 仕立屋
skuespiller（-en, -e）: 俳優
slagter（-en, -e）: 肉屋さん
snedker（-en, -e）: 家具修理工
studerende: 大学生
sygeplejerske（-n, -r）: 看護師
tandlæge（-n, -r）: 歯医者
taxachauffør（-en, -er）: タクシーの運転手
tjener（-en, -e）: ウェイター，ウェイトレス
tolk（-en, -e）: 通訳
tømrer（-en, -e）: 大工

学問：videnskaber
arkitektur（-en）: 建築学
arkæologi（-en）: 考古学
astronomi（-en）: 天文学
biologi（-en）: 生物学
farmaci（-en）: 薬学
filosofi（-en）: 哲学
fysik（-ken）: 物理学
geografi（-en）: 地理学
geologi（-en）: 地質学
idræt（-ten）: 体育学
historie: 歴史学
jura（-en）: 法学
kemi（-en）: 化学
kunst（-en）: 芸術学
lingvistik（-ken）: 言語学
litteratur（-en）: 文学
medicin（-en）: 医学
musik（-ken）: 音楽
matematik（-ken）: 数学
statskundskab（-en）: 政治学
psykologi（-en）: 心理学
pædagogik（-ken）: 教育学
sociologi（-en）: 社会学
teologi（-en）: 神学
økonomi（-en）: 経済学

生活一般
お店：butikker
apotek（-et, -er）: 薬局

bageri（-et, -er）: パン屋
boghandel（boghand(e)len, boghandler）: 書店，本屋
blomsterhandel（blomsthand(e)len, blomsthandler）: 花屋
frisørsalon（-en, -er）: 美容院；理髪店
grønthandel（grønthand(e)len, grønthandler）: 八百屋
legetøjsbutik（-ken, -ker）: おもちゃ屋
supermarked（-et, -er）: スーパー

飲食店：restaurationer
café（-en, -er）: カフェ
kantine（-n, -r）: 社員食堂，学生食堂
restaurant（-en, -er）: レストラン
værtshus（-et, -e）: パブ

娯楽施設：etablissementer
akvarium（akvariet, akvarier）: 水族館
biograf（-en, -er）: 映画館
have（-n, -r）: 庭園
museum（museet, museer）: 博物館，美術館
park（-en, -er）: 庭園
stadion（-et, -er）: スタジアム
stormagasin（-et, -er）: デパート
teater（teat(e)ret, teatre）: 劇場
zoologisk have: 動物園

公共施設：offentlige institutioner
bibliotek（-et, -er）: 図書館
havn（-en, -e）: 港
hospital（-et, -er）: 病院
kirke（-n, -r）: 教会
lufthavn（-en, -e）: 空港
rådhus（-et, -e）: 市庁舎
politistation（-en, -er）: 警察署
posthus（-et, -e）: 郵便局
station（-en, -er）: 駅

教育施設：uddannelsesinstitutioner
børnehave（-n, -r）: 保育所
folkeskole（-n, -r）: 公立小・中学校

gymnasium（gymnasiet, gymnasier）: 普通進学高校
universitet（-et, -er）: 大学

交通 : trafik
bil（-en, -er）: 自動車
bus（-sen, -ser）: バス
båd（-en, -e）: ボート
cykel（cyklen, cykler）: 自転車
færge（-n, -r）: フェリー
intercitytog（-et, -(/-e)）: 急行電車
knallert（-en, -er）: スクーター
lastbil（-en, -er）: トラック
lyntog（-et, -(/-e)）: 特急電車
metro（-en, -er）: 地下鉄
motorcykel（motorcyklen, motorcykler）: オートバイ
parkeringsplads（-en, -er）: 駐車場
skib（-et, -e）: 船
S-tog（-et, -(/-e)）: コペンハーゲン近郊電車
stoppested（-et, -er）: バス停
tankstation（-en, -er）: ガソリンスタンド
taxa（-en, -er）: タクシー
tog（-et, -(/-e)）: 電車

衣服 : tøj
bluse（-n, -r）: ブラウス
bukser（-ne）: ズボン
frakke（-n, -r）: コート
jakke（-n, -r）: ジャケット
jakkesæt（-tet, -）: スーツ
kjole（-n, -r）: ワンピース；ドレス
nederdel（-en, -e）: スカート
regnfrakke（-n, -r）: レインコート
regntøj（-et）: 雨がっぱ
skjorte（-n, -r）: シャツ
trøje（-n, -r）: セーター
undertøj（-et）: 下着

帽子 : hovedbeklædninger
hat（-ten, -te）: 帽子
hue（-n, -r）: ニット帽
kasket（-ten, -ter）: キャップ帽

その他の衣類・装飾品 : øvrig beklædning
briller（-ne）: メガネ
slips（-et, -）: ネクタイ
halskæde（-n, -r）: ネックレス
halstørklæde（-t, -r）: マフラー
handske（-n, -r）: 手袋
ring（-en, -e）: 指輪
smykke（-t, -r）: 宝石
solbriller（-ne）: サングラス
tørklæde（-t, -r）: スカーフ
ur（-et, -e）: 腕時計
vante（-n, -r）: 手袋，ミトン
ørering（-en, -e）: イヤリング

靴・靴下 : fodtøj, sokker
gummistøvle（-n, -r）: 長靴
kondisko（-en, -）: スニーカー
sko（-en, -）: 靴
sok（-ken, -ker）: ソックス
støvle（-n, -r）: ブーツ
strømpe（-n, -r）: ストッキング

色 : farver
blå（-t, -）: 青い，青色の
brun（-t, -e）: 茶色の
grøn（-t, -ne）: 緑色の
grå（-t, -）: 灰色の
gul（-t, -e）: 黄色い，黄色の
hvid（-t, -e）: 白い，白色の
lilla（-, -）: 紫色の
orange（-, -）: オレンジ色の
rød（-t, -e）: 赤い，赤色の
sort（-, -e）: 黒い，黒色の

模様 : mønstre
blomstret（-, blomstrede）: 花柄の
prikket（-, prikkede）: 水玉の

stribet（-, stribede）：縦縞の，横縞の，ストライプの
ternet（-, ternede）：チェックの

住居関連：bolig
建物：bygning
ejendom（-men, -me）：(アパート・マンションの)建物
elevator（-en, -er）：エレベーター
hus（-et, -e）：家
lejlighed（-en, -er）：アパート・マンションの部屋
opgang（-en, -e）：(集合住宅の)階段
rækkehus（-et, -e）：各戸ごとに庭のついた低層の集合住宅
trappe（-n, -r）：階段
villa（-en, -er）：邸宅

家：hus
badeværelse（-t, -r）：バスルーム
børneværelse（-t, -r）：子供部屋
dagligstue（-n, -r）：居間，リビングルーム
entré/entre（entreen, entreer）：玄関
gang（-en, -e）：廊下
gulv（-et, -e）：床
kontor（-et, -er）：書斎
kælder（-en, kæld(e)re）：地下室
køkken（-et, -er）：台所
loft（-et, -er）：天井；屋根裏部屋
pejs（-en, -e）：暖炉
skorsten（-en, -e）：煙突
spisestue（-n, -r）：食堂，ダイニングルーム
soveværelse（-t, -r）：寝室
toilet（-tet, -ter）：トイレ
vaskerum（-met, -）：洗濯室

台所：køkken
emhætte（-n, -r）：換気扇
fryser（-en, -e）：冷凍庫
komfur（-et, -er）：(ガス)レンジ
køkkenbord（-et, -e）：調理台；台所用テーブル

køleskab（-et, -e）：冷蔵庫
opvaskemaskine（-n, -r）：食洗機
ovn（-en, -e）：オーブン
vask（-en, -e）：流し台

調理器具・台所用品：køkkentøj 1
gryde（-n, -r）：鍋
kaffekande（-n, -r）：コーヒーポット
kande（-n, -r）：ポット
karklud（-en, -e）：布巾
kasserolle（-n, -r）：片手鍋
kedel（kedlen, kedler）：やかん
kniv（-en, -e）：包丁
oplukker（-en, -e）：(ビールの)栓抜き
optrækker（-en, -e）：(ワインの)栓抜き
ostehøvl（-en, -e）：チーズスライサー
osteskærer（-en, -e）：チーズカッター
pande（-n, -r）：フライパン
piskeris（-et, -）：泡立て器
rivejern（-et, -）：おろし金
si（-en, -er）：ざる
skærebræt（-tet, -ter）：まな板
skål（-en, -e）：ボール
tekande（-n, -r）：ティーポット
viskestykke（-t, -r）：(皿洗い用の)布巾
øseske（-en, -er）：おたま

食器類：køkkentøj 2
bestik（-ket, -）：ナイフ・フォーク・スプーン類
dug（-en, -e）：テーブルクロス
fad（-et, -e）：深皿；大皿
gaffel（gaflen, gafler）：フォーク
glas（-set, -）：グラス；コップ
kniv（-en, -e）：ナイフ
kop（-pen, -per）：カップ
krus（-et, -）：マグカップ
serviet（-ten, -ter）：ナプキン
ske（-en, -er）：スプーン
spisepind（-en, -e）：箸
tallerken（-en, tallerk(e)ner）：皿

バスルーム・洗濯室：
  badeværelse, vaskerum
badekar（-ret, -）: バスタブ
bruser（-en, -e）: シャワー
håndklæde（-t, -r）: タオル
spejl（-et, -e）: 鏡
strygejern（-et, -）: アイロン
tandbørste（-n, -r）: 歯ブラシ
tandpasta（-en, -er）: 歯磨き粉
tørretumbler（-en, -e）: 乾燥機
vaskemaskine（-n, -r）: 洗濯機

penalhus（-et, -e）: 筆箱
saks（-en, -e）: はさみ
viskelæder（-et, -e）: 消しゴム

家具類: møbler
bogreol（-en, -er）: 本棚
bord（-et, -e）: テーブル，机
gardin（-et, -er）: カーテン
hylde（-n, -r）: 棚，シェルフ
kommode（-n, -r）: タンス
lampe（-n, -r）: ランプ
radiator（-en, -er）: ラジエーター
seng（-en, -e）: ベッド
skrivebord（-et, -e）: 勉強机
skab（-et, -e）: 戸棚
sofa（-en, -er）: ソファー
sofabord（-et, -e）: ソファーテーブル
stol（-en, -e）: 椅子
tæppe（-t, -r）: カーペット

パソコン関連: IT
computer（-en, -e）: コンピューター
mus（-en, -e）: マウス
printer（-en, -e）: プリンター
skærm（-en, -e）:（パソコンの）画面
tastatur（-et, -er）: キーボード

文房具: skrivematerialer
blyant（-en, -er）: えんぴつ
hæftemaskine（-n, -r）: ホッチキス
kuglepen（-nen, -ne）: ボールペン
lim（-en, -e）: のり
lineal（-en, -er）: 定規
lommeregner（-en, -e）: 計算機，電卓

付録5．語句集

A

ad[1]：［前］〜に沿って；〜を通って．ad gangen 一度に．lidt ad gangen 少しずつ
ad[2]：［副］følges ad 一緒に行く
ad gangen: 一度に．lidt ad gangen 少しずつ
adjektiv（-et, -er）：［名］形容詞
adresse（-n, -r）：［名］住所
advare：［動］警告する，注意する
af：［前］〜の；〜（の中）から（外へ）；［材質に関して］〜で．af træ 木材で；［動作主を表して］〜によって
affald（-et）：［名・単］ごみ，廃棄物
afgøre（afgjorde, afgjort）：［動］解決する，決定する
afgå（afgik, afgået）：［動］出発する
afhente：［動］取りに行く
afrejse（-n, -r）：［名］出発
Afrika：［固］アフリカ
afrikansk（-, -e）：［形］アフリカの
aftale[1]（-n, -r）：［名］合意，約束
aftale[2]*：［動］同意する，合意する，打ち合わせる，取り決める
aften（-en, aft(e)ner）：［名］夕方；晩．i aften［今現在の，あるいはこれから来る］今晩．i aftes 昨晩．om aftenen 晩に
aftenhold（-et, -）：［名］夜間クラス
aftenkaffe（-n）：［名・単］晩のコーヒー
aftenskole（-n, -r）：［名］夜間学校
aftensmad（-en）：［名・単］夕食
aha：［間］［理解できたことを示して］わかった
al（alt, alle）：［不代］すべての．alt すべて（のこと），alle みんな，全員．i alt 全部で，合計で．ikke alle［部分否定］すべて（の〜）が…というわけではない．alle sammen: みんな，全員
albue（-n, -r）：［名］ひじ
alder（-en, aldre）：［名］年齢，年代
aldrig：［副］決して〜ない
alene：［副］一人で
alfabet（-et, -er）：［名］アルファベット
alkohol（-en, -er）：［名］アルコール
alle sammen: みんな，全員
alle tiders: とてもすばらしい，最高の
alle → al
allerede：［副］すでに
alligevel：［副］それにもかかわらず，やはり
almindelig（-t, -e）：［形］一般的な，普通の
Alperne：［固］アルプス山脈
Als：［固］アルス島（ユラン半島南部の東側）
Alssund：［固］アルスソン海峡（ユラン半島南部の東側）
alt: i alt 全部で，合計で
altan（-en, -er）：［名］バルコニー，ベランダ
alternativ（-t, -e）：［形］代わりとなる，代わりの
altid：［副］いつも
alting：［不代］すべて，すべてのこと
altså：［副］すなわち，それゆえに，つまり，ようするに；［強意］ほんとうに，まったく；［驚きを表して］なんと！；［遺憾・不満・苛立ち，非難・咎めを表して］ほんとうに，いいかげん（に）；［相手の言ったことに対して，相手の計画の変更を促して］（…ということなの

339

ですが，それでもあなたは…するのですか？）；［間投詞的に用いられて，苛立ち，非難，没頭などを表して］あのねえ！，いいかい！，いやはや！，やれやれ！

alverden: ［名］i alverden いったい

alvorlig (-t, -e): ［形］真剣な；（病気などが）深刻な，重い

amerikaner (-en, -e, -ne): ［名］アメリカ人

amerikansk (-, -e): ［形］アメリカ英語の，アメリカの．［名］アメリカ英語

anbefale: ［動］推薦する，薦める

anden^1 (andet, andre): ［不代］別の，ほかの．et eller andet: 何か

anden^2 (andet): ［序数］第2の．for det andet 第二に．12/2 (= tolvte i anden) 2月12日

anderledes (-, -): ［形］異なった

Anders: ［固］アナス（デンマーク人の男性名）

Anders And: ［固］アナス・アン（「アヒルのアナス」の意味．ディズニーのキャラクターのドナルド・ダックのこと）

Andersen: ［固］アナスン（デンマーク人の名字）

andet^1 → anden^1

andet^2 → anden^2

Andreas: ［固］アンドレーアス（デンマーク人の男性名）

ane: ［動］jeg aner ikke 〜 〜については私には見当もつかない

angribe (angreb, angrebet): ［動］攻撃する

angå (angik, angået): ［動］〜に関わる．hvad 〜 angår 〜に関しては，〜については

ankel (anklen, ankler): ［名］足首

ankomme (ankom, ankommet): ［動］到着する

anmodning (-en, -er): ［名］要請，要求，頼むこと

Anne: ［固］アネ（デンマーク人の女性名）

Annelise: ［固］アネリーセ（デンマーク人の女性名）

ansigt (-et, -er): ［名］顔

ansvar (-et): ［名・単］責任．på eget ansvar 自分の責任において

antibiotikum (-(m)et, antibiotika): ［名］抗生物質

apotek (-et, -er): ［名］薬局

april: ［名］四月

arabisk (-, -e): ［形］アラブの，アラビア語の．［名］アラビア語

arbejde^1 (-t, -r): ［名］仕事：［単数形のみ］職場．gå på arbejde 仕事に行く．cykle på arbejde 自転車で通勤する．på arbejdet 職場で．være på arbejde 仕事中である

arbejde^2: ［動］働く，仕事をする．arbejde over 残業する

arbejdsmiljø (-et, -er): ［名］労働環境

arbejdsværelse (-t, -r): 仕事部屋，書斎

areal (-et, -er): ［名］面積

arkitekt (-en, -er): ［名］建築家

arm (-en, -e): ［名］腕

artikel (artiklen, artikler): ［名］記事

at: ［従接］〜であること［英語の that に相当］

atten: ［基数］18

attende: ［序数］18番目

august: ［名］八月

Australien: ［固］オーストラリア

australer (-en, -e, -ne): ［名］オーストラリア人

australsk (-, -e): ［形］オーストラリアの

avis (-en, -er): ［名］新聞

B

badeværelse (-t, -r): ［名］浴室，バスルーム

badminton (-en): ［名・単］バドミントン．spille badminton バドミントンをする

bag: ［前］〜の後ろに・で

bagage (-n): ［名・単］（手)荷物

bagagebærer (-en, -e, -ne)：［名］（自転車などの）荷台

bagagenet (-tet, -)：［名］（電車・バスの）網棚

bagdel (-en, -e)：［名］お尻

bage*：［動］（パンなどを）焼く

bager (-en, -e, -ne)：［名］パン屋．パン類製造業者

bagud：［副］遅れて；後ろに，後方に；負けている

balance (-n, -r)：［名］バランス，均衡

banegård (-en, -e)：［名］（大きな町の大きな）鉄道駅

bange (-, -)：［形］恐れて，心配して

bank (-en, -er)：［名］銀行

banke：［動］たたく，なぐる；ノックをする；打ち負かす．banke ～ ud ～をやっつける

barbere：［動］ひげを剃る．barbere sig（自分の）ひげを剃る

bare：［副］単に，ほんの，わずか，ただ～だけの；［命令文で］さあ，どうぞ，遠慮せずに．［従接］～でありさえすればなあ！

barn (-et, børn)：［名］子ども

baronesse (-n, -r)：［名］男爵夫人

barsk (-(t), -e)：［形］荒れた

baseball (-en)：［名・単］野球

bede (bad, bedt)：［動］頼む，乞う．bede om ～～を頼む

bedre：［形］god の比較級

bedring (-en, -er)：［名］回復．God bedring! お大事に！

bedst：［形］god の最上級

bedstefar (-en, bedstefædre)：［名］祖父

bedsteforældre：［名・複］祖父母

bedstemor (-en, bedstemødre)：［名］祖母

befolkning (-en, -er)：［名］人口；住民

begejstre：［動］熱狂させる

begejstret (-, begejstrede)：［形］非常に喜んだ，熱狂した，興奮した．være begejstret for ～～を非常に喜んだ

begge：［不代］両方，双方，両者

begrave：［動］埋葬する

begynde*：［動］始まる；始める

begyndelse (-n, -r)：［名］初め，始め

behandling (-en, -er)：［名］治療．alternativ behandling 代替療法

beholde (beholdt, beholdt)：［動］持ち続ける，保つ

behøve：［動］～を必要とする；～する必要がある

bekymret (-, bekymrede)：［形］心配した

Belgien：［固］ベルギー

Belinda：［固］ベリンダ（デンマーク人の女性名）

beløb (-et, -)：［名］（金）額

bemærkning (-en, -er)：［名］コメント，所見

ben (-et, -)：［名］脚；骨

berømt (-, -e)：［形］有名な，著名な

beskidt (-, -e)：［形］汚い，汚れた，不潔な

beskrive (beskrev, beskrevet)：［動］記述する；描写する

beskæftigelse (-n, -r)：［名］雇用；従事

beslutte：［動］決定・決議する；決心・決意する．beslutte sig for ～～に決める，決心する

bestemme*：［動］決める，決定する

bestemt[1] (-, -e)：［形］特定の；明確・明白な；決然とした，断固とした

bestemt[2]：［副］確かに，きっと，断固として，きっぱりと

bestik (-ket, -)：［名］（集合的に：一回の食事で用いる）ナイフ・フォーク・スプーン類

bestille*：［動］注文する，予約する．bestille

341

bord テーブルを予約する
bestå¹ (bestod, bestået): ［動］bestå af 〜〜から成っている，〜から構成されている
bestå² (bestod, bestået): ［動］合格する
besøg (-et, -): ［名］訪問．være på besøg 訪問している．komme på besøg 訪ねてくる
besøge*: ［動］訪ねる，訪問する
betale*: ［動］支払う；お返しをする．få betalt 仕返しをされる
betegnelse (-n, -r): ［名］名称
betjening (-en, -er): ［名］サービス，接客，客への対応
betragte: ［動］じっと見る，観察する．betragte A som B A を B とみなす
Bettina: ［固］ビティーナ（デンマーク人の女性名）
betyde (betød, betydet): ［動］意味する
bevæge: ［動］動かす．bevæge sig 動く
bibel (bib(e)len, bibler): ［名］聖書，バイブル
bibliotek (-et, -er): ［名］図書館
bide (bed, bidt): ［動］噛む
bil (-en, -er): ［名］自動車
billede (-t, -r): ［名］絵；写真
billet (-ten, -ter): ［名］切符，チケット
billig (-t, -e): ［形］値段が安い
biograf (-en, -er): ［名］映画館
Birte: ［固］ビアデ（デンマーク人の女性名）
bivirkning (-en, -er): ［名］副作用
blad (-et, -e): ［名］（木の）葉；雑誌；新聞
blande: ［動］混ぜる
blandt: ［前］（三者以上の）間に，中に．blandt andet 例えば，なかには〜も，なかんずく
blive (blev, blevet): ［動］〜になる；留まる．blive ved 続く．blive ved med 〜 を続ける．blive siddende 座ったままでいる
blodforgiftning (-en, -er): ［名］敗血症，膿毒症
blomst (-en, -er): ［名］花
blomsterkrukke (-n, -r): ［名］フラワーポット
blot: ［副］ただ〜のみ；ほんの，〜だけ
blyant (-en, -er): ［名］鉛筆
blå (-t, -): ［形］青い
blåbær (-ret, -): ［名］ブルーベリー
blæse*: ［動］風が吹く．det blæser 風が吹く・吹いている
blæsende (-, -): ［形］風がある
bo (boede, boet) ［動］住んでいる
Bo: ［固］ボー（デンマーク人の男性名）
bog (-en, bøger): ［名］本
boghandel (boghand(e)len, boghandler): ［名］本屋の店舗
boghandler (-en, -e, -ne): ［名］本屋（書籍販売人）
bogreol (-en, -er): ［名］本棚
bold (-en, -e): ［名］ボール，玉
bolig (-en, -er): ［名］住居
bord (-et, -e): ［名］テーブル，机．sætte sig til bords テーブルにつく
Bornholm: ［固］ボーンホルム島
bort: ［副］離れたところへ
borte: ［副］離れたところで
brage: ［動］すさまじい音をたてる
bragende (-, -): ［形］とどろき渡る；活発な
brandert (-en, -er): ［名］酔い
Brasilien: ［固］ブラジル
brasilianer (-en, -e, -ne): ［名］ブラジル人
brasiliansk (-, -e): ［形］ブラジルの
brev (-et, -e): ［名］手紙
briller: ［名・複］メガネ
bringe (bragte, bragt): ［動］運ぶ
brokke: ［動］brokke sig over 〜〜に不満・文句を言う
Brolæggerstræde: ［固］ブロレガストレーゼ（コペンハーゲンの中心部にある通り）

bror（-en, brødre）:［名］兄弟
brud（-en, -e）:［名］花嫁
brug:［名］få brug for 〜〜が必要になる．have brug for 〜〜が必要である
bruge*:［動］使う
brugs（-en, -er）:［名］生協の店舗
brun（-t, -e）:［形］茶色の
brunet（-, brunede）:［形］ブラウンにした．brunede kartofler フライパンにバター / マーガリンと砂糖を加えてキャラメル状にしたものにゆでた後の小粒のジャガイモを絡めたもの
bryde[1]（brød, brudt）:［動］破る
bryde[2]（brød, brudt）:［動］bryde sig om 〜［否定文・疑問文・条件文などで］〜を好む；〜を気にかける，心配する
bryllup（-pet, -per）:［名］結婚式，結婚披露宴
bryst（-et, -er）:［名］胸
brække:［動］折れる；折る
brænde*:［動］焼く，燃やす
brød（-et, -）:［名］パン；糧
bukke:［動］（上半身を）曲げる，お辞儀をする
bukser:［名・複］ズボン
Buller:［固］ブラ（デンマーク人の男性名）
burde（bør, burde, burdet）:［法助］［妥当性，適切性］〜すべきである．burde være rejst til 〜：〜に行く・旅行すべきだったが（実際にはそうしなかった）
bus（-sen, -ser）:［名］バス
busstoppested（-et, -er）:［名］（バスの）停留所
by（-en, -er）:［名］町，都市
bygge:［動］建てる，築く，建設する
bygning（-en, -er）:［名］建物
byråd（-et, -）:［名］市議会
bytte:［動］交換する，取り替える

bænk（-en, -e）:［名］ベンチ
bær（-ret, -）:［名］ベリー
bære（bar, båret）:［動］運ぶ，持っていく
bøger → bog
bøje:［動］曲げる；語形変化させる
børn → barn
børneværelse（-t, -r）:［名］子ども部屋
børste:［動］ブラシをかける．børste tænder 歯磨きをする
både A og B: A と B の両方とも

C

ca.（= cirka）:［副］約，およそ
café/cafe（-en, -er）:［名］カフェ
camping（-en）:［名・単］キャンプ
Canada:［固］カナダ
canadier（-en, -e, -ne）:［名］カナダ人
canadisk（-, -e）:［形］カナダの
centimeter（-en, -, -ne）:［名］センチメートル
champagne（-n, -r）:［名］シャンパン
Charlotte:［固］シャーロデ（デンマーク人の女性名）
charmerende（-, -）:［形］魅力的な，チャーミングな
chef（-en, -er）:［名］上司，ボス
chokolade（-n, -r）:［名］チョコレート
chokoladekage（-n, -r）:［名］チョコレートケーキ
Christian:［固］クレスチャン（デンマーク人の男性名）
Christiansborg:［固］クレスチャンスボー（デンマーク国会などが使用している王宮）
cigaret（-ten, -ter）:［名］紙巻きタバコ，シガレット
Cinemateket:［固］スィネマティーケズ（映画博物館）
cirka:［副］約，およそ
Cirkeline:［固］スィアゲリーネ（デンマー

クのアニメに出てくる女の子の名前）
cm = centimeter
computer (-en, -e, -ne)：［名］コンピュータ
computerspil (-let, -)：［名］コンピュータゲーム
CPR-nummer (-num(me)ret, -numre)：［名］中央個人登録番号
cremefraiche (-n, -r)：［名］サワークリーム
cykel (cyklen, cykler)：［名］自転車
cykle：［動］自転車に乗る，自転車で行く

D

da[1]：［従接］～なので；［過去の一回きりの出来事を表して］～した時
da[2]：［副］その時，あの時；それなら，それじゃ；もちろん；［命題の内容について，話し手が本当にそう思っているということを強調するシグナル］ほんとうに；［聞き手の言うことを否定して，命題を聞き手も知って（わかって）いるだろうというシグナル］しかし～でしょ
dag (-en, -e)：［名］日．dag for dag 日々，日ごとに．i dag 今日（きょう：こんにち）
dagligstue (-n, -r)：［名］居間，リビングルーム
dame (-n, -r)：［名］婦人，女性，淑女
damecykel (damecyklen, damecykler)：［名］女性用自転車
dameur (-et, -e)：［名］婦人時計
Danmark：［固］デンマーク
dans (-en, -e)：［名］ダンス，踊り
danse：［動］踊る
dansk (-, -e)：［形］デンマーク(語)の．［名］デンマーク語．gå til dansk デンマーク語の授業に行く・通う
dansker (-en, -e, -ne)：［名］デンマーク人
dansklærer (-en, -e, -ne)：［名］デンマーク語教師
danskstuderende (en, den -, -, de -)：［名］デンマーク語(専攻)学生
datter (-en, døtre)：［名］（親に対する）娘
dav：［間］こんにちは；はじめまして
De (Dem, Deres)：［人代］［敬称］あなた（たち）
de → den[1, 2, 3]
december：［名］十二月
dejlig (-t, -e)：［形］すてきな；おいしい
del (-en, -e)：［名］部分．en (hel) del ～ かなりたくさんの～，かなり多数の～
dele*：［動］分ける
deles (deles, deltes, deltes)：［動］deles om ～ ～を分ける，分け合う，シェアする
Dem：［人代］De の目的格
dem：［人代］de の目的格
Den Hirschsprungske Samling：［固］ヒアシュプロング・（絵画）コレクション
den[1] (-, dens) /det (-, dets) /de (dem, deres)：［人代］［3人称］それ
den[2]/det/de：［指代］その，あの；それ，あれ．den/det/de her この；これ
den[3]/det/de：［定冠］
dengang[1]：［従接］～した当時
dengang[2]：［副］当時
denne (dette, disse)：［指代］この；これ
dens[1]：［人代］den[1] の所有格
dens[2]：［指代］den[2] の所有格
dér：［副］そこで
der[1]：［関代］［人・ものを先行詞とし，関係節中で主語となる］
der[2]：［副］（あ）そこで・に
der er ～：～がある
der er noget med, (at) ～：～らしい，～だそうだ
derefter：［副］その後
Deres：［人代］De の所有格
deres：［人代］de の所有格

344

derfra：［副］そこから
derhenne：［副］あちらで・に，そちらで・に
derimod：［副］それに対して
derinde：［副］その中で
deroppe：［副］上のそこで；北のそこで
derovre：［副］（むこうの）あちらで・に
derude：［副］（外の）あちらで・に
design（-en/-et, -）：［名］デザイン
dessert（-en, -er）：［名］デザート
desuden：［副］そのほか，さらに，その上，加えて，おまけに
desværre：［副］残念ながら，残念なことに
det er det ikke：それはそうではありません
det er i orden：よろしい，承知した，OK．
det gør ondt：痛い
det går fint：調子いいです
det var så lidt：［お礼に対して］どうってことありません；どういたしまして
det var sødt af dig：どうもご親切に
det → den[1, 2, 3]
dets：［人代］det の所有格
dig：［人代］du の目的格
din（dit, dine）：［所代］あなたの
direkte：［副］直接に，ストレートに，直行で
direktør（-en, -er）：［名］社長，取締役
disse → denne
dit → din
Ditte：［固］ディデ（デンマーク人の女性名）
diætist（-en, -er）：［名］栄養士
dog：［副］しかしながら；［強調，非難・咎め，驚きのシグナル］それにしても，〜なのに
Dorte：［固］ドーデ（デンマーク人の女性名）
drage（drog, draget）：［動］進む，行く，出かける；引く，引っ張る
dreje：［動］まわる，曲がる；まわす，曲げる
dreng（-en, -e）：［名］男の子
dressing（-en, -er）：［名］ドレッシング

drikke（drak, drukket）：［動］飲む
drille：［動］からかう
dronning（-en, -er）：［名］女王；王妃
Dronning Margrethe：［固］マグレーデ2世（1972年からデンマーク女王）
drukne：［動］溺れる
drysse：［動］（粉などを）振りかける
drøm（-men, -me）：［名］夢
du（dig）：［人代］あなた
Duevej：［固］ドゥーウヴァイ（通り名）
dug（-en, -e）：［名］テーブルクロス
dukke：［動］dukke op 現れる
dum（-t, -me）：［形］馬鹿な
DVD（-'en, -'er）：［名］DVD
Dybbøl Mølle：［固］デュブル風車（ユラン半島南部）
dygtig（-t, -e）：［形］有能な．dygtig til 〜 〜に有能な
dyr[1]（-et, -）：［名］動物；鹿
dyr[2]（-t, -e）：［形］値段が高い
dyrke：［動］（スポーツ・ホビーなどを）する．dyrke sport スポーツをする
dække：［動］覆う，カバーする．dække bord テーブルセッティングをする
dø（døde, død）：［動］死ぬ
død[1]（-en）：［名・単］死
død[2]（-t, -e）：［形］死んだ，死んでいる
døgn（-et, -）：［名］1日24時間
dør（-en, -e）：［名］ドア
dårlig（-t, -e）：［形］悪い

E

efter（at）：［従接］〜した後
efter：［前］〜の後
efterhånden：［副］次第に，だんだんと
eftermiddag（-en, -e）：［名］午後．i eftermiddag［今現在の，あるいはこれから来る］午後に．i eftermiddags［過ぎ去っ

た］午後に．om eftermiddagen 午後に

efternavn（-et, -e）：［名］名字

efterår（-et, -）：［名］秋

efterårsferie（-n, -r）：［名］秋休み

egen（eget, egne）：［不代］自分自身の

egentlig¹（-t, -e）：［形］本当の，本来の

egentlig²：［副］ほんとうは，本来ならば；いったい

Egypten：［固］エジプト

egypter（-en, -e, -ne）：［名］エジプト人

egyptisk（-, -e）：［形］エジプトの

eje：［動］所有している

ejendom（-men, -me）［名］（アパート・マンションの）建物

eksamen（-en, -er/eksaminer）：［名］試験

eksamensfri（-t, -/-e）：無試験の

eksempel（eksemplet. eksempler）：［名］例．for eksempel［略語：f.eks./fx］例えば

eksistere：［動］存在する

ekspedient（-en, -er）：［名］（接客する）店員・売り子

ekstra（-, -）：［形］余分の

elefant（-en, -er）：［名］象

elev（-en, -er）：［名］生徒

Elin：［固］イーリン（デンマーク人の女性名）

eller：［等接］あるいは

ellers：［副］さもなくば，そうでなければ；それ以外には；そのほかには；ふつうは，いつもは，ふだんは；ところで，ちなみに；実に，まったく，ほんとうに；［驚きのシグナルに加えて，話し手は聞き手の先行の発話の内容の真実性は受け入れるものの，自分の発話の内容から，ふつうは先行の発話の内容の逆が期待されるというシグナルを送り，そして聞き手から聞き手の発話の内容に対する説明を促す］ほんとうは・ふつうは～なんだけど（なあ，どうして…）

elleve：［基数］11

ellevte：［序数］11番目．12/11（= tolvte i ellevte）11月12日

elske：［動］愛している，大好きである

en gang til：もう一回

en¹（et）：［基数］1

en²（et）：［不冠］ある一つの．en to-tre：大体 2, 3の

end：［従接］～よりも

ende（-n, -r）：［名］終わり；端，突き当たり．for enden af ～～の突き当たりに

endelig：［副］やっと

endnu：［副］未だ

ene（-, -）：［形］ひとりの；ひとつの

enebarn（-et, enebørn）：［名］ひとりっ子

enes（enes, enedes, enedes）：［動］同意する，意見の一致をみる

énfamiliehus（-et, -e）［名］戸建住宅

engang：［副］いつか；かつて．ikke engang：［否定の強調］～すらない

engelsk（-, -e）：［形］イギリスの，英語の．［名］英語

England：［固］イギリス

englænder（-en, -e, -ne）：［名］イギリス人

enig（-t, -e）：［形］同意見の，同意した．enig om ～～について同意した

enkel（-t, enkle）：［形］簡単な；単純な

enorm（-t, -e）：［形］巨大な，ものすごい

ensom（-t, -me）：［形］孤独な

enten A eller B：A かまたは B か

entré/entre（-en, -er）：［名］玄関

er → være

Erik：［固］イーレク（デンマーク人の男性名）

Esbjerg：［固］エスビェア（デンマーク第5の都市）

Esther：［固］エスタ（デンマーク人の女性名）

et eller andet：何か

et → en[1, 2]

etage (-n, -r)：［名］階
etageejendom (-men, -me)［名］低・中・高層住宅
Europa:［固］ヨーロッパ
eventyr (-et, -)：［名］おとぎ話，童話；冒険

F

fadøl (-len, -/-ler)：［名］（グラス1杯の；ビン・缶入りの）生ビール
fadøl (-let)：［名・単］（物質としての）生ビール
fag (-et, -)：［名］科目；専門
fager (-t, fagre)：［形］美しい
fagfolk:［名・複］専門家
faktisk:［副］実際
fald (-et, -)：［名］場合，ケース．i hvert fald いずれにしても
falde (faldt, faldet)：［動］落ちる；転ぶ
falsk (-, -e)：［形］偽りの
familie (-n, -r)：［名］家族，一家；親族
fantastisk (-, -e)：［形］空想的な，幻想的な；すばらしい
far (-en, fædre)：［名］父
farbror (-en, farbrødre)：［名］父方のおじさん
fare (for, faret)：［動］速く・急いで動く・行く，勢いよく走る，突進する
farfar (-en, farfædre)：［名］父方の祖父
farlig (-t, -e)：［形］危険な
farm (-en, -e)：［名］（英語圏の）農場，農園；［合成語で］飼育場
farmor (-en, farmødre)：［名］父方の祖母
fars (-en, -er)：［名］（ハンバーグなどの）タネ
farve (-n, -r)：［名］色，色彩
farvel:［間］さようなら．Farvel så længe! またね！
farverig (-t, -e)：［形］色彩に富んだ
faster (-en, fastre)：［名］父方のおばさん
fattig (-t, -e)：［形］貧しい
favr:［形］fager の古形．→ fager
feber (-en, febre)：［名］熱，発熱
februar:［名］二月
fedt (-et, -er)［名］脂肪
fejl (-en, -)：［名］間違い，誤り
fejle:［動］（病気などで）苦しむ
fejre:［動］祝う
Felix:［固］フィーリクス（デンマーク人の男性名）
fem:［基数］5
femte:［序数］5番目．12/5（= tolvte i femte）5月12日
femten:［基数］15
femtende:［序数］15番目
ferie (-n, -r)：［名］休暇．på ferie 休暇で
fest (-en, -er)：［名］パーティー，祭り
festival (-en, -er)：［名］フェスティバル
festuge (-n, -r)：［名］祝祭週間
fik → få
film (-en, -)：［名］映画；フィルム
fin (-t, -e)：［形］すてきな，良い；目の細かい
finde (fandt, fundet)：［動］見つける．finde på ～ ～を思いつく．finde sig i ～ ～をがまんする，～に耐える．finde ud af ～（答えなどを）考えだす，（問題・なぞなどを）解決する．finde ～ frem ～を見つけ出す，～を取り出す
findes (findes, fandtes, fandtes)：［動］見られる，存在する
finger (-en, fingre)：［名］指
Finland:［固］フィンランド
Finn:［固］フィン（デンマーク人の男性名）
finne (-n, -r)：［名］フィンランド人
finsk (-, -e)：［形］フィンランド（語）の．［名］フィンランド語
fint［副］よく，うまく，きれいに；細かく

fintsnittet (-, fintsnittede)：［形］細かく刻んだ
fire：［基数］4
firma (-et, -er)：［名］会社
firs：［基数］80
firsindstyvende：［序数］80番目
fisk (-en, -)：［名］魚
fisketur (-en, -e)：［名］魚釣り
fjerde：［序数］4番目．12/4（= tolvte i fjerde）4月12日
fjernsyn (-et, -)：［名］テレビ（受像機）；（メディアとしての）テレビ（放送）
fjollet (-, fjollede)：［形］ばかな，愚かな
fjorten dage：2週間
fjorten：［基数］14
fjortende：［序数］14番目
flagstang (-en, flagstænger)：［名］旗竿
flaske (-n, -r)：［名］ビン，ボトル
Flemming：［固］フレミング（デンマーク人の男性名）
flere：［形］mangeの比較級；いくつもの，複数の
flest：［形］mangeの最上級
flittig (-t, -e)：［形］勤勉な
flot (-, -te)：［形］立派な
fly (-et, -)：［名］飛行機
flyde (flød, flydt)：［動］浮く
flytte：［動］移す，移動させる；引っ越す
flyve (fløj, fløjet)：［動］飛ぶ；飛行機で行く
flyvetur (-en, -e)：［名］飛行，フライト
flæsk (-et)：［名・単］豚肉
flæskesteg (-en, -e)：［名］（オーブンで焼いた）豚肉のロースト
fløde (-n)：［名・単］生クリーム
fod (-en, fødder)：［名］足
fodbold (-en, -e)：［名］（スポーツとしての）サッカー；サッカーボール．spille fodbold サッカーをする
folk[1] (-et, -)：［名］民族；国民；民衆

folk[2]：［名・複］人々
folkeskole (-n, -r)：［名］国民学校（日本の公立小中学校に相当）
folketing (-et, -)：［名］国会．Folketinget［固］デンマーク国会
for at + 不定詞：〜するために
for det meste：たいてい，大部分は，主として
for nylig：最近
for 〜 siden：（時間的に）〜前に
for[1]：［前］〜にとって；〜の代わりに；〜のために
for[2]：［同接］というのは，というのも
for[3]：［副］〜すぎる
foran：［前］〜の前に・で
forbavsende (-, -)：［形］驚くべき
forberede*：［動］準備する，用意する
forbi[1]：［前］〜のかたわらを通り過ぎて
forbi[2]：［副］通って，通り過ぎて；過ぎ去って，終わって
forbinde (forbandt, forbundet)：［動］結ぶ
forbyde (forbød, forbudt)：［動］禁止する
fordi：［従接］［理由］〜なので
forebyggelse (-n)：［名・単］予防
foregå (foregik, foregået)：［動］（事件などが）起こる；（行事などが）行なわれる
forestille：［動］forestille sig 想像する，思い浮かべる
foretage (foretog, foretaget)：［動］行なう
foretrække (foretrak, foretrukket)：［動］foretrække A (frem) for B B よりもAの方を好む
forfatter (-en, -e, -ne)：［名］作家，著者
forfærdelig (-t, -e)：［形］恐ろしい，ひどい
forgårs：i forgårs 一昨日
forkert (-, -e)：［形］間違った
forklare：［動］説明する
forlade (forlod, forladt)：［動］（場所あるいは人のもとを）離れる

forleden：［形］［副］このあいだ（の），先日（の）

forlove：［動］forlove sig, blev forlovet, er blevet forlovet 婚約する

forloves：［動］婚約する

formentlig (-t, -e)：［形］推測の，推定の

formiddag (-en, -e)：午前．i formiddag［今現在の，あるいはこれから来る］午前中に．i formiddags：［過ぎ去った］午前中に．om formiddagen：午前中に

fornavn (-et, -e)：［名］名前

fornemmelse (-n, -r)：［名］感じ，感覚，知覚

forretning (-en, -er)：［名］店，商店；商売，ビジネス

forrige (-, -)：［形］（時間的に）（この）前の，先の．forrige uge 先々週（/ 先週）

forsigtighed (-en)：［名・単］慎重さ

forskel (-len, -le)：［名］違い，差異．forskel på A og B A と B との違い

forskellig (-t, -e)：［形］異なった；様々な

forslag (-et, -)：［名］提案

forstuve：［動］捻挫する，くじく

forstå (forstod, forstået)：［動］理解する，わかる

forsvinde (forsvandt, forsvundet)：［動］消える，見えなくなる；姿を消す，なくなる，失せる

forsæt (-tet, -ter)：［名］決意，決心，意図

forsøg (-et, -)：［名］試み

fortælle (fortalte, fortalt)：［動］語る，話す

fortælling (-en, -er)：［名］物語，話

forurene：［動］汚染する

forvejen：i forvejen 事前に，前もって

forvente：［動］期待する，予想する

forældre：［名・複］両親

forældremøde (-t, -r)：［名］保護者会

forår (-et, -)：［名］春

fotografere：［動］写真を撮る

fra：［前］〜から

Frandsen：［固］フランスン（デンマーク人の名字）

Frankrig：［固］フランス

fransk (-, -e)：［形］フランス（語）の．［名］フランス語

franskmand (-en, franskmænd)：［名］フランス人

fredag (-en, -e)：［名］金曜日

Frederik：［固］フレズレク（デンマーク人の男性前）

Freja：［固］フライア（デンマーク人の女性名）

frem：［副］前に，前方に；外に

fremme：［副］前で，表側で

fremmed (-, -e)：［形］見知らぬ，見慣れない；外国の，異国の

fri (-t, -(e))：［形］自由な；暇のある，休みのある．have fri 自由な時間がある；仕事・学校が休みである

frikadelle (-n, -r)：［名］フリカデレ（デンマーク風ミニハンバーグ）

frikvarter (-et, -er)：［名］（学校の）休み時間（5-15 分）

frisk (-(t), -e)：［形］新鮮な；新しい；はつらつとした，元気な

fritid (-en)：［名・単］余暇，自由な時間

fritidsklub (-ben, -ber)：［名］学童クラブ

frokost (-en, -er)：［名］昼食，ランチ

frokostpause (-n, -r)：［名］昼休み

frokostrestaurant (-en, -er)：［名］ランチ・レストラン

frossen (-t, frosne)：［形］凍った，冷凍の

fru：［名］［既婚女性の呼びかけや肩書として名前の前に置いて］…夫人，…さん．fru Rasmussen ラスムスン夫人，ラスムスンさん

frue (-n, -r)：［名］奥さん，奥様

frugt (-en, -er)：［名］［総称的あるいは食品

349

としては不可算名詞〕果物；〔可算名詞〕果実
frustreret (-, frustrerede)：〔形〕欲求不満の
frygtelig (-t, -e)：〔形〕恐ろしい，こわい
fryse (frøs, frosset)：〔動〕凍る；凍らせる；寒く感じる．Fryser du? 寒いですか？
frøken (-en, frøk(e)ner)：〔名〕お嬢さん，未婚女性；〔未婚女性の呼びかけや肩書として名前の前に置いて〕…嬢，…さん．〔略：frk.〕
fugl (-en, -e)：〔名〕鳥，小鳥
fugtig (-t, -e)：〔形〕湿気のある，じめじめした
fuld (-t, -e)：〔形〕満ちている，一杯の；酔っぱらっている．
fundet → finde
fungere：〔動〕機能する
fx (= f.eks. ← for eksempel)：例えば
fylde*：〔動〕満たす，一杯にする．fylde 〜 (år) 〜歳になる
Fyn：〔固〕フューン島
fyr (-en, -e)：〔名〕若者，男，奴
fyrre：〔基数〕40
fyrretyvende：〔序数〕40番目
fyrværkeri (-et, -er)：〔名〕花火
fysiker (-en, -e, -ne)：〔名〕物理学者
fælde：〔動〕（木を）切り倒す
fælles (-, -)：〔形〕共通の．til fælles 共通に
færd：〔名〕〔være i færd med at 不定詞〕〜しているところである・最中である
færdig (-t, -e)：〔形〕完成した，出来上がった；やり終わった；用意のできた
færdsel (færdslen)：〔名・単〕交通，通行，往来
færge (-n, -r)：〔名〕フェリー，連絡船
færre：〔形〕få の比較級
færrest：〔形〕få の最上級
Færøerne：〔固〕フェーロー（諸島）

fætter (-en, fætre)：〔名〕（男性の）いとこ
fødselsdag (-en, -e)：〔名〕誕生日
født：〔動・過去分詞〕生まれた，生まれの．er født 〜 〜生まれである
følge (fulgte, fulgt)：〔動〕ついて行く，後に続く，従う
følges (følges, fulgtes, fulgtes)：〔動〕følges ad 一緒に行く，同行する
følsom (-t, -me)：〔形〕感じやすい，敏感な；感傷的な，センチメンタルな，多感な
før^1：〔従接〕〜する前に
før^2：〔前〕〜より前に
før^3：〔副〕以前に
først：〔副〕最初に，〜になってやっと・初めて
første：〔序数〕1番目の；最初の，第一の．for det første 第一に．12/1 (= tolvte i første) 1月12日
få (fik, fået)：〔動〕もらう，手に入れる．få ... af〜 …を〜からもらう．få +〔目的語〕+ til at〔不定詞〕〔使役構文〕〜に〜させる．få +〔過去分詞〕（何らかの努力を必要とすることを）する，やってしまう（例：få begyndt 始める，始めてしまう）；〜してもらう
få：〔形・複〕少ししかない；少しはある；少数の．nogle få 少数の
Fåborg：〔固〕フォボー（町・コムーネ）
fås：〔動〕手に入る

G

gad → gide
gade (-n, -r)：〔名〕通り
gaffel (gaflen, gafler)：〔名〕フォーク
gal (-t, -e)：〔形〕気が狂った，狂気の；熱狂して，夢中になって；立腹して，怒って；誤った，間違った．køre galt（車

等で）道を間違う；車で事故を起こす
gammel (-t, gamle)：［形］古い；年老いた
gammeldags (-, -)：［形］古風な
Gammel Strandvej：［固］ガメル・ストランヴァイ（通り名）
gang¹ (-en, -e)：［名］回，度；倍；廊下. en gang imellem 時々. en gang til もう1回. ad gangen: 一度に. lidt ad gangen 少しずつ. 20 gange så mange 20倍多く
gang² (-en)：［名・単］（機械などの）動き，運転(状態). komme i gang 始まる
ganske：［副］まったく
gardin (-et, -er)：［名］カーテン
gave (-n, -r)：［名］プレゼント
gelænder (-et, -e)：［名］手すり
genere：［動］悩ます，うるさがらせる；妨げる，邪魔する
generelt：［副］全般的に，総じて
generende (-, -)：［形］わずらわしい，厄介な，邪魔になる
genert (-, -e)：［形］恥ずかしがり屋の，シャイな
gengæld：［名］til gengæld その代わりに
gennem：［前］～を通って，～を貫いて
gennemrense：［動］徹底的にきれいにする
genoptræning (-en)：［名・単］リハビリ
genre (-n, -r)：［名］ジャンル
gensyn (-et, -)：［名］再会. på gensyn また会いましょう
gentage (gentog, gentaget)：［動］繰り返す
gerne (hellere, helst)：［副］喜んで，好んで；(話し手の気持ちの投影として) 私はかまわないから；通常は，普通なら. vil gerne ～したい. vil gerne til ～ ～に行きたい
Gert：［固］ギアト（デンマーク人の男性名）
Gertrud：［固］ゲアトルズ（デンマーク人の女性名）

gid：［副］［願望を表す従位節を導いて］～で（さえ）あればなあ
gide (gad, gidet)：［動］［否定文・疑問文・条件文で用いて］～する気がある. gider du ～？～していただけますか？gad vide/vidst ～～が知りたいものだ
gift (-, -e)：［形］［補語としては不変化も可］結婚している
gifte：［動］gifte sig, blev gift, er blevet gift 結婚する
giftes：［動］結婚する
Gitte：［固］ギデ（デンマーク人の女性名）
give (gav, givet)：［動］与える，あげる. Jeg skal give dig! やっつけてやる！
glad (-, -e)：［形］うれしい，喜んでいる. er glad for ～ ～をうれしく思う
glas (-set)：［名・単］ガラス
glas (-set, -)：［名］グラス，コップ. et glas saft 果汁ジュース一杯
glemme*：［動］忘れる
glemsom (-t, -me)：［形］忘れっぽい
glimrende (-, -)：［形］輝かしい，立派な，見事な，すばらしい
glæde¹ (-n, -r)：［名］喜び
glæde²：［動］喜ばせる. glæde sig til ～～を楽しみにして待つ
god (-t, -e)：［形］良い
godaften：［間］こんばんは
goddag：［間］こんにちは；はじめまして
godmorgen：［間］おはよう
godnat：［間］おやすみ
godt：［副］よく，うまく；それはよかった
Gothersgade：［固］ゴダスゲーゼ（コペンハーゲンの通り名）
grad (-en, -er)：［名］程度，度合い；(温度・経度・緯度などの) 度；等級，階級；学位，称号
gratis (-, -)［形］無料の

gravid（-t, -e）：［形］妊娠した
grim（-t, -me）：［形］醜い
grine：［動］笑う
gryde（-n, -r）：［名］鍋
græde（græd, grædt）：［動］泣く
græs（-set, -ser）：［名］草，牧草，芝．slå græs 芝刈りをする
grød（-en）：［名・単］（穀類を水やミルクで煮た）かゆ，ポリッジ；果物やベリー類をドロドロに煮て作ったデザート
grøn（-t, -ne）：［形］緑の，グリーンの
Grønland：［固］グリーンランド
grønlandsk（-, -e）：［形］グリーンランド（語）の
grøntsager：［名・複］野菜
grå（-t, -）：［形］灰色の
gud（-en, -er）：［名］神．Gud［固］キリスト教の神
gul（-t, -e）：［形］黄色の
gulerodskage（-n, -r）：［名］ニンジンケーキ
gulv（-et, -e）：［名］床
gulvlampe（-n, -r）：［名］床ランプ，フロアランプ
gymnastik（-ken）：［名・単］体操
gæst（-en, -er）：［名］客，ゲスト
gø：［動］（犬が）吠える
gør → gøre
gøre（gør, gjorde, gjort）：［動］する．gøre ved ～～をどうにかする．kunne lade sig gøre 可能である
gå（gik, gået）：［動］行く；歩く．det går fint 調子いいです．gå ned（陽が）沈む．gå til dansk デンマーク語の授業に行く・通う
gående：［gå の現在分詞］歩きながら
går：i går 昨日
gård（-en, -e）：［名］（屋敷・土地を含む）農園，農場；（土地も含めた）館；（建物で囲まれた）中庭
gås（-en, gæs, gæssene）：［名］ガン，雁；ガチョウ；［単数形のみ］ガチョウ料理

H

hage（-n, -r）：［名］あご
hakke：［動］刻む，ミンチにする
hallo：［間］［電話や呼びかけに用いて］もしもし．hallo, hallo! 駅や空港などのアナウンスで］ご案内申し上げます
hals（-en, -e）：［名］首；喉
halv（-t, -e）：［形］半分の
halvfems：［基数］90
halvfemsindstyvende：［序数］90番目
halvfjerds：［基数］70
halvfjerdsindstyvende：［序数］70番目
halvtreds：［基数］50
halvtredsindstyvende：［序数］50番目
halvvokal（-en, -er）：［名］半母音
halvø（-en, -er）：［名］半島
ham：［人代］han の目的格
han（ham, hans）：［人代］彼は・が
handle[1]：［動］handle om ～～について扱う
handle[2]：［動］商売・取引・売買をする；買物をする．handle ind 買い物をする
Hanne：［固］ハネ（デンマーク人の女性名）
Hans：［固］ハンス（デンマーク人の男性名）
hans：［人代］han の所有格
Hansen：［固］ハンスン（デンマーク人の名字）
havde → have[2]
have[1]（-n, -r）：［名］庭
have[2]（har, havde, haft）：［動］［完了助動詞］持っている．have det godt 元気である．have ondt i ～～が痛い．have tid til ～～する時間がある．have ～ med ～を持ってきている．have ～ på ～を着ている．jeg skal have ～ 私は～をもらいます
havemøbel（havemøblet, havemøbler）：［名］

庭用家具

havestol (-en, -e)：［名］ガーデンチェア

havn (-en, -e)：［名］港

Hedda：［固］ヘダ（デンマーク人の女性名）

hedde (hed, heddet)：［動］〜という名前である，〜と称する．hedde 〜 til efternavn 名字を〜という

Heidi：［固］ハイディ（デンマーク人の女性名）

hej：［間］やあ，おい，こんにちは，はじめまして；バイバイ，さようなら．hej, hej! やあ，おい，こんにちは，はじめまして；バイバイ，さようなら

hel (-t, -e)：［形］全体の，すべての；まるごとの；完全な，欠けたところのない

helbred (-et)：［名・単］健康

helbredelse (-n, -r)：［名］治療

heldig (-t, -e)：［形］幸運な

heldigvis：［副］幸運なことに

Helle：［固］ヘレ（デンマーク人の女性名）

heller：［副］［否定文で用いられて］〜もまた（〜ない）

hellere：［副］gerne の比較級．vil hellere have 〜〜〜の方を欲する

Hellerup：［固］ヘレロプ（コペンハーゲンの北に位置する町）

hellig (-t, -e)：［形］神聖な，犯すことのできない

helst：［副］gerne の最上級．一番〜したい，できれば〜したい

helt：［副］まったく

hen：［副］((少し) 離れたところへ) そこへ；あちらの方に

hende：［人代］hun の目的格

hendes：［人代］hun の所有格

henne：［副］((少し) 離れたところで) そこで

Henriette：［固］ヘンリエデ（デンマーク人の女性名）

hensyn (-et, -)：［名］考慮．af hensyn til 〜 〜を考慮して，〜のために．med hensyn til 〜 〜に関して

hente：［動］取りに行く，迎えに行く

her：［副］ここ

herefter：［副］この後

herfra：［副］ここから

herhid：［副］ここに，こちらに

Herlev：［固］ヘアリウ［コペンハーゲン・コムーネの北西に位置するコムーネ］

herover：［副］（何かを越えて・渡って）こちらへ・に

herovre：［副］（何かを越えた・渡った）こちら（の方）で・に

herre (-n, -r)：［名］殿方，紳士；主人，あるじ；主君，領主；（キリスト教の）神，キリスト

hertil：［副］ここに・へ；これに対して；この（料理の）時に；これに加えて

Hillerød：［固］ヒレレズ（北シェランに位置するコムーネ）

hilse*：［動］挨拶する；よろしく伝える

hilsen (hils(e)nen, hils(e)ner)：［名］挨拶，挨拶のことば；［手紙などの］よろしくとの挨拶

himmel (him(me)len, himle)：［名］空；天

Himmelbjerget：［固］ヒメルビェアウエズ（中南部ユランにある小山・丘）

hinanden：［相代］互いに・を

hindbær (-ret, -)：［名］ラズベリー

hindi (et)：［名］ヒンディー語

historie (-n, -r)：［名］物語，話；歴史

historisk (-, -e)：［形］歴史的な

hjem[1] (-met, -)：［名］家庭；家，自宅，生家

hjem[2]：［副］自宅に・へ，家に・へ．komme godt hjem 無事に家に帰る，気をつけて家に帰る

hjemme：［副］自宅で・に，家で・に

353

hjemmearbejde（-t, -r）：［名］宿題
hjemmefra：［副］家から
hjemmetelefon（-en, -er）：［名］家庭の固定電話
hjælp（-en）：［名・単］助け，手伝い．Tak for hjælpen! お手伝いありがとう！助けてくれてありがとう！
hjælpe（hjalp, hjulpet）：［動］助ける；手伝う；（薬が）効く．hjælpe … med ～ …を～するのを手伝う．hjælpe til 手伝う
hjælpes（hjælpes, hjalpes, hjulpedes）：［動］hjælpes ad 助け合う
hjælpsom（-t, -me）：［形］進んで手伝おう・役に立とうとする
hjørne（-t, -r）：［名］角；隅
hobbyfag（-et, -）：［名］趣味の科目
hofte（-n, -r）：［名］腰，臀部
hold（-et, -）：［名］クラス，チーム
holde（holdt, holdt）：［動］持っている，保持する；（車などが）とまる；（車などを）とめる．holde af ～～が好きである，～を愛している．holde（en）fest パーティーを開く．holde op 終わる，止む；終える，止める．holde op med ～～を止める
Holland：［固］オランダ
hollandsk（-, -e）：［形］オランダ（語）の．［名］オランダ語
hollænder（-en, -e, -ne）：［名］オランダ人
Holm：［固］ホルム（デンマーク人の名字）
Hornbæk：［固］ホアンベク（コムーネ名）
Horsens：［固］ホーセンス（デンマーク第8の都市）
hos：［前］～のところで，～の家で
hospital（-et, -er）：［名］病院
hotel（-let, -ler）：［名］ホテル
hov：［間］おや，あれ（驚きの気持ちを表す）
hoved（-et, -er）：［名］頭

hovedpine（-n, -r）：［名］頭痛．have hovedpine 頭痛がする
hovedsagelig（-t, -e）：［形］主な．hovedsageligt［副詞として］主に
hovedstad（-en, hovedstæder）：［名］首都
hr.：［名］［男性の呼びかけや肩書として名前の前に置いて］…氏，…さん．hr. Rasmussen ラスムスン氏，ラスムスンさん
Humlebæk：［固］ホムレベク（北東シェラン島の町）
hun（hende, hendes）：［人代］彼女
hund（-en, -e）：［名］犬
hundred（e）（et）：［基数］百
hundrede：［序数］百番目の
hurtig（-t, -e）：［形］（スピードが）速い
hurtigt：［副］速く
hus（-et, -e）：［名］家，建物
huske：［動］覚えている；思い出す
husleje（-n, -r）：［名］家賃
hustru（-en, -er）：［名］妻，夫人
hva(d)：［間］［相手の同意を促して］ね え！，でしょう？
hvad：［疑代］何？ hvad er det? これ・それ・あれは何ですか？ hvad hedder du? あなたの名前は何ですか？…何といいますか？ hvad med ～～はどうですか？ hvad tid 何時？（nej,）ved du nu hvad! うんざりだ！；いやとんでもない！ ved du hvad! あのね（いい話がある）．hvad som helst 何でも
Hvad siger du?: 何とおっしゃいましたか？；どう思いますか？；［驚いて］何ですって？
hvem：［疑代］誰．hvem som helst 誰でも
hver, hvert：［不代］おのおのの，それぞれの；一人・ひとつ残らずの，どの～も，毎～，～ごとの
hverdag（-en, -e）：［名］平日，週日

hverken A eller B: A も B も～ない
hvid (-t, -e)：［形］白い
hvile：［動］hvile sig 休む，休息する
hvis[1]：［疑代］誰の？
hvis[2]：［従接］もしも．hvis bare:～さえすれば，～でさえあれば
hvor[1]：［疑副］どこ？；どのくらい，どの程度？ hvor ... hen? どこに・へ？ hvor er det lækkert! なんてそれは美味しいんでしょう！ hvor som helst どこでも
hvor[2]：［関副］（場所や時間を先行詞としてとる）
hvordan：［疑副］どのように？ hvordan går det? 調子はどうですか？ご機嫌いかがですか？ hvordan har du det? ご機嫌いかがですか？
hvorfor：［疑副］なぜ？
hvornår：［疑副］いつ？
hygge：［動］hygge sig くつろぐ，楽しむ，楽しくすごす
hyggelig (-t, -e)：［形］快適な，楽しい
hylde (-n, -r)：［名］棚
hæk (-ken, -ke)：［名］生垣，垣根
hæl (-en, -e)：［名］かかと
hælde*：［動］（液体を）注ぐ，つぐ
hænde*：［動］起こる
hænge (hang, hængt)：［動］ぶら下がっている
hævde：［動］主張する
høflig (-t, -e)：［形］丁寧な，礼儀正しい
høj (-t, -e)：［形］高い，背が高い
højre (-, -)：［形］右の．til højre 右へ・に．til højre for ～ ～の右に
højt：［副］高く；声高く，声を出して
højtid (-en, -er)：［名］祝祭日
høre*：［動］聞こえる；聞く．høre hjemme 属する．høre op 終わる
Høst：［固］フスト（デンマーク人の名字）
håbe：［動］望む

Håkon：［固］ホーコン（デンマーク人の男性名）
hånd (-en, hænder)：［名］手
håndbold (-en, -e)：［名］ハンドボール；ハンドボールのボール
håndkøb：［名］薬局において処方箋なしで薬などを売却すること．i håndkøb 処方箋なしで
hår (-et, -)：［名］髪の毛，毛

I

I (jer, jeres)：［人代］あなたたち
i：［前］～（の中）で．i 1973 1973 年に．i alt 全部で，合計で
i aften：［今現在の，あるいはこれから来る］今晩
i aftes: 昨晩
i alt: 全部で，合計で
i dag: 今日（きょう；こんにち）
i det mindste: 少なくとも
i eftermiddag：［今現在の，あるいはこれから来る］午後に
i eftermiddags：［過ぎ去った］午後に
i forgårs: 一昨日
i formiddag：［今現在の，あるいはこれから来る］午前中に
i formiddags：［過ぎ去った］午前中に
i forvejen: 事前に，前もって
i går: 昨日
i morgen: 明日
i morges：［過ぎ去った］今朝
i nat：［過ぎ去った，この］深夜に，未明に；［今現在の，あるいはこれから来る］深夜に，未明に
i overmorgen: 明後日
i stedet:（その）代わりに
i stuen: リビングルームに・で；一階に・で
i øvrigt: さらに，その上；ところで

i år: 今年
iagttage (iagttog, iagttaget): ［動］観察する
Ib: ［固］イプ（デンマーク人の男性名）
Ida: ［固］イーダ（デンマーク人の女性名）
idé/ide (-en, -er): ［名］アイデア，考え
idiot (-en, -er): ［名］大バカ，まぬけ
igen: ［副］ふたたび，また
ikke: ［副］［否定辞］～（し）ない．ikke?［肯定文の後に置き付加疑問を表す］～ですよね？
ikke engang: ［否定の強調］～すらない
ikke længere: もはや～ない
ikke-ryger (-en, -e, -ne): ［名］非喫煙者
ikke så～: それほど～ない
ikke særlig: とくに～でない
imellem: ［前］/［副］～の間．en gang imellem 時々
imens: ［副］その間に
imponere: ［動］感銘を与える，感心・感動させる
imponerende (-, -): ［形］感銘を与える，感心・感動させる
imponeret (-, imponerede): ［形］感銘・感動・感心した
ind: ［副］中に・へ
inde: ［副］中で・に
inden[1]: ［従接］～する前に；～するまでに
inden[2]: ［前］（時間的に）～の前に；～までに
indenfor: ［副］中に・へ
inder (-en, -e, -ne): ［名］インド人
indfødt (-, -e): ［形］その土地に生まれた，土着の，原住民の
indgang (-en, -e): ［名］入口
indianer (-en, -e, -ne): ［名］インディアン
Indien: ［固］インド
indimellem: ［副］時々，たまに
indisk (-, -e): ［形］インドの
indkøb (-et, -): ［名］買い入れ，買い物

indtil: ［従接］～するまで
infektionssygdom (-men, -me): ［名］感染症，伝染病
influenza (-en, -er): ［名］インフルエンザ
ingen (intet): ［不代］［形容詞的に］ひとつも…ない，どんな…もない；［名詞的に］ingen 誰も…ない，intet 何も…ない
ingeniør (-en, -er): ［名］エンジニア，技師
ingenting: ［不代］何も…ない
instruktion (-en, -er): ［名］指示，指図；使用説明書
interessant (-, -e): ［形］興味を起こさせる，おもしろい
interesse (-n, -r): ［名］興味，関心；利益，利害
interessere: ［動］興味を抱かせる
interesseret (-, interesserede): ［形］関心のある，興味を持った．være interesseret i～～に関心・興味がある
international (-t, -e): ［形］国際的な
invitation (-en, -er): ［名］招待（状）
invitere ［動］招待する
irriterende (-, -): ［形］いらいらさせる，腹立たしい
irriteret (-, irriterede): ［形］いらいらした．irriteret over～～にいらだっている
is[1] (-en): ［名・単］氷
is[2] (-en, -): ［名］アイスクリーム
iskold (-t, -e): ［形］氷のように冷たい
Island: ［固］アイスランド
Islands Brygge: ［固］イスランス・ブレゲ（コペンハーゲンの地区）
islandsk (-, -e): ［形］アイスランド（語）の．［名］アイスランド語
islænding (-en, -e): ［名］アイスランド人
Italien: ［固］イタリア
italiener (-en, -e, -ne): ［名］イタリア人
italiensk (-, -e): ［形］イタリア（語）の．

［名］イタリア語
ivrig（-t, -e）:［形］熱心な

J

ja:［間］はい
Jakob:［固］ヤコブ（デンマーク人の男性名）
jaloux（-, -）:［形］嫉妬深い，焼きもちを焼いた
jamen:［間］しかし，でも；おやおや，まあ
Jannik:［固］ヤニク（デンマーク人の男性名）
januar:［名］一月
Japan:［固］日本
japaner（-en, -e, -ne）:［名］日本人
japansk（-, -e）:［形］日本（語）の．［副］日本風に．［名］日本語
jazz（-en）:［名・単］ジャズ
javel:［間］（はい）かしこまりました，承知しました；ああそうですか，なるほど
jeg（mig）:［人代］私
Jeg skal give dig!:やっつけてやる！
jeg skal have ～:私は～をもらいます
Jens:［固］イェンス（デンマーク人の男性名）
Jensen:［固］イェンセン（デンマーク人の名字）
Jeppe:［固］イェベ（デンマーク人の男性名）
jeps:［間］うん，OK，わかった
jer:［人代］Iの目的格
jeres:［人代］Iの所有格
jo[1]:［間］［否定疑問文に対する肯定の返答を導く］はい；いいえ；［ためらいを表して］え～（まあ）
jo[2]:［副］［命題を聞き手も知って（わかって）いるだろうというシグナル］でしょ，よね
jo[3]:［接］jo ¦mere/ ...¦ ..., des/desto/jo ¦mere ...¦ ... ～であればあるほど～である
Joachim:［固］ヨアキム（デンマーク人の男性名）

job（-bet, -）:［名］仕事；職，勤め口
jord（-en, -e）:［名］地球，世界；陸地，地表，地上；地面；土
jordbær（-ret, -）:［名］イチゴ
jordbærtærte（-n, -r）:［名］イチゴタルト
journalist（-en, -er）:［名］ジャーナリスト，新聞・雑誌記者，報道関係者
judo（-en）:［名・単］柔道
jul（-en, -e）:［名］クリスマス
juleaften（-en, juleaft(e)ner）:［名］クリスマスイブ
juleferie（-n, -r）:［名］クリスマス休暇
julegave（-n, -r）:［名］クリスマスプレゼント
juletræ（-et, -er）:［名］クリスマスツリー
juli:［名］七月
juni:［名］六月
Jylland:［固］ユラン半島
Jytte:［固］ユデ（デンマーク人の女性名）
jævning（-en, -er）:［名］ソースにとろみをつけるためにジャガイモでんぷん粉などを水などにとかしたもの
jævnlig（-t, -e）:［形］しばしばの，たびたび起こる．jævnligt［副詞として］しばしば

K

kaffe[1]（-n）:［名・単］［物質名詞としての］コーヒー
kaffe[2]（-n, -r）:［名］（1杯の）コーヒー
kaffebrygning（-en, -er）:［名］コーヒーを沸かすこと
kaffemaskine（-n, -r）:［名］コーヒーメーカー
kage（-n, -r）:［名］ケーキ；クッキー
kalde*:［動］呼ぶ．kalde på ～ ～を呼ぶ
Kamilla:［固］カミラ（デンマーク人の女性名）
kammerat（-en, -er）:［名］友だち，仲間，

357

僚友

kan godt:［できなくはない →］できる

kanariefugl (-en, -e):［名］カナリア

kantine (-n, -r):［名］社員食堂, 学生食堂

karate (en):［名・単］空手

Karen Blixen:［固］カーアン・ブリクスン（デンマークの作家 1885-1962）

Karoline:［固］カロリーネ（デンマーク人の女性名）

kartoffel (kartoflen, kartofler):［名］ジャガイモ

kartoffelmel (-et):［名・単］ジャガイモでんぷん粉

kartoffelsalat (-en, -er):［名］ポテトサラダ

kasse (-n, -r):［名］箱, ボックス；レジ

kat (-ten, -te):［名］猫

ked (-, -e):［形］være ked af ～ ～を残念に思う. være ked af det 悲しい

kede:［動］退屈させる. kede sig 退屈する

kedelig (-t, -e):［形］退屈な, つまらない

kejser (-en, -e, -ne):［名］皇帝；天皇

kende*:［動］［人・ものを目的語として］知っている

kendt (-, -e):［形］よく知っている, 見慣れている；知られている, 既知の；有名な, 名高い

kilo (-et, -):［名］キロ（グラム）

kilometer (-en, -, -ne):［名］キロメートル

Kina:［固］中国

kinakål (-en, -):［名］白菜

kind (-en, -er):［名］ほほ

kineser (-en, -e, -ne):［名］中国人

kinesisk (-, -e):［形］中国（語）の.［名］中国語

kirke (-n, -r):［名］教会. gå i kirke 教会へ（礼拝に）行く

kiropraktor (-en, -er):［名］カイロプラクター

kirsebær (-ret, -):［名］サクランボ

kirsebærblomst (-en, -er):［名］桜の花

kirsebærtræ (-et, -er):［名］桜の木

kirurg (-en, -er):［名］外科医

kittel (kitlen, kitler):［名］（医者などの）白衣

Kjeld:［固］ケル（デンマーク人の男性名）

kjole (-n, -r):［名］ワンピース；ドレス

kl. = klokken:（時刻を表して）～時

klar (-t, -e):［形］［補語の場合は不変化も可］準備のできた

klare:［動］klare op（空が）晴れ上がる, 晴れる

klasse (-n, -r):［名］クラス；教室

klassekammerat (-en, -er):［名］級友, クラスメート

klassisk (-, -e):［形］古典（的）な, クラシックの

klatre:［動］よじ登る, はい登る

Klaus:［固］クラウス（デンマーク人の男性名）

klaver (-et, -er):［名］ピアノ

klaverspil (-let, -):［名］ピアノ演奏

Klavs:［固］クラウス（デンマーク人の男性名）

klinik (-ken, -ker):［名］診療所, クリニック

klippe:［動］（ハサミで）切る

klog (-t, -e):［形］賢い

klokke (-n, -r):［名］ベル；(時刻を表して)～時. klokken er mange 時刻は遅くなりました

klæde (-t, -r):［名］［単数形で］布（地）, 布片；［複数形で］衣服, 衣類, 服

klæde*:［動］衣類を着せる；(服装などが)似合う；ふさわしい

klædeskab (-et, -e):［名］洋服ダンス, 衣装ダンス

km = kilometer

km^2 = kvadratkilometer

knap¹ (-pen, -per)：［名］ボタン

knap²：［副］ほとんど…ない，かろうじて

kniv (-en, -e)：［名］ナイフ，包丁

knus (-et, -)：［名］抱きしめること．give ～ et stort knus ～をぎゅっと抱きしめる

knæ (-et, -)：［名］ひざ

kog (et)：［名・単］沸騰，煮沸．bringe ～ i kog ～を沸騰させる

koge*：［動］煮る；ゆでる

kogevaske：［動］煮沸洗濯する

kok (-ken, -ke)：［名］コック，料理人

kold (-t, -e)：［形］冷たい；寒い

kollega (-en, kolleger/-er)：［名］同僚

kollegium (kollegiet, kollegier)：［名］学生寮

komme (kom, kommet)：［動］来る，到達する；入れる．komme godt hjem 無事に家に帰る，気をつけて家に帰る．komme i gang 始まる．komme med 一緒に来る・行く．komme til at ＋〔不定詞〕～するようになる

kommode (-n, -r)：［名］引き出し付きの収納家具，たんす

kommune (-n, -r)：［名］コムーネ［日本の市町村に相当する地方自治体．デンマークに98ある］

komponist (-en, -er)：［名］作曲家

koncert (-en, -er)：［名］コンサート

kone (-n, -r)：［名］妻，おくさん

konfirmand (-en, -er)：［名］（キリスト教）堅信礼を受ける少年・少女

konfirmere：［動］（キリスト教）堅信礼を施す；確証する，承認する

kongehus (-et, -e)：［名］王家，王室

konklusion (-en, -er)：［名］結論

konservativ (-t, -e)：［形］保守的な

konsultation (-en, -er)：［名］診察

kontor (-et, -er)：［名］事務所，オフィス

kop (-pen, -per)：［名］カップ

kopper：［名・複］天然痘，痘瘡

koreaner (-en, -e, -ne)：［名］韓国人；朝鮮人

koreansk (-, -e)：［形］韓国の；朝鮮語の．［名］朝鮮語

Korsør：［固］コスーア（西シェラン島の町・コムーネ）

kort¹ (-et, -)：［名］カード，トランプ；地図．spille kort カードゲーム・トランプをする

kort² (-, -e)：［形］短い

kortsvar (-et, -)：［名］短い答え

kost (-en)：［名・単］食べ物；食事

koste：［動］値段がする

kostume (-t, -r)：［名］舞台衣装

kraftig (-t, -e)：［形］力強い，たくましい；はなはだしい，激しい

kr. = krone(r) → krone

kravle：［動］はう

krig (-en, -e)：［名］戦争，闘い

krimi (-en, -er)：［名］推理（・探偵・ミステリー）小説・映画；犯罪映画

Kristine：［固］クリスティーネ（デンマーク人の女性名）

krone (-n, -r)：［名］王冠；（デンマークの貨幣単位）クローネ

krop (-pen, -pe)：［名］体

kropsdel (-en, -e)：［名］体の部分

krukke (-n, -r)：［名］壺，かめ

kuffert (-en, -er)：［名］スーツケース，トランク

kulde (-n)：［名・単］寒さ

kultur (-en, -er)：［名］文化

kulørt (-, -e)：［形］派手な色の

kun：［副］～だけ，～しかない

kunde (-n, -r)：［名］客，顧客

kunne (kan, kunne, kunnet)：［法助］［（学習などで身に着けた）能力，技能］，［（生まれもっての）能力，属性］～できる，

［（周囲の状況などによる実現の）可能性］〜が可能である，〜の可能性がある，［許可］…してもよい，…してもかまわない，［（話し手の推定を示して：不確実な推量）可能性］〜かもしれない．kan godt（できなくはない→）できる．kunne lide 〜〜が好きである．kunne tænke sig 〜〜がほしい．kunne tænke sig at 〜〜したい．kunne være fløjet 飛行機で飛ぶこともできたのだが（実際にはそうしなかった）．kunne lade sig gøre 可能である

kunst（-en, -er）：［名］芸術
kursus（kurset, kurser）：［名］講座，研修
kurv（-en, -e）：［名］かご
kusine（-n, -r）：［名］（女性の）いとこ
kvadratkilometer（-en, -, -ne）：［名］平方キロメートル
kvart（-en）：［名・単］15分
kvarter（-et, -）：［名］四分の一時間，15分．et kvarters tid 大体15分間
kvinde（-n, -r）：［名］女性
kylling（-en, -er）：［名］チキン；ヒヨコ
kælder（-en, kæld(e)re）：［名］地下室
kær（-t, -e）：［形］親愛な，かわいい，いとしい；かわらしい．［手紙などの冒頭で］Kære 〜 親愛なる〜
kæreste（-n, -r）：［名］恋人；婚約者
kærlig（-t, -e）：［形］愛情の深い，やさしい，おもいやりのある；愛情のある，愛情のこもった．kærlige hilsner［手紙の結びで］愛をこめて
købe*：［動］買う
København：［固］コペンハーゲン（デンマークの首都）
købt, købte → ：købe
kød（-et）：［名・単］肉
Køge：［固］クーイ（コペンハーゲンの南に位置するコムーネ）
køkken（-et, -er）：［名］台所，キッチン；料理（法）．det italienske køkken イタリア料理
køleskab（-et, -e）：［名］冷蔵庫
kølig（-t, -e）：［形］涼しい
køn（-t, -ne）：［形］きれいな
køre*：［動］乗り物が動く；乗り物に乗る，乗り物で行く
kørende：［køre の現在分詞］車を運転しながら

L

lade（lod, ladet）：［動］〜させる，〜することを許す．lade, som om 〜 あたかも〜のように振る舞う．det kan lade sig gøre それは可能である．lade +［目的語］+〔不定詞〕〜に〜させる，〜が〜することを許す（例：lade far lave mad 父さんに食事を作らせる）．lade +〔A 目的語〕+〔不定詞〕+ af +〔B 動作主〕A を B に〜させる（例：lade juletræet pynte af Buller クリスマスツリーをブラに飾らせる）
lagen（lag(e)net, lag(e)ner）：［名］シーツ
Laila：［固］ライラ（デンマーク人の女性名）
lampe（-n, -r）：［名］ランプ，電灯，電気スタンド
land（-et, -e）：［名］国；陸；田舎．på landet 田舎に・で
lang（-t, -e）：［形］長い．langt［副詞として］長い距離を，遠く
langfinger（-en, langfingre）：［名］中指
langsom（-t, -me）：［形］（スピードが）遅い
larme：［動］騒音・雑音を立てる，大声を上げて騒ぐ
Lars：［固］ラース（デンマーク人の男性名）
Larsen：［固］ラースン（デンマーク人の名字）

Larsson:［固］ラーソン（スウェーデン起源のデンマーク人の名字）
lav (-t, -e)：［形］低い
lave：［動］作る；する；修理する．Hvad laver du?［職業等を訊いて］何をしていますか？；［今現在行なっている動作・行為を訊いて］何をしているところですか？；何を作っていますか？ lave mad 食事を作る，料理をする．lave ～ om やり直す，作り直す
led (-det, -)：［名］（指などの）節，関節
lege：［動］遊ぶ
legetøj (-et)：［名・単］［集合的に］おもちゃ
legetøjsforretning (-en, -er)：［名］おもちゃ店
leje：［動］（賃貸料を払って）借りる
lejlighed (-en, -er)：［名］アパート・マンションの部屋・一区画
lektie (-n, -r)：［名］宿題．lave lektier 宿題をする
lektion (-en, -er)：［名］（教科書の）課；授業（時間），講義（時間），時限，コマ
Lene：［固］リーネ（デンマーク人の女性名）
Leo：［固］リーオ（デンマーク人の男性名）
let (-, -te)：［形］容易な，簡単な；軽い
leve：［動］生き（てい）る
leverpostej (-en, -er)：［名］レバーペースト
lide：［動］kunne lide ～：～が好きである
lidt[1]：［形］少しの．om lidt 少ししたら
lidt[2]：［副］少し；少しの間
lige[1] (-, -)：［形］等しい．i lige måde［（幸福や安泰などを願う）祈願の言葉をかけられた相手に対して］あなたもご同様に
lige[2]：［副］ほんのいま，ちょうど；［命令文・依頼文で］ちょっと．lige ud まっすぐに．det er lige meget どうでもいい
ligge (lå, ligget)：［動］横たわっている，横になっている；（地理的にものが）ある

lighed (-en, -er)：［名］同じであること，類似（点）
ligne：［動］似ている
lilla (-, -)：［形］紫色の
lille (små)：［形］小さい
lillefinger (-en, lillefingre)：［名］小指
lillesøster (-en, lillesøstre)：［名］妹
lilletå (-en, lilletæer)：［名］足の小指
Linda：［固］リンダ（デンマーク人の女性名）
lindre：［動］（苦痛などを）和らげる，鎮める，緩和する
Linus：［固］リーヌス（スウェーデン人の男性名）
Lisbeth：［固］リスベト（デンマーク人の女性名）
Liseleje：［固］リセライイ（北シェラン島の町）
Liselotte：［固］リセロデ（デンマーク人の女性名）
liter (-en, -, -ne)：［名］リットル
litteratur (-en)：［名・単］文学
liv (-et, -)：［名］人生，生涯；生命
livsstil (-en, -e)：［名］ライフスタイル
loft (-et, -er)：［名］天井
logisk (-, -e)：［形］論理的な
lomme (-n, -r)：［名］ポケット．af egen lomme 自腹を切って
Lone：［固］ローネ（デンマーク人の女性名）
Lotte：［固］ロデ（デンマーク人の女性名）
Lotto：［名］宝くじ
Louise：［固］ルイーセ（デンマーク人の女性名）
Louisiana Museum：［固］ルイスィアナ美術館
lov[1] (-en, -e)：［名］法律
lov[2]：［名］許可，許し．få lov til ～ ～の許可を得る
love：［動］約束する
lovende (-, -)：［形］有望な
luft (-en)：［名・単］空気

lufthavn (-en, -e)：［名］空港；飛行場

lukke：［動］閉める．lukke op 開ける．lukke ～ op ～を開ける

lun (-t, -e)：［形］温和な，穏やかな，程よく暖かい

lyd (-en, -e)：［名］音

lyde (lød, lydt)：［動］響く，聞こえる，音がする

lykkelig (-t, -e)：［形］幸せな

lykkes (lykkes, lykkedes, lykkedes)：［動］首尾よく行く，成功する

lyne：［動］稲光がする．det lyner 稲光がする

lys¹ (-et, -)：［名］光，明かり

lys² (-t, -e)：［形］明るい

lyserød (-t, -e)：［形］ピンクの

lyskryds (-et, -)：［名］信号のある交差点

lyst：［名］（～したい）気持ち．have lyst til ～～がしたい；～がほしい

lytte：［動］聴く．lytte til ～～を聴く

læbe (-n, -r)：［名］唇

læge (-n, -r)：［名］医師

lægesekretær (-en, -er)：［名］医師の秘書；医院の受付

lægge (lagde, lagt)：［動］横にする，置く．lægge sig 横たわる，横になる

lækker (-t, lækre)：［形］美味しい

lænd (-en, -er)：［名］腰（体の後ろの部分）．have ondt i/over lænden 腰が痛い

længe (længere, længst)：［副］長い間．ikke længere もはや～ない．for længst ずっと前に，とっくの昔に

længere：［形］lang，［副］længe の比較級

længes (længes, længtes, længtes)：længes efter ～ ～を切望する，～を待ちこがれる

længst：［形］lang，［副］længe の最上級

lærd (-, -e)：［形］学識のある

lære*：［動］習う，学ぶ；覚える

lærer (-en, -e, -ne)：［名］教師

læse*：［動］読む；読書する；勉強する．læse i ～（本の一部を）読む；読んでいる

løbe (løb, løbet)：［動］走る

løfte (-t, -r)：［名］約束．holde et løfte 約束を守る

løg (-et, -)：［名］タマネギ

lørdag (-en, -e)：［名］土曜日．om lørdagen （毎）土曜日に

løse*：［動］（問題などを）解く；解決する

låne*：［動］借りる

lår (-et, -)：［名］太もも

M

mad (-en)：［名・単］食事，食べ物

madpakke (-n, -r)：［名］弁当（のサンドイッチ）

Mads：［固］マス（デンマーク人の男性名）

Madsen：［固］マスン（デンマーク人の名字）

maj：［名］五月

makker (-en, -e, -ne)：［名］パートナー，相棒

male：［動］（ペンキなどを）塗る；（絵を）描く

Mallorca：［固］マリョルカ島 (/マジョルカ島)（スペイン）

man：［不代］［一般的な］ひと，［不特定の人をさして］だれかある人，人［訳出する必要のないことが多い］

mand (-en, mænd)：［名］男；夫

mandag (-en, -e)：［名］月曜日

mange：［形］多数の．［名詞的用法］大勢の人々

mangle：［動］欠けている，足りない

Marianne：［固］マリアネ（デンマーク人の女性名）

Mars：［固］火星

Martin：［固］マーティン（デンマーク人の男性名）

marts: ［名］三月
maskine (-n, -r): ［名］機械
masse (-n, -r): ［名］塊．en masse 〜 たくさんの〜．masser af 〜 たくさんの〜
matematik (-ken, -ker): ［名］数学
mave (-n, -r): ［名］おなか
mayonnaise (-n): ［名・単］マヨネーズ
med[1]: ［前］〜と一緒に；〜を伴って；［道具・手段を表して］〜で．med 〜 til 〜 を添えた・て
med[2]: ［副］komme med 一緒に来る・行く
medarbejder (-en, -e, -ne): ［名］従業員，職員
medicin (-en): ［名・単］薬
medlem (-met, -mer): ［名］会員，メンバー
medstuderende (en, den -, -, de -): ［名］（大学の）学生仲間
meget[1] ［形・単］たくさんの．det er lige meget どうでもいい
meget[2]: ［副］とても，たいへん；たくさん
mel (-et): ［名・単］穀粉；（特に）小麦粉
Melissa: ［固］ミリサ（デンマーク人の女性名）
mellemnavn (-et, -e): ［名］ミドルネーム
men: ［等接］しかし
mene*: ［動］（…という）意見である，（…と）思う，考える：（…のことを）言う，意図する，意味する
mening (-en, -er): ［名］意見，考え
meningitis (-(s)en): ［名・単］髄膜炎
menneske (-t, -r, -ne): ［名］人間
mens: ［従接］〜している間；〜の一方で
menu (-en, -er): ［名］献立；献立表，メニュー；食事，料理
menukort (-et, -): ［名］献立表，メニュー
mere[1]: ［形］より多くの．meget[1] の比較級
mere[2]: ［副］より多く，もっと．meget[2] の比較級．ikke ... mere もはや〜ない
mest[1]: ［形］最も多くの．meget[1] の最上級．

det meste ほとんどのこと．for det meste たいてい，大部分は，主として
mest[2]: ［副］もっとも多く；主に，主として；たいていは．meget[2] の最上級
meter (-en, -, -ne): ［名］メートル
metode (-n, -r): ［名］方法，方式，やり方
metro (-en, -er): ［名］地下鉄
Mette: ［固］メデ（デンマーク人の女性名）
mexicaner (-en, -e, -ne): ［名］メキシコ人
mexicansk (-, -e): ［形］メキシコの
Mexico: ［固］メキシコ
mf. = midtfor: 中央
middag (-en, -e): ［名］正午；［一日で最も重要な食事］ディナー，正餐
Middelfart: ［固］ミゼルファート（西フューン島の町・コムーネ）
midterst (-, -e): ［形］真ん中の
midtfor: ［副］中央
mig: ［人代］jeg の目的格
Mikael: ［固］ミケール（デンマーク人の男性名）
Mikkel: ［固］ミゲル（デンマーク人の男性名）
Mikkelsen: ［固］ミゲルスン（デンマーク人の名字）
mild (-t, -e): ［形］穏やかな；優しい；柔らかい
miljø (-et, -er): ［名］環境
milliard (-en, -er): ［名］十億
milliardte: ［序数］十億番目の
million (-en, -er): ［名］百万
millionte: ［序数］百万番目の
min (mit, mine): ［所代］私の
minde (-t, -r): ［名］思い出
mindes (mindes, mindedes, mindedes): ［動］思い出す
mindre: ［形］lille, lidt の比較級
mindst: ［形］lille, lidt の最上級．i det mindste 少なくとも

minut (-tet, -ter): ［名］（時間の単位）分
mio. = million(er)
mislykkes (mislykkes, mislykkedes, mislykkedes): ［動］失敗する
mit → min
mobiltelefon (-en, -er): ［名］携帯電話
mod: ［前］〜に対して；〜に向かって
moden (-t, modne): ［形］熟した，成熟した
moderne (-, -): ［形］現代の
modsætning (-en, -er): ［名］反対，対照，対立．i modsætning til 〜〜とは対照的に，〜とは異なり
modtage (modtog, modtaget): ［動］受け取る，受け入れる
mon ...?: ［副］〜だろうか？ mon ikke ...? ［確信を持って］〜ではないの？，〜でしょう
monarki (-et, -er): ［名］君主政治，君主制；君主国
mor (-en, mødre): ［名］母親
morbror (-en, morbrødre): ［名］母方のおじさん
more: ［動］楽しませる．more sig 楽しむ
morfar (-en, morfædre): ［名］母方の祖父
morgen (-en, -er): ［名］朝．i morgen 明日．i morges ［過ぎ去った］今朝．om morgenen 朝に
morgenkaffe (-n): ［名・単］朝のコーヒー
morgenmad (-en): ［名・単］朝食
morges: i morges ［過ぎ去った］今朝
mormor (-en, mormødre): ［名］母方の祖母
morsom (-t, -me): ［形］面白い
Morten: ［固］モーテン（デンマーク人の男性名）
moster (-en, mostre): ［名］母方のおばさん
motion (-en): ［名・単］運動
motionere: ［動］運動する
motorvej (-en, -e): ［名］自動車道

mulig (-t, -e): ［形］可能な．hurtigst muligt できるだけ早く
mund (-en, -e): ［名］口
munter (-t, muntre): ［形］ゆかいな
mus (-en, -): ［名］ハツカネズミ
museum (museet, museer): ［名］博物館，美術館
musik (-ken): ［名・単］音楽
musiker (-en, -e, -ne): ［名］音楽家，ミュージシャン
muskel (musk(e)len, muskler): ［名］筋肉
muslimsk (-, -e): ［形］ムスリムの，イスラム教の
myte (-n, -r): ［名］神話；神話化・伝説化された人物
mælk (-en): ［名・単］ミルク
mærkelig (-t, -e): ［形］奇妙な
mæt (-, -te): ［形］満腹の，おなかいっぱいの
møbel (møblet, møbler): ［名］家具
møde¹ (-t, -r): ［名］会議，ミーティング
møde²*: ［動］会う；（学校・仕事などに）到着している
mødes (mødes, mødtes, mødtes): ［動］（約束して）会う
mølle (-n, -r): ［名］水車；風車；製粉所
Møller: ［固］ムラ（デンマーク人の名字）
mørk (-t, -e): ［形］黒っぽい；暗い，闇の
måde (-n, -r): ［名］方法，やり方，流儀；点，面，意味．på en sådan måde そのような方法で，そんな風に．i lige måde ［（幸福や安泰などを願う）祈願の言葉をかけられた相手に対して］あなたもご同様に
måned (-en, -er): ［名］（年月の）月
måske: ［副］もしかしたら，ひょっとしたら
måtte (må, måtte, måttet): ［法助］［許可］（しばしば gerne, godt とともに）…して

もよい，［（［許可］の否定）禁止］…してはいけない，［内的・外的必要・必然］…しなければならない，…する必要がある，…せざるをえない，［提言・提案］må hellere …したほうがいい，［論理的必然性；強い推量］…にちがいない．må gerne for mig 私は構わないから．måtte om～ ～について自分自身で言うことやすることを決定する．Det må du selv om ご自由に

N

nabo（-en, -er）：［名］隣人

nakke（-n, -r）：［名］うなじ，首筋

nat（-ten, nætter）：［名］夜，夜中．i nat［過ぎ去った，この］深夜に，未明に；［今現在の，あるいはこれから来る］深夜に，未明に．hele natten 夜通し，一晩中．om natten 夜中・未明に

national（-t, -e）：［形］国民の；国家の

nationalitet（-en, -er）：［名］国籍

naturligvis：［副］勿論

navle（-n, -r）：［名］へそ

navn（-et, -e）：［名］名前

ned：［副］下へ・に．gå ned（陽が）沈む

nede：［副］下で・に

nederdel（-en, -e）：［名］スカート

negl（-en, -e）：［名］爪

nej：［間］いいえ

nem（-t, -me）：［形］簡単な

nemlig：［副］つまり

nevø（-en, -er）：［名］甥（おい）

ni：［基数］9

niece（-n, -r）：［名］姪（めい）

Nielsen：［固］ニルスン（デンマーク人の名字）

niende：［序数］9番目．12/9（= tolvte i niende）9月12日

Nina：［固］ニナ（デンマーク人の女性名）

nitten：［基数］19

nittende：［序数］19番目

nogen（noget, nogle）：［不代］［英語の any に相当し，「あるか，ないか」，「ゼロかゼロでないか」を問題にする．典型的には，否定文，疑問文，条件文で用いられる．この場合，可算名詞の複数とともに用いられるのは nogen］なんらかの；すこしも（ない），なにも（ない）［名詞的用法で］nogen 誰も～ない，noget 何も～ない；［英語の some に相当し，対象物が存在することが分かっている上で用いられる．この場合，可算名詞の複数とともに用いられるのは nogle］［不可算名詞の場合］いくらかの，［可算名詞の場合］いくつかの；［名詞的用法で］nogen 誰か，noget 何か，nogle 何人かの人たち；noget［副詞として］いくぶん．Det gør ikke noget. どうってことありません．der er noget med, (at) ～ ～らしい，～だそうだ

nogensinde：［副］いつか，かつて，これまでに

noget[1] → nogen

noget[2]：［副］いくぶん，少し

nogle：→ nogen

nok：［副］［約束，請負を強めて］きっと；［話し手の推量を表す］～でしょう；十分に．have penge nok 十分にお金がある

nord：［名］北．det høje Nord 極北

Nordeuropa：［固］北欧；北ヨーロッパ

nordisk（-, -e）：［形］北欧の

nordmand（-en, nordmænd）：［名］ノルウェー人

Nordtoft：［固］ノアトフト（デンマーク人の名字）

Norge：［固］ノルウェー

normalt：［副］ふつう

norsk (-, -e)：[形] ノルウェー（語）の．[名] ノルウェー語
notere：[動] 書き留める，メモする
november：[名] 十一月
nu：[副] 今；[驚きや疑問を表して] さて，はて，いったい；[聞き手の言うことを否定して，聞き手の知らない命題を教えてあげようというシグナル] 〜ですよ
nul：[基数] 0
nulte：[序数] 0番目
nummer (-et, numre)：[名] 番号
Nuuk：[固] ヌーク（グリーンランド最大の都市）
nuværende (-, -)：[形] 今の，現〜
ny (-t, -/-e)：[形] 新しい
nyde (nød, nydt)：[動] 楽しむ；味わう
Nyhavn：[固] ニュハウン（コペンハーゲンの地区名）
nyhed (-en, -er)：[名] ニュース
nylig (-t, -e)：[形] 最近の．for nylig 最近
nytår (-et, -)：[名] 新年．godt nytår! 良い新年を！明けましておめでとうございます！
nytårsaften (-en, nytårsaft(e)ner)：[名] 大晦日
nytårsforsæt (-tet, -ter)：[名] 新年の決意
nægte：[動] 拒む；否定する
næh：[間] [先行する否定疑問文や否定の陳述を肯定して] そうなの，そうですか；[否定を表して] いいや，ちがうよ
næppe：[副] まず〜ない
nær：[前] 〜の近くで・に
nærhed (-en)：[名・単] 近く，近隣．i nærheden 近くに・で
nærme：[動] nærme sig 近づく
næse (-n, -r)：[名] 鼻
næsebor (-et, -)：[名] 鼻孔，鼻の穴
næste (-, -)：[形] 次の

næsten：[副] ほとんど，ほぼ
nød[1] (-den, -der)：[名] 木の実，ナッツ
nød[2] → nyde
nøgen (-t, nøgne)：[形] 裸の
nøgle (-n, -r)：[名] キー，鍵
nøjagtig：[副] ちょうど，正確に
Nørrebro Bryghus：[固] ナアアブロー・ブリュワリー
Nørreport：[固] ナアアポアト（コペンハーゲンにある駅）
nå[1]：[動] 間に合う；到達する
nå[2]：[間] [あいづちをうって] なるほど，ああ；さて
når：[従接] [現在・未来の出来事について] 〜する時；[過去の（習慣的な）複数回の出来事を表して] 〜した時．når som helst いつでも

O

Odense：[固] オーゼンセ（デンマーク第3の都市）
officiel (-t, -le)：[形] 公式の
ofte：[副] しばしば
oftere：[副] もっと頻繁に
og：[等接] そして
også：[副] 〜もまた；[事実の確認や根拠を表すシグナル] 確かに；実際
ok：[間] わかりました，OK
oksekød (-et)：[名・単] 牛肉
oktober：[名] 十月
om[1]：[従接] [間接疑問文を導いて] 〜かどうか
om[2]：[前] 〜について，〜に関して．om + [時間を表す名詞] 今から〜後に（例：om et øjeblik 少ししたら）．om + [時間を表す名詞の単数既知形] （毎）〜に（例：om eftermiddagen 午後に）
om[3]：[副] 回り込んだ向こうへ

om aftenen: 夕方・晩に
om eftermiddagen: 午後に
om formiddagen: 午前中に
om lidt: 少ししたら
om morgenen: 朝に
om natten: 夜中・未明に
omgås（omgås, omgikkes, omgåedes）:［動］扱う；付き合う
omkring:［前］〜の周りを；頃；だいたい
omme:［副］回り込んだ向こうで
omsider:［副］ついに，やっと
ond（-t, -e）:［形］悪い．det gør ondt 痛い．have ondt i 〜〜 が痛い．have forfærdelig/frygtelig ondt i 〜〜がひどく痛い
onkel（onklen, onkler）:［名］おじさん
onsdag（-en, -e）:［名］水曜日
op:［副］上に・へ；北に・へ
opbevaring（-en, -er）:［名］保存，保管
opdage:［動］発見する；気付く
operation（-en, -er）:［名］手術
opgang（-en, -e）［名］建物の階段のある部分，［集合住宅の西階段，東階段などの］階段
opgave（-n, -r）:［名］課題，問題
ophold（-et, -）:［名］滞在
opleve:［動］経験する，体験する
oplive:［動］勇気・元気づける，陽気にさせる，励ます；生き返らせる
oplukker（-en, -e, -ne）:［名］栓抜き
oplyse*:［動］照らす，明るくする；知らせる，教える
oppe:［副］上で；北で
opskrift（-en, -er）:［名］レシピ
optimal（-t, -e）:［形］最上の，最適の，最高の
opvask（-en, -e）:［名］（食器などの）洗い物
opvaskemaskine（-n, -r）:［名］食器洗い機
orange（-, -）:［形］オレンジ色の

ord（-et, -）:［名］（単）語
ordbog（-en, ordbøger）:［名］辞典
orden（-en）:［名・単］秩序．det er i orden よろしい，承知した，OK.
ordentlig（-t, -e）:［形］大きい，たっぷりの
os:［人代］vi の目的格
ost（-en, -e）:［名］チーズ
otte dage: 1 週間
otte:［基数］8
ottende:［序数］8番目．12/8（= tolvte i ottende）8月12日
over^1:［前］〜の上方に・で；〜を経由して
over^2:［副］〜を越えた向こう側へ；〜を渡って
overarm（-en, -e）:［名］上腕，二の腕
overbevise*:［動］納得させる
overbevist（-, -e）:［形］納得した，確信した．være overbevist om 〜〜に関して納得・確信した
overholde（overholdt, overholdt）:［動］（規則などに）従う
overhovedet:［副］overhovedet ikke まったく〜ない
overmorgen: i overmorgen 明後日
overraske:［動］驚かせる
overrasket（-, overraskede）:［形］驚いた，びっくりした
overskyet（-, overskyede）:［形］曇りの
oversætte（oversatte, oversat）:［動］訳す；翻訳する
ovn（-en, -e）:［名］オーブン
ovre:［副］越えた向こう側で

P

pakke^1（-n, -r）:［名］包，小包
pakke^2:［動］包む，荷造りする，荷物を詰める．pakke 〜 ind 〜を包む．pakke 〜 op（包などを）開ける．er pakket ind 包

装されている

pande (-n, -r)：[名] 額（ひたい）；フライパン

pandekage (-n, -r)：[名] パンケーキ，クレープ

papir¹ (-et)：[名・単] 紙

papir² (-et, -er)：[名] 書類

par (-ret, -)：[名] ペア，カップル．et par 〜 2,3の〜；2つの〜

paradis (-et, -er)：[名] 楽園，パラダイス．Paradis [固] 天国

paraply (-en, -er)：[名] 傘

park (-en, -er)：[名] 公園，庭園

parkere：[動] 駐車する

parkeringsplads (-en, -er)：[名] 駐車場

parti (-et, -er)：[名] 政党

passe：[動] 面倒をみる，世話をする；〜に合う，〜に都合がよい．passe børn 子どもの世話をする．passe på 〜〜に注意する，〜に気をつける．passe på, (at) ...〜になるように気をつける

patient (-en, -er)：[名] 患者

pause (-n, -r)：[名] 休み，休憩

peber (-et)：[名・単] コショウ

Pedersen：[固] ピーザスン，ピーダスン（デンマーク人の名字）

pegefinger (-en, pegefingre)：[名] 人差し指

penalhus (-et, -e)：[名] 筆箱

penge：[名・複] お金

penicillin (-en/-et, -er)：[名] ペニシリン

Per：[固] ピア（デンマーク人の男性名）

persille (-n)：[名・単] パセリ

person (-en, -er)：[名] 人，人物

Peter：[固] ピーダ（デンマーク人の男性名）

pianist (-en, -er)：[名] ピアニスト

pige (-n, -r)：[名] 女の子

pilgrimsgang (-en, -)：[名] 巡礼の旅

pille¹ (-n, -r)：[名] 錠剤，丸薬

pille² ：[動]（主に指で）皮をむく

pilot (-en, -er)：[名] パイロット

pind (-en, -e) [名] 棒；(spisepinde) 箸

pinse (-n, -r)：[名] 聖霊降臨祭

pjat (-tet)：[名・単] ばかな話，たわ言，ナンセンス；ばかげた行為，ばかなまね

plads (-en, -er)：[名]（使用できる）場所，余地；席，座席；広場

plan (-en, -er)：[名] 計画，予定

pleje：[動] pleje at 〜 ふつう〜する

pligt (-en, -er)：[名] 義務

pludselig：[副] 突然に

polak (-ken, -ker)：[名] ポーランド人

Polen：[固] ポーランド

politibetjent (-en, -e)：[名] 警察官

Politiken：[固] ポリティーケン紙［デンマークの日刊紙］

politiker (-en, -e, -ne)：[名] 政治家

politisk (-, -e) [形] 政治的な

polsk (-, -e)：[形] ポーランド（語）の．[名] ポーランド語

populær (-t, -e)：[形] 人気のある，ポピュラーな

Portugal：[固] ポルトガル

portugiser (-en, -e, -ne)：[名] ポルトガル人

portugisisk (-, -e)：[形] ポルトガル（語）の．[名] ポルトガル語

post (-en)：[名・単] 郵便

posthus (-et, -e)：[名] 郵便局

postkort (-et, -)：[名]（絵）はがき，ポストカード

Poulsen：[固] ポウルスン（デンマーク人の名字）

praktisk (-, -e)：[形] 実用的な

prikket (-, prikkede)：[形] ドット柄の，水玉模様の

primitiv (-t, -e)：[形] 原始の，太古の；原始的な

prins (-en, -er)：［名］王子；公
Prins Henrik：［固］ヘンレク公（デンマーク女王マグレーデ2世の夫）
problem (-et, -er)：［名］問題，難問
projekt (-et, -er)：［名］プロジェクト
provins (-en, -er)：［名］地方，田舎
præcis：［副］ちょうど，ぴったりに
prægtig (-t, -e)：［形］壮大な，壮麗な，豪華な；すばらしい
præst (-en, -er)：［名］（プロテスタントの）牧師；（カトリックの）司祭；聖職者，僧侶
prøve：［動］試す，試みる
PS (/p.s.)：［手紙などで］追伸
pseudonym (-et, -er)：［名］ペンネーム
pung (-en, -e)：［名］財布
punkt (-et, -er)：［名］点
punkteret (-, punkterede)：［形］パンクしている
purløg (-en/-et, -)：［名］（セイヨウ）アサツキ，チャイブ
pynte：［動］飾る，デコレーションする
pædagog (-en, -er)：［名］保育士；教育学者
på 1. sal：2階に・で
på fredag：今度の金曜日に
på：［前］〜で，〜の上で．på fredag 今度の金曜日に
påske (-n, -r)：［名］復活祭

R

radio (-en, -er)：［名］ラジオ．høre radio ラジオを聴く
ramme*：［動］命中させる，（的などに）当てる
Randers：［固］ラナス（デンマーク第6の都市）
rask (-(t), -e)：［形］元気な
Rasmus：［固］ラスムス（デンマーク人の男性名）
Rasmussen：［固］ラスムスン（デンマーク人の名字）
recept (-en, -er)：［名］処方箋
regel (reglen, regler)：［名］規則，ルール．som regel ふつう
regelmæssig (-t, -e)：［形］規則的な，規則正しい，定期的な．regelmæssigt ［副詞として］定期的に
region (-en, -er)：［名］レギオーン（地方）［日本の都道府県に相当する地方自治体．デンマークに5つある］
regne[1]：［動］計算する，（計算問題を）計算して解く；見積もる，見込む，みなす．regne med 〜〜を当てにする，頼りにする，期待する，予測・予期する，見込む
regne[2]：［動］雨が降る．det regner 雨が降る・降っている
regning (-en, -er)：［名］勘定書，請求書；計算
regnvejr (-et, -)：［名］雨天
reje (-n, -r)：［名］海老（エビ）
rejse[1] (-n, -r)：［名］旅，旅行
rejse[2]*：［動］旅をする；立てる．rejse sig 立ちあがる
rejsebureau (-et, -er)：［名］旅行代理店
reklame (-n, -r)：［名］宣伝，広告
religion (-en, -er)：［名］宗教
ren (-t, -e)：［形］きれいな
rense：［動］きれいにする，洗う
René：［固］レニ（デンマーク人の男性名）
reol (-en, -er)：［名］本棚
reparere：［動］修理する
rest (-en, -er)：［名］残り（のもの）．for resten ところで
restaurant (-en, -er)：［名］レストラン
resultat (-et, -er)：［名］結果
ret：［副］かなり．ikke ret mange それほど

多くない
retur：［副］戻って；戻して；返して
rig (-t, -e)：［形］お金持ちな
rige (-t, -r)：［名］国，国家；王国
rigtig (-t, -e)：［形］正しい，本当の
Rikke：［固］レゲ（デンマーク人の女性名）
ring (-en, -e)：［名］輪；指輪．i en ring 輪になって
ringe：［動］鳴る；鳴らす；電話をする
ringfinger (-en, ringfingre)：［名］薬指
risalamande (-n)：［名・単］リスアラマング（米をミルクで煮て粥状にしたものを冷たくしてチェリーソースをかけて食するクリスマスディナーのデザート．アーモンドのスライスと丸ごとのアーモンドが1個入れてある）
risengrød (-en)：［名・単］米のミルク粥
risikere：［動］〜の危険を冒す
risiko (-en, -er/risici)：［名］危険，恐れ
rock (-en)：［名・単］ロックミュージック
rolig (-t, -e)：［形］落ち着いた，静かな
roman (-en, -er)：［名］長編小説
rose[1] (-n, -r)：［名］バラ
rose[2]*：［動］ほめる
Roskilde：［固］ロスキレ（デンマーク第10の都市）
rum (-met, -)：［名］空間；部屋
rundt：［副］ぐるぐると，回って
Rungsted：［固］ロングステズ（北東シェラン島の町）
Rungstedlund：［固］ロングステズロン（北シェランのロングステズ（Rungsted）にある別荘．カーアン・ブリクスン博物館）
Rusland：［固］ロシア
russer (-en, -e, -ne)：［名］ロシア人
russisk (-, -e)：［形］ロシア（語）の．［名］ロシア語

rutebil (-en, -er)：［名］（ふつう複数の町を経由する）長距離路線バス
rutebilstation (-en, -er)：［名］長距離路線バスのターミナル
rydde：［動］rydde op かたづける
Ryesgade：［固］リュースゲーゼ（コペンハーゲンの通り名）
ryg (-gen, -ge)：［名］背中
ryge (røg, røget)：［動］タバコを吸う
rygning (-en, -er)：［名］喫煙
rytmisk (-, -e)：［形］律動的な，リズミカルな
rædsom (-t, -me)：［形］恐ろしい
række (rakte, rakt)：［動］手渡す
rækkehus (-et, -e)［名］（同じ型の住宅が一列に並んだ）列状住宅，テラスハウス
rætoromansk (-, -e)：［形］レトロマンス（語）の．［名］レトロマンス語
rød (-t, -e)：［形］赤い
rødbede (-n, -r)：［名］赤カブ；赤カブを煮て，スライスして酢と砂糖に漬けた料理
rødgrød (-en)：［名・単］ベリー類をドロドロに煮て作ったデザート
rødkål (-en, -)：［名］ムラサキキャベツ；ムラサキキャベツを細切りにして酢と砂糖で煮た料理
Rødovre：［固］レズオウア（コペンハーゲン・コムーネ［市］近郊のコムーネ［市］名）
røget (-, røgede)：［形］燻製にした
Rønne：［固］ラネ（ボーンホルム島最大の都市）
røre*：［動］かき混ぜる，かき回す．røre 〜 i 〜を混ぜ入れる
røræg (-gen/-get)：［名・単］スクランブルエッグ
røve：［動］強奪する
rå (-t, -)：［形］生の

råbe*：［動］叫ぶ，大きな声を出す
råd：［名・単］金銭的余裕．have råd til 〜 〜の金銭的余裕がある
rådden (-t, rådne)：［形］腐った
rådhusplads (-en, -er)：［名］市庁舎前広場

S

saft (-en)：［名・単］果汁，汁；果汁ジュース
sag (-en, -er)：［名］もの，こと，問題，件
sal：［名］階．på 2. (= anden) sal 3階で
salat (-en, -er)：［名］サラダ；サラダ菜
salme (-n, -r)：［名］賛美歌
salt¹ (-et)：［名・単］塩
salt² (-, -e)：［形］塩味のきいた
samles (samles, samledes, samledes)：［動］集まる
samling (-en, -er)：［名］収集物，コレクション
samme (-, -)：［形］同じ．med det samme 即座に，すぐさま
sammen：［副］一緒に．alle sammen みんな，全員
sammenligne：［動］比べる，比較する．sammenligne A med B A を B と比較する．sammenlignet med 〜 〜と比べて
samtale (-n, -r)：［名］会話
Sana：［固］セーナ（デンマーク人の女性名）
sandhed (-en, -er)：［名］真実，真理；真相
sang (-en, -e)：［名］歌
Sara：［固］サーラ（デンマーク人の女性名）
savne：［動］（〜がない・いないのを）寂しく思う，困る
Schmidt：［固］スミト（名字）
Schweiz：［固］スイス
schweizer (-en, -e, -ne)：［名］スイス人
schweizisk (-, -e)：［形］スイスの
se (så, set)：［動］見える，見る，会う．se efter 〜 〜を探す；〜を見てみる，〜をチェックする．se fjernsyn テレビを見る．se på 〜 〜を見る．se 〜 ud 〜のように見える，〜のようである
set → se
sejle：［動］航海する，船で行く
sekretær (-en, -er)：［名］秘書
seks：［基数］6
seksten：［基数］16
sekstende：［序数］16番目
sekund (-et, -er)：［名］秒
selv tak：［間］どういたしまして
selv：［不代］自分自身
selve (-, -)：［形］そのもの，自身，自体
selvfølgelig：［副］もちろん，とうぜん
selvom/ selv om：［従接］たとえ〜であろうとも；（事実は）〜ではあるが
selvstændig (-t, -e)：［形］独立した
semester (semest(e)ret, semestre)：［名］学期，セメスター
sen (-t, -e)：［形］（時間的に）遅い．komme for sent 遅れる，遅刻する i den senere tid 最近，近頃
sende*：［動］送る
senere：［副］後に，後で
seng (-en, -e)：［名］ベッド．gå i seng 就寝する
sennep (-pen)：［名・単］マスタード
sent：［副］（時刻・時期が）遅くに
september：［名］九月
servere：［動］（飲食物を）出す，給仕する
ses (ses, sås, setes)：［動］（複数の人が）会う．vi ses! また会いましょう！またね！
seværdighed (-en, -er)：［名］名所，見るに値するもの
Seychellerne：［固］セーシェル共和国
sgu：［話し手が自分の主張が正しいのだということを強調するシグナル．しばし

ば話し手の怒り・苛立ちを表す]
shoppe: [動] (特に, 服や靴などを, 衝動的に) 買い物をする
sidde (sad, siddet): [動] 座っている
side (-n, -r): [名] 面；横面；側；ページ. ved siden af 〜〜の横で，〜の隣りで
siden[1]: [従接] 〜して以来；〜なので
siden[2]: [前] 〜以来
siden[3]: [副] 〜前に. for 〜 siden (時間的に) 〜前に
sidst: [副] 最後に
sidste (-, -): [形] 最後の；この前の
sige (sagde, sagt): [動] 言う. sige til 知らせる, 申し出る. sig mig (私に言いなさい！→) ねえ, ところで. Hvad siger du? 何とおっしゃいましたか？；どう思いますか？；[驚いて] 何ですって？ Det må du/man nok sige ええ, ほんとうに. まったくそのとおりだ. そうおっしゃるのももっともです
sigte[1] (-n, -r): [名] ふるい, 濾 (こ) し器, フィルター
sigte[2]: [動] ふるいにかける
Sigurd: [固] スィグアト (デンマーク人の男性名)
sikken (sikket, sikke): [不代] なんという！ sikke meget mad 何とたくさんの食事
sikker (-t, sikre): [形] 安全な, 安心な；確かな, 確実な；確信した, 自信のある
sikkerhed (-en, -er): [名] 安全；確実さ. med sikkerhed 確実に, 確信を持って
sikkert: [副] 多分, おそらく, (きっと) …だろう
Silkeborg: [固] スィルゲボー [Jylland (ユラン) 中部のコムーネ]
sin (sit, sine): [再所代] (3人称単数主語の) 彼・彼女・それの
sit → sin

situation (-en, -er): [名] 状態；立場
sjette: [序数] 6番目. 12/6 (= tolvte i sjette) 6月12日
sjov (-t, -e): [形] 面白い
sjæl (-en, -e): [名] 心, 精神, 魂；人, 人間
sjældent: [副] まれにしか〜ない
Sjælland: [固] シェラン島
Skagen: [固] スケーイン (デンマーク (ユラン半島) 最北端の町)
skal have: 手に入れなくてはいけない, 買わなくてはいけない
skal vi ikke 〜: 私たちは〜しないんですか？
skaldet (-, skaldede): [形] (頭が) はげた
skam: [副] [話し手が, 聞き手の発言に現れている命題内容を否定し, なおかつ話し手自身が主張する命題内容の方が正しいことを強調するシグナル]
Skandinavien: [固] スカンジナヴィア
ske[1] (-en, -er): [名] スプーン
ske[2]*: [動] 起こる
skib (-et, -e): [名] 船
skidt (-, -e): [形] (ひどく) 悪い, 良くない, だめな
skifte: [動] 換える；乗り換える
skiftes (skiftes, skiftedes, skiftedes): [動] 交代する
skille*: [動] bliver skilt, blev skilt, er/var blevet skilt 離婚する
skilles (skilles, skiltes, skiltes): [動] 別れる；離婚する
skilt (-, -e): [形] 離婚している
skinne: [動] 光る, 照る
skjorte (-n, -r): [名] シャツ
sko (-en, -): [名] 靴
skole (-n, -r): [名] 学校. gå i skole 学校に行く
skomager (-en, -e, -ne): [名] 靴屋, 靴製造・修繕職人

skorsten (-en, -e)：［名］煙突
skotte (-n, -r)：［名］スコットランド人
Skov：［固］スコウ（デンマーク人の名字）
skov (-en, -e)：［名］森
skovtur (-en, -e)：［名］森の散歩・ピクニック
skrald (-et)：［名・単］ゴミ
skridt (-et, -)：［名］歩み，歩
skrive (skrev, skrevet)：［動］書く
skrivning (-en, -er)：［名］（科目としての）書き方
skrælle：［動］（ピーラーなどで根菜，果物などの）皮をむく
skudår (-et, -)：［名］うるう年
skuespil (-let, -)：［名］劇，演劇，芝居
skuespiller (-en, -e, -ne)：［名］俳優，役者
skulder (-en, skuldre)：［名］肩
skulle (skal, skulle, skullet)［法助］［要求，命令，義務］〜しなくてはいけない，〜しなさい；［計画，取り決め，予定］〜することになっている；［(疑問文で)不確実さ］〜をしたらいいか？；［約束，請負］〜するように・〜になるように私が請負います．skal have 手に入れなくてはいけない，買わなくてはいけない．skal vi ikke 〜 私たちは〜しないんですか？skulle gerne 〜であればいい．skulle hellere 〜するほうがいい
skur (-et, -)：［名］小屋，物置
sky (-en, -er)：［名］雲
skyde (skød, skudt)：［動］撃つ，射る．skyde 〜 af 〜を打ち上げる
skyet (-, skyede)：［形］曇りの
skyld (-en)：［名・単］for -s skyld 〜のために．for min skyld 私のために
skynde*：［動］急がせる．skynde sig 急ぐ
skæbne (-n, -r)：［名］運命
skælde*：［動］skælde 〜 ud 〜を叱る

skændes (skændes, skændtes, skændtes)：［動］口喧嘩する．være oppe at skændes 口喧嘩する
skære (skar, skåret)：［動］（ナイフなどで）切る．skære sig 切り傷をする
skøn (-t, -ne)：［形］すてきな
skål (-en, -e)：［名］深い容器，ボール，どんぶり，碗（わん）
skåle：［動］乾杯する
slags (-en, -)：［名］種類
slem (-t, -me)：［形］ひどい，わるい
slet：［副］slet ikke まったく〜ない
slik (-ket)：［名・単］チョコレート・キャンディー・グミキャンディーなどのお菓子類
slippe (slap, sluppet)：［動］逃げる，逃れる；手放す．slippe af med 〜〜から逃れる，〜から解放される
slot (-tet, -te)：［名］城，城郭
sluge*：［動］飲み込む
slukke：［動］（火・テレビなどを）消す；（携帯電話の）電源を切る
slut：［名］終わり．til slut 終わりに，最後に
slutning (-en, -er)：［名］終わり，最後；結論
slutte：［動］終わる；終える．slutte af med 〜〜で終える
sløj (-t, -e)：［形］具合がよくない，気分がすぐれない
slå (slog, slået)：［動］打つ，たたく，殴る．slå græs 芝刈りをする．slå sig 身体をぶつける，打ち傷をする
slås (slås, sloges, sloges)：［動］喧嘩する
smage*：［動］味がする；味わう．smage på 〜〜の味見をする．det smager rigtig godt ほんとうに美味しい
smerte (-n, -r)：［名］痛み
smertestillende (-, -)：［形］痛みを和らげる，鎮痛の

smitsom (-t, -me):［形］感染する

smuk (-t, -ke):［形］美しい

smørrebrød (-et):［名・単］オープンサンドイッチ

Smørum:［固］スメーロム（地名：教区）

små:［形］［lille の複数形］小さい

småkage (-n, -r):［名］クッキー

snakke:［動］話す，しゃべる

snakkes (snakkes, snakkedes, snakkedes):［動］snakkes ved 話し合う．vi snakkes ved!［別れの挨拶として］じゃあ，また（会って）話しましょう!

snaps (-en, -e):［名］［ジャガイモをベースに発酵・蒸留された火酒］スナプス

snart:［副］間もなく；もうすぐ；ほとんど

sne[1] (-en):［名・単］雪

sne[2]:［動］雪が降る

snes (-en, -e):［名］20

snu (-, -):［形］ずるい

snæver (-t, snævre):［形］狭い

sodavand[1] (-et):［名・単］（物質名詞としての）炭酸飲料

sodavand[2] (-en, -/-er):［名］（ビン1本・缶1個の）炭酸飲料

sofa (-en, -er):［名］ソファー

sofabord (-et, -e):［名］ソファーテーブル

Sofie:［固］ソフィーイ（デンマーク人の女性名）

sok (-ken, -ker):［名］ソックス

sol (-en, -e):［名］太陽

solbær (-ret, -):［名］クロフサスグリ，カシス

Solveig:［固］ソールヴァイ（デンマーク人の女性名）

som[1]:［関代］［人・ものを先行詞とし，関係節中で主語・目的語や前置詞の目的語などとなる］

som[2]:［接］～のような，～のように；～として

sommer (-en, somre):［名］夏. om sommeren 夏に

sommerferie (-n, -r):［名］夏休み

sommerhus (-et, -e):［名］別荘

sommetider:［副］時々

som om:［従接］あたかも～のように

sort (-, -e):［形］黒い

sove (sov, sovet):［動］眠る

soveværelse (-t, -r):［名］寝室

spadsere:［動］散歩する

Spanien:［固］スペイン

spanier (-en, -e, -ne):［名］スペイン人

spansk (-, -e):［形］スペイン(語)の．［名］スペイン語

sparke:［動］蹴る．sparke til ～～を（繰り返して）蹴る

spekulere:［動］考える

spil (-let, -):［名］ゲーム

spille:［動］ゲームをする；楽器を演奏する；球技等のスポーツをする．spille computer コンピュータゲームをする

spillekort (-et, -):［名］ゲーム用カード，トランプカード

spinat (-en):［名・単］ホウレンソウ

spise*［動］食べる．spise op 残さずに食べる

spisepind (-en, -e):［名］箸

spisestue (-n, -r):［名］食堂

sport (-en):［名・単］スポーツ．dyrke sport スポーツをする

sportsgren (-en, -e):［名］スポーツ種目

sportsside (-n, -r):［名］（新聞などの）スポーツ面

springe (sprang, sprunget):［動］跳び上がる，ジャンプする．springe ～ over ～をとばす．springe ud 花・つぼみが開く，ほころぶ

sprog (-et, -):［名］言語，言葉

sprogskole（-n, -r）:［名］語学学校

spændende（-, -）:［形］わくわくさせる，おもしろい，興奮させる，はらはらさせる

spørge（spurgte, spurgt）:［動］問う，質問する．spørge ... om 〜 …に〜について訊ねる

spørgsmål（-et, -）:［名］質問

squash（en）:［名・単］スカッシュ（スポーツ）

stadig[1]（-t, -e）:［形］絶え間ない，不変の

stadig[2]:［副］依然として，相変わらず

stakkels（-, -）:［形］気の毒な，哀れな，かわいそうな

start:［名］初め，始め．i starten af 〜 〜の初め

starte:［動］始まる；始める．starte på 〜 〜を始める

stat（-en, -er）:［名］国家

station（-en, -er）:［名］駅

stave:［動］綴る

sted（-et, -er）:［名］場所．i stedet その代りに．i stedet for 〜 〜の代わりに．til stede（人が）いて，出席して，参列して

steg[1]（-en, -e）:［名］ロースト肉

steg[2] → stige

stege*:［動］（フライパンで）焼く，炒める；揚げる

stemme（-n, -r）:［名］声

Sten/Steen:［固］スティーン（デンマーク人の男性名）

sten（-en, -）:［名］石；レンガ

stige（steg, steget）:［動］登る，上る．stige（ud）af 〜 〜（乗り物）から降りる．stige på 〜 〜（乗り物）に乗る．stige af 乗り物から降りる．stige på 乗り物に乗る

stikke（stak, stukket）:［動］刺す

stil（-en, -e）:［名］作文

stille[1]（-, -）:［形］静かな

stille[2]:［動］置く，立てる，立てかける

Stine:［固］スティーネ（デンマーク人の女性名）

stjæle（stjal, stjålet）:［動］盗む

Stockholmsgade:［固］ストクホルムスゲーゼ（コペンハーゲンの通り名）

S-tog（-et, -/（-e））:［名］S電車（コペンハーゲン近郊電車）

stol（-en, -e）:［名］椅子

stole:［動］stole på 〜 〜を信用する

stolt（-, -e）:［形］誇らしげな，自慢する

stoppe:［動］止める；止まる

stoppested（-et, -er）:［名］停留所

stor（-t, -e）:［形］大きい

storcenter（storcent(e)ret, storcentre）:［名］ショッピングセンター

storebror（-en, storebrødre）:［名］兄

straks:［副］すぐに，即座に

strand（-en, -e）:［名］浜辺，ビーチ

Strand:［固］ストラン（デンマーク人の名字）

stresse:［動］ストレスを与える

stresset（-, stressede）:［形］ストレスを受けた

stribe（-n, -r:）:［名］縞（しま）（模様），ストライプ

stribet（-, stribede）:［形］ストライプ柄の

studere:［動］学ぶ；研究する

studerende（en studerende, den studerende, -, de studerende）:［名］大学生

stue（-n, -r）:［名］居間，リビングルーム；一階．i stuen リビングルームに；一階に

stykke（-t, -r）:［名］切片，かけら；個；（劇・音楽・絵画などの）作品．to stykker 〜〜 2個．gå i stykker 壊れる

styrke（-n, -r）:［名］強さ，力，体力，勢力

stærk（-t, -e）:［形］強い；（食べ物が）辛い；（お茶・コーヒーなどが）濃い

stød（-et, -）:［名］声門せばめ音

større:［形］stor の比較級

størrelse（-n, -r）:［名］サイズ

størst: ［形］stor の最上級
stå (stod, stået): ［動］立っている．stå op 起床する．stå af 〜〜（乗り物から）降りる．stå på 〜〜（乗り物に）乗る．stå af 乗り物から降りる．stå på 乗り物に乗る
succes (-en, -er): ［名］成功
sukker (-et, -e, -ne): ［名］砂糖
sulten (-t, sultne): ［形］空腹の
sund (-t, -e): ［形］健康に良い
Sundeved: ［固］ソネヴィズ（ユラン半島南部の半島・コムーネ）
sundhed (-en): ［名・単］健康
sundhedskort (-et, -): ［名］健康保険証
super: ［間］すばらしい！
supermarked (-et, -er): ［名］スーパーマーケット
sur (-t, -e): ［形］酸っぱい；不機嫌な
suveræn (-t, -e): ［形］最高の，最上の，卓越した，絶対的な
svamp (-en, -e): ［名］キノコ
svar (-et, -): ［名］答え
svare: ［動］答える．svare på et brev 手紙に返事を書く
svede*: ［名］汗をかく
Svendborg: ［固］スヴェンボー（コムーネ名，都市名）
svensk (-, -e): ［形］スウェーデン（語）の．［名］スウェーデン語
svensker (-en, -e, -ne): ［名］スウェーデン人
Sverige: ［固］スウェーデン
svinekød (-et): ［名・単］豚肉
svær (-t, -e): ［形］難しい；（病気などが）重い
svømme: ［動］泳ぐ
swahili (et): ［名］スワヒリ語
sweater (-en, sweat(e)re): ［名］セーター
Syddansk Universitet: ［固］南デンマーク大学

Sydkorea: ［固］韓国
syg (-t, -e): ［形］病気の
sygdom (-men, -me): ［名］病気
sygeplejerske (-n, -r): ［名］看護婦，看護師
sygesikringsbevis (-et, -er): ［名］健康保険証
symbol (-et, -er): ［名］象徴，シンボル
symptom (-et, -er): ［名］症状
synd (-, -): ［形］残念な，気の毒な，det er synd for 〜〜は気の毒だ
synes (synes, syntes, syntes) ［動］思う．synes om 〜〜について思う．synes (godt) om 〜 〜が好きである
synge (sang, sunget): ［動］歌う
sytten: ［基数］17
syttende: ［序数］17番目
syv: ［基数］7
syvende: ［序数］7番目．12/7（= tolvte i syvende）7月12日
sælge (solgte, solgt): ［動］売る，売却する
særlig (-t, -e): ［形］特別な；特殊な．særligt ［副］特に．ikke særlig とくに〜でない
sæt (-tet, -): ［名］セット，一式
sætte (satte, sat): ［動］置く，座らせる．sætte sig 座る
sø (-en, -er): ［名］湖
sød (-t, -e): ［形］甘い；可愛い；親切な；おとなしい，行儀のよい．det var sødt af dig どうもご親切に
søge*: ［動］探す
Søløvevej: ［固］スルーヴェヴァイ（通り名）
søn (-nen, -ner): ［名］息子
søndag (-en, -e): ［名］日曜日
Sønderborg: ［固］スナボー（ユラン半島南部の町・コムーネ）
Sønderjylland: ［固］スナユラン（ユラン半島南部の地域）
Søren: ［固］セーアン（デンマーク人の男性名）

søren:［副］［遺憾の念・驚きなどの感情を表して］いったい

sørge:［動］sørge for ～ ～に気を配る，～を手配する

søskende:［名・複］兄弟姉妹

søster (-en, søstre):［名］姉妹

søvn (-en):［名・単］眠り．falde i søvn 寝入る

søvnig (-t, -e):［形］眠い

så[1]:［副］次に，その後；だから，それなので；その場合，そうしたら，それならば；それほど；大変．ikke så ～ それほど～ない．ikke så ～ som ...: …ほどには～ない

så[2]:［同接］だから，それなので

så[3]:［従接］～するように

så[4] → se

sådan (sådant, sådanne):［不代］そのような，このような．sådan noget そのようなもの．［副］そのように，そんな風に，このように，こんな風に；［強意の副詞として］ひどく；［高い程度を表す副詞として］とても．［間］よし，よくやった；(ああ）それだ，そこだ，その通り，その調子だ

T

tabe*:［動］落とす；失くす，失う．tabe sig 体重が減る

tag (-et, -e):［名］屋根

tage (tog, taget):［動］行く；取る；(乗り物に）乗る．tage ～ af ～を脱ぐ．tage med 一緒に行く．tage ～ med ～を持って行く・来る，～を連れていく．tage ～ i brug 使い始める．～（するの）に時間がかかる．det tager en halv time (at køre) herfra til ～ ここから～まで（行くのに）30分かかる

tak:［間］ありがとう．mange tak/tusind tak どうもありがとう．tak for ～ ～をありがとう．tak for sidst この前はありがとうございます．tak skal du/I have ありがとうございます

tal (-let, -):［名］数．1800-tallet 1800年代

tale[1] (-n, -r):［名］スピーチ，演説，話

tale[2]*:［動］話す

tales (tales, taltes, taltes):［動］tales ved 話し合う

tallerken (-en, tallerk(e)ner):［名］皿

-tallet:［名］～年代．1800-tallet 1800年代

tand (-en, tænder):［名］歯

tandlæge (-n, -r):［名］歯医者

tandpleje (-n):［名・単］トゥースケア；歯の治療

Tanja:［固］タニャ（デンマーク人の女性名）

tante (-n, -r):［名］おばさん

taske (-n, -r):［名］バッグ

tavle (-n, -r):［名］黒板

taxa (-en, -er):［名］タクシー

te (-en, -er):［名・単］紅茶；お茶

teater (teat(e)ret, teatre):［名］劇場

teenagersøn (-nen, -ner):［名］十代の息子

tegne:［動］線画を描く

tegnebog (-en, tegnebøger):［名］札入れ

tegneværelse (-t, -r):［名］お絵かきルーム

tegning (-en, -er):［名］スケッチ，線画

telefon (-en, -er):［名］電話；携帯電話

telefonnummer (-et, telefonnumre):［名］電話番号；携帯番号

tema (-et, -er):［名］テーマ

temmelig:［副］かなり

tempel (templet, templer):［名］神殿，寺院

temperatur (-en, -er):［名］温度；体温．tage temperatur 熱を測る

tennis (-sen):［名・単］テニス．spille tennis テニスをする

tennispartner (-en, -e, -ne)：［名］テニスの
　パートナー
terrasse (-n, -r)：［名］テラス
tern (-en/-et, -/-er, -e(r)ne)：［名］格子縞，
　チェック
ternet (-, ternede)：［形］チェック柄の
test (-en, -s/-, -ene)：［名］テスト
t.h. = til højre 右に
thi：［同接］［古風］というのは，というのも
Thomas：［固］トマス（デンマーク人の男性名）
Thorleif：［固］トアライフ（デンマーク人
　の男性名）
Thorshavn：［固］トアスハウン（フェーロ
　ー諸島の首都のデンマーク語名）
Thorvald：［固］トーヴァル（デンマーク人
　の男性名）
ti：［基数］10
tid (-en, -er)：［名］時間．en times tid 大体
　1時間の間．det er tid til at +［不定詞］
　〜する時である．god tid 十分な時間，
　時間的余裕．have god tid 十分な時間
　がある．komme til tiden 時間に間に合
　うように来る．alle tiders とてもすばら
　しい，最高の．ved tre-tiden 3 時頃に
tidlig (-t, -e)：［形］（時刻・時期が）早い
tidligere：［副］以前に
tidligt：［副］（時刻・時期が）早くに
tidspunkt (-et, -er)：［名］時点
tiende：［序数］10 番目．12/10（= tolvte i
　tiende) 10 月 12 日
tier (-en, -e, -ne)：［名］10 クローネ硬貨
til gengæld：その代わりに
til højre for 〜：〜の右に
til højre：右へ・に
til slut：最後に
til stede：（人が）いて，出席して，参列して
til venstre：左に
til¹：［従接］〜するまで

til²：［前］〜に・へ；〜まで
til³：［副］もう．en gang til もう 1 回．en uge
　til もう 1 週間
tilbage：［副］後ろに，もどって；残ってい
　る，後に
tilbyde (tilbød, tilbudt)：［動］申し出る，提
　供する
tildækket (-, tildækkede)：［形］覆われた，
　蓋（ふた）をされた
tilfreds (-/-t, -e)：［形］満足している
tilfredsstille：［動］満足させる
tilfredsstillende (-, -)：［形］満足な，満足
　を与える
tilladelse (-n, -r)：［名］許可
tillykke! (/til lykke!)：［間］おめでとう！
tilstå (tilstod, tilstået)：［動］白状する，認める
tilværelse (-n)：［名・単］生活，暮らし
time (-n, -r)：［名］時間（= 60 分）；授業
Tina：［固］ティーナ（デンマーク人の女性名）
ting (-en, -)：［名］物
tirsdag (-en, -e)：［名］火曜日
tit：［副］しばしば
Tivoli：［固］（コペンハーゲンにある）チボ
　リ公園
tja：［間］［ためらい・迷い・あきらめなど
　の気持ちを表して］ううん，さあて，
　そうねえ，ふん（しょうがない）
tjener (-en, -e, -ne)：ウェイター
to：［基数］2
tog (-et, -(/-e))：［名］列車，電車
toilet (-tet, -ter)：［名］トイレ
tolv：［基数］12
tolvte：［序数］12 番目．9/12（= niende i
　tolvte）12 月 9 日
tommelfinger (-en, tommelfingre)：［名］親指
Torben：［固］トーベン（デンマーク人の男
　性名）
tordne：［動］雷が鳴る．det tordner 雷が鳴

る・鳴っている

torsdag（-en, -e）:［名］木曜日
torsk（-en, -）:［名］鱈
torv（-et, -e）:［名］広場；市（いち）
tradition（-en, -er）:［名］伝統
traditionel（-t, -le）:［形］伝統的な
trafik（-ken, -ker）:［名］交通
trappe（-n, -r）［名］階段
travl（-t, -e）:［形］忙しい，多忙の．have travlt 忙しい
tre:［基数］3
tredive:［基数］30
tredivte:［序数］30 番目
tredje:［序数］3番目．for det tredje 第三に．12/3（= tolvte i tredje）3月12日
trekant（-en, -er）:［名］三角形
trekantet（-, trekantede）:［形］三角形の
tres:［基数］60
tresindstyvende:［序数］60 番目
tretten:［基数］13
trettende:［序数］13 番目
Trine:［固］トリーネ（デンマーク人の女性名）
trives（trives, trivedes, trivedes）:［動］栄える，繁栄する；成長する，すくすく育つ
tro[1]（-, -）:［形］誠実な，忠実な，
tro[2]:［動］（経験していないことを）思う．tro på ～～を信じる．tro på Gud 神を信じる
trods:［前］～にもかかわらず．trods alt 結局，やはり
Troels:［固］トローオルス（デンマーク人の男性名）
true:［動］脅す，脅かす
tryg（-t, -ge）:［形］安心できる，平穏な
tryk（-ket, -）:［名］強勢
trykke:［動］押す，押しつける，圧迫する．trykke på ～～を押す
træ（-et, -er）:［名］木；ツリー

træde（trådte, trådt）:［動］踏む
trækrone（-n, -r）:［名］樹冠
træne:［動］トレーニングする
træner（-en, -e, -ne）:［名］トレーナー
træningscenter（træningscent(e)ret, trænings-centre）:［名］トレーニングセンター
træt（-, -te）:［形］疲れた；うんざりした；あきた．være træt af ～～に疲れている；～にうんざりしている；～にあきている
tung（-t, -e）:［形］重い
tunge（-n, -r）:［名］舌
tur（-en, -e）:［名］散歩，遠足，ピクニック，サイクリング，ドライブ，ツアー，旅行；順番
turde（tør, turde, turdet）:［法助］［勇気があって］～できる．～する勇気がある
turist（-en, -er）:［名］観光客，ツーリスト
tusind(e)（et）:［基数］千
tusinde:［序数］千番目の
tusind tak:［間］どうもありがとう
t.v. = til venstre: 左に
TV-program（-met, -mer）:［名］テレビ番組
tvivlsom（-t, -me）:［形］疑わしい
tydelig（-t, -e）:［形］明瞭な
tyfus（-(s)en, -(s)er）:［名］（腸）チフス
tyk（-t, -ke）:［形］太った；分厚い
typisk（-, -e）:［形］典型的な
tyrker（-en, -e, -ne）:［名］トルコ人
Tyrkiet:［固］トルコ
tyrkisk（-, -e）:［形］トルコ（語）の．［名］トルコ語
tysk（-, -e）:［形］ドイツ（語）の．［名］ドイツ語
tysker（-en, -e, -ne）:［名］ドイツ人
Tyskland:［固］ドイツ
tysktekst（-en, -er）:［名］ドイツ語のテキスト

tyv (-en, -e)：［名］泥棒
tyve：［基数］20
tyvende：［序数］20番目
tænde*：［動］火をつける．tænde for 〜〜のスイッチを入れる
tænke*：［動］考える．tænke på 〜〜のことを考える．tænke over 〜〜を熟考する，よく考える．tænke sig til 〜〜を推測する，想像する．kunne tænke sig 〜〜がほしい
tæppe (-t, -r)：［名］カーペット，じゅうたん；毛布
tøj (-et)：［名・単］衣服
tørstig (-t, -e)：［形］喉が渇いた
tå (-en, tæer)：［名］足の指
tårn (-et, -e)：［名］塔，タワー

U

ud：［副］外に・へ
udbetale*：［動］支払う
uddanne：［動］教育・養成・訓練する．uddanne sig til 〜〜になる（資格を得るための）教育・訓練を受ける
uddannelse (-n, -r)：［名］教育
ude：［副］外に・で
udelukkende：［副］ただ，もっぱら
uden：［前］〜なしに・で
udenlandsk (-, -e)：［形］外国の
udkomme (udkom, udkommet)：［動］出版・発売・発行される
udmattet (-, udmattede)：［形］疲労困憊した
udmærket (-, udmærkede)：［形］すばらしい，優秀な；悪くはない
udsigt (-en, -er)：［名］眺め，展望，景色
udsolgt (-, -e)：［形］売り切れた
udstilling (-en, -er)：［名］展覧会
udvalg (-et, -)：［名］品ぞろえ
udvekslingsstuderende (en, den -, -, de udvekslingsstuderende)：［名］交換留学生
udvikle：［動］発展させる．udvikle sig 発達する，発展する
udvikling (-en, -er)：［名］発展，発達，展開
udvinde (udvandt, udvundet)：［動］抽出する，取り出す
uge (-n, -r)：［名］週．om ugen 一週間に
ugedag (-en, -e)：［名］曜日
uheldig (-t, -e)：［形］不運な
ukendt (-, -e)：［形］無名の
Ulla：［固］ウラ（デンマーク人の女性名）
ulykke (-n, -r)：［名］事故
under：［前］〜の下に・で
underarm (-en, -e)：［名］前腕，一の腕
underben (-et, -)：［名］下腿
undervise*：［動］教える．undervise i 〜〜を教える
underviser (-en, -e, -ne)：［名］（特に大人対象にする）教師
undervisning (-en, -er)：［名］授業
undren (en)：［名・単］驚き
undskyld：［間］ごめんなさい；すみません
undskylde*：［動］許す．Undskyld mig! すみません！
ung (-t, -e)：［形］若い
ungarer (-en, -e, -ne)：［名］ハンガリー人
Ungarn：［固］ハンガリー
ungarsk (-, -e)：［形］ハンガリー（語）の．［名］ハンガリー語
universitet (-et, -er)：［名］大学
ur (-et, -e)：［名］時計
uretfærdig (-t, -e)：［形］不公平な
USA：［固］アメリカ合衆国
utrolig：［副］信じられないくらい，とても
uventet (-, uventede)：［形］予期しない

V

vaccination (-en, -er)：［名］予防接種

vaccinere：[動] 予防接種する
vand¹ (-et)：[名・単] 水
vand² (-et, -e)：[名] 海，湖
vand³ (-en, -/-er)：[名]（瓶・カン入り）炭酸飲料水
vande：[動] 水をやる．vande blomster 花に水をやる
vanskelig (-t, -e)：[形] 難しい
var → være
vare¹ (-n, -r)：[名] 品物
vare²：[動]（時間的に）続く，持続する
varm (-t, -e)：[形] 熱い；暑い；暖かい；温かい
varme¹ (-n)：[名・単] 温度，熱，暖かさ；暖房装置
varme²：[動] 暖める，温める．varme 〜 op を温める
vase (-n, -r)：[名] 花びん
vaske：[動] 洗う．vaske op（食器などの）洗い物をする．vaske sig 身体を洗う
ved siden af 〜：〜の横で，〜の隣りで
ved¹：[前] 〜のそばに，〜のところで．[være ved at 不定詞] 〜しているところである・最中である．ved tre-tiden 3時頃に
ved² → vide
vegne：[名] alle vegne いたるところに・で
vej (-en, -e)：[名] 道，道路．der er 〜 i vejen 〜が問題である，〜に支障がある．hvad er der i vejen? どうしたのですか？なにが問題ですが？
vejr (-et, -)：[名] 天気，天候
vejrudsigt (-en, -er)：[名] 天気予報
veksle：[動] 換える，両替する．få vekslet 両替してもらう
vel：[副][否定文に対する付加疑問文]（〜ではないですよ）ね？；[命題は話し手の推量であることに加えて，命題に対する聞き手の支持・裏付けを求めるというシグナル] 〜でしょうか？
velbekomme：[間]（食事の前/時に）ごゆっくりめしあがれ！；（食事が終わった後に）お粗末さまでした！；（お礼を言われた時に）どういたしまして！
velkommen¹：[間] ようこそ！いらっしゃい！
velkommen² (-t, velkomne)：[形] 歓迎される；好都合の，ありがたい，よろこばしい
veninde (-n, -r)：[名] 女性の友だち，ガールフレンド
venlig (-t, -e)：[形] 親切な，優しい
venstre (-, -)：[形] 左の．på venstre hånd 左手に．til venstre 左に
vente：[動] 待つ；期待する．vente på 〜 〜を待っている
venteværelse (-t, -r)：[名] 待合室
verbum (verbet, verber)：[名] 動詞
verden (en verden, 既知形 verden)：[名・単] 世界
vest：[名] 西
Vesterbrogade：[固] ヴェスタブロゲーゼ（コペンハーゲンの通り名）
vi (os, vores)：[人代] 私たち
vi snakkes ved!：[別れの挨拶として] じゃあ，また（会って）話しましょう！
vide (ved, vidste, vidst)：[動][従位節を目的語にとって] 〜を知っている
Vietnam：[固] ベトナム
vigtig (-t, -e)：[形] 重要な，大切な
vild (-t, -e)：[形] 野生の；激しい．vild med 〜 〜に夢中になって
vildt：[副] 激しく；ひどく，すごく
villa (-en, -er)：[名] 邸宅
ville (vil, ville, villet)：[法助][意思，意図，願望] 〜しようと思う，〜するつもりだ，…したい；[予測；単純未来] 〜でしょう．vil gerne 〜 したい．vil gerne til

381

〜〜に行きたい．vil hellere 〜の方をしたい．vil gerne have, at 〜〜であるように望む．ville du godt 〜？〜していただけますか？ ville gerne have set 見たかったのだが（実際にはそうしなかった）．ville have været 〜（実際にそうしていたならば）〜だったのだろうが

vin （-en, -e）：［名］ワイン
vinde （vandt, vundet）：［動］勝つ；獲得する；（くじなどで）当たる
vindue （-t, -r）：［名］窓
vinke：［動］手を振る
vinter （-en, vintre）：［名］冬
vinterferie （-n, -r）：［名］冬休み
virke：［動］効く，効き目がある
virkelig[1] （-t, -e）：［形］本当の
virkelig[2] ［副］本当に
virus （-(s)en/-(s)et, -/vira/-(s)er）：［名］ウィルス
vise*：［動］見せる，示す．vise ind 招き入れる．blive vist ind 招き入れられる．vise sig 判明する，わかる．vise vej 道案内をする
vist：［副］［命題は話し手の推量であるが，その根拠は話し手自身による判断ではなくて，以前に見聞きした事柄，あるいは現在の状況に基づくものであるというシグナル］たしか；どうやら
vittighed （-en, -er）：［名］冗談
vokal （-en, -er）：［名］母音
vokse：［動］成長する，大きくなる
voksen （-t, voksne）：［形］成長した，大人の．voksen （en, voksne）［名詞的用法］大人
voldsom （-t, -me）：［形］激しい
vores：［人代］vi の所有格
vrøvl （-et）：［名・単］いざこざ，面倒，トラブル

væg （-gen, -ge）：［名］（内）壁
væk：［副］離れたところで，遠くの方で・に，（い）なくなっている；離れたところへ，遠くの方へ・に，（い）なくなる
vælge （valgte, valgt）：［動］選ぶ
vælte：［動］倒れる；倒す
vænne：［動］慣れさせる．vænne sig til 〜〜に慣れる
være （er, var, været）：［動］［完了助動詞］〜である；ある・いる．være med わかる，話しについていく；参加する・している
værelse （-t, -r）：［名］部屋
værre：［形］dårlig, slem の比較級
værsgo：［間］どうぞ．〔værsgo at ＋ 不定詞〕どうぞ〜してください！
værst：［形］dårlig, slem の最上級
vært （-en, -er）：［名］ホスト；家主
værtsfamilie （-n, -r）：［名］ホストファミリー
værtsfar （-en, værtsfædre）：［名］ホストファーザー
værtsmor （-en, værtsmødre）：［名］ホストマザー

W

wc （wc'et, wc'er）：［名］トイレ
weekend （-en, -er）：［名］週末．i weekenden 週末に
William：［固］ヴィリアム（デンマーク人の男性名）

Y

yen （-nen, -）：［名］［日本の通貨単位］円
yngre：［形］ung の比較級
yngst：［形］ung の最上級
yoga （-en）：［名・単］ヨガ
Yrsa：［固］ユアサ（デンマーク人の女性名）

Z

Zoologisk Have：動物園

Æ

æble（-t, -r）：［名］りんご
æg（-get, -）：［名］卵；玉子
Ægypten：［固］エジプト
ægypter（-en, -e, -ne）：［名］エジプト人
ægyptisk（-, -e）：［形］エジプトの
ældre：［形］gammel の比較級
ældrebolig（-en, -er）：［名］高齢者住宅
ældst：［形］gammel の最上級
ælling（-en, -er）：［名］子ガモ，アヒルの子
ærgerlig（-t, -e）：［形］残念な；腹立たしい

Ø

ø（-en, -er）：［名］島
ødelægge（ødelagde, ødelagt）：［動］壊す
øh：［間］［ためらいを表す］えーと
øje（-t, øjne）：［名］目
øjeblik（-ket, -ke）：［名］一瞬．Et øjeblik! ちょっと待って！
øjenbryn（-et, -）：［名］眉毛
øjenlåg（-et, -）：［名］まぶた
økologisk（-, -e）：［形］エコ（ロジー）な，環境にやさしい，有機農法の
økonomisk（-, -e）：［形］経済的な
øl[1]（-len, -/-ler）：［名］（グラス1杯の，ビン1本・缶1個の）ビール
øl[2]（-let）：［名・単］（物質名詞としての）ビール
ønske[1]（-t, -r）：［名］願い，願望
ønske[2]：［動］願う，望む．ønske A B A にB を望む．ønske sig 〜〜をほしいと思う
øre（-t, -r）：［名］耳
ørred（-en, -er）：［名］鱒（マス）
Østafrika：［固］東アフリカ
Østen：［固］東洋
Østrig：［固］オーストリア
østriger（-en, -e, -ne）：［名］オーストリア人
østrigsk（-, -e）：［形］オーストリアの
øvrig（-t, -e）：［形］残りの，他の．i øvrigt さらに，その上；ところで

Å

å（-en, -er）：［名］川
åbne：［動］開ける
ål（-en, -）：［名］ウナギ
Ålborg：［固］オルボー（デンマーク第4の都市）
år（-et, -）：［名］歳；年．i år 今年．om året 一年に．året efter 翌年に
århundrede（-t, -r）/århundred（-et, -er）：［名］世紀
Århus：［固］オーフース（デンマーク第2の都市）
årstid（-en, -er）：［名］季節

著 者

新谷 俊裕（シンタニ トシヒロ）

1954年愛媛県生まれ．大阪外国語大学デンマーク語学科卒．コペンハーゲン大学言語学科（印欧比較言語学）卒．1986年，コペンハーゲン大学大学院博士課程（magisterkonferens）（印欧比較言語学）中退．現在，現在，大阪大学名誉教授．専門は，デンマーク語学．

Thomas Breck Pedersen（トマス・ブラク・ピーザスン）

1980年コペンハーゲン生まれ．2009年，コペンハーゲン大学大学院修士課程（第2言語および外国語としてのデンマーク語教育）修了．2014年7月まで大阪大学大学院言語文化研究科言語社会専攻特任講師．専門は，第2言語としてのデンマーク語教育および外国語としてのデンマーク語教育．

大辺 理恵（オオベ リエ）

1979年石川県生まれ．大阪外国語大学地域文化学科デンマーク語専攻卒．大阪外国語大学大学院博士前期課程修了．ロスキレ大学文化・アイデンティティー学科博士課程（ph.d.）修了．2013年，ロスキレ大学から ph.d.（デンマーク語学）取得．現在，大阪大学大学院言語文化研究科言語社会専攻講師．専門は，デンマーク語学．

イラストレーター
小倉 摂津子（オグラ セツコ）

1953年北海道生まれ．1980年，コペンハーゲン実用芸術大学（Skolen for Brugskunst i København）卒．現在は，フリーランスとして，各種の本の挿絵，舞台美術等の制作を行う．

大阪大学外国語学部　世界の言語シリーズ10
デンマーク語

発　行　日	2014年3月30日　初版第1刷
	2021年1月20日　初版第3刷

　　　　　　　新谷　俊裕
著　　　者　Thomas Breck Pedersen
　　　　　　　大辺　理恵

発　行　所　大阪大学出版会
　　　　　　　代表者　三成賢次
　　　　　　　〒565-0871
　　　　　　　大阪府吹田市山田丘2-7　大阪大学ウエストフロント
　　　　　　　電話　06-6877-1614
　　　　　　　FAX　06-6877-1617
　　　　　　　URL　http://www.osaka-up.or.jp

印刷・製本　株式会社 遊文舎

Ⓒ Toshihiro Shintani, Thomas Breck Pedersen and Rie Obe 2014
Printed in Japan
ISBN 978-4-87259-334-1 C3087

|JCOPY|〈出版者著作権管理機構 委託出版物〉

本書の無断複製は著作権法上での例外を除き禁じられています。複製される場合は、その都度事前に、出版者著作権管理機構（電話 03-5244-5088、FAX 03-5244-5089、e-mail: info@jcopy.or.jp）の許諾を得てください。

本書に付属のCDは、図書館およびそれに準ずる施設において、館外貸し出しを行うことができます。

大阪大学外国語学部

世界の言語シリーズ 10

デンマーク語

[別冊]

大阪大学出版会

大阪大学外国語学部　世界の言語シリーズ　10

デンマーク語〈別冊〉

テキストの日本語訳，練習問題
（発音・文法・聞き取り・和文デンマーク語訳）解答

Lektion 1
テキストの日本語訳

第1課：私は日本出身です

りえ：　　こんにちは，私はりえといいます．あなたの名前は何といいますか？
リーヌス：私はリーヌスといいます．
りえ：　　あなたはそれをどのように綴りますか？
リーヌス：L-I-N-U-S と綴ります．あなたはどこから来ましたか？
りえ：　　私は日本から来ました．あなたはデンマーク出身ですか？
リーヌス：いいえ，ちがいます．私はスウェーデン人です．
りえ：　　ああ，そうですか．あなたはデンマーク語を話しますか？
リーヌス：もう一度，お願いします．
りえ：　　あなたはデンマーク語を話しますか？
リーヌス：ええ，話します．私は，スウェーデン語と英語とデンマーク語と少しフランス語を話します．あなたは何を話しますか？
りえ：　　私は，日本語と英語を話します．そして私は少しデンマーク語も話します．

リーヌス：彼はどこから来ましたか？
りえ：　　彼はフランス出身です．
リーヌス：彼はデンマーク語を話しますか？
りえ：　　わかりません．彼女はどこの出身ですか？
リーヌス：彼女はポーランドから来ました．
りえ：　　彼女はデンマーク語を話しますか？
リーヌス：いいえ，話しません．彼女はポーランド語しか話しません．

練習問題解答

Udtale 1: Ri'e, Li:nus, du, Ja:pan, japa'ner, dan'sk, tak, nej', ikke, kun, sta:ver, Frankrig
Grammatik 1A: 2) Er han svensker? 3) Taler hun kun dansk? 4) Taler I også italiensk? 5) Er du ikke franskmand? 6) Staver han det P-E-R?
Grammatik 1B: 1) Kommer Yurie og Naoto fra Kina? Nej, <u>det gør de ikke</u>. <u>De kommer fra</u> Japan. 2) "Taler du og Shinzo japansk?" "Ja, <u>det gør vi</u>. Vi kommer <u>fra</u> Shizuoka." 3) "<u>Kommer</u> Fukumi også fra Shizuoka?" "<u>Nej</u>, <u>det gør hun</u> ikke. Hun kommer <u>fra</u> Fukuoka." 4) "Er Linus svensker?" <u>Ja</u>, <u>det er han</u>. Han kommer fra Stockholm." 5) "Kommer Marie og <u>du</u> fra England?" "<u>Nej</u>, <u>det gør</u> vi <u>ikke</u>. Vi kommer <u>fra</u> Belgien." 6) "Hedder du Ayame?" "<u>Ja</u>, <u>det gør jeg</u>."
Grammatik 1C: 1) A: Hej, jeg <u>hedder</u> Nao. <u>Hvad</u> hedder <u>du</u>? 2) B: <u>Jeg hedder</u> Kamilla. 3) A: <u>Kommer du fra</u> Danmark? 4) B: Ja, <u>det gør jeg</u>. Er <u>du</u> kineser? 5) A: Nej, <u>det er jeg</u> ikke. <u>Jeg kommer fra</u> Japan. <u>Taler</u> du japansk? 6) B: Nej, <u>det gør jeg ikke</u>. Taler <u>du</u> dansk? 7) A: <u>Ja</u>, lidt.

Lytteøvelse 1A:
A: Hej, jeg hedder Rikke. Hvad hedder du?
B: ―
A: Taler du dansk?
B: Ja, lidt.
A: Hvad hedder du?
B: Jeg hedder Satoshi. Du hedder Rikke?

1

A: Ja, jeg hedder Rikke. R-I-K-K-E.
B: OK. Er du dansker?
A: Ja, det er jeg. Kommer du fra Kina?
B: Nej, det gør jeg ikke. Jeg kommer fra Japan. Taler du engelsk?
A: Ja, det gør jeg. Jeg taler også fransk og lidt italiensk. Hvad taler du?
B: Jeg taler japansk, engelsk, kinesisk og lidt dansk.

> 解答
> 1. F 2. R 3. F 4. F 5. R

Lytteøvelse 1B:
1. Hej, jeg hedder Erik. E-R-I-K. Jeg er dansker. Jeg taler dansk, engelsk og lidt kinesisk.
2. Hej, jeg hedder Helle. H-E-L-L-E. Jeg er nordmand. Jeg taler norsk, tysk og lidt fransk.
3. Hej, jeg hedder Sara. S-A-R-A. Jeg er japaner. Jeg taler japansk, koreansk og lidt dansk.
4. Hej, jeg hedder Tanja. T-A-N-J-A. Jeg kommer fra Rusland. Jeg taler russisk, polsk og lidt dansk.
5. Hej, jeg hedder Peter. P-E-T-E-R. Jeg kommer fra USA. Jeg taler amerikansk, dansk og lidt svensk.
6. Hej, jeg hedder Martin. M-A-R-T-I-N. Jeg kommer fra Tyskland. Jeg taler tysk, dansk og lidt hollandsk.
7. Hej, jeg hedder Ali. A-L-I. Jeg kommer fra Tyrkiet. Jeg taler tyrkisk, arabisk og dansk.
8. Hej, jeg hedder Jean. J-E-A-N. Jeg er franskmand. Jeg taler fransk, italiensk og lidt spansk.

和文デンマーク語訳
1) A: Hvad hedder hun? 2) B: Hun hedder Erika. 3) A: Er hun japaner? 4) B: Nej, det er hun ikke. Hun kommer fra Polen. 5) A: Taler hun dansk? 6) B: Ja, det gør hun. Hun taler polsk, russisk, tysk, engelsk og lidt dansk.

Lektion 2
テキストの日本語訳
第2課：あなたは何歳ですか？

リーヌス：おはよう，りえ．調子はどう？
りえ：　　良いですよ．あなたはご機嫌いかが？
リーヌス：あまり良くないんだ．少し疲れてて．

リーヌス：君は何歳なの？
りえ：　　私は23．あなたは何歳？
リーヌス：僕は31．君の名字は何ていうの？
りえ：　　私の名字は橋本．あなたの名字は？
リーヌス：ええと…，僕は名前がリーヌスで，ミドルネームがストランで，名字がラーソン．リーヌス・ストラン・ラーソン．
りえ：　　わかったわ．私にはミドルネームはないわ．私には名前と名字があるだけ．
リーヌス：君はデンマークで何をしているの？
りえ：　　私は大学生なの．デンマーク語を学んでる．あなたは何をしているの？
リーヌス：僕はレストランで働いているんだ．

りえ：　　彼は誰？
リーヌス：彼はハンス．彼は先生だよ．
りえ：　　彼の名字は？
リーヌス：フランスンだよ．
りえ：　　彼は何歳？
リーヌス：54．

練習問題解答
Udtale 2: 1) Hvordan går det? 2) Hvordan har du det? 3) Det går fint, 4) Jeg har det godt, 5) Jeg har det ikke så godt, 6) Jeg hedder Rie til fornavn
Grammatik 2A: 1) England, englænder, engelsk, 2) Danmark, dansker, dansk, 3) Sverige, svensker, svensk, 4) Finland, finne, finsk, 5) Norge, nordmand, norsk, 6) USA/Amerika, amerikaner, amerikansk/engelsk, 7) Japan, japaner, japansk, 8)

Kina, kineser, kinesisk, 9) Sydkorea, koreaner, koreansk, 10) Rusland, russer, russisk.

Grammatik 2B: 1) Hvor gammel er du? 2) Hvad laver han? 3) Hvad laver hun? 4) Hvor kommer de fra? 5) Hvordan går det? 6) Hvad hedder I til efternavn? 7) Hvad taler du? 8) Hvad hedder jeg til efternavn? 9) Hvad taler vi?

Lytteøvelse 2A:
A: Hej, Peter! Hvordan går det?
B: Hej, Hans! Jo, tak. Det går fint. Hvad med dig?
A: Tak, det går også fint med mig.
B: Hvem er hun?
A: Hun hedder Mette.
B: Hvad hedder hun til efternavn?
A: Hun hedder Hansen til efternavn.
B: Er hun lærer?
A: Nej, det er hun ikke. Hun er sekretær.
B: Nå, ok. Er hun dansker?
A: Nej, hun er svensker. Hun kommer fra Stockholm.
B: Hvor gammel er hun?
A: Hun er 52.
B: OK. Hvem er han?
A: Han hedder Søren. Han er lærer.
B: Er han også svensker?
A: Nej, han er dansker.
B: Hvor gammel er han?
A: Han er 48.

> 解答
> 1. F   2. F   3. F   4. R   5. F   6. F

Lytteøvelse 2B:
1. Hej. Jeg hedder Klaus Andersen. K-L-A-U-S til fornavn. A-N-D-E-R-S-E-N til efternavn. Jeg er 33. Jeg er lærer.
2. Hej. Jeg hedder Anne Holm. A-N-N-E til fornavn. H-O-L-M til efternavn. Jeg er 55. Jeg er læge.
3. Hej. Jeg hedder Jakob Møller. J-A-K-O-B til fornavn. M-Ø-L-L-E-R til efternavn. Jeg er 22. Jeg er studerende.
4. Hej. Jeg hedder Stine Nielsen. S-T-I-N-E til fornavn. N-I-E-L-S-E-N til efternavn. Jeg er 44. Jeg er arkitekt.
5. Hej. Jeg hedder Sten Pedersen. S-T-E-N til fornavn. P-E-D-E-R-S-E-N til efternavn. Jeg er 64. Jeg er ingeniør.
6. Hej. Jeg hedder Kamilla Skov. K-A-M-I-L-L-A til fornavn. S-K-O-V til efternavn. Jeg er 49. Jeg er tandlæge.
7. Hej. Jeg hedder Mads Mikkelsen. M-A-D-S til fornavn. M-I-K-K-E-L-S-E-N til efternavn. Jeg er 38. Jeg er skuespiller.
8. Hej. Jeg hedder Lene Jensen. L-E-N-E til fornavn. J-E-N-S-E-N til efternavn. Jeg er 57. Jeg er journalist.

和文デンマーク語訳
1) A: Godmorgen, hvordan går det? / Godmorgen, hvordan har du det? 2) B: Tak, det går fint/godt. / Tak, jeg har det fint/godt. 3) A: Er han lærer? 4) B: Ja, det er han. 5) A: Hvad hedder han? 6) B: Han hedder Hans. 7) A: Hvad hedder han til efternavn? 8) B: Han hedder Frandsen til efternavn. 9) A: Hvor gammel er han? 10) B: Han er seksoghalvtreds (år gammel).

Lektion 3
テキストの日本語訳
第3課：それは何ですか？

りえはある語学学校でデンマーク語を習っています．彼女はデンマーク語(専攻)学生です．ハンスはデンマーク語教師です．

ハンス：これは何ですか？
りえ：　それは本です．
ハンス：これはあなたの本ですか？
りえ：　いいえ，そうではありません．それは私のではありません．
ハンス：これは誰の本ですか？

りえ： それはマーティンの本です．

ハンス：これは何ですか？
りえ： それは筆箱です．
ハンス：これは彼女の筆箱ですか？
りえ： いいえ，そうではありません．それはトマスのです．

ハンス：あなたの住所は何ですか？
りえ： それはどういう意味ですか？
ハンス：あなたはどこに住んでいますか？
りえ： わかりました．私の住所はスルーヴェヴァイ7番地，2610 レズオウアです．
ハンス：あなたの電話番号は何ですか？
りえ： 私の電話番号は 91 73 64 55 です．
ハンス：おや，あれは何ですか？
りえ： あれは私の携帯電話です．携帯電話がなっています．すいません．

りえは自分の携帯電話の電源を切り，自分の筆箱と自分の本を見つけ，宿題をします．

練習問題解答

Udtale 3: 1) Hvad er det? 2) Det er en bog, 3) Det er ikke en bog, 4) Det er et penalhus, 5) Det er ikke et penalhus
Grammatik 3A: 1) A: Hvad er det? 2) B: Det er en taske. 3) A: Er det din taske? 4) B: Nej, det er det ikke. Det er ikke min. 5) A: Hvis taske er det? 6) B: Det er Charlottes.
Grammatik 3B: 1) sit, 2) hans, 3) deres, 4) deres, 5) vores, 6) sin, 7) hans, 8) jeres, 9) sine, 10) Deres, 11) hans, 12) deres

Lytteøvelse 3A:
　Rie:　 Hov, hvad er det?
　Linus: Det er en mobiltelefon. Det er en iPhone.
　Rie:　 Hvis iPhone er det?
　Linus: Det er Leos.
　Rie:　 Hvor bor Leo?
　Linus: Det ved jeg ikke, men det gør Elin.
　Rie:　 Hvem er Elin?
　Linus: Hun er Leos lærer.
　Linus: Hej. Jeg hedder Linus. Hvad er Leos adresse?
　Elin:　Hans adresse er Duevej 38.
　Rie:　 Dubai? Hvordan staver du det?
　Elin:　Nej, ikke Dubai. Duevej. D-U-E-V-E-J.
　Rie:　 Tak. Har han hjemmetelefon?
　Elin:　Ja, det har han. Nummeret er 99 50 73 28.
　Rie:　 Tak skal du have.

　　　解答
　　　1. Nej, det gør hun ikke.
　　　2. Nej, det gør han ikke.
　　　3. Hun er lærer.
　　　4. Hans adresse er Duevej 38.
　　　5. Hans telefonnummer er nioghalvfems halvtreds treoghalvfjerds otteogtyve.

Lytteøvelse 3B:
　Tivoli: Vesterbrogade 3, 1630 København V, Telefonnummer: 33151001
　Louisiana kunstmuseum: Gammel Strandvej 13, 3050 Humlebæk, Telefonnummer: 49190719
　Den Hirschsprungske Samling: Stockholmsgade 20, 2100 København Ø, Telefonnummer: 35420336
　Nørrebro Bryghus: Ryesgade 3, 2200 København N, Telefonnummer: 35300530
　Cinemateket: Gothersgade 55, 1123 København K, Telefonnummer: 33743412

和文デンマーク語訳

1) Rie: Undskyld, hvad er det? 2) Hans: Det er en telefon. 3) Rie: Hvis telefon er det? 4) Hans: Det er Erikas. 5) Rie: Ringer Erikas telefon? 6) Hans: Nej, det gør den ikke. Min telefon ringer. 7) Hans slukker sin telefon.

Lektion 4
テキストの日本語訳

第4課：ラスムスン一家

　ラスムスン一家はレズオウアのある家に住んでいます．一家はその家を所有しています．家にはたくさんの部屋があります．そしてりえは1階に1間を借りています．ギデ・ラスムスンは39歳です．彼女はあるオフィスで働いています．ヴィリアム・ラスムスンは37歳です．彼はある大学で文学を教えています．その大学はレズオウアにはありません．それはコペンハーゲンにあります．ギデとヴィリアムは結婚しています．ギデはヴィリアムの妻で，ヴィリアムはギデの夫です．彼らには2人の子どもがあります，男の子と女の子です．子どもたちはユアサとブラという名前です．ユアサはブラの姉で，ブラはユアサの弟です．彼女は11歳で，彼は7歳です．彼らは兄弟です．

　りえの両親はデンマークには住んでいません．彼らは日本に住んでいます．りえの母親はえりかという名前で，りえの父親はりょうという名前です．彼らはもう結婚していません．彼らは離婚しています．りえの母親は京都にある4階のマンションの部屋に住んでいて，家賃に95,000円を払っています．5階には彼女の母方の祖父が住んでいます．彼女の父親は神戸に住んでいます．りえには兄弟がありません，なので彼女は一人っ子です．

練習問題解答

Udtale 4: 1) huse[ð], 2) [d]u, 3) penalhuse[ð], 4) universite[d]e[ð], 5) navne[ð], 6) he[ð]e, 7) fornavne[ð], 8) arbej[d]er, 9) gif[d], 10) ef[d]ernavne[ð], 11) mellemnavne[ð], 12) li[d]eratur, 13) barne[ð], 14) Rø[ð]ovre, 15) skil[d]

Grammatik 4A: 1) et hus, 2) huset, 3) en by, 4) værelser, 5) værelserne/møbler, 6) mand, 7) billede/en kommode/stue/lamper/en lampe/loftet/lamper/bordene, 8) hus/mand

Grammatik 4B: 2) Sana taler <u>kun</u> polsk. Hun kommer fra Polen. 3) Gittes bror har <u>ikke</u> børn, men han har søskende. 4) René taler tit med sin faster, men <u>aldrig</u> med sin moster. 5) Yrsas forældre er <u>også</u> Bullers forældre. 6) Et hus har <u>ofte</u> to etager. Det har en lejlighed <u>ikke</u>. 7) "Jeg elsker is! Elsker du <u>også</u> is?" 8) Hun har <u>kun</u> 100 kroner. Hun køber <u>ikke</u> et fjernsyn. 9) "Spiser du <u>altid</u> morgenmad eller <u>bare</u> en gang imellem?" 10) Janniks kusine kommer næsten <u>aldrig</u> på biblioteket. 11) En dreng er et barn. En pige er <u>også</u> et barn. Men en dreng er <u>ikke</u> en pige. 12) Min søster har <u>kun</u> én cykel. Jeg låner <u>ikke</u> cyklen. 13) "Ejer I <u>også</u> et sommerhus?"

Lytteøvelse 4A: 1) hus, 2) familien, 3) værelset, 4) stuen, 5) universitet, 6) manden

Lytteøvelse 4B:
　Gittes mor bor i et hus i Køge. Hun hedder Birte. Hun er 67 år. Hun er ikke gift, men hun bor sammen med sin kæreste. Han hedder Mikael. Han er 52 år.
　Gittes far bor ikke i Danmark. Han bor i England. Han hedder Per. Han er 68 år. Han bor sammen med sin kone i en lejlighed i London.
　Gitte har en storebror og en lillesøster. Hendes storebror hedder Lars. Han er 41 år. Han er journalist. Han bor i et hus i Roskilde med sin familie. Hendes lillesøster hedder Sofie. Hun er 33 år. Hun er arkitekt. Hun bor alene i en lejlighed i København. Lars er Buller og Yrsas morbror, og Sofie er deres moster.

和文デンマーク語訳

1) A: Hvor bor Bullers mormor? Bor hun i Rødovre? 2) B: Nej, det gør hun ikke. Hun bor i København. 3) A: Har William og Gitte fire børn? 4) B: Nej, de har kun to børn. 5) Jens'/Jens's/Jenses forældre er skilt. De er ikke gift mere.

Lektion 5
テキストの日本語訳

第5課：あなたの部屋に何がありますか？

ブラ：君たちのマンションには何部屋あるの？
りえ：4部屋あるのよ．私の部屋，そして私の両親の寝室，それにダイニングとリビングよ．うちには玄関とバスルームとキッチンもあるわ．
ブラ：君の部屋には何があるの？
りえ：私の部屋にはベッドが1つ，本棚が2つ，イスが2脚そして机が1つあるわ．
ブラ：机の上には何があるの？

りえ：机の上にはコンピュータが1台とスタンドが1つあるわ．写真もあるわ．

りえ：あなたたちは何部屋あるの？
ブラ：僕たちの家には部屋が6つあって，一階に2つと二階に4つあるんだ．
りえ：リビングには何があるの？
ブラ：リビングにはソファーが1つに，ソファーテーブルが1つ，そしてテレビが1台ある．コンピュータも1台あるよ．
りえ：あなたはリビングで何をするの？
ブラ：時々は僕はテレビを見るよ．時々はコンピュータでゲームをするよ．(テレビを見ることもあるし，コンピュータでゲームをすることもある．)

練習問題解答

Udtale 5: 1) <u>Der er en</u> stol, 2) <u>Der er også</u> et bord, 3) <u>Der er ikke</u> en computer, 4) <u>Der er</u> to stole

Grammatik 5A: 1) syv værelser, 2) to soveværelser, 3) fire børneværelser, 4) en stue, 5) bøger, 6) tre bogreoler, 7) fire hundrede enogtredive bøger, 8) lamper, 9) to gulvlamper, 10) vinduer, 11) et, 12) ni billeder, 13) tre fjernsyn, 14) seks senge, 15) syv tusind(e) fem hundrede femoghalvtreds kroner

Grammatik 5B: 1) I stuen er der to sofaer, 2) I Gothersgade ligger Cinemateket, 3) På kontoret er der én stol og i entréen tre, 4) 93 er hans farfar, og hans farmor er 89!/93 er hans farfar, og 89 er hans farmor!, 5) "Japanere er I ikke!", 6) Bo hedder han til fornavn/Til fornavn hedder han Bo, 7) De læser avis, men fjernsyn ser de ikke, 8) Lisbeth har en lejlighed, og et sommerhus har hun også, 9) "En søn har du også"

Lytteøvelse 5A: 1) værelse, 2) stole, 3) lamper, 4) bord, 5) reoler, 6) billede

Lytteøvelse 5B: København, 555.000; Århus, 252.000; Odense, 169.000; Esbjerg, 71.500; Rønne, 13.800; Thorshavn, 18.000; Nuuk, 16.100; Ålborg, 105.000

和文デンマーク語訳

1) Familien Hansen bor i en villa i Hellerup. 2) I villaen er der syv værelser: forældrenes soveværelse, en dagligstue og en spisestue i stuen og fire værelser på første/1. sal. Der er også et køkken, et badeværelse og en kælder. 3) Hvad er der i deres (daglig)stue? 4) Der er en sofa, et sofabord, et fjernsyn, et bord, seks stole og tre reoler. 5) De ser sommetider fjernsyn i (daglig)stuen.

Lektion 6
テキストの日本語訳

第6課：良い誕生日

　9月12日です．そしてユアサは誕生日です．彼女は12歳になります．ブラは彼女にある1枚の大きなスケッチと，小さくて，青い筆箱を1つあげます．その大きなスケッチとその小さくて，青い筆箱はきれいに包装されています．ブラは誕生日ではありません．それでもユアサは彼にプレゼントをあげます．彼女は彼に新しくて，赤い時計をあげますが，その新しくて，赤い時計は包装されていません．ヴィリアムとギデは美味しいケーキを1つとたくさんの小さくて美味しいチョコレートを買いました．ユアサとブラは冷たい果汁ジュースを飲みます．そしてヴィリアムとギデは熱いコーヒーを飲みます．りえは緑茶を飲みます．自分の両親からユアサは新しい服をもらい，そして彼女は彼らをぎゅっと抱きしめます．

りえ：　私もあなたにささやかなプレゼントがあるのよ．
ユアサ：私に？
りえ：　そうよ，どうぞ！
ユアサ：日本のお箸！どうもありがとう．
りえ：　どういたしまして．どうかしら？(それらについてどう思いますか？)
ユアサ：素敵．
りえ：　それはうれしいわ．実はあなたたちみんなにお箸があるの．
ギデ：　私たちに？それはどうもご親切に．
りえ：　大したことではありませんから．
ユアサ：お母さん，お母さんのお箸は何色？
ギデ：　黄色よ．あなたのは？
ユアサ：茶色よ．ほんとうにうれしいわ，りえ！

練習問題解答

Udtale 6: 1) rød', rødt, rø:de, 2) grøn', grøn't, grønne, 3) go'd, godt, go:de, 4) sto'r, stor't, sto:re, 5) ny', nyt, ny:e, 6) kol'd, kold't, kolde, 7) va'rm, va'rmt, va:rme, 8) blå', blåt, blå'
Grammatik 6A: 2) det sorte bord, 3) den varme dag, 4) det lille værelse, 5) den hvide lampe, 6) den gode dag, 7) den dårlige morgen
Grammatik 6B: 2) nitten japanske biler, 3) syv brune senge, 4) fire kolde lande, 5) (et) hundrede treogtredive små japanske børn, 6) elleve fine middage
Grammatik 6C: farverigt, forskellige, røde og blå, lange og korte, lange, korte, fint og dyrt, nyt og billigt, små, fin, hvid, blå, rød, fine, store, god, små
Lytteøvelse 6A: 1) fine, 2) stor, 3) rød, 4) lækre, 5) kolde, 6) varme, 7) grøn, 8) sød
Lytteøvelse 6B: 1) tredje i ellevte, 2) attende i tredje, 3) tolvte i første, 4) syvogtyvende i fjerde, 5) fjerde i niende, 6) treogtyvende i anden, 7) sekstende i sjette, 8) enogtredivte i tiende, 9) første i ottende, 10) niogtyvende i femte, 11) niende i syvende, 12) tredivte i tolvte

和文デンマーク語訳
1) I dag har Yrsas kusine fødselsdag. Hun fylder femten. 2) Hendes forældre giver hende et nyt japansk ur. 3) Det gule ur er hun virkelig glad for. 4) Af sin mormor får hun nyt tøj. 5) Hun synes/tror, (at) det ny(e) tøj er dyrt.

Lektion 7
テキストの日本語訳
第7課：誰が一番年上ですか？

ユアサ： お母さん、お母さんはいつ生まれたの？
ギデ： 1973年生まれよ．
ユアサ： じゃあ、お父さんよりも年上よね？
ギデ： ええ、そうよ．お父さんは1975年生まれ、だから私が一番年上．
ユアサ： ブラはいつ生まれなの？
ギデ： 彼は2005年生まれよ、だから彼が一番年下なの．彼はあなたよりも5歳年下よ．

ユアサ： お父さん、身長はどのくらい？
ヴィリアム：185 cm くらいかな．君よりももしかしたら40 cm 高いかも．
ユアサ： でもブラは私より高くないよね？
ヴィリアム：うん、そうだね．彼が一番低いよ．

ギデ： ブラ、りえのことをどう思う？
ブラ： 彼女は優しいと思う．彼女は僕の一番の親友だし．
ギデ： 彼女はデンマーク語ができるよね？
ブラ： うん、そうだよ．
ギデ： 彼女はあなたよりもできるのかしら？
ブラ： いいや．僕が一番できる！

練習問題解答

Udtale 7: 1) ny', ny:e:re, ny:est, 2) fi'n, fi:ne:re, fi:nest, 3) kol'd, kolde:re, koldest, 4) va'rm, va:rme:re, va:rmest, 5) høj', høje:re, høj'est, 6) la'v, la:ve:re, la'vest, 7) gammel, ældre, æl'dst, 8) un'g, yngre, yn'gst, 9) go'd, bedre, bedst, 10) sto'r, større, størst, 11) lille, mindre, min'dst, 12) blå', me:re blå', me'st blå'
Grammatik 7A: 1) Ida er yngre end Andreas. Lotte er ældre end Ida. Andreas er den ældste. Ida er den yngste, 2) Ida er højere end Lotte. Ida er lavere end Andreas. Lotte er den laveste. Andreas er den højeste.
Grammatik 7B: 1) flere, 2) bedste, god, 3) italienske, sundt/sundere, dyrere, indiske, 4) svære, værre/værst, 5) få, fleste, uretfærdigt, bedre, færreste, mange, 6) mindre, større, 7) smalle, grønne, gammel/ældre, ny, spændende
Lytteøvelse 7A: 1) Karen Blixen, forfatter, 1885-1962, 2) Niels Bohr, fysiker, 1885-1962, 3) Carl Nielsen, komponist, 1865-1931, 4) Ludvig Holberg, forfatter, 1684-1754, 5) Mærsk Mc-Kinney Møller, direktør, 1913-2012, 6) Thorvald Stauning, politiker, 1873-1942, 7) Nikolai Grundtvig, præst, 1783-1872
Lytteøvelse 7B:
Rie: Linus, hvornår er du født?
Linus: Jeg er født i 1981, Rie.

Rie: Du er meget ældre end mig!
Linus: Nej, ikke meget. Jeg er kun 8 år ældre end dig!
Rie: Det er også meget. Hvornår er Hans født?
Linus: Det ved jeg ikke. Hans! Hvornår er du født?
Hans: Jeg er født i 1958.
Rie: Nej! Min far er også født i 1958!
Hans: Nå, er han det? Er din mor også født i 1958?
Rie: Nej, hun er født i 1955, så min far er 3 år yngre end min mor.

和文デンマーク語訳
1) Er vores morbror yngre end far? Ved du det? 2) Nej, det ved jeg ikke. Men jeg tror, (at) morbroren er født i nitten (hundrede) treoghalvfjerds. 3) Far er født i nitten (hundrede) niogtres, så jeg tror, (at) far er den ældste/far er ældst. 4) Ja, jeg tror, (at) far er fire år ældre end morbroren.

Lektion 8
テキストの日本語訳

第8課：過去，現在，未来

　ヴィリアムはギデに1997年にオーフースのカフェで出会いました．ヴィリアムはそれ以前にギデを見かけたことがありましたが，彼らは話をしたことがありませんでした．今や彼らは一緒になってからほとんど15年になります．彼らには2人の子どももあり，お互いのことが好きです．
　9年前に彼らはそのレズオウアの家を買いました．その家はギデが新聞で目にしていたのです．今，彼女はもう新聞で家を探してはいません．彼女は新しい別荘を探しています．彼女はスケーインにある1戸を目にしましたが，それは値段の高いものです．
　昨年には一家は休暇でスペインに行っていました．彼らは全員，それはすてきな休暇だったと思っています．その旅行は，彼らはある旅行代理店で買いました．ここでは，彼らは以前に旅行を買ったことがあります．その旅行代理店はコペンハーゲンの市庁舎前広場にあります．そしてここにそれは何年も前からあります．
　先週，ヴィリアムとギデはロスキレのフレンチレストランで一緒に食事をしました．彼らはテーブルを予約していましたが，遅れてやってきました．彼らはそれでもテーブルにつくことができました．食事は素晴らしいものでした．それで彼らはすぐに再び来店します．実際彼らはすでにテーブルを予約しました．
　今，ユアサは家にいません．彼女は女友だちの家に行っています．彼女の女友だちもレズオウアに住んでいましたが，最近，彼女と彼女の家族はヒレレズに引っ越しました．彼らはより大きい庭のついた，より新しい家を見つけたのです．ユアサは明日になってようやく帰ってきます．

練習問題解答
Udtale 8: flytte[ð:], tage[ð], arbejde[ð:], ligge[ð], komme[ð], gåe[ð:], sommerhuse[ð], arbejde[ð], rejsebureaue[ð], hav[ð], lave[ð], bille[ð:], eje[ð:], leje[ð], spille[ð:], give[ð], drukke[ð]
Grammatik 8A: 1) har, 2) har, 3) har, 4) er, 5) er, 6) er, 7) er, 8) er, 9) har, 10) er
Grammatik 8B: 1) boede, 2) har været, 3) fandt, 4) betalte, 5) har spist, 6) har studeret, 7) fik, er blevet, 8) lå, 9) har ligget, 10) havde
Grammatik 8C: 1) kom, havde taget, 2) havde læst, forstod, 3) var, havde hørt, 4) havde arbejdet, var, 5) læste, havde købt, var, 6) gav/havde givet, var
Lytteøvelse 8A: 1) havde, 2) været, 3) tog, 4) kommer, 5) ligger, 6) se
Lytteøvelse 8B: Hans Christian Andersen. H. C. Andersen blev født i Odense i 1805. Han kom fra en fattig familie. Hans far var skomager. Han flyttede til København, da han var ung. I København mødte han mange rige mennesker. De hjalp ham med penge. Han boede i en lille lejlighed ved Nyhavn, og i 1843 skrev han det berømte eventyr, "Den Grimme Ælling".
和文デンマーク語訳
1) Vores sønner plejer at spille computer om søndagen. 2) Laver far mad i køkkenet? – Nej, det gør han ikke. Han leger med drengene på gaden. 3) Da jeg kom hjem i går, var filmen allerede begyndt. 4) Jeg købte tolv grønne æbler i forgårs. Har vi allerede spist dem? 5) Mit fjernsyn er gået i stykker, så jeg køber et nyt fjernsyn.

Lektion 9
テキストの日本語訳

第9課：仕事と学校

　大方のデンマーク人はふつう週に37時間働いています．1900年には，デンマーク人は週に60.4時間，1958年には週に47.5時間働いていました．現在では，デンマーク人は月曜日から金曜日まで働き，土曜日と日曜日に休みます．他のデンマーク人たちは平日も週末も働きますし，早朝にも晩の遅い時間帯にも働きます．
　大方の人は年に5週間，休暇があります．彼らは7月あるいは8月に夏休みが，10月に秋休みが，12月の終わりと1月の初めにクリスマス休暇が，2月に冬休みがあります．大学生にはそれよりも長い休暇があります．
　ヴィリアムは毎朝8時30分に出勤し，午後の5時頃に仕事が終わりになります．ギデは9時から15時まで働きますが，時々は彼女は晩も働きます．仕事の後には彼女はブラを学童クラブに迎えに行きますが，ヴィリアムは買い物をします．
　ユアサは8時から15時15分まで学校に行きます．それはブラはしません．彼は13時45分にはすでに学校が終わります．その後，彼は学童クラブに行きます．ユアサは宿題をするだけです．時々はひとりで，また他の時にはある男の子の友だちかあるいは女の子の友だちと一緒に．

練習問題解答

Udtale 9: 1) å'r, å'ret, å'r, å'rene, 2) fo:rå'r, sommer, efterå'r, vin'ter, 3) må:ned, må:neden, må:neder, må:nederne, 4) janua'r, februa'r, marts, april'l, maj', ju'ni, ju'li, august, septem'ber, okto'ber, novem'ber, decem'ber, 5) u:ge, u:gen, u:ger, u:gerne, 6) da'g, da'gen, da:ge, da:gene, 7) man'dag, ti'rsdag, on'sdag, to'rsdag, fre'dag, lørdag, søn'dag, 8) mo:rgen, fo:rmidda'g, middag, eftermidda'g, aften, nat

Grammatik 9A:

A: I tirsdags kørte vi fra Liseleje til Korsør. Det tog lidt over tre timer. Vi kørte fra Liseleje kl. 10.15 og nåede Korsør kl. 13.25. Siden da har vi ikke lavet så meget. Vi står sent op hver morgen. Hver dag går vi ture på stranden eller i skoven. På tirsdag kører vi igen retur til Liseleje, men denne gang om aftenen. Om formiddagen er der for meget trafik på vejene. Vi besøger Korsør hvert år. Min faster og onkel har boet her siden 2001.

B: Året har tolv måneder. Månederne har tredive eller enogtredive dage. Men februar har kun otteogtyve. Hvert fjerde år er dog skudår. Skudår har tre hundrede seksogtres dage i stedet for tre hundrede femogtres. I skudår har februar 29 dage. Både juli og august er lange måneder, og heldigvis er de sommermåneder. I sommermånederne har mange de længste ferier. Efteråret er ofte mildt og farverigt, men vintermånederne er mørke og lange. Foråret kommer i marts, og så er der ikke lang tid til sommer.

Grammatik 9B: er, spiller, er, foregår, varer, begynder, var, boede, kommer, har købt, var, besluttede, lave, er, har, er, fyldte, var, var, handlede, bliver

Lytteøvelse 9A: 1) ni, 2) tyve minutter over fire, 3) kvart i seks, 4) halv et, 5) tyve minutter over tolv, 6) fem over halv elleve, 7) fem minutter i halv to, 8) kvart over fem

Lytteøvelse 9B:
Rie: Gitte, hvad tid spiser vi i aften?
Gitte: Jeg er på arbejde til kl. 15, og derefter handler jeg ind. Den bliver nok 17.30.
Rie: OK. Jeg er begyndt at gå til dansk om aftenen. Det starter klokken 18.30.
Gitte: Nå, ok. Hvad tid slutter det?
Rie: Klokken 20.00.
Gitte: Hvor mange gange om ugen går du til dansk?
Rie: 2 gange om ugen.
Gitte: Hvor mange elever er der på aftenholdet?
Rie: Der er 8 elever. De kommer til skolen efter arbejde, så de er meget trætte.

和文デンマーク語訳
1) De fleste japanere arbejder som regel fyrre timer om ugen.　2) Hvornår har I sommerferie? Er det i august eller i september?　3) Om fredagen har vi som regel allerede fri klokken tre/kl. 15.　4) Vi ses på biblioteket (kl.) fem minutter i halv elleve!　5) Vi var på ferie i Frankrig i sommer.

Lektion 10
テキストの日本語訳
第10課：ぼくたちはどこに行くの？

　今日はギデは残業をすることになっています．それで，りえはブラを学童クラブから連れて帰らなければなりません．彼女は大学からバスに乗ることができます，あるいは彼女は自転車で行くことができます．彼女は今日，できればバスに乗りたいと思います．15分間くらい乗った後，彼女はバスを降り，学童クラブに入って行きます．ブラはお絵かきルームに座っています．彼は今日まったく外に出ていません．

りえ：やあ，ブラ．一緒にお家に帰らない？
ブラ：やあ，りえ．そうしたいんだけど，できない．
りえ：どうして，そうできないの？
ブラ：お絵かきする（ことになってる）から．
りえ：お絵かきしなくちゃいけないの？
ブラ：ううん，しなくちゃいけないことはないんだけど，すごくそうしたいんだ．
りえ：あなたは家でもお絵かきできるわよ．
ブラ：そうしてもいいの？
りえ：いいに決まってるじゃない．もちろんそうしていいわよ．
ブラ：わかった．少ししたら行こう．
りえ：わかったわ．でも，急いで！私たち，忙しいんだからね．
ブラ：どうして忙しいの？
りえ：荷物を詰めるのよ．明日は私たちみんなで（北にある）別荘に行くの．
ブラ：そこで何をするの？
りえ：そうねえ，例えばあなたはお絵かきができるわ！

練習問題解答
Udtale 10: 1) ku~~nne~~, 2) ska~~l~~, skulle, 3) vi~~l~~, ville
Grammatik 10A: 1) må, kan, vil, 2) skal, skal, vil/kan, kan, vil
Grammatik 10B: 1) op/ned, ned/op, 2) ude, ud, ind, 3) hen/over/ned/op, ind, inde, 4) hjem, hjemme, 5) ud, inde/hjemme, 6) ovre, hen, henne, 7) ude, inde, ind, 8) nede, oppe, ude
Lytteøvelse 10A: 1) hjemme, 2) ind, 3) ud, 4) oppe, 5) ned, 6) henne
Lytteøvelse 10B:
 Linus: Har du lavet lektier til næste gang?
 Rie: Nej, det har jeg ikke.
 Linus: Nå, er du hjemme i weekenden? Vi kan måske lave lektier sammen.
 Rie: Nej … I weekenden skal jeg op i sommerhuset sammen med min danske familie.
 Linus: Nå, skal I det? Har du så fri i morgen?
 Rie: Nej, desværre ikke. Jeg skal først på universitetet, og derefter skal jeg hente Buller i fritidsklubben. Jeg har lidt travlt i morgen, men efter klokken 18 har jeg tid.
 Linus: Åh, i morgen aften skal jeg på arbejde. Hvornår kommer I hjem fra sommerhuset?
 Rie: Det ved jeg ikke.
 Linus: Vil du ikke ringe til mig?
 Rie: Jo, det vil jeg gerne. Må jeg få dit telefonnummer?
 Linus: Ja, selvfølgelig. Det er 21356894.

和文デンマーク語訳
1) I dag vil Gitte arbejde over. 2) Min moster står henne på hjørnet. 3) Der sidder fem smukke fugle oppe på taget. 4) Kan du stå på hænder? 5) Man må ikke ryge på biblioteket/et bibliotek. 6) Må jeg tale/snakke med jeres lærer? 7) Vi skal over til Fyn i morgen.

Lektion 11
テキストの日本語訳
第11課：別荘はどこにありますか？

　ヴィリアムとギデはホアンベクに別荘を持っています．彼らはそれが浜辺近くにあるので，その別荘のことをとて

も気に入っています．もし雨が強く降ったり，雷がひどく鳴ったり，風が強かったりすると，一家はふつうトランプなどをします．テレビなんかは別荘にはありません．もし陽が照ると，彼らはもちろん屋外にいます．庭には，そこではブラがよくサッカーをしますが，例えば庭用家具とフラワーポットがあります．デンマークでは，夏に天気が良いかどうか決してわかりません．時々は気持ちのいい天気ですが，時々は…そう，時々は屋内に留まります．

ヴィリアムとギデとユアサは車でホアンベクに行きましたが，りえとブラは電車とバスに乗りました．まず彼らは電車に乗ってヒレレズに行き，その後，バスに乗ってホアンベクに行きました．ホアンベクではブラが道案内をします．というのはりえは以前にそこに行ったことがないからです．

りえ：私は道を知らないの．どうやって別荘を見つけるかわかる，ブラ？
ブラ：うん，わかるよ．
りえ：銀行の所を右に曲がらないの？
ブラ：うん，曲がらない．次の信号のある交差点を右に曲がるんだよ．それから200メートルくらい歩くんだ．左手にある最初の道の所で，また曲がって．その道の突き当たりに別荘があるんだ．

練習問題解答

Udtale 11: 1) Da sommerhuset ligger nær stranden, holder familien meget af det. 2) Da det ligger nær stranden, holder familien meget af sommerhuset. 3) Da det ligger nær stranden, holder de meget af sommerhuset. 4) Hvis vejret er godt, er familien ude i haven. 5) Hvis det er godt, er familien ude i haven. 6) Hvis det er godt, er de ude i haven.

Grammatik 11: 3) (Nutid) Rasmus spørger Torben, hvor hans bedsteforældre bor. (Datid) Rasmus spurgte Torben, hvor hans bedsteforældre boede. (Førnutid) Rasmus har spurgt Torben, hvor hans bedsteforældre bor. (Førdatid) Rasmus havde spurgt Torben, hvor hans bedsteforældre boede. 4) (a) (Nutid) Linda spørger sin bedste veninde, om hun også drikker alkohol. (Datid) Linda spurgte sin bedste veninde, om hun også drak alkohol. (Førnutid) Linda har spurgt sin bedste veninde, om hun også drikker alkohol. (Førdatid) Linda havde spurgt sin bedste veninde, om hun også drak alkohol. 5) (b) (Nutid) Lindas veninde svarer hende, at hun ikke drikker alkohol. (Datid) Lindas veninde svarede hende, at hun ikke drak alkohol. (Førnutid) Lindas veninde har svaret hende, at hun ikke drikker alkohol. (Førdatid) Lindas veninde havde svaret hende, at hun ikke drak alkohol. 6) (Nutid) En studerende spørger en medstuderende, hvad han/hun skal lave i ferien. (Datid) En studerende spurgte en medstuderende, hvad han/hun skulle lave i ferien. (Førnutid) En studerende har spurgt en medstuderende, hvad han/hun skal lave i ferien. (Førdatid) En studerende havde spurgt en medstuderende, hvad han/hun skulle lave i ferien. 7) (a) (Nutid) Louise spørger Troels, om han ikke vil med på stranden, selvom det regner. (Datid) Louise spurgte Troels, om han ikke ville med på stranden, selvom det regnede. (Førnutid) Louise har spurgt Troels, om han ikke vil med på stranden, selvom det regner. (Førdatid) Louise havde spurgt Troels, om han ikke ville med på stranden, selvom det regnede. 8) (b) (Nutid) Troels svarer Lousie, at han gerne vil med på stranden. (Datid) Troels svarede Lousie, at han gerne ville med på stranden. (Førnutid) Troels har svaret Lousie, at han gerne vil med på stranden. (Førdatid) Troels havde svaret Lousie, at han gerne ville med på stranden. 9) (Nutid) Mikkel spørger to turister, hvordan man hurtigst kommer til Rungsted. (Datid) Mikkel spurgte to turister, hvordan man hurtigst kom til Rungsted. (Førnutid) Mikkel har spurgt to turister, hvordan man hurtigst kommer til Rungsted. (Førdatid) Mikkel havde spurgt to turister, hvordan man hurtigst kom til Rungsted. 10) (a) (Nutid) En elev spørger sin lærer, om Middelfart ligger i Jylland eller på Fyn. (Datid) En elev spurgte sin lærer, om Middelfart lå i Jylland eller på Fyn. (Førnutid) En elev har spurgt sin lærer, om Middelfart ligger i Jylland eller på Fyn. (Førdatid) En elev havde spurgt sin lærer, om Middelfart lå i Jylland eller på Fyn. 11) (b) (Nutid) Læreren svarer sin elev, at Middelfart ligger på Fyn. (Datid) Læreren svarede sin elev, at Middelfart lå på Fyn. (Førnutid) Læreren har svaret sin elev, at Middelfart ligger på Fyn. (Førdatid) Læreren havde svaret sin elev, at Middelfart lå på Fyn.

Lytteøvelse 11A:
Rie: Undskyld, må jeg spørge dig om noget?
— : Ja, selvfølgelig.
Rie: Ved du, hvordan man kommer til Rådhuspladsen?
— : Du går først over på den anden side af gaden. Så drejer du til venstre og går lige ud. Så kommer du til en café. Ved cafeen drejer du til højre og går lige ud og går forbi Tivoli på højre hånd. Så kommer du til et lyskryds. Du går igen over på den anden side af vejen. Og så er du på Rådhuspladsen.
Rie: Er der langt?
— : Nej, slet ikke. Du går kun i fem minutter.

> 1) Hun skal til Rådhuspladsen.
> 2) Hun skal til højre ved cafeen.
> 3) Hun skal gå forbi Tivoli.
> 4) Nej, det skal hun ikke. Hun skal kun gå i fem minutter.

Lytteøvelse 11B:
 William cykler til Rødovre Station og tager S-tog ind til København hver morgen. Han skifter til metro på Nørreport station. Han står af metroen på Islands Brygge. Derfra går han til universitetet.
 Gitte kører normalt i bil på arbejde. Hvis det regner, kører hun også Buller og Yrsa i skole. Hvis vejret er godt, cykler hun sommetider på arbejde.

和文デンマーク語訳
 1) Hvis det regner, tordner eller blæser meget, plejer Buller at tegne på sit værelse, men hvis solen skinner, spiller han fodbold ude på gaden. 2) Kan du sige mig, hvordan man kommer til Hornbæk? – Ja, (det kan jeg). Først tager man tog/et tog/toget/med tog/med et tog/med toget til Hillerød, og så tager man bus/en bus/bussen/med bus/med en bus/med bussen til Hornbæk. 3) Rie ved ikke, hvor familien Rasmussens sommerhus ligger, så Buller viser vej. 4) Når man rejser/tager til en lille by i Jylland, må man tage rutebil/en rutebil/rutebilen/med rutebil/med en rutebil/med rutebilen. 5) Jeg tror, (at) bussen til Roskilde lige er gået/kørt.

Lektion 12
テキストの日本語訳
第12課：ほぼ全員がくつろぎ楽しく過ごしている

 ほとんど全員が別荘でくつろいでいます．ギデとりえはりえの語学学校の話をしています．一方，ヴィリアムとユアサは食事を作っているところです．しかしブラはリビングでボールを蹴っています．彼は退屈しています．

ギデ：こっちに来て座らない，ブラ？
ブラ：どこに座ればいいの？
ギデ：私の隣に座れるわよ．
ブラ：それはいやだな．
ギデ：それじゃ，りえの隣に座れば．
ブラ：本当は少し眠いんだ．少しソファーで横になっているほうがいいな．
ギデ：いいわ，もしあなたがソファーで横になるんだったら，果汁ジュースを一杯取って来てあげるわ．

ブラ：ありがとう，お母さん．
ギデ：テーブルの上に置く？
ブラ：うん，ありがとう．
ギデ：はい，テーブルに置いたわよ．倒れないように気をつけなさいね．
ブラ：わかった．お母さん，何の話をしているの？
ギデ：特に何も．ただくつろいでいるだけよ．
ブラ：で，お父さんとユアサは何をしているの？
ギデ：食事を作っているのよ．
ブラ：急いでくれたらいいのに．

練習問題解答
Udtale 12: 1) Du kender mig, og jeg kender dig, 2) Jeg keder mig, 3) Keder du dig? 4) Han keder sig også
Grammatik 12A: 1) ligger, lagde sig, 2) sætte jer/sidde, sidde, 3) stod, sad, rejste sig, 4) rejse sig, at sidde, 5) satte dig
Grammatik 12B: har eksisteret, eksisterer, besøger, hygger sig, hører, skal, betale, er, kan høre, kommer, har gjort, skynder sig, kan, få, tager, keder sig, sætter os, lytter, foretrækker
Lytteøvelse 12A:
 Buller: Hvor er far?
 Gitte: Han er ude i haven.
 Buller: Spiller han fodbold?
 Gitte: Nej. Han er ved at slå græs.

Buller: Hvor er Rie og Yrsa?
Gitte: De er gået ned til stranden.
Buller: Nej! Hvorfor har de ikke taget mig med?
Gitte: Fordi du lå og sov på sofaen.
Buller: Skal vi også til stranden?
Gitte: Nej, det skal vi ikke. Vi går ind i stuen og hygger os. Jeg læser avis, og du tegner.

Lytteøvelse 12B:
Yrsa: Mor, må jeg tage til stranden med Rie?
Gitte: Ja, det må du gerne. Har du spurgt Rie?
Yrsa: Rie, vil du godt med mig til stranden?
Rie: Ja, det vil jeg gerne. Hvad med Buller?
Gitte: Han ligger og sover på sofaen. I to kan bare gå.
Yrsa: OK. Hvad tid skal vi være hjemme?
Gitte: Det er fint, hvis I kommer hjem ved 18-tiden.
Rie: OK. Det skal vi nok.
Gitte: Hov. Jeg har glemt at købe noget frugt, så gider I måske købe noget, når I tager hjem igen?
Rie: Ja, det kan vi godt.

和文デンマーク語訳
1) Jeg keder mig altid, når jeg er sammen med dem. 2) Står mor og Yrsa og laver mad (ude) i køkkenet nu? / Er mor og Yrsa ved at lave mad (ude) i køkkenet nu? / Er mor og Yrsa i færd med at lave mad (ude) i køkkenet nu? 3) De har moret/hygget sig godt/meget i byen. 4) For ti minutter siden satte Buller sig på en stol og begyndte at spille computer. 5) Han var ved at male badeværelset, / Han var i færd med at male badeværelset, da jeg besøgte ham. 6) Hvad går I og laver?

Lektion 13
テキストの日本語訳
第13課：またね！

りえとリーヌスはオープンサンドイッチを食べるためにランチ・レストランで待ち合わせます．彼らは長い間会っていません．りえは別荘に行っていましたが，リーヌスはスウェーデンにいる自分の両親を訪ねていました．

りえ： お久しぶり．最後に会ったのはいつだったかな？
リーヌス： 少なくとも1カ月前だね．スーパーで会ったと思うんだけど．
りえ： そうだったわ．
ウェイター：こちらがメニューです．
りえ： ありがとう．
リーヌス： 何がいい？
りえ： オープンサンドを2つ，燻製のウナギとスクランブルエッグがのったのとフリカデレとムラサキキャベツののったのにしようかな．あなたは？
リーヌス： ウナギが好きなの？僕はウナギは好きじゃないんだ．でもひょっとしてマスの燻製をおいてるかな？
りえ： オープンサンドしかおいてないと思うわ．
リーヌス： それじゃ，僕も2つ，玉子とグリーンランドのエビがのったのとレバーペーストと赤カブがのったのにしよう．
りえ： じゃ，ウェイターを呼ぶわよ．… すみません．
ウェイター：何にいたしましょうか？
りえ： 注文をお願いします…

リーヌス： ねえ，りえ，よかったら君のうちでパーティをやらない？
りえ： そうねえ！いい考えね．私のデンマーク人のホストファミリーはパーティが大好きだから．
リーヌス： 今度の金曜日はどう？スーパーで待ち合わせて，一緒に買い物をできるけど．
りえ： 約束よ．金曜日にまた．
リーヌス： そうしよう．それじゃ，また．

練習問題解答
Udtale 13:[g]an[ŋ], [g]odmor[-]en, ka[-]e, spro[w], [g]ammel, [g]ift, te[i]nin[ŋ], fødselsda[-], yn[ŋ]re, dy[g]ti[-], aldri[-],

alli[-]evel, u[-]eda[-]e, tidli[-]t, sti[-]e, li[g]er, to[w]et, søvni[-], bo[w], bø[-]er, rø[i]et, ri[g]ti[-], man[ŋ]e

Grammatik 13A: 2) Forleden skændtes William og Gitte. 3) Da de var i Danmark, sås Rie og Linus tit. 4) I morges fulgtes William og Rie ad til stationen. 5) Torsdag i forrige uge sloges nogle børn på parkeringspladsen. 6) Dengang omgikkes hun ikke de andre kolleger. 7) I Italien fandtes der mange varer på hylderne. 8) Hvis vi havde lyst, kunne vi hjælpes ad med maden. 9) Før de blev skilt, skiftedes Morten og Helle til at passe børnene. 10) Jeg troede, at I måske længtes efter en pause.

Grammatik 13B: 1) mødes, mødes, 2) sås, 3) mindes, længtes, 4) skændtes, skiltes, ses, 5) lykkes, mislykkes, 6) samledes, 7) ses

Grammatik 13C: 2) Rie er kommet til Danmark for at læse dansk. 3) Gitte var på et rejsebureau for også at købe en rejse til Spanien. 4) Rie og Buller skynder sig hjem for at pakke. 5) Jens skyndte sig for ikke at komme for sent. 6) Hun arbejdede meget for at få flere penge.

Lytteøvelse 13

William: Hvad vil du have, Gitte?
Gitte: Jeg skal have en kop kaffe. Hvad med dig?
William: Jeg skal have en fadøl. Skal du ikke have noget til kaffen?
Gitte: Jo, jeg har lyst til et stykke kage. Hvad har de?
William: Det kan vi spørge tjeneren om.
Tjener: Goddag. Er I klar til at bestille?
William: Ja, vi skal have en kop kaffe og en fadøl.
Tjener: Skal det være en stor eller en lille?
Willian: Det skal være en stor. Vi vil også gerne have et stykke kage. Hvad har I?
Tjener: Vi har chokoladekage, jordbærtærte og gulerodskage.
Gitte: Gulerodskage lyder dejligt. Vi skal have et stykke gulerodskage.
Tjener: OK. Jeg kommer hen med det om et øjeblik.
Gitte: Øh, hvor er toilettet henne?
Tjener: Det er lige derhenne til venstre.
Gitte: Tak skal du have.

Tjener: En kop kaffe, et stykke gulerodskage og en stor fadøl. Værsgo.
William: Tak.
Tjener: Det bliver 123 kr.
William: Værsgo. Du kan bare beholde resten.
Tjener: Tak.

> 1) De er på en café/cafe.
> 2) De skal have en kop kaffe, et stykke gulerodskage og en stor fadøl.
> 3) Det kostet 123 kr.

和文デンマーク語訳

1) Rie og Linus skal mødes/ses foran banken i morgen. 2) I går mødtes/sås Linus og Hans på en restaurant foran stationen. 3) Kan han lide røræg? 4) Min lærer kan ikke lide leverpostej. 5) Familien Rasmussen elsker smørrebrød. 6) Vi vil gerne bede om to stykker kage. 7) Skal/Skulle vi ikke besøge Linus'/Linus's/Linuses forældre i Sverige på fredag? 8) Jeg synes ikke, (at) Martins lillesøster er køn/smuk.

Lektion 14
テキストの日本語訳

第14課：買い物

りえ： ゲストにフリガデレとポテトサラダを作ろうと思うの（作るのはどうかしら）．
リーヌス：それいいね．レシピ，持って来てる？
りえ： ええ，持ってるわ．いずれにせよ豚肉がいるわね，1キロくらい．それに牛肉も1キロ．
リーヌス：オッケー．これはオーガニックビーフだよ．けど少し高いね．あっちのはオーガニックじゃないけど，その代りに安いね．
りえ： オーガニックなのを買うべきだと思うわ．その方がふつういいもの．

リーヌス：あと何が足りない？
りえ：　　玉子が足りないんだけど，見つけられないの．
リーヌス：ここにあるよ．
りえ：　　よかった．じゃ，あとはジャガイモ2,3キロと玉ねぎとパセリが足りないだけよ．残りはうちにあるわ．
リーヌス：その玉ねぎ，まったく新鮮というわけではなさそうだな．ちょっと待って．すみません！
店員：　　はい，何でしょうか？
リーヌス：他の玉ねぎはありますか？これは少し古そうなんですけど．
店員：　　かしこまりました，お探しいたします．
リーヌス：ありがとう．
店員：　　これはいかがでしょう？
リーヌス：ありがとう！結構です．全部そろったかな，りえ？
りえ：　　そうね．もうレジに行ってもいいわ．いくらになると思う？
リーヌス：500クローネになるかもしれないな．これらの品物はそんなに値段がしないよ．

練習問題解答
Udtale 14: A: Var Lone h[α]r ikke lige før? B: Jeg ved det ikke. Lone er h[e]r og d[e]r og alle vegne. A: Er d[α]r travlt på kontoret? B: Ja, det er d[α]r. A: H[α]r ser også sådan ud. B: Men hov, hun er d[e]r. Lone, kom lige h[e]r!
Grammatik 14A: 1) nogle, nogle, 2) nogen, 3) nogen, 4) nogle, noget, 5) nogen, nogen, 6) nogen, nogle, 7) nogen, noget.
Grammatik 14B: 2) Se den der store hund, 3) Se denne fine lampe, 4) Se dette flotte fjernsyn, 5) Se de der søde katte, 6) Se disse røde blomster, 7) Se den der enorme kuffert, 8) Se disse meget modne bær, 9) Se denne altid rene stue, 10) Se det der lidt dumme TV-program
Grammatik 14C: Sønderborg er Sønderjyllands største by. Den er ret gammel, fra omkring år 1200. Byen består både af ny (e) og gamle bygninger. Den største del af byen ligger på Als-siden, mens den mindre del ligger på Sundeved-siden af Alssund. Fra havnen er der en smuk udsigt over vandet, og i nærheden ligger der mange glimrende restauranter. Museet på Sønderborg Slot har interessante historiske samlinger. I Sønderborg ligger også den berømte hvide mølle, Dybbøl Mølle. I mange år har den været et vigtigt nationalt symbol for de stolte danskere, der aldrig var så heldige i krig. スナボーはスナユラン最大の町である．それはかなり古く，西暦1200年頃からある．町は新旧両方の建物から構成されている．町の大部分はアルス側に位置し，一方，小さい方の部分はアルスソン海峡のソネヴィズ側に位置している．港からは海を見渡す美しい眺望があり，近くにはたくさんのすばらしいレストランがある．スナボー城にある博物館には興味深い歴史的コレクションがある．スナボーには有名な白い風車のデュブル風車もある．長年にわたってそれは，戦争においてそれほど幸運ではなかった一度もなかった誇り高きデンマーク人たちにとって重要な国民的シンボルである．

Lytteøvelse 14A:
Bogen koster 249,-
Lampen er dyr. Den koster 5.995,-.
Kagerne koster 120,- i alt.
Vi skulle give 400,- for billedet.
Ferien var billig. Den kostede 12.000,- for fire personer.
Huslejen i byen er høj. Den er 8.000,- om måneden.
Huslejen på landet er lav. Den er 4.500,- (fire et halvt tusind) om måneden.
Du skal betale 30 kr. for en kop kaffe.

Lytteøvelse 14B:
Rie og Linus købte ind i et supermarked. De blev enige om at lave frikadeller og kartoffelsalat. De købte et kilo svinekød og et kilo oksekød. De valgte det økologiske, fordi det plejer at være bedre. De købte også nogle æg, et par kilo kartofler, nogle løg og noget persille. De spurgte ekspedienten, om han kunne finde nogle friske løg, fordi de kun kunne finde nogle gamle løg. Derefter gik de til kassen og betalte 500 kr. Linus sagde, at det ikke var så meget.

和文デンマーク語訳
1) Jeg mangler nogle æbler og (nogle) løg. 2) Det økologiske oksekød så ikke frisk(t) ud. 3) De her stole (/Disse her stole) var dyre, men de der stole var meget billige. 4) Har I noget kaffe og (noget) mælk hjemme hos jer? 5) Jeg plejer at læse avis om morgenen. 6) Hun har aldrig sagt noget dårligt om sin mand.

Lektion 15
テキストの日本語訳

第15課：レシピと指示

　りえとリーヌスは品物を持って家に帰ってきました．ラスムスン一家と一緒に彼らはディナーの準備をし，テーブルセッティングをします．全部で10人くらいになります．ラスムスン一家，りえ，リーヌスとりえの語学学校の友だちです．

リーヌス：じゃあ，りえ，どうやってフリガデレを作るのか教えて！
りえ：　　肉，小麦粉，玉子，玉ねぎ，塩，コショウを混ぜて！
リーヌス：それはもうやったよ．
りえ：　　その後，牛乳を少しずつかき回しながら入れて！できたタネを冷蔵庫に30分くらい入れておく．最後にフリガデレをそれぞれの面約5分ずつ焼く．
リーヌス：わかった．それじゃその間にポテトサラダが作れるよ．ジャガイモの皮をむこうか？
りえ：　　ううん，ジャガイモをゆでて．そして皮をむいて．
リーヌス：どのくらいゆでるの？
りえ：　　ナイフを突き刺してみて！もし簡単(に突き刺さるよう)なら，ゆで上がってるわ．
リーヌス：もうゆで上がってるにちがいない．次は何を？
りえ：　　マヨネーズをサワークリーム，牛乳，マスタードと一緒にかき混ぜて！玉ねぎの皮をむいて，みじん切りにして，ドレッシングに，はさみでカットしたアサツキと一緒に入れてかき混ぜて．
リーヌス：簡単だった．後はテーブルセッティングをするだけだね．ブラ，手伝ってくれる？
ブラ：　　うん，何を手伝えばいいの？
リーヌス：テーブルクロスをテーブルにかけて，グラス，皿，ナイフ・フォーク類を出して．ナイフは皿の右側に置いて，フォークは左側に置くんだ．
ブラ：　　うん．ゲストはいつ来るの？
リーヌス：もうすぐ来るよ．急いで！

練習問題解答

Udtale 15: n[å], n[ɔ], k[ɔ]ge, n[å]r, k[ɔ]mmer, [ɔ]g, [ɔ]t, n[å]get, g[ɔ]dt, 1[ɔ]g, [å]ndskyld, [å]ver, [ɔ]m, m[å], m[ɔ]tte, [å]kay, b[ɔ]ld, spr[å]g, f[å]r[å]r, s[ɔ]mmer, r[ɔ]get, h[ɔ]jre, t[å]get, [ɔ]fte, [ɔ]gså, g[å]r, m[å]rgen, f[å]rmiddag, b[å]de, f[å]r, f[ɔ]r, [ɔ]s, sm[å]

Grammatik 15A: 1: 1) komme, 2) kom, 3) kom, 4) kommer, 5) er kommet 2: 1) hentede, 2) hente, 3) hent, 4) hentet, 5) henter 3: 1) spiser, 2) spist, 3) spise, 4) spis, 5) spiste

Grammatik 15B: Rødgrød med fløde
<u>Rens</u> bærrene. <u>Varm</u> vandet op og <u>kog</u> bærrene i ca. 2 min. Saften <u>sigtes</u> gennem en fin sigte. Saften <u>bringes</u> i kog sammen med sukker, og grynen <u>tages</u> af varmen. <u>Rør</u> kartoffelmel og vand sammen og <u>rør</u> jævningen i saften – herefter <u>må</u> grøden ikke <u>koge</u>! Smag på grøden, og <u>hæld</u> rødgrøden i en skål. Grøden <u>drysses</u> med sukker og <u>stilles</u> tildækket i køleskabet, til den <u>er</u> kold. De fleste <u>serverer</u> rødgrøden med iskold fløde til. ベリー類を洗いなさい．湯を沸かして，ベリー類を約2分間茹でなさい．茹で汁は目の細かい濾し器にかけられる．茹で汁は砂糖を入れて煮たてられ，鍋は火を止められる(＝熱から離される)．ジャガイモでんぷん粉と水を混ぜ合わせ，それ(＝とろみづけ)を茹で汁に混ぜ入れなさい．この後，grød は煮たってはいけない！ grød の味見をして，rødgrød をボールに注ぎなさい．grød は砂糖をふりかけられ，冷たくなるまで，蓋をして冷蔵庫に入れられる．ほとんどの人は rødgrød に氷のように冷えた生クリームを添えて出す．

Lytteøvelse 15A: 1) vær, 2) koge, 3) bland, 4) bliver, 5) hjælpe
Lytteøvelse 15B:
　Rie:　 Hvad skal vi lave til dessert?
　Linus: Hvad med rødgrød med fløde?
　Rie:　 Hvad siger du? Rødgrød med fløde?
　Linus: Ja!
　Rie:　 Hvad er det?
　Linus: Vi koger forskellige bær, f.eks. jordbær, solbær, hindbær, blåbær. Det er ikke så svært at lave.
　Rie:　 OK. Koger man bare forskellige bær?
　Linus: Nej, vi skal komme meget sukker i!
　Rie:　 Smager det godt?
　Linus: Ja, jeg har smagt det før. Det smager rigtig godt. Man spiser det med fløde.

Rie: Bliver det ikke for sødt?
Linus: Jo, måske, men vi skal have noget lidt sødt til dessert.
和文デンマーク語訳
1) Dæk bord! 2) Skriv et brev til din sprogskole! 3) Frikadellerne spises ofte i Danmark. 4) Yrsas kage blev spist af Buller i går. 5) Gider du hjælpe med at skrælle kartoflerne? 6) De besøger deres børn hver måned.

Lektion 16
テキストの日本語訳
第16課：多数の言語が話される

18時30分にゲストたちはやってきます．彼らはすぐにリビングに案内されます，そこで彼らは食事の前に冷えたビール（1本）か炭酸飲料水（1本）をもらいます．今日は彼らは靴を脱ぐ必要はありません．

ユアサ：どうぞ中に入ってください！
ゲスト：どうもありがとう．それに，ご招待どうもありがとう．
ユアサ：どういたしまして．皆さんが来てくださって，嬉しいです．

リビングではデンマーク語と英語の両方が話されています．というのは，りえの友人たちが皆，デンマーク語を話すことを習得しているわけではまだないからです．笑い声も起こり，そして冗談も交わされます．

リーヌス： どうぞ席についてください！
りえ： お料理は全部平らげちゃって，そしてビールも全部飲んじゃってくれるといいんですけど．もしワインの方がいいという人がいたら，キッチンに何本か用意していますから．
リーヌス： どうぞ召し上がれ．

ヴィリアム：たくさんの料理を作ったなぁ！
ギデ： そうね．それになんて美味しいのかしら！ちょっと塩っぱくて，ちょっと酸っぱくて，そしてちょっと辛くて…．後で何か甘いものも出るのかしら？
りえ： そうかもね．もし皆さんがいい子にしていれば．

練習問題解答
Udtale 16: 1) Hvor <u>ser</u> det lækkert <u>ud</u>! 2) Hvad <u>har</u> I dog <u>lavet</u>? 3) Hvem i al<u>verden</u> er <u>det</u>? 4) Hvordan <u>søren</u> <u>er</u> det, du ser <u>ud</u>? 5) <u>Sikke</u> en fest, <u>hva</u>! 6) Nej, <u>ved</u> du nu <u>hvad</u>!
Grammatik 16A: 1) bages, 2) ryges, 3) bliver hentet, 4) blev stjålet, 5) vaskes, 6) lukkes, 7) vaskes, 8) er blevet inviteret
Grammatik 16B: På danske aftenskoler <u>tilbydes</u> eksamensfri undervisning for voksne. Undervisningen <u>betales</u> af eleverne. Aftenskolerne <u>blev</u> <u>kendt</u> i starten af 1800-tallet, hvor man ofte <u>blev</u> <u>undervist</u> i enten skrivning eller matematik. I dag <u>undervises</u> man også i hobbyfag. Undervisningen <u>blev</u> <u>givet</u> af folkeskolelærere i gamle dage, men i dag <u>gives</u> den som regel af fagfolk. For resten <u>kaldes</u> disse skoler stadig aftenskoler, selvom der som regel <u>undervises</u> om dagen. デンマークの夜間学校では大人のための無試験の授業が提供されている．授業は生徒たちによって支払われている．夜間学校は1800年代初頭に知られるようになった．当時はしばしば書き方と数学が教授されていた．今日では趣味の科目も教授されている．授業は昔，国民学校教師によってなされていたが，今日ではふつう専門家によってなされている．ところで，これらの学校は，ふつう昼間に教授されているにもかかわらず，依然として夜間学校と呼ばれている．
Grammatik 16C: 1) alt, 2) alle, 3) alle, 4) al, 5) alt, 6) al
Lytteøvelse 16A: 1) kolde, 2) glad, 3) lækker, 4) sure, 5) stærke, 6) sød
Lytteøvelse 16B:
Klokken 22.30（halv elleve）gik gæsterne hjem. Yrsa og Buller var allerede gået i seng. Gitte og William hjalp Rie og Linus med at rydde op og vaske op. De syntes alle sammen, at det havde været en rigtig hyggelig aften. Efter at de var blevet færdige med at rydde op, kørte William Linus hjem. Rie sagde godnat til Gitte og gik i seng.
和文デンマーク語訳
1) Den store tegning blev tegnet af Buller for en uge siden. 2) På sprogskolen må der ikke tales engelsk. 3) I dag behøver Gitte ikke (at) lave mad. 4) Har du brugt al mælken? 5) Sikke mange bøger du allerede har læst! 6) Gæsterne bliver vist ind i entreen(/entréen), hvor de tager skoene af.

Lektion 17
テキストの日本語訳

第 17 課：病気と症状

それは良いパーティでした．ですが日曜日からギデはずっと身体の具合があまり良くありません．

ギデ： 私，あまり調子が良くないわ．
ヴィリアム：どこが悪いの？
ギデ： そうね，まず（第一に）身体の節々と筋肉が痛いの，そして（第二に）頭痛がするの．そして（第三に）ただただ疲れてて本当にヘトヘトなの．
ヴィリアム：他に痛むところはある？
ギデ： いいえ，ないわ．
ヴィリアム：医者に予約の時間を入れた方が良いんじゃないかな．

声： もしもし，ギアトです．
ギデ： もしもし，フレズレク・フスト先生のところではありませんか？
声： はい，ちがいます．
ギデ： 間違えました．すみませんでした．

受付： フレズレク・フスト医院です．
ギデ： こんにちは．私の名前はギデ・ラスムスンです．
受付： こんにちは．CPR ナンバーをお願いします．
ギデ： はい，160973-2484 です．日曜日からちょっと具合が悪くなっていて，それでフレズレク先生に診療時間の予約をお願いしたいのですが，できますでしょうか？
受付： もちろんできますよ．何にお困りでしょうか？
ギデ： 身体の節々と筋肉が痛くて，頭痛がして，それにものすごく疲れているんです．
受付： 熱もおありですか？
ギデ： わかりません．
受付： わかりました．（今日の）午後に見てみましょう．14 時 20 分に来て頂けますか？
ギデ： はい，大丈夫です．ありがとうございます．
受付： どういたしまして．健康保険証を忘れずにお持ちください．
ギデ： わかりました．ではまた後ほど．
受付： また後ほど．

練習問題解答

Udtale 17: men[y], s[y]gdom, b[u]rde, s[y]gesikringsbevis, h[u]s, [u]niversitet, K[y]oto, B[u]ller, h[u]n, litterat[u]r, st[u]derende, d[u], [y]rsa, st[u]en, [u]de, sl[u]t, s[y]nes, s[u]permarked, sk[u]lle, h[y]gger, l[y]skr[y]ds, b[u]s, [u]ger, fjerns[y]n

Grammatik 17A: 1) hænder, hånd, hånd, 2) hænder, fødder, fod, 3) øjne, øjne, 4) tand, tænder, 5) tå, tæer, lilletå, 6) hår, hoved, hår, 7) knæ, led, knæet, benet, knæet, låret, knæet, underbenet, knæene, 8) albuen, led, albuen, underarmen, overarmen, 9) knæ, albuer, 10) fingrene, benene

Grammatik 17B: Et symptom er en fornemmelse, der oplevet som sygdom af en person. Når man er syg, fungerer kroppen ikke optimalt. Alle har prøvet at være syge som barn, og de fleste har prøvet at være syge som voksne. Man kan vaccinere/vaccineres mod nogle sygdomme, men ikke alle. Disse sygdomme kaldes infektionssygdomme. Den første vaccination blev foretaget af Benjamin Jesty i 1774. Måske. Vi ved det ikke med sikkerhed. Han vaccinerede sin kone og sine to sønner mod kopper. Og det virkede! Vaccination blev kendt internationalt, da lægen Edwards Jenners beskrev metoden i 1796. Alle danske børn bliver vaccineret i dag. 症状とは，人によって病気として体験される感覚のことである．病気になると，身体は最大の働きをしない．皆が子どもの時に病気をした経験がある．そしてほとんどの人は成人になってからも病気をした経験がある．すべての病気に対してではないが，いくつかの病気に対して予防接種をすることができ（／予防接種をされることができ），これらの病気は感染病と呼ばれる．最初の予防接種は 1774 年に Benjamin Jesty によって行なわれた．もしかしたら，私たちは確実に知っているわけではない．彼は自分の妻と 2 人の息子に天然痘の予防接種をした．そしてそれは効力があった！予防接種は，Edwards Jenners 医師が 1796 年にその手法を記述した時に，世界的に知られる所となった．すべてのデンマークの子どもたちが今日，予防接種を受ける．

Lytteøvelse 17A: 1) hovedet, 2) mave, 3) benet, 4) halsen, 5) ryg
Lytteøvelse 17B:

Hans: Har du set Linus i dag, Rie?
Rie: Nej, det har jeg ikke. Men han har ringet til mig. Han kommer ikke i dag.
Hans: Nå. Hvorfor ikke?
Rie: Han er syg. Han ringede til mig i morges.
Hans: Nå. Hvad fejler han, ved du det?
Rie: Ja, han siger, at han har haft hovedpine siden i går aftes.
Hans: Nå, det var ikke så godt. Kommer han i skole i morgen, tror du?
Rie: Det ved jeg ikke ... måske.

> 1) Nej, det har hun ikke.
> 2) Hun snakkede med ham i morges.
> 3) Han har hovedpine.
> 4) Nej, det ved hun ikke.

和文デンマーク語訳
1) Siden i går har jeg haft ondt i halsen. 2) I dag kommer Linus ikke, fordi/da/siden han har ondt i maven. 3) Om aftenen/natten bør man ikke drikke kaffe. 4) Du burde læse flere bøger. / Du burde læse mere.

Lektion 18
テキストの日本語訳

第18課：クリニックで

ギデは自分のかかりつけ医に満足しています．彼は若すぎず，また年をとりすぎてもいないからです．彼のクリニックは，彼らの家の近くにありますが，明るくて親切です．待合室には，患者が読むことのできる雑誌や，彼のとても年の若い患者が遊ぶことのできるおもちゃがあります．身体（がどのようであるのか）を見せて，身体のすべての部分の名称が書いてある絵も壁にかかっています．ギデの番になると受付が（名前を）呼びます．

受付： ギデ・ラスムスンさん？
ギデ： はい，私です．
受付： どうぞ．フレズレク先生がお待ちです．
フレズレク：さて，ギデさん．いくつかの症状があると聞ききましたが，どれくらいの期間，そういう症状が続いているのですか？
ギデ： 日曜日からです．初めはそれほどひどくなかったんですけど，今はかなりひどくて，体中が痛いんです．
フレズレク：体温を測った方がいいですね．そうですね…実際に熱もありますね．インフルエンザにかかったんだと思います，ギデさん．
ギデ： それはウイルスですよね？
フレズレク：ええ，インフルエンザは感染性のウイルスです，あなたは2,3日前ぐらいにかかったんじゃないかな．
ギデ： 症状を和らげる薬はあるのでしょうか，あまり副作用のないような？
フレズレク：実のところそういうのはないんです．予防接種をするにはもう遅すぎるし，ペニシリンも効きません．
ギデ： じゃあ，先生はどうしたらいいと思いますか？
フレズレク：家に帰って睡眠を取って，それにお水をたくさん飲むことをお勧めします．もし頭痛がひどくなるようなら，鎮痛剤を2,3錠のむこともできます．
ギデ： そうしてみます．処方箋をいただくのですか？
フレズレク：その必要はありません．鎮痛剤は処方箋なしで買えます．

練習問題解答
Udtale 18: s[å]ndhed, k[u]nne, dr[å]kket, [å]ndskyld, kr[å]kker, sm[å]k, n[å]mmer, t[u]rde, sl[å]kke, [å]ndervise, f[å]ndet, jan[u]ar, j[u]li, aug[å]st, fritidskl[u]b, k[å]n, s[u]r

Grammatik 18A: 2) Troels, der ofte dyrkede sport, og som gerne spiste spinat, var altid sund og rask/Troels, der ofte dyrkede sport og gerne spiste spinat, var altid sund og rask, トローオルスは，よくスポーツをし，ほうれん草を喜んで食べるので，いつも健康だった．ので，3) Vil du hjælpe mig med en opgave, (som) jeg ikke kan løse selv? あなたは，私が自分で解くことができない問題を解くのを手伝ってもらえますか？ 4) Han/Ham, der havde forstuvet anklen, sad i et venteværelse og ventede, 足首をくじいた彼は待合室で待っていた．5) Hun/Hende, der for længst var blevet sur, så ikke på ham, とっくの昔に腹を立てた彼女は彼を見なかった． 6) Penicillin, der er en slags antibiotika, og som bliver udvundet af svampe, blev opdaget i 1928 af Alexander Fleming, der/som var skotte/Penicillin, der er en slags antibiotika og bliver udvundet af svampe, blev opdaget i 1928 af Alexander Fleming, der/som var skotte, ペニシリンは，一種の抗生物質であり，菌類から取り出されるが，1928年にスコットランド人である Alexander Fleming によって発見された． 7) Meningitis er en alvorlig sygdom, (som) mange har hørt om, 髄膜炎は大勢の人が耳にしたことのある重病である． 8) Patienten havde svære symptomer, (som) lægen ikke kunne lindre, 患者は医師が抑えることのできない重篤な症状をしていた． 9) Cirkeline, der/som kun er et barn, har længe haft ondt et sted i hovedet, hvor hun ikke har haft ondt før, スィアゲリーネは，ほんの子どもであるのに，以前には痛みのなかった頭のある場所に長い間，痛みをかかえている． 10) Tyfus, der er en kraftig blodforgiftning, er en alvorlig sygdom, (som) man risikerer at dø af, チフスは強度の敗血症であるため，死ぬ危険のある重病である． 11) I Danmark, hvor tandpleje kun er gratis for børn og unge, der er under 18, glemmer mange at gå regelmæssigt til tandlæge, デンマークでは，歯の治療が18歳未満の青少年にのみ無料であるため，大勢の人が歯医者に定期的に行くのを忘れる． 12) Mette, der/som havde ondt i ryggen, kom jævnligt hos en kiropraktor den sommer, hvor det regnede meget, メデは，背中が痛くて，雨が多く降った夏にカイロプラクターを頻繁に訪れた． 13) I/Jer, der står derovre, bør flytte jer lidt til højre, hvor der er mere plads, そちらに立っているあなたたちは，もう少し場所のある少し右に移動すべきである． 14) Pillerne, (som) jeg købte på apoteket, ligger ikke på bordet, hvor jeg lagde dem. 私が薬局で買った錠剤は，私が置いたテーブルの上にない．

Grammatik 18B: 1) Hun driller ham ofte, 2) William kender ikke Hanne, 3) Han kender dem ikke, 4) Gitte læser tit Politiken, 5) Han vasker den aldrig, 6) Gitte roser altid Yrsa

Lytteøvelse 18A: 1) læge, 2) finde, 3) ung, 4) lys, 5) billedet, 6) behøver

Lytteøvelse 18B

Buller: Godmorgen, mor.
Gitte: Hej, Buller. Du ser lidt sløj ud.
Buller: Mor, jeg vil ikke spise noget.
Gitte: Nå, jamen, hvad er der i vejen?
Buller: Jeg har ondt i halsen. Jeg har også hovedpine.
Gitte: Det er synd for dig. Jeg må hellere tage din temperatur.-- Du har 39 i feber. Du skal ikke i skole i dag.
Buller: Hvor skal vi så hen i dag?
Gitte: Vi skal til lægen. Jeg skal lige ringe til Frederik.

和文デンマーク語訳

1) William underviser i litteratur på et universitet, der/som ligger i København. 2) Den gave, (som) Buller har givet Yrsa, er hun meget glad for. 3) På den restaurant, hvor Linus arbejder, skal Gitte og William mødes/ses. / På den restaurant, (som) Linus arbejder på, skal Gitte og William mødes/ses. 4) Hvis det ikke regner, må vi hellere cykle til stationen. 5) Selv om jeg var udmattet, fik jeg forberedt middagen.

Lektion 19
テキストの日本語訳

第19課：ライフスタイルと健康

ギデはインフルエンザにかかりました．彼女のお医者さんは，フレズレクという名前ですが，彼女にたくさんの水を飲み，それ以外はただひたすら睡眠を取ることを勧めました．しかし彼女が診察から帰る前に，彼らは健康とライフスタイルについて少し話をします．

フレズレク：職場でストレスを感じていますか，ギデ？自分自身のことを大切にしないと，簡単に病気になりますよ．
ギデ：　　　そうですね，今の時代，大勢の人がストレスを感じていますが，私は自分がストレスを感じているとは思いません．私たち（のところ）は良い労働環境ですし，会社は休み時間に新鮮な果物を用意してくれます．
フレズレク：それに，何かテニスをしているとか？
ギデ：　　　いいえ，私がやっているのはバドミントンです．
フレズレク：2, 3人の同僚の人たちと？
ギデ：　　　いいえ，ヴィリアムとです．
フレズレク：そうですか．あなたがやっているのはご主人とですか．
ギデ：　　　はい，そうです．一番やりたがっているのは私なんですけどね．
フレズレク：ところで，あなたとヴィリアムはタバコを吸いますか？
ギデ：　　　いいえ，私たちは，私が妊娠した時にやめました．そうしなさいと先生にいわれましたからね．

フレズレク：そうしなさいなんて，私は決していわなかったですよ．でも，そうすべきだと，私はいったのでしょう．
ギデ：　　ええ，そんな感じでした．やめるのは難しかったですけど，そう私たちがしたことは，今ではとても喜んでいます．私たちは二人ともお互いのこと，そして二人の小さい子どもたちのことに気を付けることに，関心がありますから．
フレズレク：そういうことなら，これ以上心配することもありませんね．（それならば，そうあるべきようになっていますよね．）そのインフルエンザは，すぐに快方に向かうと私は確信していますよ．
ギデ：　　そういってくださって嬉しいです．ありがとうございました．
フレズレク：どういたしまして．お大事に．

練習問題解答
Udtale 19: interessere[ð], interessere[ð:], begejstre[ð], begejstre[ð:], borde[ð], papire[ð], være[ð]
Grammatik 19A: 1) Det var dem, der som regel trænede i et træningscenter nær Silkeborg, スゥイルゲボー近くのトレーニングセンターでふつうトレーニングしているのは彼らだった／彼らがスゥイルゲボー近くのトレーニングセンターでふつうトレーニングしていた． 2) Det var i et træningscenter nær Silkeborg, de som regel trænede, 3) Det var nær Silkeborg, de som regel trænede i et træningscenter, 4) Det er bolden, du skal ramme, Kjeld. Ikke mig, 君が当てなくてはいけないのはボールだよ，ケル．僕じゃないよ． 5) Det er ikke ham, der er noget i vejen med. Det er hende, 何かおかしいのは彼ではない．彼女だ． 6) Det er ikke smørrebrød, vi skal have i dag. Det er selvfølgelig salat, vi skal have, 今日，私たちが食べるのはオープンサンドイッチじゃない．私たちが食べるのはもちろんサラダだ． 7) Det er ikke i dag, vi skal have smørrebrød. Det er først i morgen, vi skal have smørrebrød, 私たちがオープンサンドイッチを食べるのは今日ではない．私たちがオープンサンドイッチを食べるのは明日になってやっと． 8) Det er balancen, der er vigtig i karate. Det er ikke styrken, der er det vigtigste, 空手で重要なのはバランスだ．最も重要なのは力ではない． 9) Det er måske fodbold, der er den mest populære sportsgren i Danmark. Ikke baseball, デンマークで最も人気のあるスポーツ種目はもしかしたらサッカーだ．野球ではない． 10) Det er måske i Danmark, fodbold er den mest populære sportsgren. Ikke i Japan, サッカーが最も人気のあるスポーツ種目であるのはもしかしたらデンマークだ．日本じゃない． 11) Det er både kost og motion, der er vigtige for helbredet, 健康にとって大切なのは食事と運動の両方だ． 12) Det er hverken for min eller lægens skyld, du skal motionere. Det er for din egen skyld, du skal gøre det. あなたが運動しなくてはいけないのは私のためでも，医師のためでもない．そうするのはあなた自身のためだ．
Grammatik 19B: 1) Disse piller har kirurgen jo sagt(,) du ikke må sluge før operationen, これらの錠剤は，外科医はあなたが手術の前に飲んではいけないといったでしょ． 2) Sådan noget kunne Marianne nu ikke forestille sig(,) træneren ville sige, そのようなことは，マリアネはトレーナーがいうだろうとは想像できなかったのですよ． 3) Forebyggelse hævder diætisten(,) er bedre end helbredelse, 予防は，栄養士は治療に優ると主張する． 4) Sin kittel kan sygeplejersken vist ikke huske(,) hvor hun har lagt, 自分の白衣は，その看護師はどこに置いたかどうやら思い出すことができないようだ． 5) Alternativ behandling mener underviseren(,) at kan være en god idé for nogle, 代替治療は，その教師は何人かの人たちにとって良い考えかもしれないと考えている． 6) Den tennispartner kan du da vist ikke vide(,) om du får igen, あのテニスの相棒は，あなたは再び得るかどうかどうやら知り得ないでしょ． 7) Frikadeller ved Linus næppe(,) hvordan man laver フリカデレは，リーヌスはどうやって作るのかまず知らない．
Grammatik 19C: 1) William og Gitte er irriterede over de mange kulørte reklamer, der hver dag kommer med posten. ヴィリアムとギデは毎日郵便でやって来るたくさんの派手な色の広告にいらいらしている． 2) Når Rie møder Linus, bliver hun altid imponeret over hans dansk. りえがリーヌスに会う時，彼女はいつも彼のデンマーク語に感心する． 3) Yrsa og Buller blev overraskede, da de hørte de spændende nyheder. ユアサとブラはそれらのわくわくするニュースを聞いた時，驚いた． 4) Gittes kolleger var frustrerede over, at de, der ellers som regel var tilfredse, tit skulle arbejde over. ギデの同僚たちは，自分たちが，ふつうはたいてい満足しているのであるが，しばしば残業しなくてはならないことに欲求不満を感じていた． 5) Yrsa var vild med sin stribede kjole. ユアサは自分のストライプのワンピースがむちゃくちゃ気に入っていた． 6) Prikkede sokker har Buller ofte sagt, at han ønsker sig. ドット柄のソックスは，ブラはしばしばほしいといっていた． 7) "Det var en ternet nederdel, jeg købte," sagde den lille lidt generte Gertrud. 「私が買ったのはチェック柄のスカートだった．」と小さな少し恥ずかしがり屋のゲアトルズはいった．

Lytteøvelse 19:
Ulla:　Hej Jytte. Du ser godt ud!
Jytte:　Tak Ulla. I lige måde.
Ulla:　Har du ikke tabt dig?
Jytte:　Jo, jeg har tabt mig seks kilo.
Ulla:　Det var flot. Hvordan har du gjort det?
Jytte:　Jo altså, jeg er begyndt at spille håndbold. Og så spiser jeg anderledes.
Ulla:　Hvad spiser du nu?
Jytte:　Jeg spiser flere grøntsager og mindre chokolade.

和文デンマーク語訳
1) Det er Linus, der ikke kan lide ål. 2) Det er hende, der keder sig på sprogskolen. 3) Det var i 1997, (at) William mødte / så Gitte på en café / cafe i Århus. 4) Det synes jeg(,) er en god idé. 5) Det synes / tror jeg ikke(,) (at) han har gjort. 6) Ved det næste lyskryds synes / tror jeg(,) (at) vi skal dreje til højre.

Lektion 20
テキストの日本語訳
第 20 課：祝祭日

　ギデは元気になりました．そしてそれは良いことです，というのはクリスマスが近づいているからです．聖霊降臨節，復活祭そして新年と並んで，クリスマスはほとんどのデンマーク人にとって最も重要な祝祭日です．しかしながら，たとえばイスラム系のデンマーク人たちにはまったく別の伝統があります．そして休みがあるときに旅に出ることを選択するデンマーク人もいます．しかしラスムスン一家は毎年クリスマスを祝います．そして今年はりえもリーヌスも招待されています．大人たちにとっては食事がクリスマスの最も重要な部分であることがしばしばですが，子どもたちにとって重要なのはすべてのプレゼントです．今日はギデとユアサはブラへのクリスマスプレゼントを買うためにおもちゃ屋に入って行きました．

店員：　何かお手伝いいたしましょうか？
ギデ：　はい，お願いします．何かおもちゃを見たいのですが．
店員：　かしこまりました．男の子にですか，女の子にですか？
ギデ：　男の子にです．彼は7歳です．
店員：　お値段はどのくらいまででしょうか？
ギデ：　あまり高すぎなければ良いのですが．
ユアサ：そうね．それに長い間使える物がいいわね．
店員：　それではゲームを贈られるとよろしいかと．こちらに豊富な品ぞろえを用意しております．
ギデ：　少し見てもよろしいですか？
店員：　もちろんです．
ギデ：　あなたはどう思う，ユアサ？彼にゲームをあげるのがいいかな？
ユアサ：いいと思う，でもそれならコンピュータゲームをあげた方がいいわ．

練習問題解答
Udtale 20: 日本語には[f]音はないので，デンマーク語の[f]を[h]と発音しないように気をつけよう．
Grammatik 20A: A: Goddag, frue. Hvad skulle det være? 今日は，奥さん．何にいたしましょう？ B: Undskyld, jeg kunne / kan ikke høre Dem. Vil De gentage? すみません，おっしゃっていることが聞こえないのですが．もう一度言っていただけますか？ A: Kan jeg hjælpe? 何にいたしましょうか？[＝お手伝いできますか？] B: Det kan De! Jeg tør / vil / kan ikke længere køre med min mand, så jeg vil gerne se på en cykel. そうですね．私は夫の運転する車にこれ以上（こわくて）乗れないのです／乗りたくないのです／（事情があって）乗れないのです，ですから自転車を見たいのです． A: Hvad farve kunne De tænke Dem? 何色がよろしいでしょうか？ B: Jeg kunne godt tænke mig en blå cykel. Og så skal den være hurtig! 青い自転車がほしいのですが．それに速いのではなくてはなりません． A: I Deres alder bør / skal / må man ikke cykle for hurtigt, frue. Hvad må den koste? お客様のご年齢では自転車の運転が 速すぎるべきではありません／速すぎてはいけません／速すぎてはいけません，奥さん．ご予算はどのくらいでしょうか？[＝お値段はいくらしてもよろしいのでしょうか？] B: Min mand skal / vil betale, så den må gerne være dyr. 夫が支払います，ですから高くてもかまいません． A: De kan jo se Dem lidt omkring. De behøver / skal ikke beslutte Dem nu. すこしご覧になってください．今，決めなくてもけっこうです． B: Det vil jeg gøre. Tak skal De have. そうします．ありがとう． A: Det var så lidt. Skulle det være en anden gang. どういたしまして．また，どうぞ．
Grammatik 20B: Det ville være godt, hvis du kom/Hvis du kom, ville det være godt, 君が来たら良いのですが．1) Vi kunne måske spise middag sammen, hvis du ikke skulle arbejde over/Hvis du ikke skulle arbejde over, kunne vi måske spise middag sammen, 私たちは，もしあなたが残業をしなくていいならば，ディナーを一緒に食べることができるのですが．2) Jeg ville rejse til Seychellerne, hvis jeg havde fri/Hvis jeg havde fri, ville jeg rejse til Seychellerne, 私はもし休みならばセイシェル諸島に行くのですが．3) Det ville være dejligt, hvis det kunne lade sig gøre/Hvis det kunne lade sig gøre, ville det være dejligt, それが可能ならばすばらしいのですが．4) Liselotte ville tabe sig, hvis hun dyrkede mere sport/Hvis Liselotte dyrkede mere sport, ville hun tabe sig, リーセロデはもっとスポーツをすればやせるでしょう．5) Vi ville fejre hanami, før du skulle på arbejde, hvis det ikke regnede/Hvis det ikke regnede, ville vi fejre hanami, før du skulle på arbejde, 私たちは，もし雨が降らなければ，あなたが仕事に行く前に，花見をするのですが．

Lytteøvelse 20A:
  Ekspedient: Kan jeg hjælpe?
  Rie: Ja, tak. Jeg kunne godt tænke mig at købe en skjorte til min danske værtsfar.
  Ekspedient: Javel. Er der nogen bestemte farver, han godt kan lide?
  Rie: Ja, han kan bedst lide blå.
  Ekspedient: OK. Her er der en blå skjorte med striber og en anden med tern.
  Rie: Jeg tror, den stribede vil klæde ham godt. Hvor meget koster den?
  Ekspedient: Den koster 225 kr. Den skal pakkes ind, ikke?
  Rie: Jo, meget gerne, tak.

Lytteøvelse 20B:
  Ekspedient: Kan jeg hjælpe?
  Rie: Ja, tak. Jeg kunne godt tænke mig at købe en bog til min danske værtsmor.
  Ekspedient: Det lyder som en god idé. Hvad slags genre skal det være?
  Rie: Hun elsker at læse krimier. Men jeg vil hellere give hende en bog af en japansk forfatter.
  Ekspedient: For eksempel?
  Rie: Har I måske nogle bøger af Haruki Murakami?
  Ekspedient: Ja, det har vi. Hans sidste store romaner har vi her.
  Rie: Jeg kan bedst lide "Kafka på stranden." Har I også den?
  Ekspedient: Nej, ikke lige nu på vores hylder. Men vi kan bestille den til dig.
  Rie: Hvor mange dage tror du(,) det tager?
  Ekspedient: Det tager nok en uges tid. Er det OK?
  Rie: Ja, det er i orden. Skal jeg betale nu?
  Ekspedient: Nej, du betaler bare, når du henter bogen. Må jeg få dit navn og telefonnummer?

> 1) Nej, det skal hun ikke. Hun skal købe en bog.
> 2) Jo, det har han.
> 3) Nej, det har han ikke. Men han kan bestille.
> 4) Den kommer om en uges tid.
> 5) Når hun henter bogen.

和文デンマーク語訳
1) Både Yrsa og Buller er begejstrede for at fejre jul. 2) Bordet er bestilt. 3) Det ville være fint/godt, hvis han ikke kom for sent. 4) Jeg kunne godt tænke mig at besøge mine danske venner i sommerferien. 5) Bogen er læst meget i Tyskland.

Lektion 21
テキストの日本語訳
第21課：クリスマスイブ

デンマーク人はクリスマスを12月24日の晩に祝います．若干の人は午後に教会に行きますが，ほとんどの人は家にいて，そこで食事の準備をし，クリスマスツリーを飾りつけます．

ギデ：　誰が食事を作ることにする？
ユアサ：お父さんに食事を作らせるわ．
ギデ：　でも彼はどこ？ りえに彼を連れてこさせない？
ユアサ：ええ，少ししたらね．
ギデ：　もうすぐ始めなくちゃ．誰がツリーを飾る？
ユアサ：とにかくブラはやめてね．
ギデ：　どうしていけないの？
ユアサ：もしツリーをブラに飾らせたら，そうしたら彼はプレゼントを全部開けちゃうわ．
ギデ：　それじゃブラに代わりにテーブルセッティングをさせましょう．でもそうしたらあなたにツリーの飾りつけをさせてもいい（飾り付けをお願いできる）？
ユアサ：うん，もちろん．りえに手伝わせてもいい？（手伝ってもらってもいい？）
ギデ：　ご自由に．

この晩には彼らはガチョウとローストポークの両方を食べました．これに添えて彼らはジャガイモ，白いの（普通にゆでたもの）とブラウンの（キャラメルとゆでたジャガイモを絡めたもの）両方と，そしてムラサキキャベツを食べました．ほんとうに美味しかったです！彼らはリスアラマングでしめくくりましたが，ほとんど全員が満腹でした．食事の後で彼らは輪になってツリーの周りを回りながら踊って，2, 3の讃美歌を歌いました．最後に彼らはプレゼントを開けました．そしてキャンディー類，ナッツ，チョコレートで残りの晩を楽しく過ごしました．

練習問題解答

Udtale 21: [日本語訳] 3人の日本人の大学生が言語を学ぶためにスイスに赴いた．スイスの公用語はドイツ語，イタリア語，フランス語，レトロマンであるが，3人の日本人大学生は主にドイツ語テキストを勉強した．勤勉な最初の1人はレトロマンも少し，イタリア語も少し勉強した．それよりも少し勤勉でない2番目はフランス語も少し勉強した．最も勤勉でない3番目はできればいっさい勉強しようとしなかった．アルプス山脈近くでの3番目の学期の後，彼らはすぐさま日本に戻った．

Grammatik 21A: 1) Hun lader medarbejderne arbejde over/Hun får medarbejderne til at arbejde over, 2) Chefen lod medarbejderne arbejde over/Chefen fik medarbejderne til at arbejde over, 3) Henriette har ladet medarbejderne arbejde over/Henriette har fået medarbejderne til at arbejde over, 4) I havde ladet medarbejderne arbejde over/I havde fået medarbejderne til at arbejde over, 5) De lod deres teenagersøn bære affaldet ud/De fik deres teenagersøn til at bære affaldet ud, 6) Pædagogerne lader børnene blive ude/Pædagogerne får børnene til at blive ude, 7) Han har ladet børnene blive ude/Han har fået børnene til at blive ude, 8) Den trætte Yrsa lod mor bytte nogle af gaverne/Den trætte Yrsa fik mor til at bytte nogle af gaverne, 9) Familien, der ikke havde nogen ovn, lod bageren stege gåsen/Familien, der ikke havde nogen ovn, fik bageren til at stege gåsen, 10) Gitte lader også William tage opvasken/Gitte får også William til at tage opvasken/ Gitte får William til også at tage opvasken

Grammatik 21B: 1) Gider du lave dine lektier? あなたの宿題をやってもらえますか？/ Kunne jeg få dig til at lave dine lektier? 私はあなたにあなたの宿題をさせることができますか？/ Var det sådan, at du gad lave dine lektier? あなたの宿題をやっていただけますか？ 2) Gider du komme til tiden? 時間までに来てもらえますか？/ Kunne jeg få dig til at komme til tiden?/ Var det sådan, at du gad komme til tiden? 3) Gider hun komme med til brylluppet? 彼女は結婚式に参列してもらえるだろうか？/ Kunne vi få hende til at komme med til brylluppet?/ Var det sådan, at hun gad komme med til brylluppet? 4) Gider du lukke vinduet? 窓を閉めてもらえますか？/ Kunne jeg få dig til at lukke vinduet?/ Var det sådan, at du gad lukke vinduet? 5) Gider du også godt tænde for varmen? 暖房もつけてもらえますか？/ Kunne jeg også godt få dig til at tænde for varmen?/ Var det sådan, at du også godt gad tænde for varmen? 6) Gider I snart besøge os? あなたたちはもうすぐ私たちを訪ねてもらえますか？/ Kunne vi snart få jer til at besøge os?/ Var det sådan, at I snart gad besøge os? 7) Gider I skynde jer hjem? あなたたちは家に急いでもらえますか？/ Kunne jeg få jer til at skynde jer hjem?/ Var det sådan, at I gad skynde jer hjem? 8) Gider I rejse jer for dronningen, når hun kommer? あなたたちは，女王様がおいでになったら彼女のために起立してもらえますか？/ Kunne jeg få jer til at rejse jer for dronningen, når hun kommer?/ Var det sådan, at I gad rejse jer for dronningen, når hun kommer? 9) Gider du tale høfligt både til yngre og ældre? 若者たちと高齢者たちの両方に礼儀正しく話しかけてもらえますか？/ Kunne vi få dig til at tale høfligt både til yngre og ældre?/ Var det sådan, at du gad tale høfligt både til yngre og ældre? 10) Gider du også bukke for kejseren? 皇帝にもおじぎをしてもらえますか？/ Kunne vi også få dig til at bukke for kejseren?/ Var det sådan, at du også gad bukke for kejseren?

Lytteøvelse 21A: 1) aftenen, 2) eftermiddagen, 3) juletræet, 4) stedet, 5) forberede, 6) mætte

Lytteøvelse 21B

Dejlig er jorden!// Prægtig er Guds Himmel!// Skøn er sjælenes pilgrimsgang!// Gennem de favre // riger på jorden // går vi til Paradis med sang.

和文デンマーク語訳

1) Har du sovet godt? 2) De arbejder hurtigt. 3) I går var det en rigtig dårlig dag. 4) Gitte får sine børn til at hente nogle blomsterkrukker. 5) Rie lader Buller vise vej. 6) Jeg kan ikke få skrevet et brev til mine forældre, fordi jeg er træt.

Lektion 22
テキストの日本語訳

第22課：大晦日

クリスマスイブのちょうど1週間後，つまり12月31日に，デンマーク人は新年を祝います．新年の前夜（大晦日の晩）はふつう18時少し前に始まります．というのは18時にデンマークの女王，マグレーデ女王が全国民に向けてスピーチをなさるからです．マグレーデ女王は過ぎ去りし年と来る年について話されます．彼女のスピーチの後でディナーを始めることができます．かつては大勢の人たちがタラをこの晩に食べていましたが，今日では状況は異なっています．人々は食べたいものを食べます．そして大勢の人たちが肉料理の方をほしがります．

ヴィリアム：大晦日の晩は何を食べようか？
ギデ：　　　タラを作ることができるわよね．
ヴィリアム：でも君はタラが好きじゃないだろ？
ギデ：　　　いいえ，好きですよ．時々はね．
ヴィリアム：子どもたちは好きじゃないと思うよ．
ギデ：　　　それじゃ，別のものを考えた方がよさそうね．
ヴィリアム：いくつか提案があるかな，りえ？
りえ：　　　はい，もちろんあります．日本食を作ることができるじゃない！
ギデ：　　　まぁ，それはいい考えだわ．あなたは（日本食を作るのが）得意なの？
りえ：　　　お母さんの方が上手ですけど，私だって少なくとも寿司と2・3の別のものぐらいは作ることができますよ．
ギデ：　　　素晴らしい．りえが司令塔，私たちはお手伝い．

この大晦日の晩には彼らは全員日本食を食べます．ついに彼らはりえが日本から持ってきた箸が必要になります．晩もまだ遅くならない内にもう人々は花火を打ち上げ始めます．そして夜中じゅう続ける人もいます．ちょうど深夜0時に人々はシャンパンで乾杯をして，互いに「あけましておめでとう」といいます．

練習問題解答
Udtale 22: p[ø]nte, beg[ø]ndt, r[ö]dkål, n[ø]dder, g[ɔ]r, S[ø]l[ø]vevej, R[ö]dovre, [y]rsa, n[y]tår, s[y]mptomer, s[ö]ndag, s[y]g, s[ø]de, r[ö]de, sk[ø]nde sig, k[ø]d, men[y]kort, sm[ɔ]rrebr[ö]d, s[ö]vnig, k[ø]kken, sk[ö]nt, rejseb[y]reau

Grammatik 22A: 1) Otte personer var til stede ved mødet . 8名が会議に出席していた．2) Indianerne er et folk , der er truet. インディアンは脅威にさらされている民族である．3) Mange mennesker bryder sig ikke om torsk. 大勢の人が鱈を好きでない．4) Der er ikke så mange forskelle på mennesker og dyr, som man måske tror. もしかしたら思うかもしれないけれど，それほどには，人間と動物の違いは多くない．5) Folk på gaden ser sjældent, hvor de går. 通りを歩いている人々は，自分がどこを歩いているのか，めったに見ない．6) Der sad seks personer i en bil, hvor der kun var plads til fire personer. 4名が座る場所しかない自動車に6名が座っていた．7) Folk bliver ofte lidt jaloux på meget rige mennesker. 人々はとてもお金持ちの人たちにしばしば少し嫉妬する．8) To personer sad på en bænk og iagttog de folk, der gik forbi. 2人の人がベンチに座り，通り過ぎる人々を観察していた．9) Høje mennesker, har en bedre udsigt, men de slår ofte hovedet. 背の高い人たちはより良い見晴らしがあるが，しばしば頭をぶつける．10) Nogle mennesker kalder "indfødte" for "primitive folk". 何人かの人たちが「現地人たち」を「原始的な民族」と呼ぶ．

Grammatik 22B: Baronesse Karen Blixen var en dansk forfatter, der/som* skrev under flere navne, som man kalder pseudonymer. Hun blev født på Rungstedlund og døde det samme sted. Hun betragtede sig selv som storyteller og har sammenlignet sig med Scheherazade. Hendes fortællinger og eventyr følger storytelling-traditionen, og de fleste foregår i 1800-tallet eller tidligere. Sine bøger skrev hun på enten dansk eller engelsk. Fra 1914 til 1931 boede hun og hendes mand, Bror Blixen, i Østafrika. Den første bog, hun skrev, hed Syv Fantastiske Fortællinger (1934). Den anden og mest kendte bog, Den afrikanske Farm, udkom i 1937, og dens succes gjorde hende hurtigt berømt. Under sin tur til USA i 1959 mødtes hun bl.a. med Arthur Miller, der/som* også var forfatter, og som i øvrigt var gift med Marilyn Monroe, som hun også mødte. Efter sin død blev hun en myte, og man mener, hun er blandt Danmarks allerbedste forfattere.[*: 関係代名詞が関係節中の主語の時にも som は使えるが，som は動詞の目的語や前置詞の目的語の時にも使うので，som ばかりが続いて文体が単調にならないように，関係節中の主語には der を使う方が好ましいことが多いことに注意する必要がある．] 男爵夫人カーアン・ブリクスンはペンネームと呼ばれる複数の名前で執筆したデンマーク人作家だった．彼女はロングステズロンで生まれ，同じ地で没した．彼女は自分自身を storyteller と見なし，自分をシェヘラザードと比べた．彼女の物語とメルヘンは storytelling の伝統に従っており，そのほとんどは1800年代あるいはそれ以前の出来事である．自分の本を彼女はデンマーク語あるいは英語で執筆した．1914年から1931年まで彼女と彼女の夫のブロア・ブリクスンは東アフリカに居住した．彼女が書いた最初の本は『七つの空想物語』（1934）というタイトルだった．2番目の，最も知られている本『アフリカの農場』は1937年に出版された．そしてその本の成功で彼女はすぐに名前を知られるようになった．1959年の彼女のアメリカ合衆国旅行で彼女は例えばArthur Millerに会った．彼もまた作家であり，おまけに Marilyn Monroeと結婚しており，彼女（カーアン・ブリクスン）は Marilyn Monroe とも会った．彼女の死後，彼女は伝説となった．そして，彼女はデンマークで最も優れた作家のひとりであるといわれている．

Lytteøvelse 22A: 1) fejr, 2) begynde, 3) dronningen, 4) folket, 5) mennesket, 6) heller
Lytteøvelse 22B:
　Vær velkommen, Herrens år, // og velkommen herhid! // Sandheds Gud! lad dit hellige ord // oplive, oplyse det høje Nord! // Velkommen, nytår, og velkommen her!

和文デンマーク語訳

1) William og Gitte kommer til festen i morgen, ikke? – Nej, de er da på ferie. 2) Jeg har lyst til at tage til stranden. – Det er også dejligt vejr. 3) Jeg har ikke lyst til at se den amerikanske film. – Den er ellers spændende / god. 4) Det bliver nok regnvejr i eftermiddag. – Det sagde vejrudsigten også. I morges skinnede solen jo så dejligt. 5) Hvor tit / ofte sner det i Danmark? – Det sner nu ikke så tit / ofte.

Lektion 23
テキストの日本語訳

第 23 課：新年の誓い

大晦日の後の数日間，大勢の人々が新年の誓いについて話します．新年の誓いとは，自分自身にする約束のことです．自分自身に対する約束を守ることは，難しいこともあります，それでその約束を破ってしまうことも多々あります．

りえ
新しい年には私は日本に帰ることになっているわよね．日本ではデンマークですることができなかったことを全部しようと思うの．例えば，望んでいたほどにはたくさんの日本食を食べることができなかった，だから帰国したらそうしよう．おまけに，ここにいた間，日本語の本をいっさい読まなかった，だから日本ではたくさん読むの．

ブラ
新しい年には何もしないぞ！とにかく宿題をしない．とはいったけれど，もしかしたら僕は自転車は直すかもしれない．自転車がパンクしていたので，僕は長い間自転車に乗ることができなかった．それはちょっと残念だし．

ギデ
新しい年にはもっとスポーツをやるわ．私は長い間テニスをやりたかったけど，代わりに子どもの面倒をみなくてはいけないことがたびたびあったの．ついにパートナーを見つける時よ．

ヴィリアム
この数年間，私には新年の誓いがなかった．でも今年はある．新しい年には，私は職場で問題が起こらないようにしたい．私たちはこのところ長時間にわたってたくさん働かなくてはならなかった．そのことに私は本当のところ少しウンザリしているんだ．

練習問題解答
Udtale 23: [l] と [ð] が異なる音であることに注意しよう．u[ð]va[l], ta[l]er, bry[ð]er, ti[ð], ti[l], he[ð]er, ma[ð], be[ð]re, sa[l]mer, omsi[ð]er, me[ð], skå[l]er, rø[ð]kå[l], ju[l]en, gravi[ð], g[l]a[ð], anbefa[l]e[ð], e[l]ers, b[l]a[ð]e, bi[l]e[ð]er, ka[l]der, Fre[ð]erik, a[l]e, i[l]e[ð], hove[ð], tre[ð]je, ø[l]
Grammatik 23A: 1) har, villet, har, haft, 2) har, sove, har, skullet, 3) måttet, ryge, ville, må, 4) villet, komme, har, skullet, 5) har/havde, blive, nå, blive
Grammatik 23B: 1) Han lover hende, han tager hende med i biografen! 彼は彼女に，彼が彼女を映画館に連れて行くと約束する．/Han lovede hende, han ville tage hende med i biografen, men … 彼は彼女に，彼が彼女を映画館に連れて行くと約束したが，… /Hun kan regne med, han tager hende med i biografen! 彼女は，彼が彼女を映画館に連れて行くものと当てにして良い． 2) Dorte lover sin datter, hun giver hende en ny cykel til hendes fødselsdag! ドーテは自分の娘に，彼女が彼女の彼女の誕生日に新しい自転車をあげると約束する．/Dorte lovede sin datter, hun ville give hende en ny cykel til hendes fødselsdag, men … /Datteren kan regne med, Dorte giver hende en ny cykel til hendes fødselsdag! 3) Præsten lover konfirmanderne, han konfirmerer dem, når han får tid! 牧師は堅信礼を受ける人たちに，時間ができたら，彼らに堅信礼を行なうと約束する．/Præsten lovede konfirmanderne, han ville konfirmere dem, når han fik tid, men … / Konfirmanderne kan regne med, præsten konfirmerer dem, når han får tid! 4) Jeg lover dig, jeg gifter mig med dig hurtigst muligt! 私はあなたに，私があなたとできるだけ早くに結婚すると約束する．/Jeg lovede dig, jeg ville gifte mig med dig hurtigst muligt, men … /Du kan regne med, jeg gifter mig med dig hurtigst muligt! 5) Anders And lover sine nevøer, han overrasker dem lidt senere! ドナルド・ダックは自分の甥たちに，彼が彼らを少し後で驚かせると約束する．/Anders And lovede sine nevøer, han ville overraske dem lidt senere, men … /Nevøerne kan regne med, Anders And overrasker dem lidt senere!
Grammatik 23C: 1) Han vil advare hende om, frikvarteret bliver kort 彼は彼女に，休み時間が短くなると警告するつもりだ．/Han er bange for, frikvarteret bliver kort 彼は休み時間が短くなるのではないかと思う（恐れる）．/Hun kan godt

risikere, frikvarteret bliver kort 彼女は休み時間が短くなるという事態を招きかねない．/Der er risiko for, frikvarteret bliver kort, 休み時間が短くなる恐れがある．2) De vil advare jer om, de vinder 彼らはあなたたちに，彼らが勝つと警告するつもりだ．/De er bange for, de vinder/I kan godt risikere, de vinder/Der er risiko for, de vinder, 3) Du vil advare mig om, testen er svær あなたは私に，テストは難しいと警告するつもりだ．/Du er bange for, testen er svær/Jeg kan godt risikere, testen er svær/Der er risiko for, testen er svær, 4) Vi vil advare ham om, han ikke må parkere dér 私たちは彼に，彼があそこに駐車してはいけないと警告するつもりだ．/Vi er bange for, han ikke må parkere dér/Han kan godt risikere, han ikke må parkere dér/Der er risiko for, han ikke må parkere dér, 5) Hun vil advare dig om, du også er punkteret 彼女はあなたに，あなたもパンクしていると警告するつもりだ．/Hun er bange for, du også er punkteret/Du kan godt risikere, du også er punkteret/Der er risiko for, du også er punkteret

Lytteøvelse 23A: 1) nye, 2) gjorde, 3) trætte, 4) dagen, 5) været, 6) villet
Lytteøvelse 23B:
Rie: Yrsa, hvad er dit nytårsforsæt?
Yrsa: Jeg vil gerne begynde at gå til klaver. Det har jeg længe ønsket mig at gøre.
Rie: Det lyder fint. Skal du så have dine forældre til at købe et klaver til dig?
Yrsa: Ja, men jeg ved ikke, om de gider. Vi har nok ikke råd til det.
Rie: Det kan I nok finde ud af. Har du andre nytårsforsætter?
Yrsa: Ja, jeg vil være dygtigere til matematik, end jeg var sidste år.
Rie: Det lyder også fint.

和文デンマーク語訳
1) Gitte har villet købe et sommerhus længe/i lang tid. / Gitte har længe/i lang tid villet købe et sommerhus. 2) William har måttet lave mad i denne uge, fordi Gitte har været syg. 3) Rie har ikke kunnet lave lektier i de sidste to dage, for hun har glemt sin ordbog på sprogskolen. 4) Han ved intet/ingenting om Japan. / Han ved ikke noget om Japan. 5) Hun har ingen danske film set. / Hun har ikke set nogen danske film. 6) Jeg vil intet fjernsyn have i min lejlighed. / Jeg vil ikke have noget fjernsyn i min lejlighed.

Lektion 24
テキストの日本語訳
第24課：また会いましょう！

　りえは今やデンマークに１年弱滞在して，もうすぐ日本に飛行機で戻る必要があります．ヴィリアムは彼女を車で空港まで送って行きました．

ヴィリアム：教えてくれないかな，りえ．本当は，デンマークのことをどう思う？
りえ：　　デンマークは安心できて素敵な国だと思います．でもここに来た時には，ここはものすごく寒いと思いました．
ヴィリアム：何を恋しくなると思う？
りえ：　　とにかくあなたたちと会えなくなって寂しくなります！京都に戻ったら毎日あなたたちのことを思うだろうな．
ヴィリアム：それでデンマーク人のことは，大体どんな風に思う？
りえ：　　ほとんどのデンマーク人は親切ですぐに助けてくれる人たちだと思います．でもほんとうにとても速くしゃべる！来た時にはほんとうに少ししかわかりませんでした．でも今では大体はわかるかな．
ヴィリアム：君はもう今では全部わかっていると思うけど．
りえ：　　ありがとう．でもそうでもないですよ．だけど自分でも，あなたたちの話すのが速すぎないときには，結構わかると思います．
ヴィリアム：君がまた別の時にもう一度来てくれるといいなぁ．
りえ：　　そうします．それとあなたたちもぜひ私を日本に訪ねに来てくださいね．本当に．
ヴィリアム：気を付けて帰るんだよ！
りえ：　　ありがとう．それではまた．

練習問題解答
Udtale 24: fly[w]e, [v]illiam, [v]ildt, sel[-], sa[w]ner, gi[-], h[v]ad, la[w]er, o[w]er, o[w]erbe[v]ise, [v]ente[v]ærelse, bi[v]irkning, ø[w]rig, behø[w]er, ha[-]e, far[v]el, kni[w]e, bli[-]er, S[v]erige, le[w]erpostej, sø[w]nig, tra[w]l, ha[-]de, allige[v]el, gi[-]er, la[w]
Grammatik 24A: 1) <u>Tror</u> du på Gud? Eller <u>synes/mener</u> du, religion er noget pjat? あなたは（キリスト教の）神様を信じて

いますか？あるいは，あなたは宗教は馬鹿げたことだと思いますか？ 2) Melissa troede, han sad og tænkte på sin gamle kæreste i Vietnam. ミリサは，彼がベトナムにいる昔の恋人のことを考えていると思った． 3) "En hyggelig eksamen"? Hvad mener du med det?「楽しい試験」？ 何がいいたいの？ 4) "Jobbet er dit, hvis du vil have det. Tænk over det!"「仕事は，もしあなたが望むなら，あなたのものです（＝お雇いします）．考えてみてください．」5) Dine kammerater troede måske, du syntes, festen var en dårlig idé. あなたの仲間たちは，あなたがそのパーティが良くない考えだと思っていたと，もしかして思っていたのだろうか． 6) "Jeg mener det, jeg siger, og jeg siger det, jeg mener."「私は，私が口にすることを本気で思っており，私が本気で思っていることを口にしている．」 7) Freja havde længe troet, at mange ikke syntes særlig godt om hende. フライアは，大勢の人が自分のことを特によく思っていないと，長い間思っていた． 8) "Klaus kunne ofte ikke sove. Jeg tror, han tænkte for meget over alting."「クラウスはしばしば眠ることができなかった．私は，彼がすべてのことを考えすぎていたのだと思う．」 9) Den dér film i går ... Hvad syntes du om den? Tror du, de laver en 2'er? 昨日のあの映画… あなたはあれをどう思った？ あなたは第２作目が作られると思いますか？ 10) Min kusine synes, maden er udmærket, men hun tror, hun bliver for tyk! Det har jeg ikke selv tænkt på. Jeg har altid ment, at man skal spise, hvad man synes, er godt. 私の従姉はその食事はすばらしいと思うが，彼女は自分が太りすぎると思う．それは私自身は考えなかった．私は，良いと思うものを食べるべきだと，いつも思ってきた．

Grammatik 24B: 1) Da Obama var barn, cyklede han sommetider, når han skulle i skole, men ikke, hvis/når det regnede, og slet ikke, hvis/når det også tordnede. オバマは子どもの時，学校に行く時には時々自転車に乗ったが，雨が降ると／雨が降った時には乗らなかった．そして雷も鳴ると／雷も鳴った時には，まったく乗らなかった． 2) Ditte vidste ikke, om Kristine og Jeppe også kom til festen, for de blev indimellem ikke inviteret. ディデは，クリスティーネとイェベもパーティに来るかどうか知らなかった．というのは，彼らは時々招待されなかったからである． 3) "Da/siden/hvis/når du altid skal brokke dig over noget, gider jeg hverken med dig eller din bror på skovtur."「あなたがいつも何かに文句をいうので／もし…いうのなら，私はあなたとも，あなたのお兄さんとも森の散歩に行く気がしない．」 4) "Hvis maden er god, og hvis betjeningen også er god, så vil jeg gerne med på den restaurant."「もし食事が良くて，そしてもしサービスも良いのならば，それならば私はそのレストランに一緒に行きます．」 5) "Jeg håber, at du kommer, og du ved, hvor jeg bor."「私は，あなたが来ることを望みます．そして，あなたは，私がどこに住んでいるのか知っている．」 6) Annelise vidste godt, hvordan man lavede risalamande, men hun foretrak faktisk risengrød. アネリーセは，どのようにリスアラマングを作るのか知っていたが，彼女は実際は米のミルク粥の方を好んだ． 7) Selv om/selvom Madsen var træt, og selvom han egentlig ikke havde lyst, så arbejdede han alligevel over den aften, så han ikke kom bagud. マスンは疲れていて，実際はしたくなかったのだが，それでも彼は遅れをとらないように，その晩，残業をした． 8) At han ingen penge har, interesserer hverken mig eller hende. 彼に一銭もないことには私も彼女も関心がない． 9) Både Jakob og Bettina, men ikke Bettinas søster, tog op til gården i Sverige den weekend, hvor Jakobs mor skulle begraves. De havde ikke været der, siden Jakobs far døde, efter han var faldet ned fra et tag. ヤコプとビティーナの両方，でもビティーナの妹は違うが，はヤコプのお母さんが埋葬される週末にスウェーデンの農場に行った．彼らは，ヤコプのお父さんが屋根の上から落ちた後，亡くなって以来，そこに行っていなかった． 10) Før/inden du går ind, skal du tage skoene af, da tæppet ellers bliver beskidt. あなたは中に入る前に／までに，カーペットがそうしないと汚れるので，靴を脱がないといけない．

Lytteøvelse 24: Rie synes, Danmark er et trygt og dejligt land. Hun synes også, det har været rigtig hyggeligt og sjovt at bo i Danmark. Hun har fået mange danske venner og andre udenlandske venner. De mennesker, hun har mødt på sit ophold, vil hun aldrig glemme. Nu skal hun hjem til Japan. Hun er allerede begyndt at savne Danmark, men alligevel glæder hun sig til at komme hjem til sine forældre.

和文デンマーク語訳
1) Jeg kan (godt) lide at tænke på noget dejligt. 2) Tror I, (at) hun er omkring/cirka tredive? 3) Der er mange, der mener, (at) Danmark er et trygt land. 4) Jeg tror ikke, (at) han er kineser. 5) Jeg synes ikke, (at) den grønne bil er gammel.

Lektion 25
テキストの日本語訳
第25課：願いと驚き

りえは日本に戻って行きました．そのことは彼ら全員が少し残念に思っています，特にブラが．彼は彼女がいなくてしばしば寂しく思っています．

ブラ： 日本にりえを訪ねることができたらなあ．
ギデ： ええ，そうだったら最高ね．でもそんなに遠くまで行くのは高くつくのよ．
ブラ： それじゃ，僕たちにもっとお金があればいいのに，と願うよ．

ギデ：	それはまぁわたしたち全員が願っているわよ．
ブラ：	車を売ることさえできれば，そうすればお金が十分あるんだけどなあ．
ギデ：	それを売るのは良くない考えじゃないかしら？
ブラ：	そうでもないでしょ．どうして？
ギデ：	お父さんが使うからよ．
ブラ：	お父さんはどこ？
ギデ：	さぁどこかしらね．
ブラ：	いなくなっちゃったのかなあ？
ギデ：	いいえ，あそこに来ているでしょ．
ブラ：	車で来ているの？
ギデ：	いいえ，歩いて来ているわよ．
ブラ：	お父さん，車を売ってくれたらいいのに，と思うんだけど．
ヴィリアム：	それは一体なんで？
ブラ：	もし日本にりえを訪ねることができたらと，考えてみてよ！
ヴィリアム：	あのねぇ，それができるんだよ．チケットを買ったんだ．
ギデ：	何のチケット？
ヴィリアム：	日本行きの．4月に行くぞ．
ブラ：	明日行けたらなあ．

練習問題解答
Udtale 25: p[i]ge, h[e]dde, l[æ]ge, d[å]me, m[a]nd, b[α]rn, [a]pr[i]l, c[i]rk[a], [å]r, v[α]rmere, [æ]nd, d[e]t, [e]kke, v[α]rmt, w[i]k[æ]nden, s[e]dder, m[α]nge, j[a]p[å]nere, sp[i]ser, d[a]nske, d[i], m[α]get, d[α]r, d[α]m, v[α]gne, t[æ]mpler, tr[å], st[e]n, m[æ]nnesker, m[e]re, b[α]re, hv[a]d, J[å]p[a]n, h[α]r, t[å]get, [å]f(med tryk), [a]f(uden tryk), fl[e]re, forsk[æ]lle

Grammatik 25A: 1) Jeg ville ønske, jeg kunne rejse i Afrika 私はアフリカを旅行することができれば良いと思うのですが．/Gid jeg kunne rejse i Afrika, 私がアフリカを旅行することができたらなあ． 2) Vi ville ønske, du kunne besøge os 私たちは，あなたが私たちを訪ねることができれば良いと思うのですが．/Gid du kunne besøge os, 3) Jeg ville ønske, jeg kunne få et større fjernsyn 私はもっと大きいテレビを入手できれば良いと思うのですが．/Gid jeg kunne få et større fjernsyn, 4) Jeg ville ønske, jeg ikke skulle lave lektier 私は宿題をする必要がないならば良いと思うのですが．/Gid jeg ikke skulle lave lektier, 5) Jeg ville ønske, I kunne tage bøgerne frem nu 私は，あなたたちがそれらの本を今取り出すことができれば良いと思うのですが．/Gid I kunne tage bøgerne frem nu, 6) Jeg ville ønske, jeg altid kunne sove længe om morgenen 私はいつも朝ゆっくりと寝ることができれば良いと思うのですが．/Gid jeg altid kunne sove længe om morgenen, 7) Vi ville ønske, vi ikke skulle lave testen 私たちは，テストをする必要がなければ良いと思うのですが．/ Gid vi ikke skulle lave testen, 8) Jeg ville ønske, jeg også havde et større klædeskab 私はもっと大きい衣装ダンスがあれば良いと思うのですが．/Gid jeg også havde et større klædeskab, 9) Jeg ville ønske, jeg kunne shoppe i et storcenter med en veninde på lørdag 私は今度の土曜日に女性の友達とショッピングセンターでショッピングができれば良いと思うのですが．/Gid jeg kunne shoppe i et storcenter med en veninde på lørdag, 10) Jeg ville ønske, vi kunne tage på stranden 私は，私たちがビーチに行くことができれば良いと思うのですが． /Gid vi kunne tage på stranden

Grammatik 25B: 1) Mon det regner i morgen? 明日，雨が降るだろうか？/Regner det mon i morgen?/Hvornår mon det regner? いつ雨が降るだろうか？/Gad vide, om det regner i morgen? 明日，雨が降るかどうか知りたいものだ．2) Mon vi også har noget til fælles? 私たちも何か共通のものを持っているのだろうか？/Har vi mon også noget til fælles?/Hvad mon vi også har til fælles?/Gad vide, om vi også har noget til fælles? 3) Mon man skal trykke på den røde knap i stedet? 代わりに赤いボタンを押せば良いのだろうか？/Skal man mon trykke på den røde knap i stedet?/ Hvor mon man skal trykke i stedet?/ Gad vide, om man skal trykke på den røde knap i stedet? 4) Mon det går godt for Heidi? ハイディの調子は良いのだろうか？/ Går det mon godt for Heidi?/Hvordan mon det går for Heidi?/Gad vide, om det går godt for Heidi? 5) Mon dine bedsteforældre kommer senere? あなたの祖父母は後で来るのだろうか？/ Kommer dine bedsteforældre mon senere? /Hvornår mon dine bedsteforældre kommer?/Gad vide, om dine bedsteforældre kommer senere.

Lytteøvelse 25:
Gitte:	Gid jeg ikke altid havde så travlt!
William:	Hvad er der i vejen? Er du stresset?
Gitte:	Jeg arbejdede indtil klokken elleve i går aftes. Allerede i morgen må jeg arbejde over igen!
William:	Hvorfor har I så travlt?
Gitte:	Fordi vi har en kollega, som er blevet syg. Hun har ikke været på arbejde i de sidste uger.
William:	Jamen, det kan vi så ikke gøre noget ved, vel?
Gitte:	Nej, men jeg håber, vi snart får en ny medarbejder.

和文デンマーク語訳
1) Yrsa kom syngende ind i (daglig) stuen. 2) William kommer cyklende, mens Gitte kommer kørende. 3) Hvis jeg havde mange penge, ville jeg ikke arbejde. 4) Bare/Gid jeg fik en ny cykel! / Jeg ville ønske, jeg fik en ny cykel. 5) Bare/Gid vi ikke havde travlt! / Jeg ville ønske, vi ikke havde travlt.

Lektion 26
テキストの日本語訳

第 26 課：比較

　4月には一家は，レズオウアから約 8,500 キロ離れている京都に到着します．京都はデンマークより暖かいですが，まだ暑すぎるということはありません．桜の花は開花していて，週末には大勢の日本人たちが木（樹冠）の下に座りお弁当を食べています．デンマークの桜の花と比べると，日本のはとても美しく，それにたくさんあります．実際いたるところに桜の木があります．お寺やお城は，教会とお城がデンマークで呈しているのとはずいぶんと異なる外見をしています．日本の寺院がしばしば木で建てられているのに対して，デンマークの教会はレンガで建てられています．その上，たくさんの人が日本にはいます，ほんとうにたくさんの人が．日本は単に（デンマークに比べて）約 9 倍の大きさしかないにもかかわらず，デンマークの（人口の）20 倍以上多くの人が日本に住んでいます．日本では箸を使って食事をします．一方デンマークではナイフとフォークを使って食事をします．魚に関しては，ギデは日本の魚の方が好みです．しかしパンといえば，彼女はデンマークのパンの方が好きです．それに対してブラは，デンマークと日本のどちらでもアイスが好きです．りえはもちろん一家を伝統的な日本食レストランに連れて行きました．デンマークとは対照的に，日本食レストランに入る前には，靴をぬぎます．レストランではテーブルで食事を分け合います．それはデンマークではしません．デンマークでは自分自身の皿が出され，誰かとそれを分け合うことはしません．デンマークと日本には似ている点よりも多くの異なる点があるでしょう．ですが一家は，最高の休暇でできたたくさんの新しい思い出を持って，デンマークへと戻ります．

練習問題解答

Udtale 26: gi'd, gid'er, bare, hvis blot, blå', rej'st, rejse, retu'r, kede a'f, ke'd a'f, Bull'er, tit, besø'ge, besø'ger, besøgt, dy'rt, dyre, lang't, alle samm'en, idé', fordi, far, ve'd, vil (uden tryk), mon, komm'er, jo, kø'r, kørende, gå', gående, sæl'g, solgte, har (uden tryk), ha'r (med tryk), apri'l

Grammatik 26A: 1) Der bor flere mennesker i Osaka end i Hiroshima, men der bor trods alt færre end i Tokyo. 大阪には広島より大勢の人が住んでいるが，結局は東京よりも少ない． 2) Der er mindre at lave for unge mennesker i små byer end i større byer. Derfor flytter flere og flere unge ind til byen, hvor der er lidt mere liv. Men kun få af dem bor der resten af deres liv. Mange flytter nemlig tilbage til provinsen efter nogle år. 若者たちにとって大都市よりも小都市の方がすることが少ない．それだからますます大勢の若者たちが，もう少し活気のある町へと移り住む．しかし彼らのうちの少数しか残りの人生をそこに住むものはいない．つまり，大勢が数年後に地方に引っ越して戻るのである． 3) "Jeg har faktisk ikke så mange penge, i hvert fald har du flere end mig, så må jeg ikke låne lidt?" 「私は実際のところそれほどたくさんのお金を持っていない．いずれにせよ，あなたは私よりも持っている．だから少し借りられないだろうか？」 4) De færreste er virkelig gode til at spille klaver, men de fleste har prøvet det engang, så alle ved lidt om klaverspil, selvom de måske ikke ved så meget. ピアノ演奏がほんとうに上手なのは最も少数の人たちであるが，ほとんどの人はそれをかつて試したことがある．だから皆がピアノ演奏について，たとえたくさん知っていないにしても，少し知っている． 5) "Det mest interessante ved skuespillet var de mange kostumer. Selve stykket var lidt kedeligt, synes jeg. Jeg savnede lidt mere drama." 「その劇の最も面白いところはたくさんのコスチュームだった．作品そのものは少しつまらなかった，と私は思う．私にはもう少しドラマがほしいように思えた．」6) For snart mange år siden havde Poulsen en meget charmerende forretning i Brolæggerstræde. Men efterhånden kom færre og færre kunder forbi, og det blev mere og mere vanskeligt for Poulsen at betale sine mange regninger. Gid lidt flere havde handlet lidt mere hos Poulsen! 間もなく長年前のことになるが，ポウルスンはブロレガストレーゼにとても魅力的な店を持っていた．しかし次第に客足がなくなっていき，ポウルスンにとって多数の請求書を支払うことがますます困難になっていった．もう少し大勢がもう少し頻繁にポウルスンのところで買い物をしていたならばなあ！

Grammatik 26B: 1) I Japan bor der flere end i Tyskland. 日本にはドイツよりも大勢の人が住んでいる． 2) I Danmark og i Norge bor der næsten lige mange. デンマークとノルウェーにはほとんど同じくらいの数の人が住んでいる． 3) Sverige er cirka ti gange større end Danmark. スウェーデンはデンマークよりおよそ 10 倍大きい． 4) Norge er faktisk lidt større end Japan , men der bor mere end 24 gange flere i Japan end i Norge. ノルウェーは実際のところ日本より少し大きいが，日本にはノルウェーよりも 24 倍を超える人が住んでいる． 5) Sammenlignet med Tyskland bor der flere i Japan, men færre i både Danmark, Norge og Sverige. ドイツと比べると，日本にはより多くの人が住んでいるが，デンマークとノルウェーとスウェーデンの両方には（ドイツより）少ない数の人が住んでいる． 6) Japan har både et større areal og en større befolkning end Tyskland. 日本はドイツよりもより大きい面積とより大きい人口の両方がある．　7) Det mindste land i Skandinavien er Danmark. スカンジナヴィアにおける最小の国はデンマークである．　8) I alt bor der 15 mio. mennesker i Danmark og Sverige. 全部で1500万人の人がデンマークとスウェーデンに住んでいる．

Lytteøvelse 26:
Buller:　Hvor har det været en lang flyvetur!
Gitte:　Ja, det må man nok sige! Men du har jo sovet en del.
Buller:　Ja, men jeg har også set en film og spillet computerspil. Har du slet ikke sovet?
Gitte:　Jo, lidt. Nu skal vi ses med Rie! Glæder du dig til det?
Buller:　Ja, jeg glæder mig vildt til at se hende igen!

Rie:　　 Velkommen til Japan! Det er dejligt at se jer igen!
William: I lige måde. Har du ventet på os længe?
Rie:　　 Nej, overhovedet ikke. Har I haft en god tur?
William: Ja tak. Men det har været en rigtig lang tur.
Rie:　　 Jeg håber, I ikke er alt for trætte efter turen.
William: Nej, vi er friske nok til at se Kyoto.

和文デンマーク語訳
1) Jeres hus er fem gange større end min lejlighed. / Jeres hus er fem gange så stort som min lejlighed.　2) Dit fjernsyn er dobbelt så dyrt som mit. / Dit fjernsyn er to gange dyrere end mit.　3) Hvad øl angik, foretrak William dansk øl, men Gitte foretrak japansk øl.　4) Rie lejer et værelse hos familien Rasmussen, mens hendes danske venner har deres egen lejlighed.　5) I modsætning til dig arbejder han hurtigt.

Lektion 27
テキストの日本語訳
第27課：ラスムスン一家からの手紙

2012年10月25日，レズオウアにて

親愛なるりえへ

　この前はどうもありがとう．ということで，僕たちは再びデンマークに戻ってきました．君も知っているように，長い旅でした．僕たちは東京からカストロプに直行することもできたのですが，それはとても値段が高かったのです．代わりに僕たちはヘルシンキ経由で飛行しました．ヘルシンキを見ておきたかったのです，つまりただ空港だけではなく，もっと見ておきたかったのですが，その時間は僕たちには残念ながらありませんでした．もし見ていたら，面白かったでしょうけれど．
　僕たちは全員いつかもう一度日本に行きたいと思っています．僕はもっと多くの日を京都で過ごすことができたと思うし，ブラとユアサはただただ君と一緒に日本に留まりたかったのです．僕たちはもしかしたら東京にも一足伸ばしておくべきだったかもしれませんが，それは次回にすることを約束しました．もしかしたらそこにある観光名所をいくつか勧めてもらえるかな？あるいは，君も一緒に来たって いい！
　君のご家族にお会いできたことは楽しかったです．どうか僕たちからよろしくとお伝えください．もしも，その気になるようなことがあれば，デンマークにいる僕たちを訪ねて来てくれることはもちろん大歓迎です．デンマークはふつう5月から9月にかけてが最も気持ちがいいけれど，もちろんいつでも歓迎します．

　またすぐに会えるといいですね！身体に気をつけて．

匆々
ギデ，ヴィリアム，ブラ，ユアサ

追伸．ユアサはそちらでもっとポストカードを買いたがっていました．僕たちに2, 3枚送ってもらえないだろうか？

練習問題解答
Udtale 27: 1) Rie giver en gave til Yrsa.　2) Hun giver en gave til hende.　3) Rie giver en gave til *hende*, ikke til *ham*.　4) Dronningen giver en gave til Frederik og Joachim.　5) Hun giver en gave til dem.　6) Dronningen giver en gave til *dem*, ikke til Felix.
Grammatik 27: 1) Vi kunne have besøgt Rie, men så besøgte vi Lene i stedet 私たちはりえを訪ねることができたが，代

わりにリーネを訪ねた. /Vi besøgte alligevel Lene, selvom vi kunne have besøgt Rie, 私たちは, りえを訪ねることができたにもかかわらず, それでもリーネを訪ねた. 2) Du skulle altså være blevet i Randers, men så kørte du til Horsens i stedet あなたはラナスに留まらなければいけなかったのに, あなたは代わりにホーセンスに行った. /Du kørte alligevel til Horsens, selvom du altså skulle være blevet i Randers, 3) Det kunne faktisk have været godt, men så var det ret skidt i stedet それは本当は良かったかもしれないのに, 代わりにかなりひどかった. /Det var alligevel ret skidt, selvom det faktisk kunne have været godt, 4) Hedda burde have lavet lektier, men så lavede hun pandekager i stedet ヘダは宿題をするべきだったのに, 代わりにクレープを作った. /Hedda lavede alligevel pandekager, selvom hun burde have lavet lektier, 5) I gad også godt have spillet fodbold, men så spillede I håndbold hele dagen i stedet あなたたちはサッカーもする気があったのに, 代わりに一日中ハンドボールをした. /I spillede alligevel håndbold hele dagen, selvom I også godt gad (at) have spillet fodbold, 6) Nordtoft kunne have uddannet sig til pilot, men så uddannede hun sig til tandlæge i stedet ノアトフトはパイロットになる教育を受けることができたのに, 代わりに歯医者の教育を受けた. /Nordtoft uddannede sig alligevel til tandlæge, selvom hun kunne have uddannet sig til pilot, 7) Jeg ville helst have sat mig i stolen, men så satte jeg mig i sofaen i stedet 私は一番ひじ掛けイスに座りたかったのに, 代わりにソファーに座った. /Jeg satte mig alligevel i sofaen, selvom jeg helst ville have sat mig i stolen, 8) Underviseren kunne have talt tydeligt, men så talte han i stedet, som han plejer 教師ははっきりと話すことができたのに, 代わりにいつものように話した. /Underviseren talte alligevel, som han plejer, selvom han kunne have talt tydeligt, 9) Jeg burde have fortalt, hvor jeg bor, men så fortalte jeg i stedet, hvad jeg hed 私は, 私がどこに住んでいるのかを話すべきだったのに, 代わりに, 何という名前かを話した. /Jeg fortalte alligevel, hvad jeg hed, selvom jeg burde have fortalt, hvor jeg bor, 10) Han gad godt være fløjet til Mallorca, men så sejlede han i stedet 彼はマリョルカに飛行機で行く気があったのに, 代わりに船で行った. /Han sejlede alligevel til Mallorca, selvom han godt gad være fløjet

Lytteøvelse 27: Danmark er et land i Skandinavien. Der bor cirka 5.500.000 (= fem en halv million) mennesker. De er danskere. Danmark består af halvøen Jylland, af øerne Sjælland og Fyn og af mere end 400 andre små øer. Alle øerne har navne, også de mindste. Danmark består også af Færøerne og Grønland. Danmark har fem regioner og 98 kommuner. Danmark er et monarki. Det betyder, at vi har et kongehus, men de bestemmer ikke noget. Det gør Folketinget.

> 1) Nej, det gør der ikke. Der bor cirka 5.500.000.
> 2) Nej, det er den ikke. Den er en halvø.
> 3) Ja, det har de.
> 4) Danmark har fem regioner.
> 5) Danmark har otteoghalvfems kommuner.
> 6) Det betyder, (at) Danmark har et kongehus, men at de ikke bestemmer noget.

和文デンマーク語訳

1) Alle mine elever er altid velkomne til at ringe til mig. / Mine elever er alle altid velkomne til at ringe til mig. / Alle mine elever er velkomne til at ringe til mig når som helst. / Mine elever er alle velkomne til at ringe til mig når som helst. 2) Spørg (mig) om hvad som helst. 3) Det skulle / burde du ikke have sagt. 4) William kunne have solgt sin bil. 5) Buller ville have leget med sine venner (ude) i haven.

Osaka University Press